RÉSEAU SCOLAIRE
ET MOYENNE MONTAGNE :

Les écoles des hautes terres du Puy-de-Dôme

Madeleine LACOUTURE
Professeur à l'IUFM de Clermont-Ferrand

RÉSEAU SCOLAIRE
ET MOYENNE MONTAGNE :

Les écoles des hautes terres du Puy-de-Dôme

ERRATUM

Les clichés des pages 453 et 454 ayant été inversés, il faut lire :

> *- Planche 9 - Hameau de Boutaresse, commune de Saint-Alyre-es-Montagne : cliché de la page 454*

> *- Planche 10 - Eglisolles : cliché de la page 453*

Centre d'Etudes et de Recherches Appliquées au Massif Central,
à la moyenne montagne et aux espaces fragiles

CERAMAC
Maison de la Recherche, 4 rue Ledru
63057 Clermont-Ferrand Cedex 1

Ouvrage publié avec le concours :

• de la Fondation Alexandre Varenne,

• de l'Institut Universitaire de Formation des Maîtres de Clermont-Ferrand,

• du Centre Régional de Documentation Pédagogique d'Auvergne.

Cette recherche a traité des statistiques réunies par la Division de l'Organisation Scolaire et des statistiques de l'Inspection académique du Puy-de-Dôme : je remercie Messieurs les Inspecteurs de m'avoir permis leur consultation. depuis 1993.

Le travail s'est construit à partir de multiples enquêtes de terrain. au cours desquelles nous avons rencontré les Inspecteurs de l'Education Nationale. les Conseillers Pédagogiques. les instituteurs. les professeurs d'écoles et les maires : qu'ils soient les uns et les autres remerciés pour la richesse des informations qu'ils nous ont transmises.

La problématique s'est précisée au contact des travaux des chercheurs du CERAMAC. et les résultats n'auraient pas acquis toute leur signification sans la cartographie que les transcrit. et dont le traitement a été réalisé avec rigueur par Frédérique Van Celst. technicienne au CERAMAC.

J'adresse enfin mes remerciements au professeur Jean-Paul DIRY. qui a guidé le travail et lui a permis d'aboutir.

PRÉFACE

Je me réjouis de voir publiée la thèse de Madeleine Lacouture «Les écoles des hautes terres du Puy-de-Dôme» tant la diffusion des résultats de cette recherche peut être intéressante et utile pour tous ceux, enseignants, parents d'élèves, élus, responsables de l'Education nationale qui se préoccupent du fonctionnement de l'école en milieu rural isolé et qui tentent d'imaginer et de définir d'autres modalités de maillage et d'organisation scolaires.

Témoin épisodique de l'avancée de la rechrche de Madeleine Lacouture, j'ai pu mesurer sa rigueur ainsi que son honnêteté intellectuelle dans la construction de la problématique, l'application de la méthodologie et la présentation des résultats. Aussi, toutes les sources disponibles à l'Inspection académique lui ont-elles été communiquées et ses nombreux passages en ont fait une familière des différents services qui peuvent attester de la somme du travail réalisé. Au cours de ces années, tous les interlocuteurs qui la côtoyaient dans son autre fonction ont été séduits par l'authentique attitude de chercheuse qu'elle avait adoptée. Dépassant la simple dimension scientifique et universitaire de la posture, elle a refusé les a priori et elle a affiché une curiosité et une volonté de comprendre insatiables.

L'ouvrage achevé étonnamment accessible autorise pour le lecteur deux types de parcours, l'un linéaire et progressif, l'autre plus éclaté. Chacune de ses parties, pourtant intégrée dans la structure globale de la thèse, possède en effet une unité qui la rend très indépendante.

Pour traiter cette question complexe de la territorialisation du système éducatif avec ses deux dimensions locales et globales, la géographie scolaire doit effectivement prendre en compte à la fois l'image des territoires et la thématique de l'étude, les références spatiales et la fonction du service traité. En réponse à cette complexité, l'intérêt et l'originalité du travail réalisé est de croiser et de faire interagir des approches et des sources complémentaires : les caractéristiques géographiques des hautes terres du Puy-de-Dôme, l'évolution de la démographie, les mutations dans les modes de vie, la multiplicité des lieux et des formes des structures scolaires, les relations qui se sont tissées, l'interrogation sur la pertinence du cadre communal de référence, l'histoire nationale de l'institution scolaire, les représentations des acteurs et des décideurs locaux. Beaucoup plus que de simples éléments d'illustrations, les anecdotes rapportées, les photographies, l'important dispositif cartographique, le traitement des données quantitatives sont intégrés à la démarche et ils participent très largement à la construction d'une représentation plus rigoureuse du système éducatif sur ces quelques milliers de kilomètres carrés.

Sans déflorer dans la préface les conclusions de cette recherche, on pourra avancer qu'elle sera de nature à aider à certaines prises de conscience. Sans nier les importantes difficultés liées à la géographie physique, à la crise démographique et au caractère flou et étonnamment mobile des espaces, elle démontre qu'existent cependant des marges de manœuvre et d'initiative que certains ont su utiliser. Complété par les apports de travaux plus pédagogiques, l'ouvrage peut contribuer à la définition d'orientations et de priorités départementales et infra départementales pertinentes avec un triple objectif de promotion d'un service public d'éducation de qualité offrant une égalité des chances aux élèves des zones de montagne, de recherche d'une cohérence territoriale et de consolidation de structures scolaires durables jouant également un rôle dans l'aménagement du territoire. Pour ce faire, des instruments sont disponibles comme les mises en réseaux qui renforcent les liens entre établissements du premier et du second degré ou comme les contrats entre les municipalités et l'Education nationale qui inscrivent toute démarche dans la durée.

On remarquera enfin que cette publication intervient à un moment opportun, dans un contexte favorable pour mobiliser tous les acteurs afin de trouver des réponses nouvelles et différenciées à la question de l'évolution du système éducatif en milieu rural isolé. En effet, la diffusion et l'utilisation des technologies de l'information et de la communication, la présence des aides-éducateurs, la signature des contrats éducatifs locaux pour les activités péri et extra scolaires, le fort et récent développement départemental de l'intercommunalité modifient l'environnement pédagogique, humain et relationnel. A l'évidence, l'ouvrage de Madeline Lacouture favorisera pour cette évolution à la fois une cohérence territoriale et une recherche plus sereine et plus consensuelle de qualité pour le service public d'éducation.

Gérard DUTHY
Adjoint à l'Inspecteur d'Académie du Puy-de-Dôme

L'espace scolaire, que la IIIe République avait structuré en fonction d'un dense et vigoureux maillage, se réorganise sous nos yeux, et les problèmes qui accompagnent cette mutation se posent avec une acuité particulièrement forte dans les zones montagnardes. Cette recherche a retenu pour thème le réseau des écoles qui desservent les hautes terres du Puy-de-Dôme, de part et d'autre de l'axe limagnais animé par les pôles urbains de Riom, Clermont-Ferrand et Issoire. Elle a pour objet l'émergence de territoires scolaires nouveaux dans des espaces très largement affectés par la crise montagnarde.

OBJET

Associant une référence spatiale et une fonction sans les hiérarchiser, la locution « espace scolaire » ouvre trois voies à une investigation géographique, voies dans lesquelles on distingue sans peine l'influence de trois des principaux courants de la géographie. La première consiste à cerner un espace avec des composantes naturelles originales, influençant la fonction étudiée. Dans le cas qui nous préoccupe, on s'attacherait donc, pour ce projet, à dégager les traits caractéristiques des montagnes du Puy-de-Dôme, qui ont contribué à « territorialiser » le système éducatif. Cette démarche, évidemment empreinte de déterminisme, est très liée à l'héritage des « vieux pays » qui resurgit constamment dans l'image admise par le plus grand nombre : le langage commun parle ainsi « d'écoles montagnardes », non pour les localiser, mais pour les « montrer », sortes de produits du terroir, différentes des autres car transformées par la rudesse du milieu. On évoque le rôle de la montagne dans le façonnement des hommes et de leurs activités : le but d'une étude géographique de ce type, prenant pour objet un espace défini *a priori* est d'en enrichir la lecture par une thématique nouvelle.

Ce choix permet de prendre en considération l'analyse des pays traditionnels, d'ailleurs bien utile ici car l'école, comme tous les phénomènes propres à la géographie des mentalités, ne se comprend que placée dans le temps long. En revanche, on court le risque de négliger les fractures récentes qui ont introduit des discriminations nouvelles dans l'espace, et les mutations issues de l'évolution de la fonction étudiée.

Une seconde approche consiste à inverser les termes, et à poser en objet la fonction, donc l'école, dont on étudierait les mutations contemporaines pour en montrer les effets sur les hautes terres. Cette démarche est très tentante pour un système éducatif qui fonctionne selon des normes et un budget décidés au plan national, et qui présente donc, indiscutablement, des caractères exogènes. Le réseau scolaire serait alors observé selon sa dynamique propre « hors sol » si l'on peut dire. La dérive qui guette cette méthode est évidente : promue objet central de la recherche, la fonction est, si l'on n'y prend garde, considérée comme capable, à elle seule, de détruire un espace ou de le régénérer. L'école est ainsi accusée de tous les maux (sa propre crise provoquerait la mort du village) ou, à l'inverse, elle est chargée d'une mission territoriale, et doit se maintenir dans des conditions inouïes pour éviter la progression du vide.

Si ces images récurrentes sont si fortes, c'est bien parce que le territoire de la vie collective et l'école entretiennent des liens si serrés et si complexes qu'on ne peut pas les dissocier sans les dénaturer. C'est en érigeant **l'espace de l'activité scolaire comme un objet à définir**, que l'on souhaite conduire cette étude. On y parviendra en « traquant » sur les hautes terres, tout fait susceptible de servir d'indicateur sur les sites, leurs relations et les mouvements migratoires d'élèves, d'enseignants, voire de parents, que les activités scolaires suscitent et avec lesquels elles doivent composer. Cette recherche peut paraître voisine de la procédure administrative qui reconstruit, chaque année, la « carte scolaire ». On entend par cette expression la distribution des postes d'enseignants en fonction des prévisions d'effectifs, et, par métonymie, on englobe tous les travaux de révision de la carte précédente, jusqu'à la décision finale qui incombe à l'Inspecteur d'Académie : il s'agit d'une opération concrète, précise, régulée par des textes et renouvelée chaque année. Cette recherche a une finalité totalement différente. Elle ne porte pas sur une décision annuelle, mais elle suit une évolution sur une génération, et remonte parfois beaucoup plus loin dans le temps, pour comprendre le processus par lequel le réseau scolaire, implanté depuis un siècle, s'est défait tout en sauvegardant, soit par ténacité, soit par vitalité, 247 écoles pour 123 707 habitants[1]. Son ambition est de poser le problème de la structure des espaces nouveaux[2] de la vie scolaire et de leurs rapports avec les niveaux de décision dont ils dépendent au plan national et local.

PROBLÉMATIQUE

Placer cet objet d'étude dans le cadre montagnard peut surprendre, puisque c'est retenir un domaine caractérisé par d'évidentes contraintes physiques pour étudier des faits qui relèvent de la vie sociale et culturelle. C'est la fragilité de ce milieu qui justifie cette option, car elle met l'espace scolaire à l'épreuve d'une crise, l'école demandant actuellement à des collectivités anémiées de trouver des solutions auxquelles elles sont incapables de faire face.

Le réseau scolaire s'est mis en place de façon continue et cohérente quand les hautes terres étaient « pleines d'hommes » ; il doit maintenant répondre à une demande dispersée dans des territoires de faible densité, dont l'image est perturbée, voire dévalorisée. L'équipement, qui s'est installé au XIXe siècle a été lent à résoudre le problème de proximité. Dans un premier temps, la législation nationale a régulé l'offre scolaire au niveau des communes. La loi dite « Guizot » a mis celles-ci, en 1833, dans l'obligation d'entretenir des écoles de garçons, qui ont reçu, dans le Puy-de-Dôme, les premières promotions d'instituteurs formés à l'Ecole Normale de Clermont-Ferrand, ouverte en 1831. La loi Falloux a imposé d'ouvrir des écoles communales de filles : le système était cependant inachevé car il laissait pour compte des enfants qui résidaient parfois fort loin des chefs-lieux dans les vastes communes montagnardes. Il a été complété et laïcisé avec les lois de Ferry (1881 et 1882) et la loi organique de 1886 : c'est alors seulement que la couverture scolaire a acquis une réelle continuité en intégrant les populations marginales des hameaux. Bien trop pauvres et trop éloignées pour bénéficier jusque-là de l'offre éducative, mais surchargées d'enfants, celles-ci ont revendiqué leur place dans le système, et on les voit, autour de 1890, puis pendant des décennies, demander, et même entreprendre la construction de leur propre école. Le maillage scolaire infracommunal s'est ainsi établi avec un retard considérable par rapport à celui des communes, et un décalage par rapport au maximum démographique qu'indiquent généralement les recensements de 1881 et 1888.

Cette plénitude scolaire des montagnes s'est maintenue jusqu'en 1970, alors que la chute démographique, continue à partir de 1880, s'est accélérée à partir de 1950. C'est avec la disparition des écoles des hameaux et de très petites communes du rebord limagnais que la dégradation a commencé. Le processus conduit maintenant à une double interrogation : l'une porte sur le passage à un éventuel stade supra communal, voire cantonal, l'autre sur le sort des écoles qu'une résistance opiniâtre maintient ouvertes pour une dizaine d'élèves.

On peut interpréter cette remise en cause du territoire communal en avançant deux hypothèses. On peut y voir une simple translation, un élargissement progressif des aires de recrutement. Le bon sens relie volontiers ce processus à l'évolution de la vie quotidienne : l'école des trajets à pied, « musette du casse-croûte » sur le dos, que décrivaient les inspecteurs du début du siècle et les instituteurs qui servaient au fond de leur classe des assiettes de soupe chaude, aurait normalement laissé place à celle qui reçoit les enfants transportés par les services collectifs. Infracommunaux, puis intracommunaux, ceux-ci seraient en passe d'étendre les aires de recrutement jusqu'à l'échelle du canton, en combinant les dessertes des écoles publiques et privées et celles des collèges. Une seconde hypothèse, plus attentive aux mutations de l'espace du quotidien, à la multiplicité des échanges, à l'attraction de plusieurs pôles, verrait plutôt dans ce processus la construction d'autres entités spatiales, qui se caractériseraient par des mises en réseaux, des déplacements d'élèves, des points de services spécialisés, mieux que par les limites des « prés-carrés ». La question fondamentale porte donc sur la dimension, la nature et l'identité des territoires scolaires qui sont actuellement identifiables sur les hautes terres du Puy-de-Dôme : de quelle collectivité l'école est-elle l'expression ? De quelle « cité » est-elle l'organe ?

Dans une localité bien modeste de la Haute-Dordogne, une collectivité du XIXe siècle a gravé dans la pierre sa façon de voir le problème, et a présenté, avec une expression émouvante mais juste, l'emboîtement des espaces qui créent une école (cf. photographie et commentaire p.15) : le hameau (dont les habitants sont dénommés les villageois selon le parler local qui confond « hameau » et « village »), au second niveau, la commune, et au troisième niveau, la République Française.

La problématique territoriale scolaire a ainsi constamment eu **deux dimensions** : l'une est locale, à la taille de la collectivité qui se reconnaît dans son école, réunit la cohorte d'enfants et finance son accueil ; l'autre se réfère à un espace global, porteur des valeurs collectives (cf. photographies A et B page 16) qui fondent le projet éducatif. Celui-ci se traduit, concrètement, par un corpus de lois et de textes réglementaires, ainsi que par la nomination, dans chaque cellule locale, d'un ou plusieurs enseignants relevant de l'Education Nationale. L'histoire de la territorialisation du projet éducatif est celle d'un constant déséquilibre - même au temps de Jules Ferry, comme les habitants du Quereuil en témoignent - et de réajustements. Ceux-ci sont réalisés en fonction de l'image que les acteurs, à quelque échelle qu'ils soient, se font de la vie locale et du système éducatif. Le poids de l'image paraît aujourd'hui d'autant plus fort que la mobilité de la vie contemporaine a brouillé les références au territoire. Les habitants du Quereuil savaient que leur section pouvait recevoir un instituteur et ils ont tenu bon. Les habitants de Saint-Vincent, en accordant le plus grand soin aux inscriptions veulent faire savoir qu'ils sont capables de préserver dans leur minuscule coquille, une fonction qui correspond à leur représentation de l'Education Nationale et de leur territoire. La géographie scolaire est ainsi conduite à prendre en compte l'image des territoires autant que le terrain même de l'étude.

MÉTHODOLOGIE

On aura compris que cette étude accorde une large place aux représentations que les enseignants construisent, concernant leur lieu d'exercice, mais aussi aux images que les collectivités ont voulu donner d'elles-mêmes et de leur école à travers les bâtiments scolaires, et bien sûr, aux cartes analytiques et synthétiques qui permettront de définir les territoires de l'école.

Les représentations mentales que l'on a traitées ici ont été sélectionnées en fonction du point de vue d'acteurs exogènes et endogènes. Ces images se révèlent à partir de **deux enquêtes**. La première a été adressée aux étudiants ou stagiaires de l'Institut Universitaire de Formation des Maîtres de Clermont-Ferrand, et porte sur la représentation qu'ils se font des espaces où ils souhaitent exercer. Son objectif est de repérer comment ces jeunes femmes ou jeunes hommes, urbains au moins pendant la durée de leurs études, intègrent les hautes terres du Puy-de-Dôme dans leur projet professionnel : imaginent-ils que les clairières du Livradois-Forez, ou que les villages de Combrailles figés par l'exode rural dans une sérénité quasiment monastique, ou bien d'autres, aussi étranges à leurs yeux, puissent figurer dans le territoire de leur vie quotidienne, ou du moins, de leur vie professionnelle quotidienne ? La seconde enquête a été adressée aux directeurs des deux centaines d'écoles, pour recueillir d'une part des informations sur les équipements, et d'autre part leurs appréciations sur les qualités des sites.

Les photographies ont introduit le regard de l'observateur extérieur, en fonction de la problématique territoriale. Elles sont nécessaires pour rendre compte de l'extrême variété des édifices qui constituent l'actuel parc scolaire, et qui se distinguent en fonction de leur histoire, de la taille des

Images de la problématique territoriale :
Enjeux locaux et politique nationale

Ecole du Quereuil (vallée du Mont Dore). Sous le toit de « lauzes », écailles de laves utilisées dans les constructions paysannes au XIXe siècle, cette plaque monumentale a dû paraître bien onéreuse aux habitants de ce hameau. Apposée sur la façade d'un modeste bâtiment à ras de terre, elle rappelle l'importance de l'équipement scolaire pour les collectivités marginales.

Celle-ci, bien soudée par les habitudes collectives d'exploitation de pâturages montagnards, a revendiqué sa place à l'intérieur de la commune du Mont Dore, en référence à la politique nationale (évoquée par le sigle RF). L'affaire se situe en 1887, donc immédiatement après la loi Goblet qui a réorganisé le service scolaire public.

Les paysans ont voulu graver le souvenir de leur victoire : la plaque porte l'expression des enjeux internes au territoire communal et (déjà !) celle des conflits entre acteurs endogènes et exogènes - ceux-là même qui sont au cœur de la problématique de cette recherche.

Images de la problématique territoriale :
L'expression de la « cité » sur les façades des écoles

A - *Dans la friche industrielle d'un bassin houiller montagnard : l'école des Gannes (Messeix) fermée en 1994. Inscription militante sur cette école construite en 1936 pour recevoir les enfants de mineurs du puits Saint-Louis. La référence à la patrie et l'universalité du message priment sur le local.*

B - *Au pied de la montagne d'Issoire, école qui fonctionne en « regroupement » avec sa voisine à l'amont dans la vallée. Commune de Saint-Vincent (initiales au linteau de l'entrée). La restauration, réalisée en 1998, a fait ressortir les références nationales et locales pour reconstituer un décor civique (?), ou onirique (?), dans cette collectivité de 259 habitants, qui souhaite recevoir des néoruraux.*

collectivités locales et de l'aptitude de celles-ci à organiser un territoire et à l'intégrer dans des espaces plus vastes. Ces images de l'école révèlent le rôle que des acteurs locaux ont conféré à ces édifices, et le poids relatif qu'ils ont donné à l'école en l'associant, ou non, à d'autres fonctions, municipales, culturelles et autres. Enfin, ces photographies sont révélatrices du regard volontairement posé sur l'espace scolaire : dans un corpus des deux cents clichés, trois ont été retenus à titre introductif, trois pour révéler les problèmes liés à la désintégration du milieu de vie montagnard, et la reconstitution, dans les situations fragiles, de sociétés scolaires, une quinzaine d'autres, plus synthétiques, pour représenter les types de points d'ancrage de l'école. Dans de nombreux cas - mais pas dans la totalité - la photographie montre l'école comme un élément fort d'un **paysage culturel** : elle exprime une pérennité, voire une ténacité des lieux, d'autant plus surprenante que les cartes révèlent leur fragilité et donnent des images de fracture du système.

Outils d'analyse puis de synthèse, les **cartes** jalonnent les trois étapes du travail présenté. Elles permettent d'abord d'examiner l'inscription territoriale du réseau. Celui-ci est observé comme un ensemble de points et de relations, localisés dans des domaines d'inégale tenue : les disparités dans la distribution de l'offre scolaire relèvent de l'opposition, fondamentale, dans ce département, entre le centre et la périphérie. La première partie de ce travail est consacrée à l'analyse de ce contraste en apparence simple, mais dans lequel un examen précis permet d'identifier des plages tantôt bien équipées, tantôt déstructurées. C'est à un état des lieux que l'on a donc procédé, à travers une collection de cartes analytiques, proposant un découpage de l'espace montagnard.

La seconde partie expose le dispositif repéré au souffle de la crise : celle-ci a conduit à un repli en désordre de l'équipement initial. La dialectique du local et du global a été complètement perturbée. La gestion administrative, bien qu'elle ait tenu compte du caractère rural de ces espaces, s'est trouvée aux prises avec une véritable récession scolaire, doublée d'un réaménagement du système éducatif. Celui-ci a évacué les enfants de plus de dix ans vers les collèges, et ramené sur les écoles - quand il y en avait ! - des enfants de plus en plus jeunes. Ces dynamiques, qui ont fait éclater les coquilles locales, se traduisent par des cartes de flux scolaires emmêlés, révélatrices des traces incertaines des nouveaux « territoires du quotidien ».

La troisième partie est celle des solutions alternatives. Compte tenu du poids du passé, qui joue partout mais ne s'exprime nulle part, cette recherche ne peut faire l'économie d'une étude des sites, qui ont enregistré les héritages, pour conduire à la présentation de cas dans leur globalité, et à la cartographie des types d'espaces scolaires que les modes actuels de régulation ont générés.

SOURCES

Les repères temporels nécessaires à la compréhension des épisodes locaux de la politique scolaire ont été extraits des histoires de l'éducation et d'analyses récentes concernant la territorialisation des projets éducatifs. Le cadre chronologique de référence est solidement établi depuis l'histoire de A. Prost[3] (1967), les analyses de F. Furet et J. Ozouf[4] sur les rôles respectifs des collectivités locales et de l'Etat en matière d'éducation et l'histoire des institutions scolaires de C. Lelièvre[5] (1990). C'est dans les travaux de Claude Durand-Prindborgne[6] (1992) que l'on a cherché la formulation actuelle prise par les grands débats sur l'éducation nationale et l'analyse de la nouvelle répartition des tâches : d'une part, la décentralisation, d'autre part les nouveaux modes de fonctionnement du système éducatif, plus ancrés sur les réalités locales et les projets, ont valorisé l'échelle locale. Le thème de la territorialisation des politiques éducatives est actuellement abondamment traité, au point que B. Charlot[7] a pu déjà (1994) publier les résultats d'un réseau de chercheurs qui ont analysé les modalités et les effets divers de la décentralisation et des initiatives locales, qu'il s'agisse du premier ou du second degrés ou de l'enseignement supérieur. Le phénomène a été particulièrement bien étudié, sur le plan urbain ; il l'est moins sur le plan rural, où la défense des petites écoles a créé un rideau de fumée, masquant la diversité des situations et des initiatives.

L'Education Nationale elle-même offre une collection de publications, que complètent des travaux répondant à des recherches spécifiques. La Direction de l'Evaluation et de la Prospective a publié, annuellement, des indicateurs de l'état de l'école par degré, par région, voire par académie. A ce corpus fondamental, se sont ajoutées, alors que ce travail débutait (1992-93), deux grandes enquêtes sur le monde rural. A la recherche de voies innovantes, une commission, qui réunissait sous la direction de Pierre Mauger, un groupe de pédagogues et un groupe interministériel, a présenté les problèmes de l'enseignement dans des milieux isolés en incluant dans son rapport vingt courtes monographies sur des solutions adaptées aux terrains. Celles-ci offrent aux chercheurs des éléments précieux de comparaison. L'année suivante, sous la direction de Messieurs Ferrier et Vandevoorde, paraissait un rapport sur le réseau scolaire en milieu rural, précisant l'état actuel, les objectifs nouveaux et les moyens. Dans les deux cas, on voit les communes dépasser le rôle de gestionnaires. La question qui émerge est donc celle de la nature d'une politique éducative locale forte, dans un système administratif qui fonctionne avec des circonscriptions petites dans des régions peu peuplées. La première enquête ignore la région Auvergne ; la seconde n'a pas pour objectif de publier des documents locaux. Il est donc nécessaire de se tourner vers des sources inédites.

Cette recherche a traité en premier chef un ensemble de données dont les Inspecteurs d'Académie ont autorisé la consultation à la Division de l'Organisation Scolaire et des Statistiques (DOSS). Chaque année, les directeurs d'école doivent répondre à trois enquêtes : un premier état des effectifs réalisé dès la rentrée, un questionnaire qu'il est convenu de nommer « l'enquête lourde de rentrée » (ou enquête 19), que les enseignants remplissent dès que les effectifs sont stabilisés, puis « l'enquête-carte scolaire » qui permet d'exprimer les besoins pour l'année à venir en fonction des prévisions de recrutement. Les circonstances ont été très favorables à cette recherche dans la mesure où les questionnaires des années 1992, 1993 et 1994 ont été parfaitement remplis, et que, après des lacunes dues à une grève administrative, des réponses de nouveau complètes sont rentrées en 1997. On a donc disposé, pour ces années, de deux cent cinquante dossiers, de huit pages, qui permettent de faire le point sur l'offre scolaire (nombre de classes, de maîtres, état du matériel destiné aux technologies d'information et communication, restauration scolaire) et sur les cohortes d'écoliers (nombre, âge, répartition par âge dans les classes, nationalité, origine s'il y a eu un changement d'école, résidence et besoin spécifique s'il y a des enfants en difficulté). La précision du dispositif est parfaite, de même que son exhaustivité, mais la lourdeur de dépouillement évidente. Un répertoire annuel, établi par la DOSS, permet une consultation rapide mais limitée aux effectifs.

Le dépouillement de cette documentation quantitative fondamentale ne suffit cependant pas pour l'étude des crises. Pour suivre celles-ci, le recours au troisième document, dit « enquête prévisionnelle » est nécessaire. Il permet de dégager les problèmes d'attributions ou de retraits de postes. La mise en perspective chronologique nécessite l'ouverture des dossiers communaux - qu'il nous a été possible de consulter - et l'aboutissement est donné par la publication des arrêtés de carte scolaire, chaque année, en mai et septembre. Ce corpus documentaire qui s'enrichit au fur et à mesure que les années scolaires passent, peut être complété pour les années antérieures à la mise en place de cette procédure (1972-73 et 1974-75) par deux simples cahiers d'écoliers, conservés à la DOSS, calligraphiés selon les règles traditionnelles de l'écriture à l'école élémentaire, dans lesquels un instituteur détaché à l'Inspection académique a, de son propre chef, relevé les effectifs de chaque école. Sans cote de classement et d'apparence bien modeste, ces cahiers ont été une source précieuse pour localiser le parc scolaire (les écoles de hameau y figurent), décrire les structures (les classes qui préparaient à l'examen de fin d'études primaires, « le certificat d'études », y sont mentionnées), et évaluer les effectifs. Les documents antérieurs ont été versés de façon inégale au service des archives départementales où leur consultation est soumise aux règles habituelles de cette institution.

La richesse des sources quantitatives disponibles et des documents qui les accompagnent n'exclut pas le recours au terrain et à l'enquête. Le travail de terrain a été triple : on a procédé à un état des lieux complet en allant sur place évaluer la qualité des sites en fonction de quatre critères : la situation dans la localité, le repérage des inscriptions ou des signes divers qui distinguent le bâtiment des autres, l'aspect fonctionnel des locaux, leur déscolarisation éventuelle. Les photographies, dont il a été question plus haut, sont évidemment issues de ce « balayage » du terrain. Les enquêtes ne pouvaient pas poursuivre les multiples contacts locaux que les reportages photographiques permettaient d'établir : on a privilégié les élus locaux des petites communes et, sur les quelques cinq cents enseignants en poste sur les hautes terres, on a retenu pour un entretien ouvert, une vingtaine d'interlocuteurs en fonction de l'avancement de leur carrière et de la taille de leur école.

Tab. 1 - Situation des enseignants interlocuteurs dans le cadre d'un entretien long

Etape de la carrière	Classe unique	Ecole à 2 ou 3 classes	Ecole de bourg ou village - centre	Ecole de ville
Début	St-Bonnet-le-B Brousse Boutaresse	Vollore-M Grandrif		
Milieu de carrière	St-Donat Chambon/D L'Etang-de-Chanat	Dore-l'Eglise Palladuc Montel-de-G		La Bourboule Ambert
Fin de carrière	St-Genès-Champespe	Saurier	Giat Gelles	
En retraite	Ayant exercé dans les trois types de postes			

La collecte d'informations sur des questions dont les enjeux - comme la fermeture de classe - sont immédiats et chargés d'une très forte valeur symbolique pour les collectivités, donne le « sentiment » de pratiquer une « *intrusion intempestive* » pour reprendre l'expression d'un chercheur du CERAMAC, travaillant aussi à l'échelle communale ou infracommunale (Pierre Couturier, 1998)[8]. Les enseignants ont manifesté un très grand désir de faire connaître leurs conditions d'exercice et leurs projets, ce qui a grandement facilité notre tâche. Cependant, en identifiant les liens locaux, les héritages et les forces antagonistes qui s'exercent sur l'école, et tantôt l'immobilisent, tantôt la projettent dans des rôles difficiles à tenir, le chercheur a l'impression de pénétrer un monde secret, dont une part résiste à l'analyse.

Le système éducatif n'est pourtant pas un domaine obscur pour le Centre d'Etudes et de Recherches Appliquées au Massif Central, à la moyenne montagne et aux espaces fragiles (CERAMAC). En 1992, une thèse de géographie sociale a analysé le réseau des très petits collèges qui desservent l'Auvergne, et l'ensemble des travaux de l'équipe éclairent les conditions dans lesquelles s'opère la reconstruction du système éducatif montagnard. De la thèse de Charles Moracchini[9], on gardera deux conclusions : la modestie de la demande locale en matière éducative, qui admet le fonctionnement de services réduits et les a pérennisés, et l'émergence de nouvelles relations qui cherchent à faire sortir ces petits établissements de leurs impasses. D'une façon plus globale, les recherches du CERAMAC démontrent ce que l'on peut attendre en montagne de la vague de renaissance rurale : le « mieux » général masque des situations très différentes, et, dans les espaces les plus fragiles, les petits centres, bourgs et villages éprouvent de grandes difficultés à maintenir leurs fonctions (rapport pour la Direction Régionale de l'Équipement, étude rédigée par Jean-Paul DIRY[10], 1993). Or, ce sont ces localités qui disposent des structures scolaires les plus complètes. On voit donc les efforts s'y multiplier, pour essayer de consolider les écoles tandis que des dynamismes apparaissent ailleurs, dans les très petites communes où sont nommés les enseignants les plus jeunes, mais où l'action est freinée par les mailles très étroites du filet administratif et la complexité des liens intercommunaux. Pour le service éducatif, comme pour les autres fonctions que le CERAMAC a analysées (tourisme, petites industries), on assiste à l'éclosion de multiples initiatives qui se heurtent au problème de leur pérennité et de leur extension dans des territoires pauvres en hommes, et, dans ce cas précis, pauvres en enfants.

La géographie scolaire des montagnes du Puy-de-Dôme analyse donc le comportement d'un service qui doit, réglementairement, se rénover en se territorialisant, dans des espaces qui offrent peu d'emplois. C'est un paradoxe que vit l'école, et qui conduit, au gré des projets locaux, à différents modes de réorganisations territoriales. La problématique globale du CERAMAC aborde ici un thème singulier, dans la mesure où il ne peut pas y avoir de suppression du service, mais où une reconstruction s'opère avec de jeunes acteurs dans un contexte fragile et administrativement confus, à partir des terminaisons les plus fines du service public.

Première partie

L'INSCRIPTION TERRITORIALE DU RÉSEAU SCOLAIRE MONTAGNARD

Premier chapitre

L'ORIGINALITÉ D'UN PAYSAGE SCOLAIRE

I - LES ENVIRONNEMENTS DIVERS QUE LA MONTAGNE OFFRE À L'ÉCOLE

A - DES SECTEURS INÉGALEMENT ANIMÉS PAR LES VILLES ET LES BOURGS

Les tissus scolaires du Puy-de-Dôme recouvrent des territoires dont les géographes ont souligné la diversité :

> « A la trame traditionnelle des pays d'Auvergne, différenciés éventuellement par les conditions naturelles et les systèmes agricoles, s'en ajoute maintenant une autre fondée sur la proximité urbaine et/ou l'existence d'activités secondaires et tertiaires plus ou moins développées, et cette seconde trame n'a pas toujours, loin s'en faut, le même tracé que la première »[11]

Tout professeur d'école qui rédige sa première demande de mutation s'intègre spontanément dans cette grille d'analyse en se posant trois questions. Entre le lieu d'exercice et la ville, quelle distance paraît convenable à ses yeux ? Par goût ou en fonction de liens familiaux, va-t-il préférer les monts d'Auvergne et la Combraille aux clairières du Livradois-Forez ? Les handicaps du milieu montagnard, enfin, sont-ils supportables ? Pour dresser un tableau plus précis de ce milieu, nous avons très largement puisé, dans les travaux des universitaires clermontois et dans les publications du CERAMAC, des informations sur trois thèmes importants pour la géographie scolaire : rapports entre espaces montagnards et vie citadine, spécificité des sociétés montagnardes de l'est et de l'ouest du département, contraintes propres à la montagne.

L'objectif de cette première approche est de décrire et classer les disparités locales qui affectent le réseau des écoles dans les montagnes du Puy-de-Dôme. Les écoles sont nombreuses, mais le tissu scolaire communal qui s'est déchiré a laissé place à une trame irrégulière. Celle-ci inclut des zones équipées de microstructures - entendons par là de petites écoles à une seule classe, qui reçoivent moins de vingt élèves, parfois moins de dix - et elle est trouée par quelques plages vides - sans école - dont les acteurs essaient de freiner l'extension. La démarche qui suit propose de passer du recensement des écoles à la définition de modes divers d'organisation territoriale. Il y a un « paysage scolaire » que constituent, dans la montagne, les deux cents localités où sont accueillis les élèves. Derrière cette réalité, dont on capte aisément l'image, fonctionne un système dont l'exploration suppose l'analyse des relations, traditionnelles ou inédites, qui tissent autour des écoles les « espaces de vie scolaire ». La réflexion sur le système conduit à une interrogation sur l'organisation des territoires. La démarche proposée ici est simple : elle va des points aux liens puis aux domaines. Elle s'appuie sur l'hypothèse que les écoles tendent à s'échapper du filet communal ou, inversement, à s'y enkyster dans des maillages trop étroits qui ne permettent pas la vie de relations aujourd'hui nécessaires : il faut donc situer ces écoles autrement que par le découpage administratif, dans les « tissus scolaires » originaux où elles fonctionnent.

C'est un état des lieux que l'on aborde ici. Il ne s'agit pas de décrire la montagne, en adjoignant à chaque tableau un développement sur les faits scolaires, comme un peintre qui

Fig. 1 - La restructuration du réseau des écoles su les hautes terres du département du Puy-de-Dôme

DÉLIMITATION DU TERRITOIRE

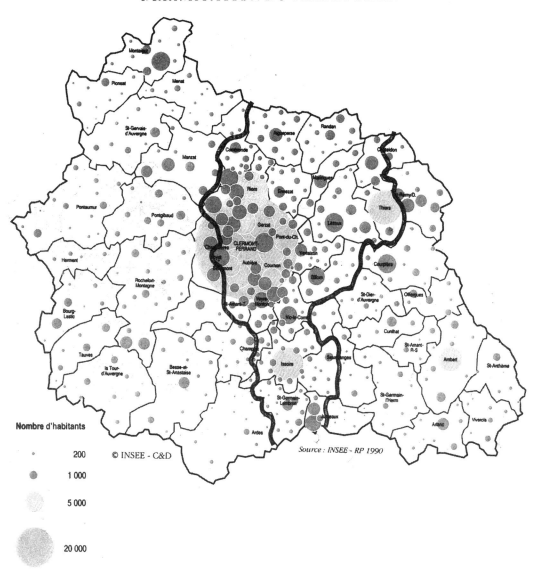

Nombre d'habitants

- 200
- 1 000
- 5 000
- 20 000

© INSEE - C&D

Source : INSEE - RP 1990

Limites des hautes terres occidentales et des hautes terres orientales

Source : INSEE. Cartographie et Décision

rajouterait des écoles dans ses paysages. Le sujet de cette étude porte sur l'originalité des tissus - dimension des mailles et poids respectif des écoles - qui recouvrent les montagnes du Puy-de-Dôme. Mais la localisation des réseaux suppose que l'on ait présenté en préambule les clivages qui traversent actuellement ces hautes terres montagnardes et qui concernent les faits de scolarité.

L'« urbanité » de quelques secteurs montagnards

Comme partout en Europe, et même plus que dans bien des cas, ce sont les liens qui se tissent entre montagnes et villes qui distinguent des espaces de vie dans le département du Puy-de-Dôme. Ce fait peut paraître paradoxal, puisque les villes majeures se sont développées en plaine ou sur le contact. Ce sont Riom (20 000 habitants), Clermont-Ferrand (agglomération de 240 000 hab.), Issoire et Thiers (15 000 habitants l'une et l'autre). Les parlers locaux ont tenu compte de ces influences. On dit depuis longtemps « montagnes de Thiers ou d'Issoire » pour nommer ces secteurs d'altitude auxquels les villes servaient de marché et distribuaient du travail à domicile. On ne parlait pas de « montagne de Clermont » et une société profondément paysanne s'est maintenue jusque vers 1960 sur les hauteurs qui dominent la ville. En une génération, la ville a gagné le plateau qui fait figure de banlieue d'altitude et, plus à l'ouest, de parc résidentiel avec des villages partiellement rénovés. A l'intérieur de la montagne et sur les terres d'altitude moyenne, les petites villes d'Ambert, de La Bourboule et de Saint-Eloy-les-Mines ont elles aussi sécrété des auréoles résidentielles. Celles-ci sont cependant limitées à deux ou trois communes et le fait majeur concernant ces embryons de ville, est leur insertion dans le monde rural local.

Pour la majeure partie des montagnes du Puy-de-Dôme, le phénomène urbain se fond dans un espace de vie campagnard. Ici, en dépit d'agglomérations dépassant les deux mille habitants, la ruralité s'impose et au contact de la plaine, les aires urbaines sont montées à la conquête du plateau, en vagues successives (voir Fig. 2). Il y a quelques lieux, que l'on

Fig. 2 - Moyennes montagnes et zones urbanisées majeures du département du Puy-de-Dôme

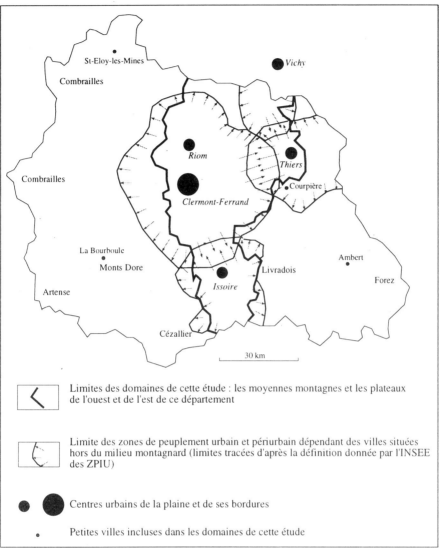

St-Eloy-les-Mines

Combrailles

Vichy

Combrailles

Riom

Thiers

Courpière

Clermont-Ferrand

La Bourboule

Monts Dore

Livradois

Ambert

Forez

Issoire

Artense

Cézallier

30 km

Limites des domaines de cette étude : les moyennes montagnes et les plateaux de l'ouest et de l'est de ce département

Limite des zones de peuplement urbain et périurbain dépendant des villes situées hors du milieu montagnard (limites tracées d'après la définition donnée par l'INSEE des ZPIU)

Centres urbains de la plaine et de ses bordures

Petites villes incluses dans les domaines de cette étude

CERAMAC

pourrait définir à la manière des « lieux géométriques », qui participent à des couronnes périurbaines tout en faisant fonction de centres montagnards. La ville de Courpière en est un excellent exemple, située sur le front extrême de deux arcs de périurbanisation de Clermont et de Thiers, et sur l'axe que la vallée de la Dore trace dans les massifs orientaux. C'est d'ailleurs un des centres scolaires les plus importants du domaine de cette étude. En effet, ces nouveaux rapports entre les villes et les montagnes ont une incidence sur le plan éducatif. La population est suffisamment jeune dans les aires « rurbaines » pour que se créent des écoles urbaines dans des paysages ruraux ; dans les villes isolées, les grosses écoles sont suffisamment importantes pour offrir un service scolaire aux campagnes voisines. L'école du village de Saint-Genès-Champanelle est une école de ville, à dix kilomètres de Clermont, mais l'école de la ville d'Ambert, sur la grande place de la sous-préfecture, dessert, elle, une population rurale. Le milieu montagnard est ainsi et de façon contradictoire, gagné par une certaine « urbanité », entendons par là qu'une partie des écoliers de la montagne est scolarisée dans des lieux favorables au développement d'attitudes et d'habitudes urbaines.

La rudesse de milieux isolés

A l'opposé de ce milieu montagnard touché par l'influence des villes, des secteurs qui correspondent souvent à des altitudes fortes se distinguent par leur rudesse et leur isolement. Les densités sont fréquemment inférieures à dix habitants au kilomètre carré sur les hautes terres du sud du département, à plus de soixante kilomètres de Clermont, et à l'écart des axes transversaux qui relient Limoges à Clermont et à Lyon. Localement, la circulation est limitée par le fait que la population résidente, souvent âgée, est peu autonome. Pour l'observateur urbain, la rudesse que crée la prégnance de cette nature peu habitée est renforcée par la carence des services, la faiblesse des offres d'emploi et, du coup, la médiocre représentation des jeunes dans la population. Ces traits

Fig. 3 - Secteurs rudes et isolés du département du Puy-de-Dôme

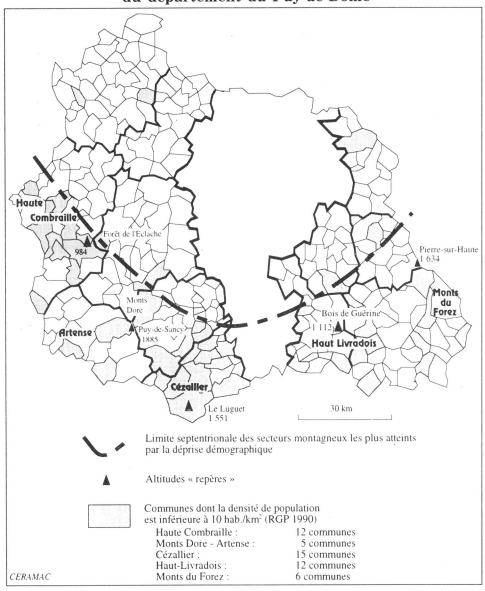

Limite septentrionale des secteurs montagneux les plus atteints par la déprise démographique

▲ Altitudes « repères »

Communes dont la densité de population est inférieure à 10 hab./km² (RGP 1990)

Haute Combraille :	12 communes
Monts Dore - Artense :	5 communes
Cézallier :	15 communes
Haut-Livradois :	12 communes
Monts du Forez :	6 communes

CERAMAC

- 33 -

concernent l'angle sud des Monts du Forez, le Haut Livradois, le Cézallier, les confins des Monts Dore et du Cantal, l'Artense et la Haute Combraille. Aucune courbe de niveau ne peut cerner cette zone. Il est bien évident que les Dômes, proches de Clermont, en sont exclus, tout comme les secteurs touristiques des Monts Dore. Les plateaux de la Haute Combraille, près de Giat et Herment, en revanche, bien qu'ils n'atteignent pas mille mètres d'altitude, sont inclus dans ce monde austère, qui se poursuit dans le Limousin voisin sur le plateau de la Courtine (voir Fig. 3).

Dans ces populations vieillies, les maires et les instituteurs comptent les berceaux ; ils les espèrent et même les célèbrent : à Voingt, en Haute Combraille, après plusieurs années sans aucune naissance, le maire a organisé un banquet collectif[12] pour fêter l'inscription d'un enfant sur le registre d'Etat Civil !

« *Nous aurons deux naissances l'an prochain* » : c'est en ces termes qu'une institutrice du Haut-Forez aborde le problème des prévisions, et suit donc, au cas par cas, le renouvellement des inscriptions dans un futur très proche. En fait, avec des chiffres aussi faibles, il n'y a plus de régularité de recrutement pour ce milieu montagnard en crise. Chaque rentrée réserve des surprises heureuses ou des catastrophes imminentes dans les plus petites écoles, à la limite des conditions de fonctionnement. Cette fragilité concerne toute la gamme des services et des commerces de base, qui ferment dans les villages, voire les petits centres locaux qui, eux non plus, ne retiennent plus grand monde. A Ardes-sur-Couze, dans le Cézallier, aucune des quatre institutrices ne réside dans le bourg. A Saillant, au sud-est du Puy-de-Dôme, le professeur d'école, une jeune femme d'origine urbaine, loge dans son appartement de fonction, bien que la localité soit réduite à quelques maisons. « *Pourquoi habiter au chef-lieu ? Il n'y a guère de différence !* »[13]. Viverols, le chef-lieu de canton, offre en effet peu de services. Ces deux cas permettent de préciser l'isolement des structures scolaires de ces montagnes, où les services s'effacent et quittent aujourd'hui les villages et les bourgs.

Fig. 4 - Secteurs montagnards animés par le réseau des bourgs-centres

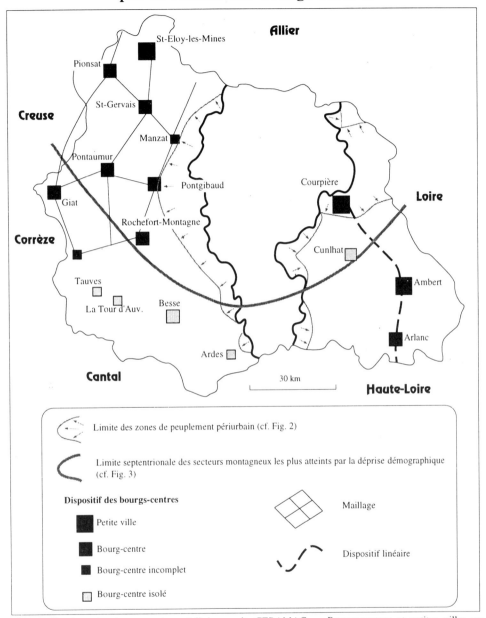

(D'après l'analyse des bourgs-centres réalisée par le CERAMAC, « Bourgs-centres et petites villes en Auvergne », octobre 1993. Au-dessous de 800 m, le maintien de l'agriculture a évité un délestage complet de la démographie, et préservé les anciens sites de marché, devenus bourgs-centres. Les nébuleuses industrielles et touristiques du Thiernois et de la Haute Dordogne ne figurent pas ici).

Le maillage des bourgs-centres

Entre les deux extrêmes que représentent ces montagnes
« rudes » d'une part et les montagnes « périurbaines » d'autre
part, la troisième portion du territoire présente un tableau
« intermédiaire », aux deux sens du terme : « intermédiaire »
à l'intérieur même des hauts pays, autour d'Arlanc, d'Ambert,
de Besse-en-Chandesse ; « intermédiaire » démographiquement : les densités ne tombent pas au-dessous de dix
habitants au kilomètre carré et sont souvent comprises entre
dix et trente habitants au kilomètre carré. Cette relative bonne
tenue s'explique par le fait que l'agriculture n'a pas autant
reculé ici devant la friche ou la forêt, que sur les reliefs plus
disséqués et plus enclavés. Le poids des activités agricoles y va
de pair avec le maintien de services dans les bourgs-centres.
Rares sur les plus hautes terres, ces derniers trouvent dans ce
milieu leur domaine d'élection.

> « Le bourg-centre se définit par deux caractéristiques :
> • il possède des équipements tertiaires de premier et
> de second niveaux ;
> • il draine la clientèle des communes périphériques et
> polarise un espace plus ou moins vaste »[14].

C'est sur le plateau de l'Ouest que s'est établi le maillage le
plus régulier de bourgs-centres. Chacun exerce une emprise
plus ou moins forte sur les communes environnantes, en offrant
des services de base (poste, boulangerie, boucherie...) et des
services auxquels on a recours de façon plus exceptionnelle
(médecin, fleuriste, etc.). Au cœur de ce dispositif, dans les
Combrailles, l'organisation territoriale qui s'est instaurée au
profit de Saint-Gervais-d'Auvergne (1 500 habitants) donne un
bon exemple de cette hiérarchie et de sa fragilité. Autour de
Saint-Gervais, gravitent une nébuleuse de villages, de microcommunes et une minuscule station thermale : au total, une
dizaine de communes dont quatre ont moins de deux cents
habitants, et trois n'ont pas d'école ; les naissances sont moins
nombreuses que les décès et, d'une façon générale, dans cette

zone, la densité, bien qu'elle soit supérieure à celle des hautes terres les moins peuplées, cache le même problème de vieillissement. L'agriculture ne suffit pas à maintenir une demande qui justifierait les services des bourgs. La plupart d'entre eux misent cependant sur leur fonction scolaire ; ils voient **dans le bon état de leur école l'affirmation de leur service le plus solide** et cherchent à le soutenir, même si les inscriptions s'amenuisent. Dans ce troisième domaine montagnard, les écoles sont donc dans une situation paradoxale : nombreuses sur le terrain en tant que service de base, bien présentes dans les bourgs-centres où elles entrent dans une gamme de services assez complète, elles sont cependant très fragilisées par l'incertitude démographique. Cette situation est fréquente à l'ouest (cf. Fig. 4). Elle concerne le pays de Saint-Gervais-d'Auvergne, mais aussi ceux de Pionsat, Pontaumur, Rochefort-Montagne, etc. A l'est, seuls Saint-Dier-d'Auvergne et Cunlhat représentent, ce même type de petits centres qui tentent de limiter les pertes et forment des îlots de résistance à l'intérieur des territoires. En fait, on retrouve là une vieille constante de la géographie locale, le contraste entre est et ouest.

B - DES SOCIÉTÉS MONTAGNARDES DIFFÉRENTES À L'EST ET À L'OUEST

Une distinction séculaire

La distinction entre les plateaux et les Monts d'Auvergne à l'ouest d'une part, et les massifs et bassins de l'est d'autre part, est un trait majeur de la géographie du Puy-de-Dôme. La topographie s'y prête : à la latitude de ce département, les hautes terres du Massif central s'ouvrent en deux masses symétriques de part et d'autre du Val d'Allier, le socle étant coupé par les bassins limagnais. D'un côté, la montagne volcanique s'élève, en empilements de cendres et de coulées jusqu'à 1 800 m ; de l'autre, les horsts cristallins atteignent plus de 1 600 m ; la plupart des plateaux à l'ouest comme à l'est, dépassent 700 m. A ces altitudes, très comparables (Fig. 5), correspondent des milieux de vie nettement différents. Tant que les montagnes ont fourni la majorité des promotions de l'école normale de Clermont-Ferrand, la distinction a été nette dans l'esprit des enseignants. Bon nombre demandaient une première nomination dans la montagne dont ils étaient originaires, puis cherchaient à glisser vers Clermont-Ferrand. Les trajectoires professionnelles suivaient donc des gradients, orientés d'est en ouest ou d'ouest en est, à travers la montagne, jusqu'à Clermont, qu'elles ne dépassaient pas. Pour un enseignant qui descendait du Livradois en 1960, s'installer à Cournon était très souhaitable et à Clermont davantage encore. Ceyrat paraissait loin, « à l'ombre de la montagne » , Saint-Genès-Champanelle et Nébouzat, inaccessibles, voire étrangers[15], comme si la rusticité de la rive gauche de l'Allier différait de celle de la rive droite ! Nombre d'enseignants restaient même fidèles, toute leur carrière, à de petits pays, l'Ambertois, la montagne de Thiers, les Combrailles, les Monts Dore dont les caractéristiques naturelles et les traits culturels étaient - et sont restés - très marqués.

La part différente des trois secteurs d'activité

Dès les années soixante, André Fel a analysé les organisations territoriales créées par les paysanneries traditionnelles et les crises qui ont jalonné le passage du surpeuplement à la débâcle. Son analyse[16] débouche sur les questions fondamentales que se posent actuellement les chercheurs du CERAMAC : où l'agriculture peut-elle se maintenir avec des **systèmes régionaux** de production et où se renouvelle-t-elle simplement par **points**, en fonction d'initiatives individuelles qui ont heureusement abouti ? A travers ce problème de la reprise des exploitations, se pose celui de l'installation des jeunes couples et donc d'un certain nombre d'écoliers. A l'est, la petite culture de seigle et de pommes de terre qui atteignait la lisière des bois a disparu complètement. Les agriculteurs sont peu nombreux. Le « *problème n'est pas notre exploitation, qui peut se maintenir, mais celui de son environnement* » affirme, en conclusion d'une enquête, l'exploitant d'une ferme-auberge à Saint-Anthème. Il commence

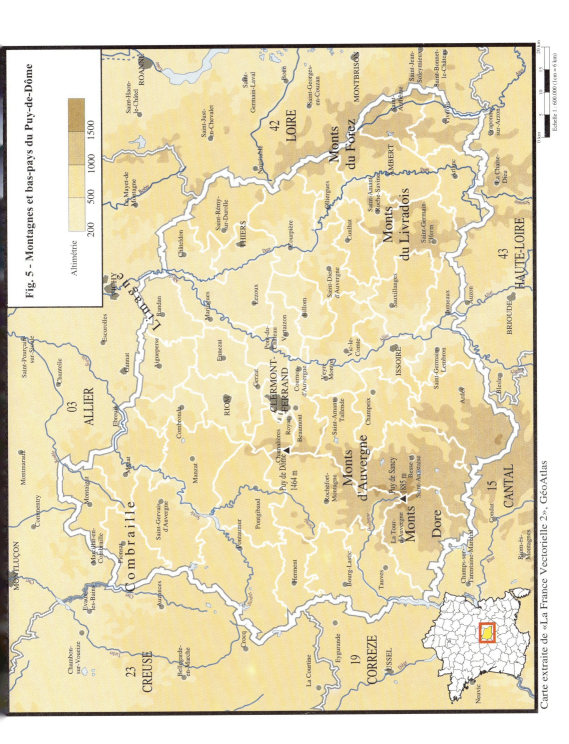

Fig. 5 - Montagnes et bas-pays du Puy-de-Dôme

Altimétrie

200 500 1000 1500

Carte extraite de «La France Vectorielle 2», GéoAtlas

Echelle 1 : 600 000 (1cm = 6 km)

à douter de la possibilité d'une reprise dans un « pays » qui n'est plus agricole et où l'environnement se dégrade. A l'ouest, le « pays » est indiscutablement mieux tenu et orienté vers l'élevage, à viande ou à lait, dans les Combrailles comme dans la montagne herbagère. Un fait, à la frontière des « mondes » enseignant et agricole, nous paraît significatif de l'image que les hautes terres de l'ouest peuvent donner d'elles-mêmes : en 1994, des agriculteurs de la FDSEA et des enseignants adhérents à l'Office Central de la Coopération à l'Ecole (OCCE) ont lancé, sous le nom de « couleur paille »[17], un projet de visites à la ferme, destinées aux écoliers. C'est une commune du canton de Rochefort-Montagne qui a été choisie pour inaugurer cette initiative et la faire connaître par la presse au grand public. Il n'était sans doute pas si facile de trouver dans le Puy-de-Dôme, côte à côte, deux couples d'exploitants jeunes qui puissent montrer à une cinquantaine d'enfants les nouveaux modes de travail, et une salle polyvalente pour organiser la réception de cent cinquante invités ! La montagne de l'ouest se veut agricole, celle de l'est industrieuse, si ce n'est industrielle : la localisation de l'industrie renforce ce clivage.

« On est bien loin du mythe d'une industrie désuète, exploitant quelques ressources naturelles locales. Reste cependant une faiblesse : le grand déséquilibre géographique de l'industrialisation. C'est en effet une véritable fracture qui oppose les montagnes orientales, aux activités diversifiées, aux PMI nombreuses, souvent rassemblées dans de véritables aires industrielles, et les massifs occidentaux au tissu beaucoup plus clairsemé, faiblement diversifié, quand l'industrie ne disparaît pas presque totalement d'un ensemble de plusieurs cantons ». Le tableau que M. Fournier[18] dresse pour l'Auvergne vaut pour le Puy-de-Dôme. Les hautes terres de l'est et de l'ouest n'ont qu'un trait commun : la grande industrie y est présente par deux gros établissements, isolés en pleine campagne, l'aciérie des Ancizes à l'ouest (1 400 emplois en 1994), l'usine de parachimie de Vertolaye à l'est (650 emplois en 1994). Ces implantations mises à part, on ne discerne qu'un seul pôle industriel sur toute la partie occidentale, le bassin reconverti de Saint-Eloy, alors que les **PMI animent une nébuleuse** de localités dans la

montagne thiernoise, dans les bassins de La Dore, à Ambert et même au-delà ; au hasard des créations, on les trouve jusque dans des villages (Fournols, Viverols, le Brugeron, etc.) à 800 m, voire 900 m d'altitude. Les activités industrielles apportent, dans ces montagnes en crise, un soutien démographique certain, qu'il s'agisse d'emplois maintenus sur place ou occupés par la main-d'œuvre immigrée. Les écoles y ont trouvé un complément d'inscriptions. Cas extrême, en 1996-97, les deux classes des Sarraix, dans un village de montagne couronné d'antennes paraboliques, ont même un recrutement d'origine turque à 100 %[19] (18 élèves en préélémentaire, 12 en élémentaire). L'industrie crée, en milieu rural, des conditions scolaires qui s'apparentent à celles de banlieues urbaines, et ont justifié le classement en Zone d'Education Prioritaire de la montagne thiernoise.

Le tourisme a pris deux formes : l'est ne connaît que des formes diffuses, auxquelles le Parc Livradois-Forez tente de donner une certaine cohérence, en fonction de l'imaginaire des nouveaux clients[20] ; l'originalité de l'ouest tient au fait que les offres atomisées voisinent avec des enclaves créées par le thermalisme, par le tourisme d'été puis par les sports d'hiver. Le cadre de vie est franchement urbain le long de quelques rues de La Bourboule ; le style de la vie citadine s'impose au rythme des saisons, à Saint-Nectaire ou à Besse. Ces **enclaves urbaines en pleine nature** constituent autant de points d'ancrage pour les activités scolaires. « *Nous nous déplaçons chaque trimestre pour aller voir un film au Roxy* » (la salle de projection de La Bourboule) nous signale une institutrice du canton de Bourg-Lastic ; « *nous avons chaque année un programme d'initiation à la natation et nous avons le choix entre le bassin de La Bourboule et celui de Saint-Sauves, installé dans un centre de vacances* ». Ainsi, à quelques kilomètres des stations, dans les montagnes les plus élevées, le tourisme contribue-t-il à « urbaniser » les pratiques scolaires. Qui plus est, le caractère villageois des localités, même les plus petites, est oblitéré par les allers et venues de quelques skieurs ou de quelques estivants. Les professeurs d'école ressentent moins la rusticité de leur environnement à 1 000 mètres dans les Monts

Dore qu'à 600 mètres dans les Combrailles. Indirectement, le tourisme leur offre d'autres représentations de la montagne. En 1994, quand le jeune directeur d'école du Mont Dore a proposé à ses collègues et à la municipalité de donner un nom à son école, l'accord s'est rapidement fait sur « Ecole du Sancy », en référence à l'altitude et au domaine skiable (« *d'ailleurs, précise-t-on, les enfants des membres du « peloton de montagne » sont inscrits ici* »). L'école s'identifie par rapport à la station de sports d'hiver. A l'est, ce modèle de référence n'existe pas. En 1996-97, les écoles de la montagne d'Ambert ont créé un projet commun qui a consisté à concevoir et décrire des randonnées. Satisfait de son travail qui propose l'accès à un site géologique proche de son école, un enfant de dix ans s'est pourtant inquiété : « *Il ne faudrait pas faire lire mon itinéraire aux Parisiens !* » et de préciser : « *ils ne comprennent rien et il risquent de tout casser* ». Le monde urbain, pour lui, est un « ailleurs » et une menace. On retrouve là, à nouveau, la forte opposition entre les genres de vie de l'ouest et de l'est de la montagne. Les montagnes et plateaux de l'ouest sont des terres d'exploitants agricoles, où se logent quelques noyaux de caractère urbain : Saint-Eloy-les-Mines, les Ancizes, et les stations thermales ou touristiques des Monts-Dore. Dans les montagnes et plateaux de l'est, à l'exclusion du bassin d'Ambert, l'extension de la forêt a « fermé » le paysage agricole, tandis que l'industrie traditionnelle reste dispersée et le tourisme très atomisé. En dépit d'un secteur secondaire relativement important, le monde urbain est lointain.

Il y a cependant, entre ces deux milieux, des caractéristiques communes. Les professeurs d'école qui, pour la plupart, ne sont pas originaires de la montagne, les repèrent aisément. Elles tiennent à deux faits qui heurtent leurs habitudes urbaines : d'une part aux handicaps du climat, dont souffre la circulation, d'autre part au découpage du territoire en petites unités de vie. Ce sont là des traits communs à tout milieu montagnard dont il convient ici de préciser la déclinaison auvergnate.

Fig. 6 - Données climatiques

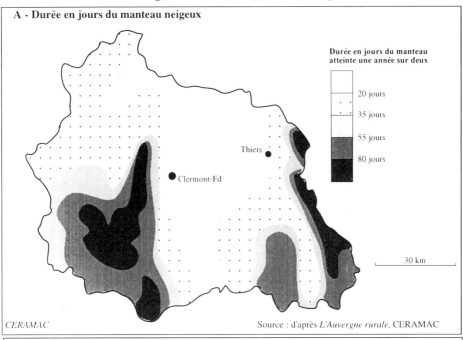

A - Durée en jours du manteau neigeux

Durée en jours du manteau atteinte une année sur deux

20 jours
35 jours
55 jours
80 jours

Thiers

Clermont-Fd

30 km

CERAMAC

Source : d'après *L'Auvergne rurale*, CERAMAC

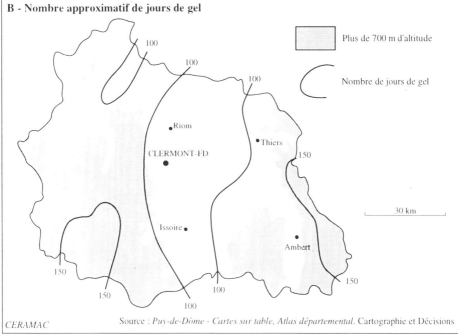

B - Nombre approximatif de jours de gel

Plus de 700 m d'altitude

Nombre de jours de gel

100
100
100

Riom

CLERMONT-FD

Thiers
150

Issoire

Ambert

150

150
150
100
100

30 km

CERAMAC

Source : *Puy-de-Dôme - Cartes sur table, Atlas départemental*. Cartographie et Décisions

C - QUE RESTE-T-IL DE L'ISOLEMENT MONTAGNARD ?

L'objectif de ces pages n'est pas d'inclure une étude sur le climat de l'Auvergne : peu importe, pour le milieu scolaire, que les masses d'air océaniques rendent le mois d'août incertain ! C'est la qualité du temps de septembre à juin qui nous intéresse ici. Le printemps est océanique, humide et frais, avec des températures dont la faiblesse est aggravée par l'altitude. Les projets scolaires, qui incluent des études de milieu au-dessus de 800 m en mai et juin, courent un risque certain car les flux d'air océaniques s'accompagnent sur les pentes de brouillards durables. Les classes « vertes » conviennent moins bien à la montagne du Puy-de-Dôme que les classes « rousses ». L'automne est, en effet, plus gai, car, par temps anticyclonique, la montagne bénéficie d'un bon ensoleillement, par dessus les brouillards et les plafonds de nuages qui couvrent les bassins. Le beau temps montagnard, générateur d'inversion de températures, se reproduit pendant les situations anticycloniques d'hiver, mais le trait majeur du climat est bien la rigueur de la mauvaise saison, qui est froide, neigeuse (cf. Fig. 6 A) et ventée. Plusieurs facteurs y contribuent : l'altitude, la disposition en barrières méridiennes qui reçoivent « de plein fouet » les masses d'air humide, l'ouverture du relief au nord, qui permet des invasions d'air froid accompagnées de tourmentes de neige.

Des vies scolaires aux prises avec de rudes temps d'hiver

La plupart des écoles se situent dans la zone qui connaît cent à cent cinquante jours de gel par an (cf. Fig. 6 B). Quelques-unes, dans les Monts Dore et les Monts du Forez, ont été construites jusque dans l'étage qui subit des gelées blanches l'été. Autour de 1 000 m, le mois de juillet est le seul qui ne connaisse pas d'averse de neige. Les températures les plus rigoureuses de l'hiver ne s'enregistrent pas sur les plus hautes pentes, mais dans les petits bassins intramontagnards où l'air froid s'accumule et où le thermomètre peut chuter en-dessous de moins 20°, à l'ouest (plateau de Gelles entre les Dômes et la

Combraille) comme à l'est (haut bassin de Saint-Anthème). Ces dépressions intramontagnardes étaient les sites traditionnels des villages, et restent donc ceux des écoles. Pour autant, a-t-on donc froid dans les écoles du Puy-de-Dôme ? Les enseignants en fin de carrière rappellent volontiers de durs hivers : en nous faisant visiter une mairie de l'Artense, on nous montre encore le couloir où l'eau gelait, il y a vingt ans. Le souvenir d'incidents semblables est fréquent, d'autant plus que les vastes bâtisses scolaires du XIXe siècle étaient construites sur des modèles néoclassiques peu adaptés aux rigueurs du climat. Que reste-t-il du froid hivernal en 1995 ? Tout dépend évidemment de la qualité de l'isolation et du chauffage. Une classe unique de l'Ambertois est encore équipée d'un poêle à charbon, à la grande stupeur de la jeune professeur d'école qui redoute les températures des matins. Ailleurs, le problème est mieux résolu, mais salles de classe et appartements disposent d'un confort thermique inégal.

Les chutes de neige créent un handicap certain. La neige couvre le sol pendant plus de cinquante-cinq jours dans les Monts Dore, le Cézallier, le Haut Livradois et sur toute l'échine du Haut-Forez. Le manteau n'est cependant jamais durable ; la gêne véritable provient de la fréquence des précipitations neigeuses et surtout des tourmentes qui accompagnent les invasions d'air froid. Leur ampleur est imprévisible. « *Il n'y a guère plus d'un mois de difficile à passer* », nous dit le professeur d'école de Saillant (900 m d'altitude, près de Viverols au sud-est du département). « *En février 1996, la gendarmerie a signalé qu'on ne procéderait pas au ramassage scolaire à cause de la tourmente. C'est impressionnant. Ce qui est fréquent, c'est la crainte de ne pas circuler* ». Une fois par semaine, les quelques professeurs d'écoles isolées dans ce milieu se reçoivent. « *Nous commençons par passer un temps fou au téléphone à nous demander s'il sera possible de revenir le lendemain matin* ». Le problème est celui de la maîtrise du déneigement par les collectivités locales : les grands axes sont maintenus ouverts par la Direction Départementale de l'Equipement ; les voies locales empruntées par les transports d'enfants sont du ressort des municipalités. Une institutrice de

Rochefort-Montagne, qui habite à quatre kilomètres du bourg, est obligée d'effectuer une vingtaine de kilomètres si elle doit emprunter les axes dégagés pour ouvrir sa classe à neuf heures. La neige n'est pas assez durable pour imposer de vivre près de l'école, elle est assez fréquente pour gêner les déplacements et le problème de l'état des routes freine les initiatives de regroupement scolaire. Il contribue à renforcer le cloisonnement que le relief et la forêt ont bien préparé par ailleurs.

Des espaces scolaires découpés en terroirs discontinus

La discontinuité des terroirs aménagés est un trait commun à tous les domaines montagnards. Elle est due aux incisions des vallées, à la variété des microclimats et des sols, et à l'extension des forêts, dont les sapinières, qui trouvent en Livradois, entre 900 et 1 200 mètres d'altitude, leur optimum climatique. Enfin, la succession sur les versants les plus longs de pentes et de replats, et l'alternance dans les plateaux, de croupes convexes dont les « dos » sont les sites de villages, ont contribué à la fragmentation des espaces de vie. Ces traits, apparemment éloignés de la géographie scolaire, la concernent en fait à deux échelles. D'une part, ces discontinuités sont souvent soulignées par l'alternance des bois et des finages, qui ont fixé le maillage scolaire de la Troisième République. A l'échelle de la dizaine ou de quelques dizaines de kilomètres, volumes montagneux, pentes et forêts délimitent des espaces entre lesquels il y a encore actuellement peu d'échanges quotidiens - donc dont les limites sont rarement transgressées par les transports scolaires. Le pays de Saint-Gervais-d'Auvergne (Fig. 7) est un bon exemple de cette discontinuité spécifique aux zones d'altitude moyenne : c'est un plateau, isolé du pays de Pionsat, à l'ouest, par une ligne de hauteurs boisées, et terminé au sud-est par la vallée encaissée de la Sioule. On retrouve une disposition semblable, à l'ouest, dans le pays de Pionsat, entre le « bois » et la vallée du Cher ou dans le pays de Bourg-Lastic, entre la forêt de l'Eclache et la gorge du Chavanon, etc.

Les grandes lignes directrices sur lesquelles s'articulent ces discontinuités territoriales sont aisément repérables. Au nord-

Fig. 7 - Discontinuités territoriales
à moyenne altitude

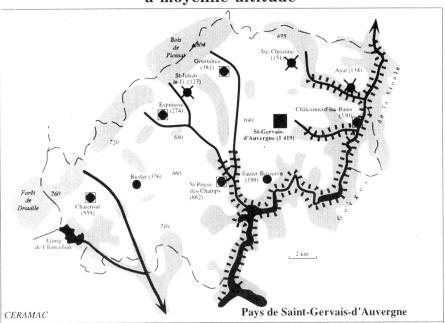

CERAMAC

Pays de Saint-Gervais-d'Auvergne

804   Cote d'altitude

(381)   Population communale (RGP 1990)

◼   Bourg-centre complet (1 collège public, 1 école élémentaire, 1 école maternelle)

◉   Chef-lieu de commune disposant d'une école à 2 classes

●   Chef-lieu de commune disposant d'une école à classe unique

✖   Chef-lieu de commune sans école

   Surface boisée

Source : DOSS Inspection Académique 1995

Bloqué entre l'échine qui porte les «Bois de Pionsat» et les gorges de la Sioule, le plateau est séparé par un ravin en deux parties jumelles, l'une autour de Saint-Gervais, l'autre autour de Saint-Priest-des-Champs. A l'amont (au nord-ouest), cinq clairières de défrichement entament la lisière des bois. Quatre d'entre elles ont gardé leur école.

ouest, le fait majeur est la coupure de la Sioule en aval de Pontgibaud : il n'y a qu'une école au fond de la vallée, sur le site exceptionnel du village thermal de Châteauneuf-les-Bains, et le pont de Menat est l'unique passage qui permette aux écoliers de changer de rive. Au sud-ouest, le volume montagneux des Monts Dore isole l'Artense et le plateau d'Egliseneuve-d'Entraigues du reste du département. Les vallées, en revanche, sont des lieux de vie, avec un équipement scolaire correct. Certaines sont larges comme l'auge de la Haute Dordogne, d'autres constitués de chapelets de gorges et de bassins comme celles des Couzes, qui découpent en échines parallèles le versant de la montagne volcanique et l'abrupt du plateau.

A l'est du département, les deux vallées de la Dore et de la Durolle, bien que morphologiquement très différentes, constituent deux couloirs essentiels. L'axe de la Dore, avec sa succession de bassins et gorges est la partie vivante du Livradois-Forez : il dispose de toutes les écoles maternelles de ce secteur ! Il en est de même pour la haute vallée de la Durolle qui est suivie par l'autoroute reliant Clermont à Lyon, et constitue dans son secteur amont une longue clairière, animée par des industries rurales : la dernière zone industrielle, créée sur la sortie de « Thiers-est » s'étend jusqu'à l'orée des pessières et des sapinières. La forêt, en effet, renforce ici l'impression de fermeture que le relief, très compact, donne dès que l'on quitte les deux vallées. Le taux de boisement dépasse 40 % dans le Haut Livradois et sur les bois Noirs. Une école est encore ouverte dans le hameau de Pitelet (commune de Saint-Victor-Monvianeix) à l'amont d'un ravin qui descend sur la Dore : elle n'est accessible d'aucun côté sans que l'on ait à franchir quelques kilomètres de forêts. Le hameau lui-même ne compte pas dix maisons. Il est l'exemple extrême de l'adaptation du réseau scolaire au maillage des clairières. Celles-ci sont de toutes dimensions, ouvertes tantôt dans des bassins tectoniques créés par des fractures du socle, tantôt dans des élargissements de vallées, tantôt à l'amont dans les secteurs où le cours des ruisseaux n'est pas encaissé. Ces clairières sont à toutes altitudes. En Livradois-Forez, les jeunes professeurs d'école qui arrivent de Clermont ont l'impression de pénétrer dans un monde clos à 450 m d'altitude dès le bassin de Saint-Dier-d'Auvergne, dont le fond couché en herbe est cerné par les reboisements des pentes. Arrivés à 800 m d'altitude, dans la clairière de Vollore-Montagne, que quelques ateliers et scieries maintiennent ouverte, ils s'étonnent de découvrir un paysage qui évoque les Vosges[21].

Dans cet ensemble très compact, le bassin d'Ambert, dont les dimensions sont bien supérieures à celles des autres, fait figure de lieu central pour l'angle sud-est du département. Il est important et assez isolé pour détenir le seul siège de l'inspection de l'Education Nationale qui soit situé en milieu montagnard[22]. Villages, bourgs et écoles se répartissent entre trois situations : les écoles majeures sont installées dans le bassin d'Ambert, et le long du Val de la Dore ; les bassins montagnards (Saint-Anthème, Saint-Amant-Roche-Savine) et les têtes de vallées, en amont des gorges (Saint-Germain-l'Herm, Fournols), ont fixé des écoles à trois classes ; entre ces deux strates, le découpage du relief par les ruisseaux qui descendent sur la Dore et sur l'Allier est extrême. Les lieux de vie et de scolarité se sont multipliés sur les pentes raides, où l'isolement les protège : en 1998, la commune de Saint-Etienne-sur-Usson tient encore deux écoles ouvertes pour une vingtaine d'élèves ; ce sont deux classes uniques à tous niveaux, distantes de trois kilomètres à vol d'oiseau mais de douze kilomètres par la route ! Les vallées supérieures de la Dore et de la Dolore ont été équipées, jusqu'en 1996, de six petites écoles, qui desservent six communes et un nombre bien supérieur de lieux-dits. Il existe ainsi un paysage scolaire montagnard dont les points d'ancrage ne peuvent se comprendre sans faire référence aux pentes et à la dissection du relief.

CONCLUSION

Les hautes terres du Puy-de-Dôme offrent ainsi au service scolaire des environnements divers, constamment remaniés par des forces antagonistes qui tendent à rassembler les activités ou à préserver leur dispersion. Si la distinction entre les milieux transformés par l'« urbanité » et les autres est aujourd'hui

fondamentale, nombreux sont les enseignants qui se sont référés ou se réfèrent encore à l'opposition entre les pays verts de l'ouest, et les plateaux forestiers de l'est, préférant soit les milieux où la vie se maintient grâce au renouveau agricole et au tourisme, soit ceux où l'industrie se diffuse dans les clairières montagnardes. Quelles que soient les qualités de ces mondes ruraux, le cadre de vie est cependant resté partout organisé autour de **petites unités**, hameaux ou villages ; les villes sont rares, peu étoffées, et dans les espaces les plus enclavés, paraissent bien lointaines.

Jouent en faveur du développement des points forts l'attraction des quelques villes intramontagnardes, l'auréole de périurbanisation qui confère au plateau des Dômes une fonction de banlieue clermontoise, ainsi que l'isolement du bassin d'Ambert, où la petite ville doit assumer tous les services défaillants en montagne. A l'inverse, les contraintes physiques du milieu montagnard, la dispersion des petites et moyennes entreprises, et le goût des néoruraux pour les décors villageois ont contribué à l'émiettement des lieux de vie. L'état actuel de l'école reflète cette contradiction. L'idée que les habitants se font de l'enclavement et de la qualité d'un service pédagogique a contribué soit à maintenir des écoles logées dans des espaces exigus, soit, plus rarement, à renforcer des structures plus étoffées.

II - LA COUVERTURE SCOLAIRE MONTAGNARDE[23]

Avec 247 écoles en 1993, la couverture scolaire des montagnes est apparemment bien fournie. Elle est cependant très inégale. Le parc scolaire comprend des structures qui offrent entre une et dix-sept classes. Les effectifs inscrits dans une école vont de sept élèves (école de Vodable en 1993-94) à 375 élèves (école Henri Pourrat d'Ambert, même année). Tout en respectant les règles du système éducatif, les enseignants ont adapté leurs modes de fonctionnement aux effectifs et au nombre de classes. Leurs « façons d'être » avec les élèves, et leurs projets sont incontestablement plus variés qu'en ville[24].

Pour une bonne part des observateurs externes ou des usagers, cette diversité est ressentie comme allant de soi. « *A petit village, petite école et petites gens* » et « *à gros bourg, structure scolaire plus importante, et plus vaste palette d'activités* ». Pour les acteurs de terrain, la multiplication des formes prises par la vie scolaire est un élément de débat. Les uns y voient incohérences et inégalités, les autres richesses pédagogiques et possibilité de choix des parents et enseignants. Pour une description raisonnée du système, on cherchera dans cette hétérométrie, les indices de fragilité ou de bonne tenue territoriale.

Méthodologiquement, cet exposé des formes diverses que l'accueil scolaire a revêtues en montagne, nécessite un double repérage : il est indispensable d'identifier les types d'écoles, avant de les placer, les unes par rapport aux autres, dans le réseau scolaire et le maillage administratif dont elles dépendent. On procède donc, d'abord, à un inventaire des pièces qui constituent la nébuleuse scolaire, et qui relèvent, pour neuf d'entre elles sur dix, du service public : en 1993, le territoire de cette étude dispose de vingt-cinq écoles privées et deux cent vingt-deux écoles publiques. C'est donc par la présentation des deux parcs scolaires qu'il convient d'aborder cette question

A - L'OFFRE SCOLAIRE

L'offre scolaire **privée** est limitée dans les montagnes à vingt-cinq implantations[25] (cf. Fig. 8). C'est la partie mineure d'un réseau de cinquante-six écoles dont les établissements urbains sont très importants. Clermont-Ferrand et Chamalières disposent de huit écoles privées, dont sept ont de douze à quinze classes. Le plus grand établissement privé montagnard est l'école Saint-Joseph d'Ambert, avec neuf classes en 1993 et seulement huit en 1996. Dans l'ensemble des hautes terres, le dispositif est concentré sur des établissements de quatre à huit classes, qui desservent les localités les **plus urbanisées**. Le village périurbain d'Orcines a huit classes ; les villages de Celles-sur-Durolle et Arlanc dans la nébuleuse thiernoise et la vallée de la Dore ont cinq classes ; les centres qui leur sont

Fig. 8 - La discontinuité de l'offre scolaire privée dans les montagnes du Puy-de-Dôme

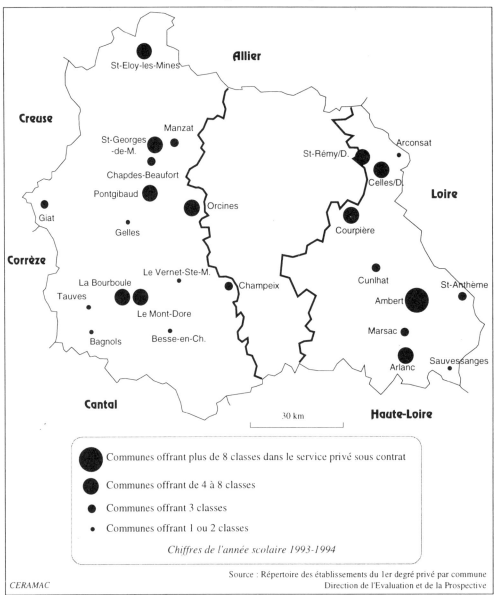

Allier

Creuse

St-Eloy-les-Mines

Manzat

St-Georges
-de-M.

Arconsat

St-Rémy/D.

Chapdes-Beaufort

Celles/D.

Pontgibaud

Loire

Giat

Orcines

Gelles

Courpière

Corrèze

Le Vernet-Ste-M.

La Bourboule

Champeix

Cunlhat

St-Anthème

Tauves

Ambert

Le Mont-Dore

Marsac

Bagnols

Besse-en-Ch.

Sauvessanges

Arlanc

Cantal

30 km

Haute-Loire

⬤ Communes offrant plus de 8 classes dans le service privé sous contrat

● Communes offrant de 4 à 8 classes

• Communes offrant 3 classes

· Communes offrant 1 ou 2 classes

Chiffres de l'année scolaire 1993-1994

Source : Répertoire des établissements du 1er degré privé par commune
Direction de l'Evaluation et de la Prospective

CERAMAC

voisins, Saint-Rémy-sur-Durolle et Courpière ont huit classes. Le service privé propose un réseau adapté à la société non paysanne de la montagne.

Il reste cependant aussi un **service de bourgs et villages-centres**, souvent des chefs-lieux de canton, avec des structures à trois classes, considérés en montagne de « bonne taille ». Notre Dame de Pontgibaud émerge de ce lot dont elle est cependant très représentative, avec quatre classes en 1993. Ce module « 3 classes » comprend Champeix, Cunlhat, Mauzat, Saint-Anthème, Giat. N'y accèdent pas Tauves ni Besse. Quant au village de Gelles, il a perdu, dès la rentrée de 1994, son école privée à une classe. Le service privé ignore les classes uniques, et n'est pas un service de petit village, sauf dans des conditions locales exceptionnelles comme au Vernet-Sainte-Marguerite[26] : dans ce village qui avait reçu une école léguée au XIXe siècle par des personnes pieuses, l'histoire de l'école privée et celle de la communauté paysanne sont restées très liées ; Bagnols dans l'Artense, Sauvessanges aux confins de la Haute-Loire, ont gardé l'empreinte d'une tradition catholique[27] forte. De vastes zones, en revanche, ne disposent pas de service privé : c'est le cas du canton de Pionsat, marqué par une tradition socialiste et laïque, et des zones les plus dépeuplées. Les écoles privées sont plus nombreuses à l'ouest, pour un nombre d'élèves inférieur. Elles reçoivent 12 % des effectifs scolaires de l'ouest, alors que 88 % sont inscrits dans le service public, et 18 % des élèves de l'est les fréquentent. Les établissements de la partie occidentale sont plus petits, et leurs classes moins peuplées (cf. Tab. 2 et 3). Le service privé aggrave un contraste que l'on va retrouver, moins prononcé, dans le service public.

Les communes, qui offrent quatre classes ou plus dans le service **public**, concernent une partie très minoritaire du territoire montagnard. Leur localisation est sans surprise (cf. Fig. 9). Elles forment des constellations en amas sur la vallée de la Durolle (La Monnerie) et dans le bassin de Saint-Eloy-les-Mines, en chapelet qui s'amenuise vers l'amont à partir de Courpière en remontant la vallée de la Dore jusqu'à Ambert et au-delà. Elles occupent une plage assez vaste en Combraille, dans les Monts Dore et sur le plateau des Dômes, entre les Ancizes, La Bourboule et Saint-Genès-Champanelle. Dans ces ensembles plus amples et plus fournis, s'intercalent un semis de communes qui entretiennent une classe ou deux, trois au maximum. L'originalité scolaire du Puy-de-Dôme réside dans l'atomisation de l'offre. On retrouve ces très petites écoles partout : entre les communes mieux pourvues comme on vient de le voir en Sancy-Combrailles, isolées sur toutes les marges méridionales du département, accompagnées de quelques structures plus fortes à l'ouest (région de Giat par exemple).

Tab. 2 - Dénombrement des écoles selon leur taille (année scolaire 1993-94)

Total : 222 écoles publiques et 25 écoles privées

Enseignement public élémentaire (198 écoles)								
1 cl	2 cl	3 cl	4 cl	5 cl	6 cl	7 cl	+ de 7 cl	Total
Montagnes de l'ouest								
55 (42 %)	36 (27 %)	21 (16 %)	7 (5 %)	6	3*	2**	1***	131
*Les Ancizes, La Bourboule, Rochefort-Montagne **Saint-Genès-Champanelle, Saint-Georges-de-Mons ***Saint-Eloy-les-Mines (9 classes)								
Montagnes de l'est								
26 (38 %)	15 (22 %)	10 (14 %)	10 (15 %)	1	2*	1**	2***	67
*La Monnerie-Le Montel, Saint-Rémy-sur-Durolle **Chabreloche ***Ambert (17 classes), Courpière (15 classes)								

Enseignement public préélémentaire (24 écoles)					
Montagnes de l'ouest					
1 cl	2 cl	3 cl	4 cl	+ de 4 cl	Total
2	8	2	3	1*	16
*Saint-Eloy-les-Mines (5 classes)					
Montagnes de l'est					
3	1	2	0	2*	8
*Ambert (9 classes), Courpière (6 classes)					

Enseignement privé (25 écoles)								
1 cl	2 cl	3 cl	4 cl	5 cl	6 cl	7 cl	+de 7 cl	Total
Montagnes de l'ouest								
1	4	4	5	0	0	0	1*	15
*Orcines (8 classes)								
Montagnes de l'est								
0	2	3	0	2	1	0	2*	10
*Ambert (9 classes), Courpière (8 classes)								

Fig. 9 - L'atomisation de l'offre scolaire publique dans les montagnes du Puy-de-Dôme (Chiffres de l'année scolaire 1992-93)

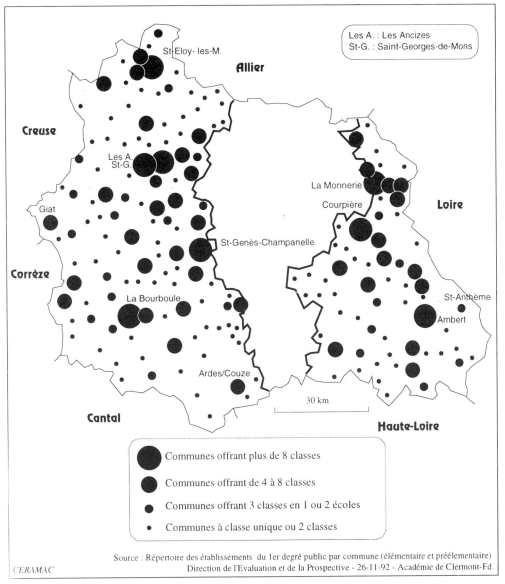

Les A. : Les Ancizes
St-G. : Saint-Georges-de-Mons

Allier

Creuse

St-Eloy- les-M.

Les A.
St-G.

Giat

La Monnerie

Courpière

Loire

St-Genès-Champanelle

Corrèze

La Bourboule

St-Anthème

Ambert

Ardes/Couze

30 km

Cantal

Haute-Loire

● Communes offrant plus de 8 classes

● Communes offrant de 4 à 8 classes

• Communes offrant 3 classes en 1 ou 2 écoles

· Communes à classe unique ou 2 classes

Source : Répertoire des établissements du 1er degré public par commune (élémentaire et préélementaire)
Direction de l'Evaluation et de la Prospective - 26-11-92 - Académie de Clermont-Fd

CERAMAC

La dispersion du service concerne les deux tiers du parc scolaire public : cent trente-deux écoles élémentaires sur cent quatre-vingt-dix-huit ont seulement une ou deux classes. Fait plus étonnant encore, car elles ont été ouvertes dans les milieux les plus urbanisés de la montagne, quatorze écoles maternelles sur vingt-quatre sont dans ce cas. Contrairement aux idées reçues et qui ont encore cours dans ce département, la partie orientale n'est plus le terrain d'élection des petites structures : celles qui y restent sont peu demandées, souvent vacantes, redoutées des jeunes professeurs clermontois. La crainte qu'elles inspirent renforce une représentation collective erronée mais tenace. A l'ouest, nombre d'instituteurs issus du milieu local occupent de façon stable ces postes, que les Clermontois ignorent : pourtant, quatre-vingt-onze écoles élémentaires n'ont qu'une ou deux classes, dans un parc total de cent trente et une ! Connue ou pas, la surreprésentation des petites structures dans le parc scolaire est donc manifeste, le déséquilibre étant accentué par le fait que plus l'école est petite, plus les effectifs de chaque classe sont faibles.

Le tableau 3 se prête en fait à deux lectures. La première concerne les chiffres absolus : plus vaste, mais pas plus densément peuplé, l'ouest scolarise environ six mille élèves contre quatre mille à l'est. Cette demande s'adresse à l'enseignement public, mais se porte peu sur l'enseignement privé, qui inscrit le même nombre d'élèves d'un côté et de l'autre du département. La seconde précise la parcellisation du réseau occidental : le nombre de classes par école y est inférieur, et, surtout, les effectifs par classe sont, dans tous les cas, plus bas : on recense à l'ouest un élève de moins par classe élémentaire, deux de moins dans les classes maternelles, trois de moins dans le privé. Ces moyennes ne définissent cependant pas un type d'école : les écarts sont tels, entre les effectifs majeurs et ceux des plus petites classes uniques, que seule une répartition sur un histogramme permet d'avancer une typologie (cf. Fig. 10).

Tab. 3 - Nombre de classes et d'élèves
(écoles publiques élémentaires et préélémentaires
et écoles privées) dans chacune des parties Ouest
et Est des montagnes du Puy-de-Dôme
Année scolaire 1993-94

Effectif total montagnard = 11 864 élèves
Public = 10 151 (85,56 %) Privé = 1 713 (14,44 %)
Public Puy-de-Dôme 1993-94 = 51 708 élèves

Type d'écoles	Montagnes de l'Ouest		Montagnes de l'Est	
	Nb de classes	Nb d'élèves	Nb de classes	Nb d'élèves
Ecoles publiques élémentaires Ouest : 131 écoles Est : 67 écoles	289 Moyenne par école : 2,2 classes	5 128 Moyenne par école : 39,14 élèves Moyenne par classe : 17,74	182 Moyenne par école : 2,7 classes	3 403 Moyenne par école : 50,79 élèves Moyenne par classe : 18,69
Ecoles publiques préélémentaires Ouest : 16 écoles Est : 8 écoles	41 Moyenne par école : 2,56 classes	969 Moyenne par école : 60,56 Moyenne par classe : 23,63	26 Moyenne par école : 3,25 classes	651 Moyenne par école : 81,37 élèves Moyenne par classe : 25,03
Total public	330	6 097	208	4 054
Ecoles privées Ouest : 15 écoles Est : 10 écoles	49 Moyenne par école : 3,26 classes	831 Moyenne par école : 55,4 élèves Moyenne par classe : 16,95	46 Moyenne par école : 4,6 classes	882 Moyenne par école : 88,2 élèves Moyenne par classe : 19,17
Part du public et du privé		Sur un total de 6 928 élèves public : 88 % privé : 12 %		Sur un total de 4 936 élèves public : 82,1 % privé : 17,9 %

Typologie des cohortes scolaires montagnardes

La confection de cet histogramme des effectifs (cf. Fig. 10) a
posé un problème de définition des unités recensées. Le
recensement par école n'est pas satisfaisant car il sépare les
effectifs d'une école maternelle de ceux d'une école élémentaire
situées dans une même localité, alors que ceux d'une classe
enfantine sont comptés dans l'école élémentaire. Le
dénombrement a donc porté sur les effectifs scolaires publics de
chaque localité.

Fig. 10 - Classement des localités en fonction des effectifs de l'enseignement public
Année scolaire 1993-94

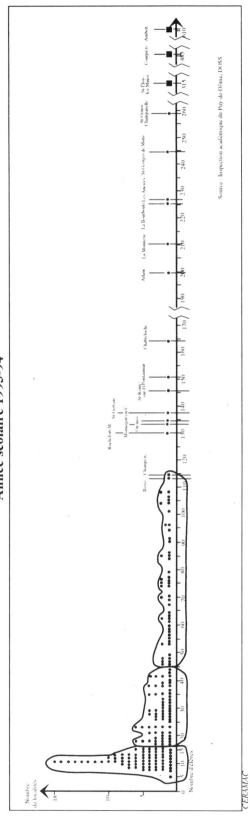

Source : Inspection académique du Puy-de-Dôme, DOSS

CERAMAC

Tab. 4 - Méthode de comptage
des effectifs scolaires

Ecole	Effectifs par école	Effectifs par localité
Effectifs publics		
Ambert élémentaire	375 élèves	611 élèves
Ambert maternelle	236 élèves	
Ambert hameau de la Chardie	7 élèves	7 élèves
Ambert hameau de Valeyre	13 élèves	13 élèves
Effectifs privés		
Ambert école St-Joseph	202 élèves	

Le critère des effectifs permet d'identifier, par groupement sur l'histogramme qui précède, **quatre « modèles »** d'écoles montagnardes. La pertinence de ces modèles a été confirmée par des enquêtes de terrain : à chacun correspondent un mode de vie scolaire et des rapports spécifiques avec le milieu : le critère numérique va de pair avec des types de comportement scolaire. Un premier seuil sur l'histogramme permet d'isoler le type le plus représenté en montagne et le plus homogène, celui des très petites écoles. Les effectifs inférieurs sont de l'ordre de cinq, six ou sept élèves. En 1993, Vodable, à quelques kilomètres d'Issoire, en inscrivait cinq ; la Chardie, dans la commune d'Ambert, sept. En 1996, ces deux écoles sont fermées, mais des effectifs du même ordre existent ailleurs : six élèves à Chastreix, sur un versant des Monts Dore, six aussi au Quartier, dans les hauteurs qui séparent Pionsat de Saint-Eloy, sept à Verneugheol à la limite de la Creuse. Certaines collectivités scolaires sont ainsi réduites aux dimensions de deux ou trois fratries : on est ici à mi-chemin entre l'espace domestique et l'espace public, et les enseignants s'efforcent à ne pas verser dans le premier.

Il n'y a évidemment pas de « barre » objective au-dessous de laquelle le service scolaire perdrait sa signification civique et se laisserait domestiquer. Les collectivités locales, cependant, ne s'y trompent pas, et essaient de maintenir une bonne dizaine d'inscriptions, comme si ce chiffre était garant d'un embryon de vie collective. En 1993, dix-huit écoles recrutaient onze élèves :

c'est la « pique » la plus haute de l'histogramme ! Six ans plus tard, le même fait s'observe, avec un renflement du nombre des écoles qui recrutent onze ou douze écoliers. Le chiffre médian des effectifs est de onze élèves pour ces microstructures. En-dessous, les écoles se sont maintenues grâce au moratoire des fermetures des services publics dans les communes rurales[28]. La survivance des deux plus petites écoles repérées sur l'histogramme précédent en a été le premier effet dans le département du Puy-de-Dôme : dans le milieu contrasté des montagnes du Puy-de-Dôme, le moratoire a ici commencé par servir à la défense de deux écoles situées à quelques minutes d'une ville[29] ! Les dispositions du moratoire ont été reprises dans la loi d'aménagement du territoire de 1995. Au-dessous de dix élèves, les autorités académiques ne prononcent pas de fermetures mais entament des négociations avec les maires. En 1997, on estime qu'une vingtaine d'écoles à classe unique sont maintenues au titre du moratoire (cf. Tab. 5) : trois sont situées dans la plaine et les collines bordières de la Limagne, mais dix-huit sont montagnardes ; les dispositions du moratoire sont donc, dans le Puy-de-Dôme, appliquées à l'équipement de secteurs bien spécifiques : dans onze cas, il s'agit de territoires isolés (Fayet Ronaye, Sauret-Besserve, Saint-Etienne-sur-Usson, Sainte-Agathe, Verneugheol, Briffons, Saint-Pierre-Colamine, Pitelet, Compains et Novacelles), dans la plupart des autres cas, on est relativement près, en distance ou en qualité de communication, d'un bourg ou d'une ville : la Crouzille proche de Saint-Eloy-les-Mines, Thiollières d'Ambert, Augnat de Saint-Germain-Lembron, etc. Enfin, dans quelques situations, les difficultés de terrain sont telles que le moratoire se trouve effectivement appliqué, alors qu'au sens strict, il pourrait ne pas l'être Ainsi, Saint-Etienne-sur-Usson maintient-elle son école qui n'est pas la seule de la commune, mais le relief qui coupe le territoire en deux la protège (cf. plus haut, chapitre 1).

Les « difficultés de terrain » sont d'un tout autre ordre dans la commune de Cisternes-la-Forêt, qui offre deux écoles à quatre kilomètres de distance : la coupure est ici créée par une tradition de rivalités entre le village et le hameau. A Laqueuille-gare, commune de Saint-Julien-Puy-Lavèze, la

Tab. 5 - Ecoles à classe unique maintenues au titre du moratoire à la rentrée scolaire 1997

Situation constatée au 01/09/1996
(enquête DE C4 n°96-246 du 01/10/96)

Commune d'implantation	Effectifs scolarisés écoles maintenues		Localisation
	constat R96	prév. R97	
Augnat	9	6	collines bordières
Chastreix	6	5	montagne ou plateau
Cisternes-la-Forêt*	9	10	ʺ
Combrailles	9	9	ʺ
Fayet-Ronaye	9	7	ʺ
Le Quartier	6	4	ʺ
Noalhat	8	5	plaine
Sauret-Besserve	8	7	montagne ou plateau
St-Bonnet-ès-Allier	9	7	plaine
St-Etienne-sur-Usson*	8	9	montagne ou plateau
St-Julien-Puy-Laveze Laqueuille Gare*	10	9	ʺ
Ste-Agathe	8	5	ʺ
Teilhet	8	8	ʺ
Thiollières	8	7	ʺ
Verneugheol	7	10	ʺ

Situation prévue à la rentrée 1997

Commune d'implantation	Effectifs scolarisés écoles maintenues		Localisation
	constat R96	prév. R97	
Briffons	13	9	montagne ou plateau
La Crouzille	12	9	ʺ
St-Pierre-Colamine	11	9	ʺ
St-Victor-Montvianeix Pitelet	11	9	ʺ
St-Quintin-sur-Sioule (RPI)**	9	5	ʺ
Compains (RPI)**	9	7	ʺ
Novacelles (RPI)**	8	8	ʺ

*communes avec 2 écoles publiques. Figure dans cette liste la localité (chef-lieu de commune ou hameau) dont l'école a (ou prévoit d'avoir) moins de 10 élèves
**RPI : école fonctionnant en Regroupement Pédagogique Intercommunal, c'est-à-dire en rassemblant des élèves de deux communes au moins et les accueillant sur un ou plusieurs sites.
Source : Division de l'organisation scolaire et des statistiques - Enquête du 01/10/96 et prévisions de rentrée

toponymie suffit à montrer l'ambiguïté de la localisation du service scolaire : il est situé dans la commune de Saint-Julien pour desservir la gare de Laqueuille. Quand la municipalité de Saint-Julien a ouvert une restauration destinée aux deux cohortes, les enfants se sont battus et le maître a dû déjeuner avec eux pour éviter un conflit qui, en 1995, retrouvait les mêmes justifications que la « guerre des boutons », dans le Jura du début du siècle ! Enfin, trois écoles doivent leur maintien à leur intégration dans un Regroupement Pédagogique Intercommunal. On reviendra plus loin dans l'étude des modes de fonctionnement sur ces situations singulières qui permettent d'enseigner dans des conditions pédagogiques normales, même si le contexte démographique est exceptionnellement faible. Globalement, l'ensemble des cohortes de quinze élèves ou moins ne compte que sept cent quatre-vingt-dix des dix mille élèves scolarisés en montagne, mais les microstructures qui les accueillent constituent un tiers du parc scolaire montagnard. Cette atomisation du service ne concerne pas un parent d'élève sur dix, mais trois maires sur dix qui ont en charge une école y sont confrontés !

Les neuf mille élèves qui constituent le gros des troupes se répartissent selon trois types d'effectifs (cf. Fig. 10). Une soixantaine d'écoles reçoivent entre une vingtaine et une quarantaine d'élèves ; elles représentent un cas banal pour la montagne : « *on a ici une bonne petite école* », nous dit-on à Charensat ou à Perpezat, indiquant par là qu'on est satisfait du fonctionnement qui permet souvent d'accueillir les enfants de trois ans, et sans trop d'inquiétude pour le renouvellement des effectifs. Ces écoles fonctionnent en classe unique parfois, souvent avec deux classes. Entre les deux, les formes de transition sont fréquentes, impossibles à dénombrer parce qu'elles se définissent mal par les chiffres et parce que les situations sont, d'une année sur l'autre, très mouvantes. Elles vont de la classe unique qui développe son recrutement à l'école à deux classes qui voit le sien régresser par soubresauts. Prenons un exemple du premier cas : à Saint-Jean-des-Ollières, dans le Livradois, rien ne laissait prévoir une croissance des effectifs : la commune inscrivait douze élèves en 1993, quinze l'année suivante, dix-huit en 1996. En 1996, l'école comprend une section préélémentaire et un niveau de cours préparatoire : demander l'ouverture d'une seconde classe serait illusoire ; les effectifs sont dus à l'installation de quelques familles jeunes ; l'institutrice - conseillère municipale, à qui les nouveaux arrivés ont fait confiance, ne peut pas proposer une telle aventure financière à sa commune ; on va chercher une « cote mal taillée », en aménageant une salle pour des travaux par groupes, et en se contentant de demander à la municipalité d'engager à temps plein une employée qui assistera l'enseignante dans les activités indépendantes des élèves et la préparation materielle. Et pourtant, deux ans plus tard, en 1998, on ouvre une deuxième classe, l'effectif total atteignant trente-quatre élèves. Dans la majorité des cas, les écoles connaissent une dynamique inverse : les effectifs régressent, en dents de scie, de la trentaine à la vingtaine d'élèves, malgré le recrutement préélémentaire et les acteurs locaux essaient autant que faire se peut de garder la cohorte qui justifie deux classes.

Au-dessus d'une quarantaine d'élèves, on passe à des situations scolaires plus complexes. L'accueil se fait dans une ou deux écoles : la plus petite localité qui dispose actuellement de deux écoles est celle de Montjoie, sur le carreau d'une mine fermée près de Saint-Eloy. L'école maternelle a vingt élèves en 1993-94, l'école élémentaire vingt-six. Dans la plupart des cas, l'école élémentaire recueille à elle seule toutes les inscriptions. « *C'est une grande école* », dit-on dans les montagnes du Puy-de-Dôme pour signaler les structures en fait « moyennes » qui répartissent les élèves par cohortes suivant des tranches d'âge correspondant à deux ou trois années de naissance. De « grandes écoles », il y en a cependant dans la zone montagnarde, et même de très importantes. Elles desservent les zones industrielles, les petites villes et le secteur touristique de La Bourboule. Il n'y a pas de normes dans ce groupe d'écoles. Une vaste plage sur l'histogramme de 1993 (Fig. 10) les sépare des écoles des bourgs montagnards. Les plus gros effectifs de ceux-ci sont de l'ordre de la centaine d'élèves (110 élèves en 5 classes dans les écoles maternelles et élémentaires de Besse-en-Chandesse et Champeix). Les cohortes des localités majeures (écoles élémentaires avec préélémentaires d'une part, ou écoles maternelles et élémentaires réunies) atteignent et dépassent cent cinquante élèves (St-Rémy-sur-Durolle : 146 élèves ; Pontaumur : 150 ; Chabreloche : 160), six d'entre elles se situent dans une tranche comprise entre deux cents et deux cent cinquante (Arlanc : 198 ; La Monnerie : 210 ; La Bourboule : 225 ; Les Ancizes : 226 ; St-Georges : 244 ; St-Genès-Champanelle - village en zone périurbaine dont on fera plus loin l'historique du regroupement scolaire - : 258 élèves en 1993). On retrouve là les structures de huit classes ou plus. L'histogramme (Fig. 10) s'achève par trois localités qui ont des effectifs sans commune mesure avec les précédents : St-Eloy-les-Mines (315 élèves en 2 écoles et 85 dans une 3e école), Courpière (486 élèves en 2 écoles), et surtout Ambert (école maternelle et école Henri Pourrat, qui rassemblent 611 élèves en 1993).

C'est donc en évoquant la commune d'Ambert que l'on a introduit et terminé cet inventaire, puisque les habitants y ont trouvé jusqu'en 1993, et sans s'en étonner, la possibilité d'inscrire leurs enfants dans une école de hameau à dix élèves offrant tous les niveaux ou dans une école urbaine de dix-sept classes ! Le parc scolaire montagnard du Puy-de-Dôme est remarquable par le fait que l'**atomisation** en microstructures n'a pas empêché des phénomènes de très **fortes concentrations** d'effectifs. La suite de l'analyse permettra de discerner s'il s'agit d'éléments qui sont abruptement voisins, car les ruptures entre montagne urbanisée et secteurs isolés sont vives, ou si, au contraire la mobilité récente de la population parentale entretient de tels contrastes, les uns déplaçant leurs enfants sur le gros établissement, les autres préférant la petite structure de proximité. D'une façon générale, la norme des faits scolaires, dans le Puy-de-Dôme, paraît loin de l'échelle nationale. Ce qu'on entend par petite école, sur le plan national, avec quelques dizaines d'élèves, ne correspond pas à la microstructure, plus réduite, et les écoles des villages avec trois ou quatre classes représentent pour les hautes terres du Puy-de-Dôme des structures étoffées, relativement rares. Ce décalage lexical est source de malentendus dans la politique scolaire nationale, où les projets en faveur des petites écoles ne recouvrent pas la même réalité. L'atomisation de l'offre est cependant un fait que l'on retrouve dans d'autres sociétés montagnardes : il est intéressant d'examiner ce phénomène ailleurs.

B - L'ANALOGIE AVEC LE PARC SCOLAIRE ARIEGEOIS

Une comparaison des éléments du système éducatif nous a paru souhaitable, car elle permet de situer les structures et les effectifs dans les milieux montagnards que les écoles desservent. Cette démarche exclut donc toute méthodologie qui porterait sur un seul dépouillement statistique, même large, au profit d'une analyse situant les écoles dans leurs sociétés spécifiques. On a donc retenu un territoire offrant une population globale comparable à celle des montagnes du Puy-de-Dôme (de l'ordre de 130 000 habitants) et présentant, comme celles-ci, des secteurs variés, depuis les plus rudes jusqu'aux zones sous très forte influence urbaine. C'est le département de l'Ariège[30], qui, dans la « diagonale aride » française, paraît le mieux répondre à ces critères, tout en scolarisant des effectifs du même ordre : 11 815 élèves pour toute l'Ariège[31] en 1996 contre 10 150 dans la partie montagneuse du Puy-de-Dôme.

Ce département pyrénéen, bien qu'il atteigne des altitudes nettement supérieures à celles de la montagne auvergnate, offre quatre milieux de vie comparables à ceux des hautes terres du Puy-de-Dôme et de grandes similitudes dans les équipements scolaires. Leurs zones méridionales (Fig. 11 A et A'), où les densités s'effondrent à dix habitants au kilomètre carré, voire moins, présentent des phénomènes similaires : Castillon-en-Couserans, avec quatre classes dans un pays vidé, où les structures scolaires sont minuscules et rares, évoque Ardes-sur-Couze, en Cézallier (Fig. 12) ; le pays du Haut Salat, avec un réseau atomisé qui compte sept classes uniques, est comparable à l'Artense ; les hautes vallées très enclavées de Quérigut et des villages voisins à plus de 1 000 m d'altitude à l'amont du bassin de l'Aude, ont associé leurs écoles en RPI bien que leurs effectifs soient réduits[32], comme l'ont fait les microcommunes de la haute Dore en Livradois.

Fig. 11 - Typologie des milieux de vie dans deux départements montagnards

Population (1990) Département de l'Ariège : 136 000 hab. Zone étudiée du Puy-de-Dôme : 123 707 hab.

Structure des écoles	Effectifs scolarisés dans le public	Classes uniques	Entre 2 et 5 classes	Plus de 5 classes
Ariège	11 815 (213 écoles)	79 (37 %)	119 (56 %)	15 (7 %)
Zone étudiée du Puy-de-Dôme	10 151 (222 écoles)	86 (38.74 %)	123 (55.4 %)	13 (5.86 %)

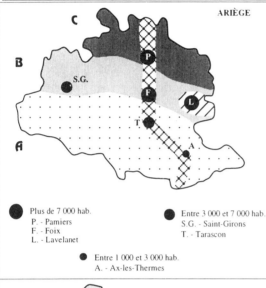

ARIÈGE

Plus de 7 000 hab.
P. - Pamiers
F. - Foix
L. - Lavelanet

Entre 3 000 et 7 000 hab.
S.G. - Saint-Girons
T. - Tarascon

Entre 1 000 et 3 000 hab.
A. - Ax-les-Thermes

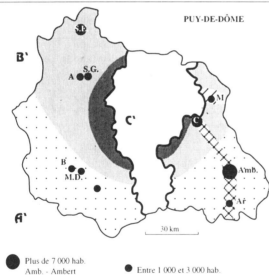

PUY-DE-DÔME

30 km

Plus de 7 000 hab.
Amb. - Ambert

Entre 3 000 et 7 000 hab.
SE - St-Eloy-les-Mines
C - Courpière

Entre 1 000 et 3 000 hab.
SG - St-Georges-de-Mons
A - Les Ancizes   B - La Bourboule
MD - Le Mont Dore Ar. Arlanc
M - La Monnerie-le-Montel

CERAMAC

Plus de 50 % des écoles en classe unique

• En **Ariège** : haute montagne pyrénéenne : densités très faibles inférieures à 10 hab./km².
• Dans le **Puy-de-Dôme** : montagne volcanique et hauts plateaux cristallins : altitudes toujours > 700 m. souvent > 1 000 m : densités faibles souvent inférieures à 10 hab./km²

Nombreuses écoles de 2 à 5 classes

• En **Ariège** : zone intermédiaire de plateaux et moyennes montagnes (Petites Pyrénées et Plantaurel).
• Dans le **Puy-de-Dôme** : zone intermédiaire de plateaux d'altitude modeste (400 à 700 m) ou modérément enclavés : densités entre 10 et 30 hab./lkm².

Quelques grosses écoles de villages périurbains

• En **Ariège** : plaines et coteaux de l'avant-pays : implantation de citadins travaillant à Toulouse ou Carcassonne.
• Dans le **Puy-de-Dôme** : rebords de plateaux au-dessus de la plaine : phénomène de périurbanisation autour de l'agglomération clermontoise.

Structures très contrastées des zones industrielles

• En **Ariège** : zone industrielle et urbaine du textile centrée sur Lavelanet.
• Dans le **Puy-de-Dôme** : nébuleuse industrielle de la montagne thiernoise.

Structures très contrastées des axes majeurs

• En **Ariège** : axe du Val d'Ariège.
• Dans le **Puy-de-Dôme**: axe de la Dore et du bassin d'Ambert-Arlanc.

Pour l'**Ariège**, chiffres cités par Pierre Stoecklin

Fig. 12 - Exemples de distribution comparable de l'offre scolaire en montagne

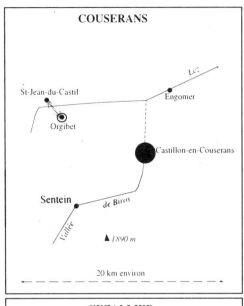

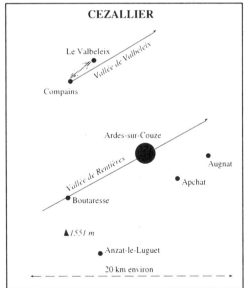

A une altitude inférieure, les plateaux et les moyennes montagnes des Petites Pyrénées et du Plantaurel ont des densités comprises entre dix et trente habitants au kilomètre carré, comparables à celles de la Combraille et du Bas-Livradois : ces zones sont équipées de réseaux serrés, qui associent de nombreuses classes uniques et des écoles de villages à deux ou trois classes (Fig. 11 B et B'). Plus bas encore, les citadins, qui travaillent à Toulouse ou Carcassonne, se sont implantés dans la plaine et les coteaux de l'avant-pays, ou occupent les villages du rebord des plateaux, comme ils le font aux bords des Limagnes d'Issoire et de Clermont et sur le plateau des Dômes (Fig. 11 C et C'). Aux portes des villes, les écoles de villages à trois classes ou plus sont bien représentées. Elles s'enflent quelquefois jusqu'à offrir une dizaine de classes : Saverdun dans la vallée de l'Ariège, Lezat-sur-Lèze à l'ouest, Mazères à l'est sont trois communes situées dans l'orbite toulousaine dont l'offre scolaire est comparable à celle d'Orcines, de Saint-Genès-Champanelle ou d'Aydat dans l'auréole périurbaine clermontoise, alors que près d'elles, mais plus rarement que dans le Puy-de-Dôme, de très petites écoles restent ouvertes. Enfin, sur les deux territoires comparés, les industries montagnardes diffuses autour des petits centres, Lavelanet et Thiers, et le long des vallées de l'Ariège et de la Dore ont maintenu des populations plus denses et plus jeunes que dans les espaces voués à la forêt et l'élevage. Dans ces sillons qui traversent les volumes montagneux, les écoles sont de toutes tailles avec de grosses concentrations d'effectifs à Foix et à Lavelanet comme à Courpière et Ambert, et des classes uniques, sur les premières pentes. Dans un cas comme dans l'autre, les classes uniques sont omniprésentes, mais rarement majoritaires, et voisinent avec des structures tantôt à peine plus fortes qu'elles, tantôt franchement importantes (cf. Tab. 6).

L'originalité du Puy-de-Dôme tient à deux traits, l'un et l'autre lourds de conséquences pour l'équipement du territoire : l'émiettement du parc scolaire, d'une part, et l'émergence de quelques concentrations exceptionnelles, d'autre part. Le lot des classes uniques s'élève à 38,7 % de l'ensemble des structures en place, contre 37 % en Ariège, département qui se considère pourtant comme particulièrement marqué par ce phénomène[33]. Les localités qui offrent plus de quatre classes sont, en revanche, plus rares qu'en Ariège (5,8 % au lieu de 7 %), mais elles ont des possibilités d'accueil considérables et il n'y a pas, en Ariège, de gros groupes scolaires comparables à ceux de Courpière et Ambert, offrant plus de quinze classes dans un parc où l'atomisation est, ailleurs, la règle.

Tab. 6 - Effectifs et structures
Présentation des dispositifs scolaires
de l'Ariège et du Puy-de-Dôme

	Département de l'Ariège	Zone montagnarde du Puy-de-Dôme
Population au RGP 1990	136 000 hab.	123 707 hab.
Effectifs scolaires (enseignement public) en 1993-94	11 815 élèves	10 151 élèves
Nombre d'écoles	213	222
Nombre d'écoles à classe unique	79 (37 %)	86 (38,74 %)
Nombre d'écoles de 2 à 5 classes	119 (56 %)	123 (55,4 %)
Nombre d'écoles de plus de 5 classes	15 (7 %)	13 (5,86 %)

Cette hétérométrie et cette dispersion, surprenantes pour l'observateur, n'étonnent guère les habitants des hautes terres du Puy-de-Dôme, car, depuis des générations, les familles ont pu choisir entre des cursus très différents, et elles étaient, dans le passé, moins captives des établissements de proximité que l'on aurait pu croire, même dans des milieux modestes réputés très attachés à l'offre locale. Ainsi, dans le canton de Saint-Anthème vers 1920, une famille de paysans sabotiers avait hésité pour ses cinq enfants entre[34]... cinq possibilités. Au hameau, l'école publique était surchargée, au point que les enfants d'âge préélémentaire étaient assis sur les longs bancs entre les grands élèves, ou sur les marches de l'estrade de la maîtresse. On n'y préparait pas systématiquement au certificat d'études, bien que ce fut la mission de cette classe unique, mais les très bons élèves y étaient présentés avec succès. Au chef-lieu de la commune, il y avait une école publique à plusieurs classes et un établissement privé de filles. L'entraide ou les relations de cousinage très élargi permettaient assez facilement de « placer » son enfant dans une famille du village, pour l'inscrire à l'école, même si on habitait au hameau. L'internat privé, en outre, accueillait souvent des filles qui avaient commencé leur scolarité dans la classe unique à proximité de leur domicile, mais la finissaient au chef-lieu de commune en même temps : elles se préparaient à leur communion solennelle, et évitaient ainsi les va-et-vient à pied pour suivre l'instruction religieuse. La solution la plus pratique était, en fait, celle que le bourg, chef-lieu de canton, offrait : les enfants pouvaient être « en pension » chez les enseignants des écoles publiques de filles et de garçons, pour préparer le concours des bourses de l'enseignement public, ce que ne permettaient ni les écoles de hameaux, ni celles des villages. Ils pouvaient être aussi hébergés dans les établissements privés l'un destiné aux filles, l'autre aux garçons. Loin d'être uniforme, le paysage scolaire était varié, et ancré sur des sites que les pratiques locales avaient hiérarchisés.

La variété des formes actuelles est encore plus grande et provient à la fois du nombre de classes, de leurs effectifs, de la part des classes préélémentaires et du mode de fonctionnement, soit par cours unique, soit par cours multiple, en école isolée ou en regroupement. Dans les montagnes occidentales (cf. Fig 13), le contraste est manifeste entre l'Artense, où le réseau scolaire juxtapose des structures minimales, à une ou deux classes, et le versant oriental de Besse-en-Chandesse à Saint-Genès-Champanelle. A partir de Besse, le paysage scolaire est beaucoup plus complexe : les écoles sont relativement proches les unes des autres, et aucune des six localités présentées sur ce segment de coupe n'offre des conditions d'enseignement semblables à sa voisine. Il n'y a rien de commun, exceptée la taille, entre les deux écoles mineures, celles de Rouillas-Bas et celle du Vernet-Sainte-Marguerite : en 1993, dix-huit élèves du cours préparatoire viennent, dans la première, commencer une scolarité qu'ils poursuivront dans les deux autres écoles de la commune ; vingt-cinq élèves effectuent tout leur cursus, de trois à onze ans, dans la seconde, où l'enseignement privé tient deux classes ouvertes. Les structures des sites majeurs sont, elles, moins dissemblables, sans pour autant relever des mêmes modèles : les écoles de Besse (une maternelle et une école élémentaire publiques, et un établissement privé fermé depuis) reçoivent 137 élèves, mais quelques enfants de la commune disposent d'une école de proximité, à la station de ski ; à Saint-Genès-Champanelle, toute la cohorte communale est, au contraire, rassemblée sur un même site de onze classes. A une cinquantaine de kilomètres à vol d'oiseau, on est loin des petites écoles dispersées du plateau de l'Artense !

Sur la coupe qui traverse le Livradois-Forez (Fig. 13'), l'opposition entre les versants est moins forte. C'est évidemment le segment tourné vers le Val d'Allier qui est le mieux équipé, et où domine l'école de Vernet-la-Varenne. De Saint-Germain-l'Herm à Saint-Anthème, alternent de façon régulière micro-structures et équipements plus forts, parfois dédoublés car on entre ici dans une zone de forte tradition scolaire privée. Le maintien des très petites écoles intercalées entre celles des villages-centres paraît une gageure pour un observateur extérieur. Il va de pair avec des astuces de fonctionnement, comme celle de l'efficace regroupement pédagogique qui permet d'ouvrir une classe spécifique pour l'accueil préélémentaire à Saint-Bonnet-le-Chaste ; s'y ajoute le désir de sauvegarder, dans ce volume montagneux très compact, les sites scolaires qui ont échappé aux fermetures précoces. Tout compte fait, cette coupe dans les massifs orientaux présente moins de micro-structures que celle qui traverse les Monts Dore et les plateaux de l'ouest, mais les structures publiques et privées des village restent bien modestes.

CONCLUSION

Alors que le service privé a opéré un choix territorial au profit des villages et bourgs-centres, le service public se glisse dans l'extrême variété des milieux montagnards, s'y atomise, et revêt de multiples formes en fonction des espaces de la vie quotidienne. S'agit-il d'un adaptation minutieuse aux terrains ? D'héritages tenaces... ou d'effets du hasard ? Derrière cette multiplicité des formes, on devine l'extrême intensité des

Fig. 13 - La «couverture scolaire» de deux domaines montagnards
A - COUPE DANS LES MONTS D'AUVERGNE

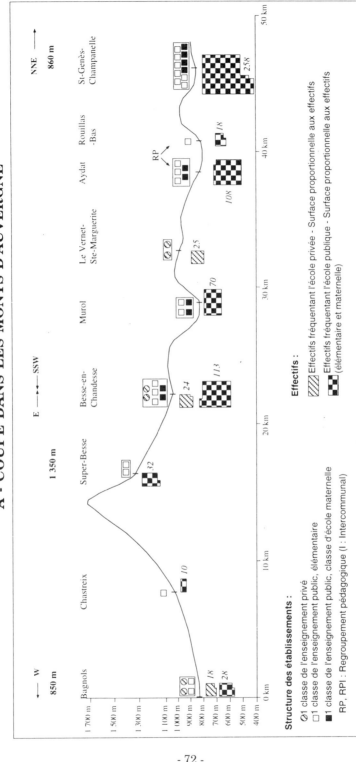

Structure des établissements :

⊘ 1 classe de l'enseignement privé
☐ 1 classe de l'enseignement public, élémentaire
■ 1 classe de l'enseignement public, classe d'école maternelle
RP, RPI : Regroupement pédagogique (I : Intercommunal)

Effectifs :

▨ Effectifs fréquentant l'école privée - Surface proportionnelle aux effectifs
▨ Effectifs fréquentant l'école publique - Surface proportionnelle aux effectifs (élémentaire et maternelle)

CERAMAC

Sources : • Inspection Académique du Puy-de-Dôme
  Répertoire des établissements du 1° degré public, préélémentaire
  Répertoire des établissements du 1° degré public, élémentaire
  Répertoire des établissements du 1° degré privé
  Année 93-94 : Division de l'Organisation scolaire et des Statistiques

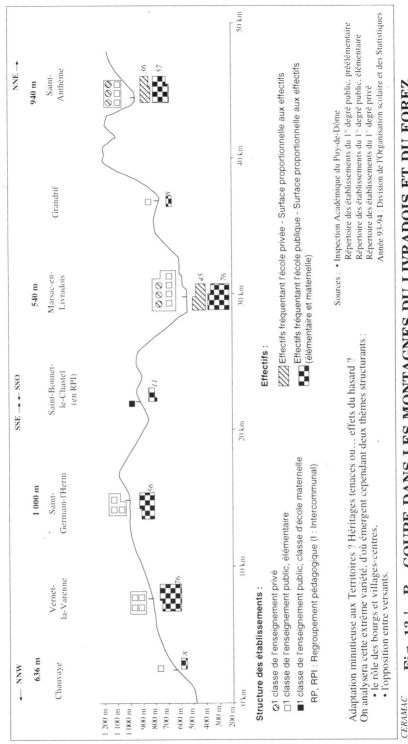

CERAMAC **Fig. 13 ' - B - COUPE DANS LES MONTAGNES DU LIVRADOIS ET DU FOREZ**

Structure des établissements :

⊘ 1 classe de l'enseignement privé

☐ 1 classe de l'enseignement public, élémentaire

■ 1 classe de l'enseignement public, classe d'école maternelle

RP, RPI : Regroupement pédagogique (I : Intercommunal)

Effectifs :

▨ Effectifs fréquentant l'école privée - Surface proportionnelle aux effectifs

▩ Effectifs fréquentant l'école publique - Surface proportionnelle aux effectifs (élémentaire et maternelle)

Sources : • Inspection Académique du Puy-de-Dôme
Répertoire des établissements du 1° degré public, préélémentaire
Répertoire des établissements du 1° degré public, élémentaire
Répertoire des établissements du 1° degré privé
Année 93-94 : Division de l'Organisation scolaire et des Statistiques

Adaptation minutieuse aux Territoires ? Héritages tenaces ou… effets du hasard ?
On analysera cette extrême variété, d'où émergent cependant deux thèmes structurants :
• le rôle des bourgs et villages-centres,
• l'opposition entre versants.

relations qui les ont fait naître : pour mieux comprendre la disposition de cette nébuleuse scolaire, l'analyse des relations que les écoles ont tissées avec leurs territoires est nécessaire. On passe d'une géographie des points, qui a constaté l'inégale dispersion d'un phénomène, à une géographie des liens.

Deuxième chapitre

DU PAYSAGE SCOLAIRE AU TERRITOIRE

Conformément aux normes nationales héritées du XIXe siècle, les liens majeurs que les écoles tissent dans leur environnement s'établissent au sein de deux systèmes, celui de l'Education Nationale et celui des collectivités locales. Sur les hautes terres du Puy-de-Dôme, les écoles sont ainsi situées dans des circonscriptions, parfois très vastes, mais aussi dans les mailles parfois très fines du découpage communal. Les circonscriptions, à la tête desquelles sont placés les Inspecteurs de l'Education Nationale, sont les territoires définis pour le suivi des maîtres et l'organisation de la vie scolaire, mais l'entretien des écoles et la prise en charge de leur fonctionnement matériel incombent aux municipalités. Un inspecteur de montagne est, dans le Puy-de-Dôme, l'interlocuteur d'une cinquantaine de maires. La circonscription, par ailleurs, se divise en secteurs qui comprennent un ensemble d'écoles inscrivant leurs élèves dans un même collège[35], parfois deux ensembles relevant de deux collèges, car certains de ces établissements sont si petits que leur aire de recrutement ne peut pas former un secteur à elle seule. La taille des circonscriptions et le faible nombre d'écoles assez grandes pour constituer des équipes pédagogiques larges laissent aux inspecteurs un rôle considérable pour animer leurs territoires et créer des liens internes. A l'inverse, bien des maires sont confrontés à la gestion d'unités très petites, et, qu'ils le veuillent ou non, doivent, pour assurer un service scolaire, entretenir des relations qui débordent des limites de leurs communes. Alors que les inspecteurs cherchent en montagne à établir des relais entre enseignants à l'intérieur de leurs espaces, les maires cherchent à accueillir des élèves résidant hors des leurs et à financer leurs écoles par des montages financiers intercommunaux. Dans les deux cas, les remises en cause territoriales sont certaines et d'autant plus complexes que le parc scolaire est très hétérogène. La problématique que traitent les pages suivantes porte sur ces échanges et sur l'émergence, dans l'enchevêtrement de maillages emboîtés ou superposés, de structures qui relient.

« *Assurer le développement d'un territoire dans sa logique socio-spatiale, en renforçant ses points d'offre éducative, c'est prendre... le pari de multiplier les « structures qui relient » ... on le sait bien, en effet, les neurones valent moins par leur nombre que par la complexité des réseaux synoptiques qui les relient. Ainsi, tous les jours, pour apprendre, la matière vivante se complexifie en nouant des interrelations plus serrées* » écrit en 1996 l'inspecteur en poste dans la montagne thiernoise pour présenter un nouveau projet de liaison et d'animation[36] destiné à soutenir les initiatives pédagogiques des maîtres. L'originalité de la période actuelle réside dans la greffe de relations nouvelles au sein du maillage traditionnel et dans les effets qu'elle engendre en « renforçant des points d'offre éducative » selon l'expression de cet acteur du terrain. L'étude porte ici sur un objet plus complexe et plus flou que la description du parc scolaire qui a précédé, et doit prendre en compte la mobilité des relations jusque-là inédites qui se font et se défont souvent, se confortent parfois, au sein de la nébuleuse des écoles montagnardes. L'approche de tels faits passe nécessairement par une phase globale, avant de tirer, dans l'écheveau des liens, le fil propre à l'Education Nationale, puis celui qui relie écoles et mairies : c'est l'étude de cas, conduite à grande échelle, qui permet le mieux de saisir le phénomène sans le détruire ou le scléroser par un découpage préalable.

On procédera à ce **détour sur le terrain** en suivant le regard de professeurs d'écoles au cours d'une enquête sur l'enseignement en milieu isolé[37], celui-là même où les liens institutionnels sont en crise et où d'autres se nouent ou se cherchent. La commune objet de l'observation est celle de Brousse, qui compte 278 habitants en 1990. Elle est située à la lisière des forêts du Haut-Livradois, entre Ambert et Issoire. L'école, qui a un seul maître, résidant en ville, a inscrit quatorze élèves seulement en 1993, mais dix-neuf en 1996-97. « *Quand on a quitté la route d'Issoire, et quand on a vu l'école en haut d'une pente en herbe, on a eu vraiment l'impression d'arriver dans un autre monde* », ont déclaré les stagiaires qui travaillaient sur le thème des ruptures et des liens. « *Dans la cour, en discutant avec l'enseignant sur l'organisation de la vie scolaire et les tâches des élèves, on a retrouvé nos préoccupations et les projets étaient semblables aux nôtres. Mais à l'intérieur, c'était vraiment étonnant... On ne croyait pas qu'il existait des classes comme celle-là : on avait l'impression d'entrer dans un décor, une reconstitution pour un film sur un autre temps !* ». Dans leur compte-rendu, les élèves-maîtres ont évoqué l'équipement vétuste, le mobilier traditionnel, la bibliothèque (qui tient sur quelques rayons partagés avec les lecteurs du 3e âge !), mais aussi l'organisation d'un travail très différencié, l'importance des nouvelles technologies. Alors qu'en première approche, ils avaient cru voir l'exemple même de la structure enkystée, ils ont repéré, en enquêtant sur le déroulement de la scolarité, les types de relations qui ont, de fait, réanimé ce point presque abandonné de la scolarité. Il ne s'agit pas de la reprise de mouvements antérieurs, comme ceux d'une horloge qui se remet en marche, mais de la création d'échanges nouveaux, selon trois axes principaux : relations entre écoles voisines, rapports mairies-écoles et enfin traits d'union internes au système éducatif.

Les prémices du changement sont apparues avec le regroupement scolaire de Brousse et de la commune voisine, Saint-Jean-des-Ollières. La première envoie ses enfants les plus jeunes dans la seconde, et reçoit la totalité des élèves les plus âgés. Saint-Jean est mieux située que son associée par rapport à l'aire urbaine de Clermont-Fd et Issoire. Quelques jeunes couples s'y sont récemment installés. Brousse bénéficie ainsi indirectement des effets d'une périurbanisation qui ne l'a pas directement atteinte. Cependant, un tel changement social n'engendre pas automatiquement une hausse d'effectifs. Les enfants ont la possibilité de suivre leurs parents dans les migrations alternantes et peuvent être scolarisés soit à l'amont où ils résident, soit sur le trajet des parents, ou bien encore à l'aval près du lieu de travail, dans les écoles urbaines. Ici, les évasions ont été évitées car d'une part les enseignants préparent, en commun, un projet d'école qui paraît crédible aux yeux des parents et car, d'autre part, les communes ont procédé à l'amélioration matérielle de l'accueil. La municipalité de Saint-Jean a créé pour la rentrée de septembre 1997 un poste d'agent spécialisé des écoles maternelles à temps complet : il coûte cher à la collectivité, mais permet de recevoir les vingt-trois élèves en une seule classe qui réunit section enfantine - cours préparatoire. De son côté, la municipalité de Brousse envisage l'équipement d'une salle de bibliothèque et la réparation, désormais inévitable, de la classe laissée jusqu'alors dans un état d'un autre âge.

Cette synergie a été soutenue par des acteurs extérieurs aux deux communes : les deux classes ont paru d'autant plus fiables qu'elles participent à des projets pédagogiques initiés par l'équipe de circonscription d'Ambert. Celle-ci propose un thème de travail à toutes ses écoles, aide à la mise en œuvre de moyens appropriés, et assure une certaine publicité à l'acte pédagogique en organisant des rassemblements de fin d'année, où les enfants situent leurs productions par rapport à d'autres. Second élargissement de leur espace de travail, les écoles de Brousse et de Saint-Jean-des-Ollières ont reçu l'appui du Centre Régional de Document Pédagogique, qui offre un soutien pour les productions audiovisuelles et pour l'installation de la nouvelle bibliothèque[38]. Le projet de regroupement pédagogique, enfin, est axé sur des activités destinées à fournir aux enfants des repères situés hors de l'enveloppe villageoise. Les maîtres ont ainsi privilégié deux thèmes : le contact avec la ville, et l'ouverture sur des milieux lointains. La mise en œuvre du premier a inclus une visite d'Issoire avec un déjeuner... au « Mac Donald », car le « fast-food » est, grâce à la publicité télévisée, un lieu que les « petits » considèrent comme significatif de la vie urbaine, et qui les intrigue. « *On est donc descendu, tous ensemble, pour voir ce que c'est* ». Le second thème a été développé par une action d'aide à un projet d'école et d'installation hydraulique au Mali. Pour ce faire, l'école de Brousse a obtenu la participation de l'association caritative qui s'est créée suite au décès, en Afrique, du chanteur D. Balavoine. Ces ouvertures sur l'extérieur, qu'elles concernent la grande consommation ou le dénuement face au développement, sont l'une et l'autre passées par le canal de la télévision. Celle-ci enveloppe les écoliers d'un monde lointain, où les enseignants aident les enfants à placer des repères, plus facilement que dans la montagne en crise qui les entoure.

Il est ainsi très fréquent que les jeunes professeurs d'école dynamiques développent des projets qui font accéder leurs élèves à des « ailleurs » très lointains. En septembre 1996, les onze enfants d'Avèze entretenaient une correspondance avec... l'école française de New York ! Depuis 1995, une autre petite école a des relations épistolaires avec l'Irlande, en espérant à terme organiser un déplacement ! L'espoir a été jusqu'alors déçu, mais, bien avant que la mode ne surgisse, on a célébré Halloween dans la cour de Villosanges. Moins étrange, certes, mais relevant du même désir de faire connaître d'autres mondes, une école a demandé l'autorisation de conduire des enfants de trois ans observer Paris depuis la tour Eiffel ! Les enseignants traitent ainsi un besoin d'ouverture qu'ils discernent chez leurs élèves, puis qui les gagne. Fréquemment, ceux qui ont passé quelques années à leur sortie de formation, dans de très petites communes, partent pour des postes très lointains. L'institutrice d'Echandelys, qui enseignait à quinze élèves dans le Haut-Livradois, a obtenu en 1993 sa nomination pour l'Afrique. L'institutrice de Pitelet, dans les Bois Noirs, a fait de même. En 1995, celle d'Avèze en Artense a été nommée à New York - ce qui explique la correspondance scolaire inattendue mentionnée précédemment. Tout se passe comme si l'insertion de ces maîtres dans le maillage le plus étroit de la montagne s'accompagnait d'un exceptionnel besoin d'évasion, qui transforme les pratiques quotidiennes de l'enseignement mais aussi les carrières individuelles.

L'aire de fonctionnement d'une petite école n'est plus close sur son espace domestique. « *J'étais dans l'école de ma commune avec les enfants des hameaux voisins, dont je connaissais les noms et les maisons. Nos maîtres vivaient au village. Seuls les programmes nous rattachaient à ce qui se faisait ailleurs, ainsi que le classement au certificat. Les visites de l'inspecteur devaient aussi faire un lien, mais pour nous, les élèves, elles paraissaient si exceptionnelles qu'elles n'avaient pas de signification* »[39]. Ce système, qui a marqué la mémoire d'un écolier des années 1950, n'existe plus. La vie scolaire englobe les espaces voisins de la commune, et se raccroche parfois à des espaces très lointains. Le recours à ces espaces virtuels répond à la désorganisation des espaces locaux. La qualité des espaces de fonctionnement est donc un fait dont la connaissance est indispensable pour celui qui veut comprendre la vie scolaire actuelle en montagne. Les Inspecteurs de l'Education Nationale tentent d'enrichir les relations au sein de leurs circonscriptions, comme le font les maîtres au sein de leurs écoles ou de leurs regroupements et les maires dans les aires de recrutement qui ne sont pas nécessairement leur commune.

I - LES RÉSEAUX ET LES MAILLAGES PROPRES À L'ÉDUCATION NATIONALE : LE TERRITOIRE DE LA CIRCONSCRIPTION

Le modèle territorial actuel, sur lequel fonctionne chaque circonscription, est apparemment le plus simple qui soit. Chaque école est reliée directement à l'inspection dont elle dépend. « *Le réseau éducatif en zone rurale a une organisation particulière : il s'agit d'un réseau en étoile, où les relations directes entre structures de même niveau sont encore plus rares qu'en ville, du fait des difficultés de communication* »[40]. Le constat, dressé à partir de l'exemple des Alpes de Haute-Provence, se retrouve dans les montagnes du Puy-de-Dôme : la

Fig. 14 - Le découpage des circonscriptions de l'Education Nationale sur les hautes terres du Puy-de-Dôme

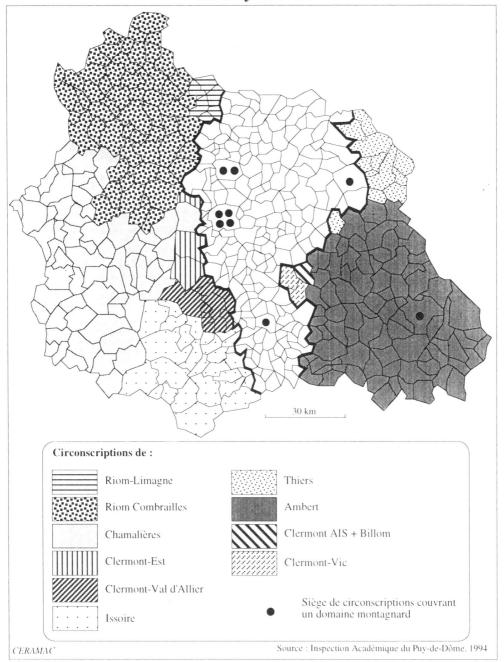

30 km

Circonscriptions de :

Riom-Limagne

Riom Combrailles

Chamalières

Clermont-Est

Clermont-Val d'Allier

Issoire

Thiers

Ambert

Clermont AIS + Billom

Clermont-Vic

● Siège de circonscriptions couvrant un domaine montagnard

CERAMAC

Source : Inspection Académique du Puy-de-Dôme, 1994

dispersion d'une bonne quarantaine de micro-structures transforme les étoiles en **oursins**, à partir de centres qui, Ambert excepté, sont extérieurs au milieu montagnard. Les relations directes d'école à inspection sont d'autant plus nombreuses que la nébuleuse scolaire est dense et se sont allongées car deux inspections ont migré vers la plaine. La mise en place de structures de relais aurait été territorialement souhaitable ; elle est cependant très délicate car toutes les écoles sont, en principe, égales par leur fonction. L'organisation territoriale s'est construite sur ces contradictions.

A - LES CIRCONSCRIPTIONS

Le département compte actuellement douze circonscriptions[41] après avoir perdu un poste d'inspecteur supprimé suite à la baisse des effectifs. Dans les années « 60 », le découpage s'ancrait sur des lieux qui offraient aux populations des services de « second niveau ». Les plus importants étaient au pied de la montagne (Riom, Clermont, Issoire et Thiers) ; trois autres (Ambert, La Bourboule, Saint-Gervais-d'Auvergne) avaient permis de fixer le siège de la circonscription au cœur des hautes terres. Cependant, le système a fait long feu. Le siège de la circonscription des Monts Dore a glissé de La Bourboule à Chamalières au début des années quatre-vingts, celui de Saint-Gervais-d'Auvergne est « descendu » sur Riom en 1971. Seule la circonscription d'Ambert a gardé son siège intramontagnard. Le département du Puy-de-Dôme n'a pas su choisir entre deux principes de découpage : l'un qui favorise l'émergence d'une **entité territoriale** originale, l'autre qui taille des **bandes transversales** pour que chaque inspecteur dispose de tous les types de sociétés et d'écoles. La première rationalité privilégie le territoire, la seconde l'unité du service public. Les deux fonctionnent simultanément (cf. Fig. 14).

Le dispositif qui privilégiait les entités montagnardes a présenté le double handicap d'offrir des lieux de résidence peu attractifs pour des inspecteurs et de les couper des références urbaines. Il en reste deux souvenirs : le fonctionnement actuel de la circonscription d'Ambert et une certaine nostalgie qu'expriment les maîtres en poste sur le plateau occidental. Il est tout à fait significatif qu'un enseignant, prenant la parole dans un colloque syndical sur l'école rurale, en juin 1996, ait commencé son intervention sur le thème des campagnes mal connues, en déplorant le transfert du siège de la circonscription de La Bourboule à Chamalières. De même, les enseignants des Combrailles restent fidèles à Saint-Gervais-d'Auvergne et, en 1997, choisissent ce lieu, plutôt que Riom, pour fêter le départ en retraite de leur conseiller pédagogique. Quant à la circonscription d'Ambert, elle reste centrée sur le bassin du Livradois et les hautes terres qui l'encadrent. Elle forme un petit pays compact, et qui a acquis, au fil du temps, une certaine singularité sur le plan du fonctionnement : elle reçoit peu de stagiaires de l'IUFM, dont elle est éloignée par une à deux heures de route ; de même, elle envoie peu de maîtres en formation continue à Clermont-Ferrand. Ambert joue donc un rôle de relais, avec des initiatives propres destinées à valoriser les potentialités locales. Ce rôle est d'autant plus solide que, à l'intérieur de cette circonscription, les distances sont relativement courtes, et la polarisation des services est forte. Les deux autres circonscriptions montagnardes, de Riom Combrailles et de Chamalières, suivent un tracé qui rappelle dans leurs grandes lignes les limites administratives et la carte électorale. La montagne est découpée par bandes orientées d'Ouest en Est, depuis les limites du Limousin jusqu'à la plaine où sont localisés les sièges des circonscriptions. La distance entre ceux-ci et les écoles les plus éloignées est considérable : il faut contourner les Monts Dore pour aller de Chamalières à Bagnols ou à Picherande, à l'extrême sud-ouest du département et traverser toute la Basse Combraille pour relier Riom à Lapeyrouse ou à la Crouzille au Nord-Ouest.

Entretiens avec les municipalités, participations aux conseils d'école, contrôle de l'enseignement et suivi des carrières du personnel mettent donc les inspecteurs de montagne sur les routes : les trajets qu'ils effectuent sont de l'ordre de dix mille kilomètres par an. La « norme montagnarde » implique, en effet, le contact avec une cinquantaine de maires, la responsabilité de la scolarité de trois mille à trois mille cinq cents élèves et le suivi de la carrière de cent cinquante à cent quatre-vingt maîtres. La dispersion de l'activité est actuellement redoutée des nouvelles générations d'inspecteurs. En 1997-98, les postes de Riom Combrailles, Chamalières et Ambert n'ont pas été demandés par les inspecteurs lors du mouvement de ce personnel.

Longueur des distances et atomisation du service éducatif posent un problème d'autant plus aigu qu'il a longtemps été ignoré des municipalités rurales. En 1992, on comptait dans la circonscription de Chamalières[42], une quinzaine d'écoles sans téléphone. Huit d'entre elles se situaient dans des communes de moins de trois cents habitants et fort isolées. Or, le Rectorat, cette même année, adressait une enquête aux inspections pour identifier des écoles-relais, où l'instituteur pourrait recevoir l'information et la diffuser aux collègues voisins, ce qui était donc pratiquement impossible ! La réticence des collectivités les plus petites à accorder à leurs écoles cet équipement pourtant bien élémentaire est significative de la rudesse de la vie locale, mais aussi des représentations que l'opinion villageoise se fait des écoles : on les voit toujours si liées aux municipalités que le secrétaire de mairie paraît bien suffire à transmettre et recevoir leurs messages ; et on se soucie donc peu de leur rattachement au système éducatif national. Il a fallu attendre 1994 pour que la municipalité de Lastic raccorde son école au réseau des télécommunications ! Cet obstacle levé, les maîtres se plaignent de la solitude. « *Je ne vois personne* » disent fréquemment les professeurs d'école qui reviennent en stage à l'IUFM en novembre[43], après leur première nomination. Le propos est sincère, et pourtant manifestement faux, car les conseillers pédagogiques effectuent tous une, voire deux visites aux nouveaux enseignants immédiatement après la rentrée. Pour ce personnel jeune, habitué aux discussions et à une société très mobile, l'attente du passage suivant paraît longue. Le développement de liens et de relais, internes à la circonscription, ne paraît pas suffisant.

Les liens internes aux circonscriptions ébauchent des aménagements plus complexes que le dispositif « en étoile » conçu pour assurer seulement la liaison directe de l'école à

Circonscription	Situation	Effectifs scolarisés dans les écoles publiques*	Nombre de classes du service public*	Nombre de municipalités entretenant une école au moins	Km par an à l'IEN	Km par an au conseiller pédagogique
Chamalières	montagnarde, excepté le siège de circonscription	3 425 élèves	168	42	9 000	6 000
Riom Combrailles	id	3 527 élèves	177	51	9 000	6 000
Ambert	montagnarde et loin du centre de l'académie	2 946 élèves	155	47	10 000	
Issoire	situation mixte : montagne et plaine	3 459 élèves	176,5	49		
Clermont Val d'Allier	en majorité dans la plaine urbanisée, mais remontant dans deux vallées des Mont Dore	5 518 élèves	258,5	31		
Clermont Couronne	aire urbaine et quelques extensions dans la campagne proche	4 751 élèves	207	20		

Tab. 7 - Caractères originaux des circonscriptions montagnardes

* Enseignement élémentaire et préélémentaire public, enseignement spécialisé exclu.

Tab. 7' - L'organisation territoriale d'une circonscription - L'exemple de Chamalières (1997)

Caractéristiques de la circonscription	Différents secteurs	Communes ayant au moins une école	Ecoles de rattachement des postes de remplacement	Ecoles où se sont déroulées les conférences pédagogiques ou diverses réunions	Localisation des BCD*	Communes ayant un collège public
53 écoles	Bourg-Lastic	Bourg-Lastic Briffons Messeix St-Julien-Puy-L.	Bourg-Lastic	Bourg-Lastic	BCD	Bourg-Lastic
3 500 élèves environ	La Bourboule	La Bourboule Le Mont Dore Saint-Sauves	La Bourboule	La Bourboule Psychologue scolaire	BCD BCD BCD	Murat-le-Quaire
	Chamalières	Chamalières Orcines Royat	Chamalières + plusieurs postes de brigadiers Royat	Chamalières Psychologue scolaire	3 BCD	Chamalières
168 classes	Pontaumur	Combrailles Condat-en-C Giat Herment Montel-de-G Pontaumur Saint-Avit St-Hilaire-les-M Verneugheols Villosanges	Pontaumur Herment	Pontaumur Giat	BCD BCD	Giat Pontaumur
	Rochefort-M.	Auriéres Ceyssat Gelles Laqueuille Nébouzat Olby Orcival Perpezat Prondines Rochefort-M. St-Bonnet-pres-O Vernines	Nébouzat Rochefort-M.	Rochefort Nébouzat Perpezat	BCD (en création RP avec St-Bonnet) BCD BCD BCD (en création) BCD (RP Auriéres)	Gelles Rochefort-M.
	La Tour-d'Auvergne	Avèze Bagnols Chastreix Larodde La Tour d'A. Picherande Saint-Donat St-Genès-Ch. Singles Tauves		La Tour d'A.	BCD	La Tour d'A. Tauves

*BCD : Bibliothèques - centres documentaires

l'inspection. **Les secteurs** définis à l'intérieur des circonscriptions s'avèrent un échelon intéressant du « dispositif ». Les parents d'élèves attachent une importance extrême au découpage intermédiaire, car l'inscription au collège en dépend. Dans les montagnes du Puy-de-Dôme, les secteurs ont la spécificité de comprendre assez fréquemment plusieurs collèges, dont certains sont de très petites dimensions. Les circonscriptions d'Ambert et de Chamalières ont neuf collèges pour six secteurs ; plus « normale », celle des Combrailles a cinq secteurs et six collèges.

C'est dans cette maille intermédiaire du territoire que se tiennent les commissions, présidées par l'Inspecteur de l'Education Nationale, qui réunissent représentants des parents et des enseignants pour procéder au « passage en 6e », c'est-à-dire à l'inscription dans un collège des élèves qui sortent de l'école élémentaire. Les secteurs servent aussi d'unité territoriale pour distribuer certains postes de remplacement du personnel : des titulaires y sont affectés pour suppléer leurs collègues absents dans une zone limitée[44] à un rayon d'une vingtaine de kilomètres, et, éventuellement, pour participer à des tâches pédagogiques et administratives dans les écoles de remplacement. Ce sont aussi, souvent, les écoles majeures des secteurs qui accueillent les conférences pédagogiques et, d'une façon générale, les réunions à l'initiative des inspecteurs.

En fait, les secteurs, bien qu'ils soient définis de façon précise territorialement, sont des unités de fonctionnement assez floues pour l'enseignement du 1er degré. Ils sont de tailles très diverses (cf. Tab. 7). Le secteur de Bourg-Lastic comprend quelques écoles, celui de Rochefort-Montagne, trois fois plus ! Ce dernier dispose de deux postes de remplacement en ZIL, comme celui de Pontaumur, alors que le poste de La Tour d'Auvergne a été supprimé, car le petit nombre de congés ne le justifiait pas. Les conférences pédagogiques se tiennent dans des lieux qui paraissent les plus appropriés au sujet traité : en 1996-97, une des réunions du secteur de Rochefort s'est tenue dans la très petite école de Perpezat, qui, jusqu'alors, n'avait jamais été promue à de telles fonctions, mais convenait parfaitement pour le développement du thème retenu, à savoir l'installation des bibliothèques. L'organisation est donc devenue très souple et aucune hiérarchie territoriale n'émerge dans le fonctionnement actuel des secteurs qui ne tiennent donc pas le rôle traditionnel des cantons.

Les chefs-lieux de cantons assumaient en effet un rôle pédagogique qui s'est effacé. La « conférence » pédagogique qui réunissait chaque automne les instituteurs endimanchés pour une séance d'informations suivie d'un repas officiel est tombée en désuétude depuis une génération. La grande assemblée cantonale qui accompagnait le certificat d'études a disparu en même temps que l'examen lui-même. Le bourg ou le village-centre, même s'il dispose d'une école à trois ou quatre classes, même s'il peut utiliser les services du maître remplaçant qui lui est attaché, n'a pas de rôle structurant dans le réseau scolaire. Il a le poids que lui donnent les personnalités : le directeur ou la directrice de l'école, qui construisent l'image de l'établissement le plus fréquenté du canton, le conseiller général, qui n'a pas de responsabilités en tant que tel pour l'enseignement du premier degré, mais peut exercer une influence importante sur les maires, et par là impulser des initiatives scolaires. Malgré le poids, au demeurant très inégal de ces acteurs, les écoles des chefs-lieux de cantons n'ont pas de rôle spécifique : l'éducation nationale fonctionne en montagne sans utiliser le relais potentiel que villages-centres, bourgs ou petites villes lui offrent.

B - LES ÉCHANGES ET LES « STRUCTURES QUI RELIENT »

Le fonctionnement actuel du système éducatif a rendu cependant nécessaire l'organisation d'échanges à l'échelle de quelques communes. L'application de la loi d'orientation de juillet 1989 a conduit en effet à mettre en place des **concertations** entre les maîtres, pour réfléchir à l'organisation de la scolarité et au suivi des élèves. De telles réunions n'ont à l'évidence pas de sens dans des écoles à une ou deux classes. Inspecteurs et enseignants ont donc imaginé des solutions adaptées aux terrains, en mettant sur pied des rencontres entre écoles voisines, tantôt sur un site, tantôt sur un autre, en répartissant dans l'année scolaire dix-huit heures disponibles, de façon à traiter des problèmes communs et des questions spécifiques. Une structure de liaison émerge ainsi et a été institutionnalisée dès les premières années de fonctionnement par des procès verbaux adressés à l'inspection.

Plusieurs formules sont apparues. Toutes vont dans le sens d'une collaboration entre enseignants, d'une ouverture de la « boîte noire » de la classe ou de la petite école. Elles se sont cependant heurtées aux obstacles propres au parc scolaire montagnard. La distance n'a pas été un frein aussi puissant qu'un urbain l'aurait pu croire : les collègues ont accepté de franchir des kilomètres à leurs frais quand ils ont trouvé un intérêt à ces réunions. Ils ont même rallongé les parcours pour joindre des enseignants confrontés aux mêmes problèmes qu'eux. En revanche, l'hétérogénéité du parc scolaire a entraîné des tâtonnements dans la mise en place des concertations. La formule qui paraissait tomber sous le sens consistait à proposer aux maîtres des plus petites écoles de participer aux réunions des écoles majeures voisines. Territorialement facile à concevoir, ce rassemblement sur les points les plus forts a été critiqué par les maîtres des bourgs, qui souhaitaient organiser les progressions pour leurs propres classes, et par ceux des écoles plus petites, qui entendaient régler des problèmes de vie scolaire dans des classes à plusieurs niveaux. « *Ce que discutaient les collègues de Viverols ou de Marsac, ne nous intéressait pas ; nous préférons nous réunir pour travailler sur les classes uniques* » explique le professeur d'école nommé dans une commune du Haut-Forez. L'argument invoqué était l'urgence qu'il y avait à maîtriser une situation pédagogique spécifique. Derrière le discours exprimé, dans le « non dit », on sent jouer aussi les différences d'âge, de manière de vivre, d'origine qui distinguent les maîtres installés dans les localités montagnardes de quelque importance, et les nouveaux venus en poste dans les micro-structures scolaires. Paradoxalement, en jouant le jeu de l'adaptation la plus fine aux particularités du terrain, la pratique des concertations, loin de renforcer l'unité des petits « pays », a créé des coupures territoriales !

Inspecteurs et enseignants ont donc cherché des solutions très adaptées aux pratiques professionnelles, en concevant des concertations en fonction du type d'école. Certains secteurs s'y prêtent assez bien. Quatre écoles sur les six du secteur d'Olliergues participent à des réunions qui se déroulent successivement dans chacune d'elles : Marat, Olliergues, Le Brugeron, Augerolles. Olliergues, avec trois classes, n'a pas plus de poids que ses associées, qui ont deux, trois et quatre classes. *« C'est beaucoup mieux de faire le tour des écoles des uns et des autres, ne serait-ce que pour connaître des installations et du matériel nouveau... pas question de privilégier une école »* nous dit l'institutrice du Brugeron. A la question « *N'auriez-vous pas besoin au moins d'une bibliothèque sur un point un peu mieux équipé ?* », la même interlocutrice répond : « *Inutile ! Nous nous prêtons nos propres livres. Cette année, il y a eu un ouvrage intéressant en trois tomes adaptés aux trois cycles de l'école. Nous nous sommes réparti l'achat en fonction de nos classes, et nous nous passons les livres* ». On voit émerger ici une fonction pédagogique propre à un territoire réduit, exceptionnelle cependant par l'homogénéité du maillage, qui a facilité les échanges, et par l'implication personnelle des acteurs en poste : ils financent eux-mêmes documents et frais de déplacement ; ils rejettent toute velléité de réorganisation territoriale hiérarchisée, mais se disent intéressés par cette rénovation du cadre de vie pédagogique.

Il n'en reste pas moins que, dans cette mise en place des concertations, les écoles des plus petites communes **ont peiné à trouver leur territoire**. Le décret qui instituait les réunions n'envisage pas leur cas, alors que ce sont précisément elles qui ont un besoin impérieux de réflexion pédagogique et didactique pour quitter un espace trop domestique. Quand les très petites écoles sont distantes les unes des autres et séparées par des écoles qui disposent de véritables équipes, le problème territorial n'est pas simple. Il se complique, à chaque rentrée, sous l'effet des départs des enseignants qui fuient les microstructures, et de l'arrivée des nouveaux, sans relations avec les collègues locaux. Inspecteurs et conseillers pédagogiques doivent alors jouer les médiateurs pour créer des liaisons viables sur le terrain. Sur les marges de l'Artense, on a ainsi essayé d'associer la classe unique d'Avèze, selon une logique de taille, avec ses deux voisins de Singles et de Larodde. Pour celles-ci, qui avaient leur propre projet, l'arrivée d'un troisième partenaire a d'abord paru intéressante, puis lourde à gérer. Il a donc fallu prospecter plus loin l'associé potentiel ! Relier Avèze aux écoles de la Haute Dordogne paraissait une solution tout à fait raisonnable : le déplacement n'excédait pas quinze à vingt kilomètres, et paraissait d'autant plus normal que Saint-Sauves, La Bourboule et Le Mont Dore sont des points attractifs. Sur le plan pédagogique, la liaison a été impossible, car ces trois écoles avaient monté un projet d'interconnexion de bibliothèques, déjà commencé et soutenu par leurs trois municipalités. On a donc cherché, au-delà de la vallée de la Dordogne, deux microstructures isolées, celles de Picherande et de Chastreix, qui ont répondu positivement pour une année : les concertations ont d'autant mieux fonctionné que les enseignants se connaissent et avaient établi des rapports de confiance. Cette situation a pris fin à la rentrée suivante à cause du changement qui a résulté des mutations de personnel. Le titulaire d'Avèze s'est donc enquis de nouveaux partenaires, qu'il a fini par trouver, en direction de Clermont-Ferrand cette fois-ci, à Saint-Bonnet-d'Orcival et Aurières,... c'est-à-dire à une distance de quarante kilomètres, en passant un col à 1 000 m d'altitude ! Derrière ces épisodes successifs, c'est évidemment un processus de décomposition territoriale qui se révèle : le territoire se fragmente et avec patience et obstination, les acteurs essaient de rassembler les morceaux pour obtenir un espace qui permettra à la vie scolaire de se dérouler selon les normes nationales. Le phénomène n'est pas propre au Puy-de-Dôme. Dans de tels cas, certains acteurs renoncent à construire une cohésion locale introuvable, et s'orientent sur des liaisons scolaires à longue distance, grâce aux technologies d'information et de communication. On assiste souvent à la construction de structures hybrides : ce sont des associations de deux ou trois enseignants voisins, qui ont lutté ensemble contre l'isolement, et de quelques écoles plus lointaines, parfois situées hors de la circonscription. Les liaisons s'effectuent par fax, et dans quelques situations expérimentales, en 1997, par connexion sur Internet. Les « **écoles réticulaires** » sont ainsi apparues sur des initiatives isolées ou systématisées dans l'arrière-pays niçois, dans le Vercors, dans le sud du Jura, en Limousin[45]. Dans le Puy-de-Dôme, de telles initiatives relèvent plus des goûts personnels des enseignants pour la technologie ou la correspondance scolaire que de la lutte contre l'isolement. Une des écoles pionnières est située en Limagne à Thuret, dans un lieu parfaitement accessible, à quelques kilomètres de Riom ; l'autre, à La Bourboule, est au cœur d'un projet de mutualisation des bibliothèques centres-documentaires de la Haute Dordogne, et répond au problème de gestion des moyens dispersés plus qu'à la nécessité de créer des relations nouvelles. L'utilisation des « fax » est évidemment plus répandue. L'initiative vient ici de l'Office Central de la Coopération à l'Ecole (OCCE) qui installe chaque année une douzaine de « fax » à la demande des maîtres. Cette innovation est assez bien admise dans la région des Combrailles, mais le nombre d'écoles concernées est encore trop réduit pour que l'on puisse distinguer si cet outil s'installe au hasard des choix de quelques personnalités ou parce qu'il permet de mieux gérer les problèmes liés à l'atomisation des structures. Il est évident que le fax améliore considérablement les possibilités de correspondances scolaires mais nul ne peut faire actuellement un bilan sur ses effets territoriaux dans les hautes terres du Puy-de-Dôme ni vérifier si, comme ses usagers l'espèrent, il confortera le fonctionnement d'un système atomisé.

On dispose, en revanche, d'un recul d'une dizaine d'années pour évaluer les premières expériences mises en place grâce à l'installation de Minitels et à l'ouverture d'un serveur, à la disposition des écoles, dans l'ex Ecole Normale de Clermont-Ferrand. Ce media a permis à quelques enseignants intéressés par les communications de disposer d'un outil supplémentaire[46] ; il n'a ni changé l'organisation de l'espace à l'échelle locale, ni créé un outil de liaison entre des écoles voisines. Quand il a été utilisé, c'est pour ouvrir la vie scolaire sur l'ailleurs, ou tout simplement et de façon bien nécessaire, pour transmettre les informations administratives. On retrouve là, à travers la mise en place de moyens nouveaux, les problèmes de fonctionnement courants dans les circonscriptions où les écoles sont de petite taille : les technologies nouvelles ont servi d'abord à transmettre l'information en suivant la « voie hiérarchique » ; les essais actuels tentent de développer des relations plus associatives, à l'échelle de la circonscription ou du voisinage ; les possibilités modernes permettent d'aller bien au-delà et les enseignants y ont trouvé l'occasion de sortir de leurs espaces de proximité trop appauvris.

Il y a donc, actuellement, **dans le renouveau des « structures qui relient », quatre dispositifs qui concernent les circonscriptions montagnardes.** Le premier type de relations n'est pas propre à la montagne, mais y prend des formes particulières : il correspond aux allers et venues des inspecteurs, et plus encore des conseillers pédagogiques qui leur sont associés pour distribuer documents officiels et matériel pédagogique, informer et suggérer, si besoin est, des pratiques de classe. Le second type garde le siège de la circonscription comme unique point fort, mais cherche à solliciter les initiatives de chaque école et à les rassembler. Il n'est possible que si la configuration du territoire s'y prête, et correspond au cas de l'Ambertois, où les enseignants rassemblent des élèves pour des journées communes. Ce sont des moments denses : « *Nous avions plus de 1 000 élèves dans la ville pour une animation sur la lecture, à laquelle toutes les écoles ont apporté une contribution de leur choix* »[47]. Ces temps forts qui animent un espace où la fonction éducative est dispersée dans des clairières de toutes tailles sont évidemment des moments exceptionnels dans le paysage scolaire calme de la montagne. Ils ne remettent cependant pas en cause la hiérarchie territoriale en étoile, à la différence des initiatives plus récentes. La troisième réorganisation correspond aux regroupements intermédiaires, par relations de proximité plus que par fidélité à un secteur scolaire ; la quatrième traduit les deux possibilités des media actuels : réactivation de la « voie hiérarchique » traditionnelle, et ébauche d'« école réticulaire » par la mise en réseau d'écoles sur un projet qui se construit avec des partenaires lointains, hors de toute contrainte territoriale.

CONCLUSION

Dans les domaines très dissemblables que sont les circonscriptions montagnardes, les relations se sont donc complexifiées car deux règles majeures du fonctionnement, pourtant bien simples, sont en fait actuellement fort difficiles à appliquer : les relations directes entre écoles et inspection souffrent de la dispersion et de la distance, et la tenue des conseils des maîtres et des conseils de cycles est un non-sens dans les établissements à une ou deux classes. Une seule circonscription, celle d'Ambert, peut, par son tracé et sa position dans le département, se consacrer intégralement aux questions montagnardes. Cette spécificité s'est traduite par le renforcement des liens qui offrent aux écoles de toutes tailles des actions partagées. D'une façon plus générale, le fonctionnement actuel de la vie scolaire a conduit les enseignants à structurer leurs échanges autrement que dans le cadre administratif traditionnel. Le canton ne peut pas faire fonction de secteur ; le secteur ne peut pas offrir la structure de concertation actuellement souhaitée ; les lieux de concertation, choisis en fonction de la conjoncture pédagogique, ne correspondent pas à ceux où se tiennent les conseils de maîtres, et les écoles majeures, qui organisent aisément la tenue de leurs propres réunions, ne sont pas perçues par les enseignants des plus petites comme le meilleur lieu d'accueil. De tâtonnements en tâtonnements, **les relations se sont superposées en un lacis qui couvre des espaces où les liens traditionnels sont en crise, sans pour autant reconstruire des territoires**. Enseignants, conseillers pédagogiques et inspecteurs, tous se déplacent dans ces mondes apparemment immobiles. Les services autres que l'Education Nationale s'appuient sur des structures-relais, dans les bourgs et les petites villes. Cette articulation n'est pas apparue dans le système scolaire où les enseignants ont une vive conscience de l'égalité de leurs fonctions éducatives et en même temps de l'originalité de l'exercice de leur profession en milieu isolé. C'est donc au premier niveau, celui de la commune et de l'aire de recrutement qu'il convient de chercher les liens les plus forts entre le service éducatif et la vie locale.

Quelle correspondance observe-t-on, à la fin des années quatre-vingt-dix, entre la logique actuelle du système scolaire et celle des collectivités montagnardes ?

II - LES ÉCOLES PRISES DANS LE FILET COMMUNAL

La logique enseignante actuelle vise à appliquer de la façon la plus rationnelle qui soit **la loi d'orientation de juillet 1989**. Elle a donc pour objectif l'organisation d'un cursus scolaire en trois cycles. Le premier, à l'âge des « préapprentissages » , est considéré comme nécessaire ; il correspond aux petites et moyennes sections de l'école maternelle. Le second dit « cycle des apprentissages fondamentaux » comprend la grande section de l'école maternelle, le cours préparatoire (CP) et le cours élémentaire première année (CE1). Au-delà, le « cycle des approfondissements », cours élémentaire deuxième année et cours moyen, conduit en trois ans à l'entrée au collège (CE2, CM1 et CM2). Cette conception de la scolarité a transformé les représentations que parents et enseignants se faisaient de l'école. Longtemps a prévalu l'idée que la meilleure structure reposait sur une correspondance entre les cours et les classes. L'offre la plus rationnelle paraissait être celle que les groupes scolaires urbains proposaient, avec une école maternelle de trois classes et une école élémentaire de cinq. Dans le même temps, et sur un mode contradictoire, l'opinion estimait que quelques maîtres, particulièrement impliqués dans leur travail et expérimentés, pouvaient aussi fort bien réussir l'éducation de leurs élèves dans des classes à plusieurs niveaux, en particulier dans les classes uniques.

La remise en cause actuelle atteint inégalement ces deux modèles. La répartition urbaine prévaut évidemment très largement, mais avec des aménagements. Les classes à plusieurs cours, qui étaient organisées comme des pis-aller que les effectifs imposaient quelquefois, sont vues autrement, et quelques conseils d'école ont pris la décision de les ouvrir pour leur intérêt pédagogique. L'école Henri Pourrat d'Ambert a réparti, en 1996, ses trois cent quatre-vingt-deux élèves en trois classes de CM2, trois classes de CM1, trois classes de CE2 et six classes de CP et

CE1 regroupés. Or, cette école est le modèle de type urbain installé au cœur des montagnes. Il s'agit véritablement de démontrer la pertinence des fonctionnements à plusieurs cours, dans le contexte réglementaire actuel. Celui-ci, en revanche, ne valorise pas pour autant les classes uniques ouvertes pour des enfants depuis la grande section jusqu'au cours moyen, dans le cas de recrutements peu nombreux. Le collège doute des acquis de la classe unique. Certes, l'aptitude individuelle à mieux gérer son temps que chacun y développe, est unanimement reconnue. Mais dix enfants qui grandissent avec le même instituteur, dans les mêmes locaux et avec les mêmes camarades ne paraissent guère préparés aux conditions de travail de la classe de 6e et des années ultérieures. On admet de plus en plus l'idée qu'un enfant, au cours de sa scolarité, doit effectuer un parcours sous la direction de plusieurs maîtres du premier degré. Pour l'inspection académique d'Ille-et-Vilaine, confrontée au problème de la dispersion des effectifs, « il s'agit de favoriser des unités pédagogiques... de sorte que les enfants... bénéficient de l'enseignement d'au moins trois maîtres au cours de leur scolarité »[48]. Cette conception, qui a émergé dans les années quatre-vingt-dix, conduit à porter un nouveau regard sur les rapports entre l'institution scolaire et le maillage communal.

La logique municipale conduit à chercher une voie adaptée à chaque commune, entre deux attitudes extrêmes. La première consiste à prendre en compte d'abord la réalité du terrain et à essayer, tant bien que mal, d'intégrer le projet national, de l'assimiler, voire de le transformer en fonction de l'offre scolaire déjà en place. La seconde consiste à normaliser les structures locales pour faciliter l'introduction du projet national. C'est un problème d'effectifs et de financement. L'organisation des classes passe nécessairement par le critère numérique. On ignore souvent que quelques écoles montagnardes sont chaque année, dans le Puy-de-Dôme, confrontées à l'installation simultanée de plusieurs jeunes couples, et accueillent des effectifs pléthoriques. Dans ce cas, maires et enseignants cherchent à répartir la surcharge et, si le gonflement paraît devoir être de courte durée dans les premier et second cycles, on essaie de faire au mieux en utilisant à plein temps une employée municipale faisant fonction d'agent spécialisé des écoles maternelles. Maires et enseignants ne facilitent alors les inscriptions foraines que si elles permettent de déboucher sur la création d'une classe, qui paraît durable au moins pour un moyen terme. Dans la majorité des situations montagnardes, c'est le sous-effectif qui freine la réorganisation des cursus. Pour y remédier, les élus procèdent à des arrangements locaux plutôt qu'à des transformations des structures scolaires. Les rapports entre l'école et son environnement proche procèdent donc des réajustements, des négociations entre collectivités voisines. Ce sont des liens flous, constamment remis en question, qui ont dans quelques cas, mais fort lentement, laissé place à des rapports structurés dans le cadre de regroupements pédagogiques intercommunaux, les « RPI ». Mais, même si ceux-ci se sont organisés, le dialogue avec chaque municipalité reste fondamental, et des liens forts, qui n'ont pas été remis en question depuis un siècle, associent chaque école à la commune dans laquelle elle se situe.

A - LES ARRANGEMENTS PAR RÉAJUSTEMENTS SPONTANÉS

Dans les plus petites écoles, chaque rentrée n'amène pas son lot, même minime, d'inscriptions au niveau préélémentaire. Ce « manque à inscrire » se répercute d'année en année. La répartition des âges des élèves est irrégulière, et la logique enseignante, qui tend à l'organisation de groupes de travail par cycle, est battue en brèche. Assez souvent, les structures par âge des petites collectivités montagnardes sont dissymétriques : qu'une municipalité rénove deux logements accessibles à de petits budgets, et c'est le recrutement préélémentaire qui double en passant de trois à six élèves ; que des familles croient repérer des qualités de travail écrit dans la commune voisine, et c'est le troisième cycle qui s'effondre. A l'inverse, si un troisième cycle tend à se renflouer, l'inspecteur de l'Education Nationale hésite à accorder des dérogations pour inscrire des enfants de quatre ans afin de ne pas placer le maître dans une situation ingérable. Il y a ainsi une turbulence des inscriptions, qui s'ajoute aux aléas démographiques, et s'aggrave quand on passe dans une école de deux à une classe. Les enseignants tentent de limiter ces fluctuations en multipliant les liens avec leur public, comme pour arrimer l'école dans un terrain mouvant. La crédibilité que chacun réussit à acquérir par ses talents pédagogiques, son implication dans la vie locale, voire son mode de vie est alors largement en cause. « *Marie-Jeanne veut bien vivre ici, amenons-lui nos enfants* », pouvait-on entendre dans une petite commune du Livradois-Forez. Les propos situent la vie scolaire dans l'espace de l'amitié, de **la reconnaissance directe des uns par les autres** quand l'espace public, dûment défini, n'assure plus de liens suffisamment durables entre la population et son école. Il arrive même que la notion de territoire s'efface complètement, quand les familles préfèrent suivre un maître qui obtient sa mutation pour enseigner quelques kilomètres plus loin : le recrutement de l'école de Saint-Agathe, dans le haut pays thiernois, a ainsi en partie glissé sur une école voisine quand l'enseignante y a été nommée, en septembre 1997, au point que cette translation a mis en péril le service scolaire de cette petite commune ! Découpage territorial, recrutement et mode d'organisation de la classe évoluent ainsi l'un par rapport à l'autre. La force de leurs liens et la vitesse avec laquelle ils se modifient se repèrent mieux dans une étude de cas, qui respecte l'originalité et prend en compte l'inattendu, que dans une analyse institutionnelle.

Ces processus ne peuvent être suivis qu'à grande échelle. L'exemple retenu est donc celui d'un très petit territoire, celui de la commune de Grandrif (183 habitants) à treize kilomètres en amont d'Ambert. Il montre cet écheveau de relations patientes que l'enseignant noue avec les différents acteurs territoriaux. Au début des années quatre-vingt-dix, sept élèves fréquentaient l'école. Trois venaient de la commune voisine (Saint-Martin-des-Olmes) où l'école était fermée depuis 1990, quatre de Grandrif. L'école avait le profil chaotique et le fonctionnement difficile des très petites structures en cours d'abandon. Y restaient deux enfants qui terminaient leur scolarité au cours moyen, un enfant trisomique et quatre petits

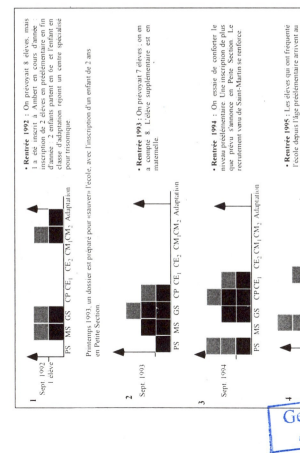

1 carreau pour un élève
Domicile :
Grandrif
St-Martin-des-O

• **Rentrée 1992** : On prévoyait 8 élèves, mais 1 a été inscrit à Ambert en cours d'année. inscription de 2 élèves en préélémentaire en fin d'année : 2 enfants partent en 6e et l'enfant en classe d'adaptation rejoint un centre spécialisé pour trisomique.

Printemps 1993, un dossier est préparé pour «sauver» l'école, avec l'inscription d'un enfant de 2 ans en Petite Section.

Sept. 1992
1 élève

1

• **Rentrée 1993** : On prévoyait 7 élèves, on en a compté 8. L'élève supplémentaire est en maternelle.

Sept. 1993

2

PS MS GS CP CE1 CE2 CM1 CM2 Adaptation

• **Rentrée 1994** : On essaie de conforter le niveau préélémentaire. Une inscription de plus que prévu s'annonce en Petite Section. Le recrutement venu de Saint-Martin se renforce.

Sept. 1994

3

PS MS GS CP CE1 CE2 CM1 CM2 Adaptation

• **Rentrée 1995** : Les élèves qui ont fréquenté l'école depuis l'âge préélémentaire arrivent au CE2. L'inscription de 2 élèves en Petite Section et d'un élève de plus que prévu en Moyenne Section laisse espérer qu'une cohorte d'âge préélémentaire puisse se constituer car les effectifs deviennent lourds à gérer.

Sept. 1995

4

PS MS GS CP CE1 CE2 CM1 CM2 Adaptation

CYR-MAC

Fig. 15 - L'évolution des effectifs à l'école de Grandrif (par niveau et origine des élèves)

• **Rentrée 1996** : 26 élèves, grâce à l'inscription de 11 élèves de St-Martin en préélémentaire. Une deuxième classe est créée, ce qui permet d'accueillir 4 élèves de 2 ans.

Mais la situation reste fragile : 2 départs ont eu lieu en septembre, compensés par 2 arrivées en mars 1997 et la majorité des élèves sont domiciliés dans la commune voisine, Saint-Martin-des-Olmes.

Sept. 1996

5.

PS MS GS CP CE1 CE2 CM1 CM2 Adaptation

CYR-MAC

Fig. 15' - La création d'une seconde classe dans une très petite structure
Effectifs inscrits à l'école de Grandrif (rentrée 1996)

Fig. 16 - Le sauvetage d'une petite école à flanc de montagne : GRANDRIF
(800 m d'altitude, 183 hab. en 1990)

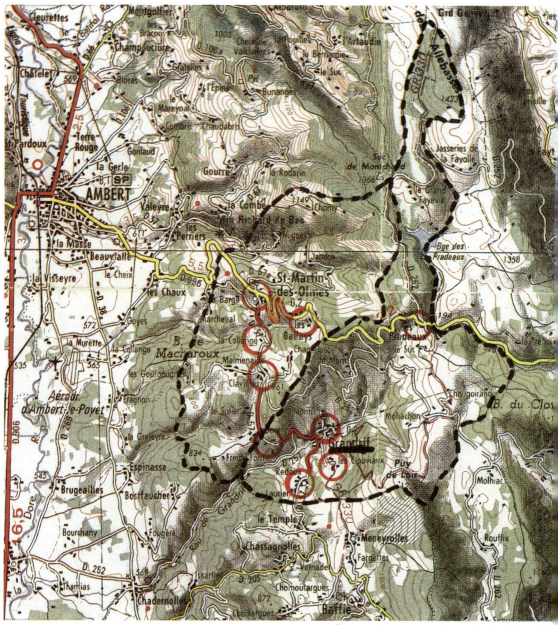

 Lieux de résidence des élèves

 Trajet des 2 véhicules de transport scolaire

Grandrif
 Lieu d'implantation de l'école

de quatre et cinq ans. L'histogramme par âge était typique des recrutements irréguliers, ici au profit des sections préélémentaires (cf. Fig. 15. 1). L'institutrice a décidé de mettre l'accent sur l'accueil des plus jeunes, d'où, à la rentrée suivante, un renforcement des effectifs des deux premiers cycles (cf. Fig. 15. 2). Au bout de trois ans, la progression normale des élèves a entraîné la reconstitution d'un « cycle trois », plus étoffé, et ouvert une véritable crise de fonctionnement (cf. Fig. 15.4) car il fallait conduire simultanément les préapprentissages de six enfants et les apprentissages de sept autres.

La solution ne pouvait plus être cherchée dans le statu quo : les inspecteurs de l'Education Nationale n'accordent pas de dérogation pour maintenir des enfants de trois et quatre ans dans une classe unique relativement chargée. Il ne restait plus qu'à inscrire à l'école maternelle d'Ambert les plus petits, nouveaux venus ou enfants qui avaient effectué leur première année en petite section à Grandrif. Le risque était double : d'une part, il y avait de fortes probabilités que ces enfants ne reviennent pas poursuivre leur scolarité dans la petite structure quand ils atteindraient le cours préparatoire ; d'autre part, leurs frères et sœurs allaient vraisemblablement les accompagner dans leur « descente » sur la ville. La scolarité immédiate aurait été ainsi convenablement assurée pour les grands élèves restant à Grandrif, mais l'avenir à moyen terme était compromis. Une troisième solution, très téméraire, s'est imposée. Elle a consisté à renforcer le recrutement sur les hautes pentes, par deux stratégies : retenir les élèves de Saint-Martin-des-Olmes, qui avaient été « captés » par Ambert, et élargir les sections préélémentaires en inscrivant les enfants de deux ans. Ce faisant, l'ouverture d'une seconde classe était envisageable, avec la perspective d'un travail plus aisé, au moins aux cycles « premier » et « troisième ». Elle a entraîné la création d'un nouvel espace scolaire à partir de quelques hameaux reliés par les transports d'enfants (cf. Fig. 16).

Ce projet était un véritable pari sur la **force des relations à l'échelle d'un espace de vie très étroit**, riche de quelques résidences, mais de peu d'emplois. Le pari a été momentanément gagné. L'histogramme des effectifs de 1996-97 n'a rien à voir avec celui de 1992 (cf. Fig. 15'). La municipalité a répondu aux vœux de l'institutrice, très attachée à la préscolarisation, en équipant de façon sommaire mais acceptable, deux salles indispensables, et en engageant une employée sur un poste d'agent spécialisé en école maternelle. La municipalité voisine de Saint-Martin-des-Olmes a joué le jeu du retour des enfants sur une petite école montagnarde, bien que ce ne fut pas la sienne, en organisant le transport des enfants. L'amicale laïque a contribué au financement d'activités exceptionnelles. On aimerait distinguer les liens majeurs : sont-ils d'ordre financier ? D'ordre pratique ? Relèvent-ils de la convivialité villageoise ou du choix politique ? Certains habitants de Saint-Martin et des conseillers municipaux ont été sensibles au fait que la participation de leur commune aux frais de scolarité était inférieure à celle que demandait Ambert. Pour d'autres - les parents en particulier -, la descente sur Ambert par un autocar qui partait très tôt pour desservir à la fois le collège et les écoles était très incommode, et l'organisation des transports sur Grandrif était plus satisfaisante. Pour beaucoup, il s'agissait de participer à une défense de la ruralité. Quant à l'Inspection de l'Education Nationale, elle essayait de rompre avec l'image de fatalité et d'abandon qui pèse sur cette circonscription. Il n'empêche que les risques d'enfermement sur une très petite collectivité ne sont pas négligeables et, très concrètement, la vie professionnelle de trois adultes (deux enseignantes et l'agent spécialisé) avec une vingtaine d'enfants dans deux salles équipées n'est pas facile. Les menaces sont donc encore réelles. La réponse dépendra des effectifs à venir et des aménagements.

La dynamique des relations entre acteurs qui a, ici, fonctionné, pourra-t-elle se maintenir ? Créer une classe sur les pentes du Haut-Forez n'était pas une mince affaire. Nul ne peut actuellement distinguer s'il s'agit d'un sursaut de la vie villageoise ou d'une pièce nouvelle du réseau de l'enseignement public, d'une action collective ou de l'addition de stratégies silencieuses. Mais il est certain que sur un fond d'atonie qui laissait, en 1992, tout observateur bien pessimiste sur l'avenir de cette école, il s'est manifesté un spasme qui a redonné vie à l'institution. L'affaire est bien significative des problèmes du développement local, et de leur enchaînement dans ce type d'espace : l'arrêt du processus de décomposition a été une première étape, où le rôle de l'enseignante et de l'inspecteur, l'un et l'autre acteurs extérieurs par rapport au milieu local, a été décisif ; l'inscription dans des communes s'est jouée sur l'attitude des maires et l'adhésion de quelques familles ; quant au maintien de la nouvelle structure et à la diffusion de tels arrangements dans ce type d'espace qui offre peu de relais, ils sont évidemment problématiques.

Ce n'est pas un mince paradoxe que de trouver, dans un monde immobile, des écoles qui fluctuent vivement à la hausse ou à la baisse. Le phénomène est général, et observé dans d'autres milieux montagnards ou ruraux à faible densité : « *Du fait du petit nombre d'acteurs concernés, il* (le réseau éducatif) *est très vulnérable quant aux évaluations sur la qualité des formateurs et des formations. Il n'y a que peu de moyens de compenser les insuffisances (réelles ou supposées) de tel ou tel enseignant, et l'étroitesse du milieu donne une grande importance aux relations personnelles de l'enseignant avec les parents d'élèves, les élus, ...* »[49]. La seule démarche qui permette de limiter les effets contradictoires des relations entre quelques individus sur l'organisation de l'espace a consisté, en montagne, à renforcer quelques institutions contractuelles. Ce sont les regroupements pédagogiques, qui régulent les échanges d'élèves entre quarante-cinq communes des montagnes du Puy-de-Dôme (en 1995).

B - LA MÉFIANCE DES SOCIÉTES MONTAGNARDES VIS-À-VIS DES REGROUPEMENTS PÉDAGOGIQUES

Avec les Regroupements Pédagogiques Intercommunaux (RPI), les acteurs de terrain ont eu conscience de passer des espaces flous et des accords aux effets imprévisibles à un **monde plus régulé** et à des structures spatiales définies. La mutation n'allait pas de soi dans des sociétés montagnardes habituées à des relations locales et personnalisées, et au marchandage entre villages, plus soucieuses de garder leur école en inscrivant les enfants d'une ou deux familles d'une commune voisine que d'envisager une restructuration audacieuse du service public. Les Regroupements Pédagogiques Intercommunaux (RPI) sont des organisations territoriales qui visent à améliorer la vie scolaire dans les zones où les effectifs sont réduits. On rassemble les enfants de plusieurs communes qui réunissent les moyens et les équipements nécessaires. Les RPI sont issus des Conseils municipaux, et les modalités de prise en charge visées par le préfet. Leur élaboration est suivie par l'inspecteur de la circonscription et c'est l'inspecteur d'académie qui les autorise. Les enseignants qui ont préparé les regroupements avec l'inspecteur et les partenaires locaux répartissent ensuite les élèves et organisent les classes en fonction des projets qu'ils ont élaborés. Bien qu'il n'y ait pas de législation précise sur la création et le fonctionnement des RPI, l'institution y gagne, quand ils se constituent, en stabilité et en clarté. La vie scolaire y retrouve des règles lisibles... du moins par les observateurs extérieurs que sont les professeurs d'IUFM et les professeurs d'école débutants ! D'une façon générale, les membres de l'éducation nationale reconnaissent dans les regroupements une tentative pour maintenir une école de la république fidèle aux villages, tout en inscrivant le projet national dans un espace qui devrait lui permettre de mieux réaliser ses objectifs.

C'est à ce titre que les RPI figurent très largement dans le rapport rédigé sous la direction de Pierre Mauger en 1992, quant aux problèmes de l'école rurale. Sur les dix-neuf solutions présentées[50], onze concernent des créations ou des réaménagements de RPI. Ils sont situés dans la France montagnarde (Aubrac aveyronnais, Vosges, Alpes de Haute-Provence), ou dans les zones rurales de moindre altitude (Creuse, plateau bourguignon, Argonne). Certaines créations remontent à des dates très précoces : en Argonne, dès les années soixante, par exemple Dans ces cas-là, on aborde trente ans plus tard une seconde phase, de restructuration. L'histoire des RPI du Puy-de-Dôme n'a commencé qu'en 1982-83 et leur installation se poursuit encore. Ce département serait-il réfractaire à ce mode de réorganisation ? Les RPI scolarisent 1 780 élèves sur 51 115, soit 3,48 % des effectifs (année 1994-95), alors que, en France métropolitaine, la proportion est de 6 %. Sur le plan national, ils se sont développés jusqu'à créer autant de classes à un seul cours que de classes à cours multiples (8 709 contre 9 450 en 1994-95), alors que, dans le Puy-de-Dôme, une classe de RPI sur trois n'a qu'un seul cours (31 sur 105). Ce retard est à lui seul un « objet problématique » intéressant pour le géographe, d'autant plus qu'il touche certains secteurs de la montagne plus que d'autres. Cette « géographie des liens » révèle de nettes différences territoriales. Les RPI se localisent en taches voisines les unes des autres, par un phénomène de contamination d'une commune à l'autre. Leur terre d'élection se situe dans le sud du département (cf. Fig. 17 A).

La mise en place de ce dispositif bien incomplet s'est réalisée **en trois phases**. Des Regroupements Pédagogiques sont nés dans ce département aux confins du Livradois et de la Limagne, dans le secteur de Sermentizon, qui s'est révélé très innovant dans les années quatre-vingts. La municipalité a alors multiplié les initiatives culturelles et scolaires, transformé la maison d'école en point d'attache d'un service du CRDP et, en même temps, réorganisé l'offre éducative avant d'être acculée par le désastre démographique à fermer une classe. Il subsistait deux classes. Elles ont été réunies avec celles des communes voisines pour constituer le RPI qui reste le plus important du Puy-de-Dôme : il concerne quatre municipalités et reçoit cent cinquante élèves dans sept classes (effectifs de 1994). La réussite de ces pionniers tient en grande partie à des implications personnelles. L'instituteur de Sermentizon a passé le permis de conduire « transport en commun » pour effectuer les premiers ramassages scolaires et ainsi littéralement ouvrir la voie à cette dynamique intercommunale. Ce RPI a fait école et, à proximité, le mouvement s'est étendu vers l'aval (cf. Fig. 17 B), puis vers l'amont. Simultanément, d'autres initiatives se sont manifestées dans les zones rurales du nord du département et sur les marges de la Limagne d'Issoire : cette première restructuration a concerné surtout les petites communes de la plaine, aux limites du domaine montagnard (cf. Fig. 17 B).

C'est à partir de 1990, c'est-à-dire bien tardivement, que les regroupements pédagogiques ont investi les hautes terres. A cette date, ils se sont inscrits dans des situations démographiques critiques. Ces restructurations se sont engagées sur **trois objectifs** : comme partout, accueillir des enfants de quatre ans au moins ; plus qu'ailleurs, offrir aux jeunes enseignants, qui recevaient leur premier poste dans ces lieux, des conditions de travail qui se rapprocheraient des situations urbaines ; enfin, comme dans tout territoire fragile, « sauver » des écoles. La plupart des RPI sont ainsi nés de carences. Un discours qui puise dans le lexique des secours portés « in extremis » accompagne ces restructurations. De tels propos ne sont pas propres au département du Puy-de-Dôme. Un mémento administratif en usage sur tout l'hexagone[51] présente la situation en ces termes : « *Les Regroupements Pédagogiques Intercommunaux existent maintenant depuis une vingtaine d'années. Ils ont permis de SAUVEGARDER et d'améliorer la scolarisation des enfants en milieu rural, où ils sont devenus une institution sans que pour autant existe une législation précise* ». Les microcommunes montagnardes ont ainsi procédé à des opérations de sauvetage de leurs écoles. Un RPI s'est constitué à l'ouest d'Issoire dans la haute vallée du Valbeleix pour associer les communes de Valbeleix et Compains qui, en 1995, reçoivent onze et quatorze élèves. Un chapelet de microcommunes a adopté la même démarche sur la dorsale du Livradois. A l'extrême sud-est du Livradois, une plage de microcommunes - trois dans la vallée de la Dore, deux puis trois dans la vallée de la Dolore - s'est restructurée en deux RPI : ceux-ci se sont constitués en gardant les six écoles ouvertes avec les classes élémentaires à l'amont et à l'aval, encadrant la classe maternelle sur le site intermédiaire le plus accessible. Tous ces RPI de vallées, depuis les Monts Dore jusqu'au sud du Forez (cf. Fig. 17 C), traduisent la volonté réciproque des municipalités qui s'accordent pour garder chacune une école en tant que lieu de sociabilité. Cet objectif territorial, qui est dans ces cas très fort, ne freine pas pour autant la crise démographique. Celle-ci

Fig. 17 - A - Localisation des regroupements pédagogiques intercommunaux en 1995-96

Département du Puy-de-Dôme - Etat à la rentrée de septembre 1995

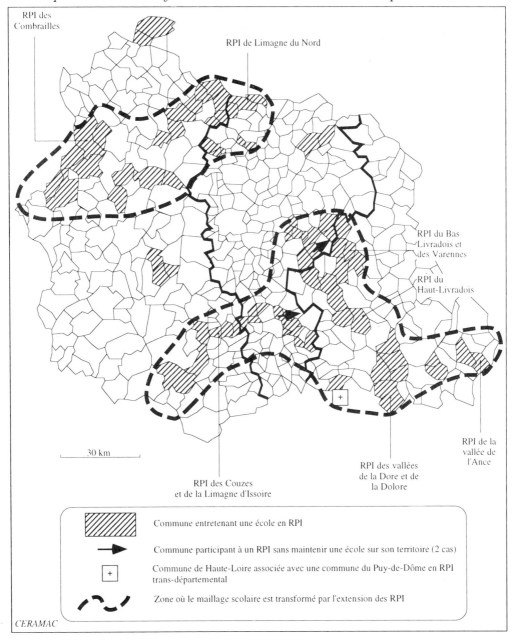

RPI des Combrailles

RPI de Limagne du Nord

RPI du Bas Livradois et des Varennes

RPI du Haut-Livradois

RPI de la vallée de l'Ance

RPI des vallées de la Dore et de la Dolore

RPI des Couzes et de la Limagne d'Issoire

30 km

Commune entretenant une école en RPI

Commune participant à un RPI sans maintenir une école sur son territoire (2 cas)

Commune de Haute-Loire associée avec une commune du Puy-de-Dôme en RPI trans-départemental

Zone où le maillage scolaire est transformé par l'extension des RPI

CERAMAC

Fig. 17 - B - Localisation des regroupements pédagogiques intercommunaux créés avant 1990

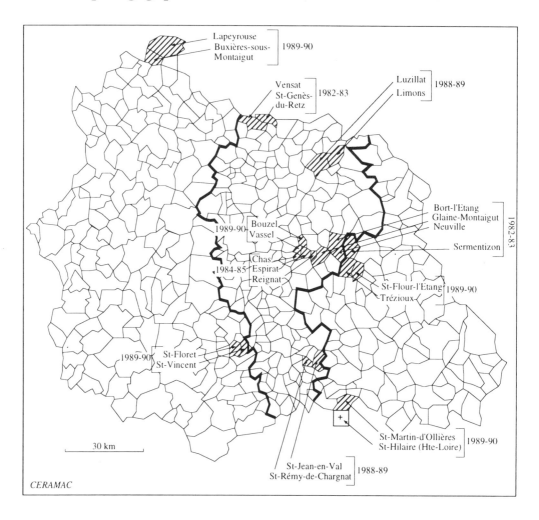

CERAMAC

Fig. 17 - C - Progression des regroupements pédagogiques intercommunaux aux rentrées scolaires de 1990, 1991 et 1992

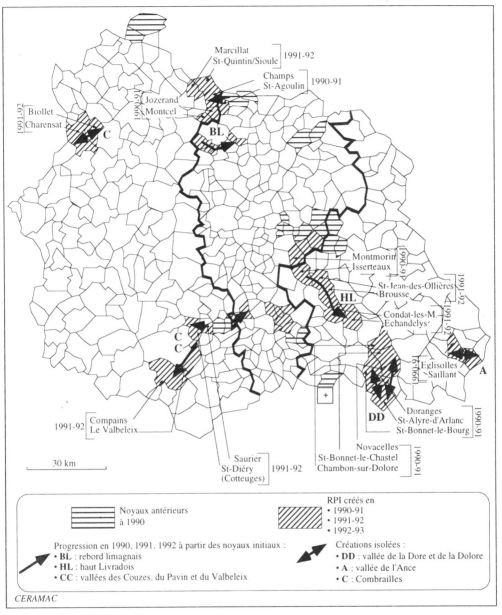

conduit les regroupements, alors qu'ils n'ont pas même dix ans d'âge, à envisager des réorganisations et à imaginer d'autres liens que ceux auxquels ils doivent leur naissance : le RPI de la vallée de la Dore a déjà fermé un de ses trois sites !

Alors que les vallées des Monts Dore et du Livradois en sont au point de tisser de nouvelles relations pour repenser leurs RPI, les Combrailles viennent tout juste d'entrer dans le système des regroupements de deux communes. En plein cœur du plateau, la création en 1991 du RPI de Charensat-Biollet, bien qu'elle fût exemplaire, a attendu deux ans avant de faire un puis deux émules. La restructuration n'a vraiment démarré qu'en 1995 et a brusquement gagné tout le nord des Combrailles (cf. Fig. 17 A). Ce retard, dans un département lui même à la traîne, a de multiples causes. Les décisions actuelles se prennent à un moment où les regroupements sont critiqués par les parents en raison de l'ampleur des déplacements et de leur coût. La société des Combrailles, très paysanne, est particulièrement stable et les jeunes parents apprécient d'avoir une école à leur porte ; ce sont même les personnes les plus âgées qui, effrayées par la crise des services ruraux, accepteraient le plus volontiers la réorganisation[52]. Ajoutons que les communes sont vastes, isolées par des vallées en gorges où des communes déjà privées d'écoles s'intercalent dans le parc scolaire. La vague de création de RPI des rentrées 1990 et 1991 s'est heurtée ici à des refus. Le revirement de l'opinion tient à trois faits majeurs : l'aggravation de la situation démographique, le besoin de scolarisation préélémentaire et le désir de modernité de quelques maires. Dans le nord des Combrailles, l'avant projet qui devait associer Pouzol et Saint-Pardoux a échoué ; il est repris en 1993 par Saint-Pardoux et Blot-l'Eglise, laissant à l'écart la première commune, en situation désormais délicate. Dans la circonscription de Chamalières, la chronique de la restructuration qui a uni le Montel-de-Gelat et Villosanges est significative des enjeux et des liens que de telles créations supposent.

Tab. 8 - Les liens d'un RPI à son territoire
Chronique du regroupement des écoles
du Montel-de-Gelat et de Villosanges (Combrailles du nord)

1988-1989	Étude d'un projet sur cinq classes, qui valorisait l'accueil en maternelle et la préparation au collège. L'argumentaire présenté aux parents est d'ordre pédagogique.
1989	Débat dans les deux communes. L'opposition est forte à Villosanges, d'autant plus que la défense du service de proximité immédiate et donc la résistance au RPI constituent un thème sur lequel de nouveaux résidents veulent tester leur crédibilité pour les élections municipales.
1990	Vote, refus des habitants de Villosanges.
1991-92-93	Campagne d'explication des enseignants, soutenue par l'inspection
1994	Baisse des effectifs ; le maintien de trois classes au Montel est impossible
1995	Vote des parents d'élèves à bulletins secrets. Résultats favorables au RPI (17 « pour » , 7 « contre » à Villosanges ; 31 « pour », 10 « contre » au Montel). Deux classes sont maintenues dans chaque école ; une navette répartit les enfants.
1996	Bilan de la première année de fonctionnement : • Les enseignants constatent que l'identité de leur équipe reste à souder car il n'est pas aisé de conduire un projet commun en exerçant sur deux sites, par équipes de deux, et avec une direction institutionnelle dans chacun. • De nombreux efforts sont entrepris pour créer une identité scolaire. Les enseignantes ont imprimé un journal scolaire à 150 exemplaires, et avec un vif succès. Elles ont développé des activités de groupes : sports collectifs, sorties, fêtes, etc. Les deux cantines ont même proposé un menu commun ! On assiste à une mise en œuvre de tout l'arsenal destiné à créer une vie collective, comme si on demandait à l'école d'engendrer une collectivité en lui fournissant des repères. • Pourtant, l'identité locale reste figée au niveau de la commune. Avec une certaine amertume, les enseignantes ont constaté que les parents de Villosanges « ne sont pas venus à la kermesse » du Montel !

Source : Enquête de terrain, juin 1996

CONCLUSION

Il est évident que l'on demande actuellement beaucoup aux Regroupements Pédagogiques dans ce département qui les a pourtant ignorés pendant vingt ans ! Trois types d'initiatives les ont forgés. Inspecteurs et enseignants ont eu un rôle fondamental pour démontrer la faisabilité de ces projets. La plupart des maires, quand ils ont pu s'extraire des querelles de villages, s'y sont ensuite intéressés pour garder chacun sa propre école tout en créant un accueil préélémentaire acceptable par le service public. Elus et candidats au Conseil général, en particulier ceux qui ne représentaient pas les bourgs-centres, ont cherché par ce moyen à moderniser le service éducatif des petites structures (Lapeyrouse, Saint-Bonnet-le-Chastel, Villosanges, Condat-en-Combrailles). Enfin, quand les acteurs endogènes restent défaillants, les Inspecteurs tentent de briser les méfiances et d'expliquer le bien fondé pédagogique du regroupement. Les RPI sont ainsi, dans les montagnes du Puy-de-Dôme, construits sur des malentendus. Ils sont à la fois « regroupés » et « dispersés », et visent à deux fonctions : l'une est pédagogique, l'autre est de l'ordre de l'aménagement du territoire. Ils disposaient de deux méthodes : préserver les structures anciennes ou envisager une nouvelle répartition. La relation au passé a largement prévalu : les écoles restent prises dans le filet communal ; les enfants poursuivent leur cursus scolaire, en passant d'une commune à l'autre, dans des bâtiments qui reflètent moins le projet pédagogique de la fin du XXe siècle que les histoires forcément différentes de chaque collectivité locale, et la place que chacune d'elle confère à ses responsabilités éducatives (planches 11 et 19).

III - LA FORCE DES RELATIONS ENTRE ÉCOLES ET MUNICIPALITÉS MONTAGNARDES

Empêtrées dans des relations locales incertaines, et en difficulté pour construire de nouvelles aires de recrutement par le biais des RPI, les écoles montagnardes n'ont de sûrs que les liens qui les attachent à des coquilles communales de plus en plus vides. La force de ces liens, alors que l'on dit ces communes fragiles, constitue un véritable paradoxe. Tout jeune professeur d'école en prend conscience dès sa première nomination ; sa rencontre avec le « premier magistrat » de la commune où il est affecté est significative des rapports de l'école et de la collectivité locale. Il a été possible d'y assister au cœur d'une clairière du Haut-Livradois, par un bel après-midi de juillet, où deux enseignantes nouvellement nommées venaient établir leur premier contact avec la directrice de l'école et le maire. Cette **scène initiale** permet à chacun de préciser son rôle et d'en tirer quelques avantages. La directrice, dans un tel cas, cherche à préparer la rentrée. Elle présente donc son école aux nouvelles venues, explique l'originalité du recrutement, montre l'aménagement des salles en rappelant au passage les réussites municipales, précise le projet de l'école dans ce qu'il a de fondamental et montre quelques réalisations plus médiatiques, qui affirment le dynamisme scolaire aux yeux du public : la fresque qui orne le mur de la cour, par exemple, et illustre le bienfait d'une activité de lecture et d'expression, soutenue par la municipalité. Le maire, fort satisfait de recevoir deux jeunes personnes dans sa commune menacée de vieillissement, voudrait aller plus loin dans les projets, et rappelle les implications de sa municipalité. Les nouvelles enseignantes essaient d'anticiper et signalent d'éventuels besoins : ne faudrait-il pas faire l'achat d'un poste de télévision pour travailler sur la langue et l'expression orale et écrite dans ce village isolé où vit une forte communauté turque ? Le maire attend de mesurer le sérieux des projets et rappelle les moyens qu'il met à la disposition de l'enseignement, notamment la bibliothèque municipale d'une richesse exceptionnelle ; il apprécie d'ailleurs que la bibliothécaire ait été impliquée dans les projets scolaires. De part et d'autre, on précise quels furent les rôles de chacun, par touches successives pour ménager les susceptibilités, et on revient à des problèmes quotidiens : les jeunes enseignantes vont-elles loger ici ? Si oui, où et comment ? Le maire, qui n'est plus dans l'obligation de fournir le logement sait que, de fait, il doit répondre à une éventuelle demande. Si les relations s'annoncent bonnes, il proposera des conditions de logement intéressantes. Il reste aux jeunes urbaines, qui arrivent, à décider comment elles vont intégrer ce village dans leur vie, mais aussi comment elles s'y feront connaître.

Dans un tel dialogue, trois types de problèmes apparaissent : celui de la taille de la commune et de son école ; celui des financements qu'une municipalité de petite taille peut consentir ; et, sous-jacent aux deux autres, celui de la force des liens personnels entre les acteurs de terrain.

A - UN MAILLAGE TERRITORIAL TRÈS SERRÉ

Le découpage administratif a doté ce département de trois types de communes de moins de deux cent cinquante habitants (RGP de 1990). Ce n'est pas en montagne que se situent les plus petites collectivités, mais sur les premières pentes ou le long des vallées qui incisent les plateaux. Sur les deux versants qui encadrent la Limagne d'Issoire, les communes ont des dimensions étriquées et une population extrêmement faible. Creste, Ternant-les-Eaux, Verrières, Valz-sous-Châteauneuf n'atteignent pas cinquante habitants ! Douze communes de ce secteur en comptent entre cinquante et quatre-vingt-dix-neuf (Courgoul a 59 habitants sur 800 hectares, Esteil 61 habitants sur 450 hectares). Dans une vingtaine de communes de part et d'autre du bassin d'Issoire, on recense entre cent et deux cent cinquante habitants, depuis la Chapelle-Marcouse (101 habitants), jusqu'à Echandelys (242 habitants). Le même phénomène se reproduit, avec des surfaces un peu moins réduites, sur les bords du bassin d'Ambert (166 habitants à Mayres, et guère plus dans les communes voisines) le long des gorges de la Dordogne (Labessette près de Bort-les-Orgues compte 104 habitants) ou des vallées de la Sioule et du Sioulet (Ayat-sur-Sioule 134 habitants et Voingt 64 habitants).

En altitude, le découpage repose sur des mailles très larges, qui dépassent souvent mille cinq cents hectares. Mais ces communes, quand elles sont situées dans des zones de faible densité, n'atteignent pas, elles non plus, deux cent cinquante habitants. En Cézallier, sur les quatre mille deux cents hectares de Mazoires, ne vivent que cent quarante-cinq habitants, et à Saint-Alyre-ès-Montagnes, sur une surface semblable, on en dénombre deux cent trois. Aux confins Cézallier et des Monts Dore, Compains compte de même deux cent sept habitants. Les chiffres sont du même ordre dans de vastes communes du Livradois (Fayet-Ronaye : 163 hab.) et du Forez (Valcivières : 222 habitants). Ces communes posent au système scolaire le problème du ramassage sur de longues distances pour de très faibles effectifs.

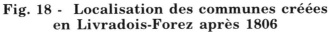

Fig. 18 - Localisation des communes créées
en Livradois-Forez après 1806

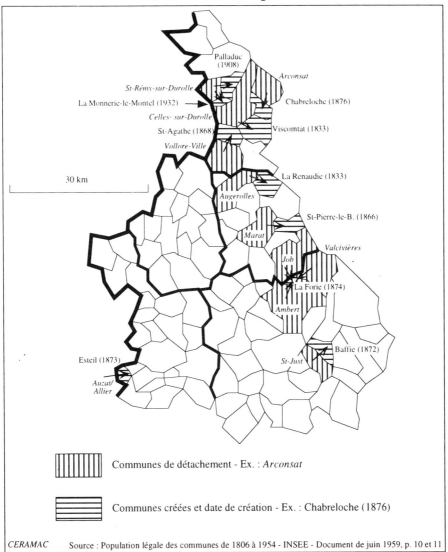

CERAMAC   Source : Population légale des communes de 1806 à 1954 - INSEE - Document de juin 1959, p. 10 et 11

Un troisième facteur a contribué au morcellement du découpage administratif : les revendications d'autonomie des habitants de tel ou tel hameau. Au cours du XIXe siècle et au début du XXe siècle, trente-neuf communes se sont ainsi détachées de celles qui avaient été définies à la Révolution. Sur les vingt et une qui se situent en montagne, quelques-unes relèvent des zones, relativement peuplées, où se sont développés, au XIXe siècle, travail industriel et thermalisme (Chabreloche par exemple, ou La Bourboule, qui se sépare du village montagnard de Murat-le-Quaire en 1874). Dans le même temps, quelques immenses communes du plateau des Dômes se sont scindées : La Goutelle, créée à partir de Bromont-Lamothe, Pulvérières, à partir de Chapdes-Beaufort. Ce découpage a conduit à la formation de très petites unités. Esteil, créée en 1873, compte actuellement soixante et un habitants ; la Forie dispose de deux cent quatre-vingt-un hectares seulement, mais garde trois cent quatre-vingt-seize habitants grâce à la proximité d'Ambert (cf. Fig. 18). Dans les Monts du Forez (cf. Fig. 18), la remise en question du découpage communal a été systématique à la fin du Second Empire et au début de la Troisième République. Cette contagion du mouvement communal a créé des unités de tailles diverses, parfois minimes : Sainte-Agathe, détachée de Vollore-Ville en 1868, compte aujourd'hui deux cent vingt-neuf habitants ; la Renaudie cent quatre-vingt-dix-neuf ; Saint-Pierre-la-Bourlhomme cent quatre-vingt-trois. Les communes « extraites » forment une chaînes de très petites collectivités, qui ont préservé une identité originale, assortie d'un désir d'indépendance vis-à-vis de la commune-mère. Cela se traduit sur le plan scolaire : quand les écoles de la Renaudie et Saint-Pierre-la-Bourlhomme ont fermé, les enfants se sont inscrits dans un haut bassin intermédiaire, au Brugeron. En 1997, l'école de Sainte-Agathe est menacée de fermeture ; les parents pensent conduire leurs enfants à Escoutoux, et pas à Vollore-Ville, l'ancien bourg.

Fig. 19 - La place de l'école dans le réseau communal montagnard

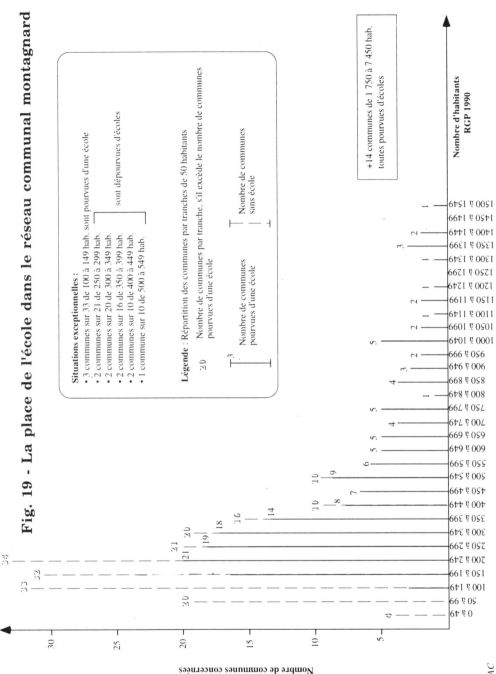

Situations exceptionnelles :
- 3 communes sur 33 de 100 à 149 hab. sont pourvues d'une école
- 2 communes sur 21 de 250 à 299 hab.
- 2 communes sur 20 de 300 à 349 hab.
- 2 communes sur 16 de 350 à 399 hab.   sont dépourvues d'écoles
- 2 communes sur 10 de 400 à 449 hab.
- 1 commune sur 10 de 500 à 549 hab.

Légende : Répartition des communes par tranches de 50 habitants

Nombre de communes par tranche, s'il excède le nombre de communes pourvues d'une école

Nombre de communes pourvues d'une école

Nombre de communes sans école

+14 communes de 1 750 à 7 450 hab. toutes pourvues d'écoles

Nombre d'habitants
RGP 1990

Nombre de communes concernées

CERAMAC

- 117 -

B - LA PRÉSENCE SCOLAIRE DANS LES PLUS PETITES COLLECTIVITÉS

Le « parler » local, dans le Puy-de-Dôme, désigne tous les chefs-lieux de communes, quelles que soient leur taille et leur histoire par le terme de « bourg » ; par « village », on entend les hameaux qui comptent aujourd'hui quelques exploitations agricoles, des résidences secondaires et les logements de néo-ruraux, mais pas de services sur place. Seuls certains d'entre eux dans les montagnes ont une école, et parfois un café. Ce glissement sémantique a une signification territoriale : les habitants du Puy-de-Dôme acceptent que le hameau dit « village » n'ait pas de service sur place, mais trouvent normal que « **le bourg** » dispose, à côté de sa mairie, de quelques services dont l'école. Tous les chefs-lieux de communes de plus de cinq cent cinquante habitants en ont une, au-dessous de cent habitants toutes en sont dépourvues. Parmi les cent quatre-vingt-trois communes qui ont entre cent et cinq cent quarante-neuf habitants, soixante-deux n'ont pas d'école. Les plus nombreuses à en être dépourvues sont les plus petites, mais il n'y a pas de correspondance exacte entre le chiffre de population et la présence de ce service, ce que précise la Fig. 19 (RGP 1990, répertoire des écoles de 1992-93).

La distribution de l'offre scolaire dans les plus petites communes appelle deux commentaires. D'une part, cet histogramme s'inscrit à l'encontre d'une idée reçue tenace qui déplore la fin des « instituteurs de montagne ». La situation exacte révèle que des communes ont fait preuve d'une extraordinaire capacité de résistance pour garder leur école, même si leur population est très peu nombreuse.

Les cas extrêmes ne sont pas aléatoires : les trois communes de plus de quatre cents habitants qui n'ont pas d'école sont Sauviat, près de Courpière, Murat-le-Quaire près de La Bourboule, Saint-Ferréol-des-Côtes près d'Ambert. Elles ont recours au service scolaire de la petite ville voisine d'autant plus facilement qu'une partie de leur population nouvellement installée n'habite pas au chef-lieu, mais dans des lotissements à l'écart et se déplace quotidiennement d'une commune à l'autre.

Dans ces conditions, l'autonomie scolaire a perdu toute signification pour ces municipalités. En revanche, elle en a gardé une pour les cent onze habitants d'Augnat, pour les cent trente-cinq habitants de Saint-Hilaire-les-Monges et jusqu'en 1995, pour les cent quarante-sept habitants d'Heume-l'Eglise ! Bien qu'éloignées les unes des autres, ces trois minuscules collectivités ont des caractères communs - importance relative des agriculteurs, fidélité des enseignants aux lieux - qui ont contribué au maintien du dispositif, du moins jusqu'en 1995 pour Heume et 1999 pour St-Hilaire.

Tab. 9 - Distribution de l'offre scolaire dans les communes montagnardes du Puy-de-Dôme

Population communale		Offre scolaire	
RGP1990	Nombre de communes	Nombre de communes ayant au moins une école	Communes avec école/nombre totalde communes (%)
≤ 99 habitants	24	0	0
de 100 à 149 hab.	33	3	11
de 150 à 249 hab.	66	38	57,5
de 250 à 399 hab.	57	51	89,5
de 400 à 549 hab.	27	24	88,8
≥ 550 hab.	67	67	100

Sources : IA 1992, 1993, INSEE 1990.

D'autre part, l'histogramme souligne l'ampleur du groupe de communes de tailles semblables qui disposent ou non d'un équipement scolaire : la discordance entre les chiffres de la population et la présence d'une école rend impossible la définition d'un seuil en-dessous duquel l'équipement scolaire serait caduc. **Tout au plus peut-on repérer que c'est entre deux cents et deux cent cinquante habitants que la situation est la plus confuse** : vingt et une communes ont une école, mais treize ont laissé le système scolaire s'évader hors du filet communal. Dans le Livradois-Forez, pourtant réputé pour être un domaine de très petites écoles, six communes de deux cents à deux cent cinquante habitants n'offrent plus ce service, alors que cinq de même taille l'ont gardé. Dans ce contexte, le cas de Grandrif, qui a rouvert, nous l'avons vu[53], une seconde classe pour cent quatre-vingt-trois habitants, paraît d'une audace inouïe. A l'Ouest, en revanche, l'offre scolaire reste logée dans de toutes petites coquilles. Avec cent quatre-vingt-dix habitants, Saurier sur la Couze-Pavin entretient deux classes, de même que Queuille, à peine plus peuplée, près des Ancizes. Il est relativement fréquent, dans les Combrailles centrales et les Monts Dore, qu'une commune de deux cents à deux cent cinquante habitants possède encore une école (13 cas). Celle-ci représente la dernière activité de service ouverte dans ce qu'on appelle, abusivement, le « bourg ».

Le repli des services

L'école n'a participé au repli généralisé des services sur les villes et les centres locaux que dans des cas exceptionnels. Un seul concerne tout un territoire : il s'est effectué sous l'effet de très basses densités et d'un découpage communal très serré, qui a littéralement étouffé dix écoles de dix communes jointives dans les pays coupés du Bas-Cézallier. Ce vide scolaire est un cas unique. A l'échelle régionale, la bonne tenue des écoles des villages est un fait général, nettement explicité dans les études consacrées aux bourgades-centres.

« En 1970, 407 communes rurales d'Auvergne ne possédaient pas d'alimentation générale ; 132 n'avaient pas d'école. En 1988, les chiffres s'établissaient respectivement à 546 et 251... Il ne faudrait cependant pas noircir le tableau à l'excès. De nombreux bourgs ont encore une école, parfois une poste ou une agence postale, une alimentation générale, voire une boulangerie, plus rarement une boucherie »[54].

Il est extrêmement rare qu'une école ait été menacée avant les services marchands. Ce fut le cas en 1986 pour Saint-Avit près de Pontaumur. Artisans et commerçants ont organisé sur le champ une défense commune, comme s'ils craignaient de glisser dans le même mouvement sur le bourg voisin. Plus généralement, quand l'école ferme, peu de services sont là pour la défendre. **Les renoncements se suivent selon un**

algorithme maintenant bien repéré. La fermeture de la boucherie annonce pour quinze ou vingt années plus tard celle de l'école. Entre temps, ont disparu les services locaux, du plus spécialisé au plus polyvalent. L'épicerie-bureau de tabac-café reste souvent, avec l'école, le dernier indicateur de l'infrastructure tertiaire des localités.

Cette fragilité programmée a été étudiée dans le Puy-de-Dôme à travers une problématique sur les seuils de fermeture. A partir de l'étude d'une vingtaine de communes, on pourrait situer ce seuil autour duquel les équipements s'effacent à **cinq cents habitants**[55]. On est donc bien au-dessus des deux centaines qui, pour les habitants du Puy-de-Dôme suffisent à justifier une école. Le décalage des nombres s'accompagne d'un décalage dans le temps, et entraîne cette longue période de transition durant laquelle l'école fait figure de service destiné à durer dans des conditions exceptionnelles, échappant aux contraintes financières immédiates et aussi constamment rajeunie. Chaque rentrée, un flux d'une cinquantaine de **jeunes professeurs d'école** sortis de l'IUFM monte occuper les postes libres de la montagne. Ils posent un nouveau regard sur les lieux, et introduisent des exigences modernes. Rien à voir avec un service marchand finissant, où une épicière de soixante ans fait ce qu'elle peut pour répondre aux besoins traditionnels d'une clientèle âgée sans penser un seul instant à la transmission de son fonds de commerce. Rien à voir non plus avec des restaurants qui offrent une carte médiocre et que l'on confie à un jeune couple en situation précaire. Même si les populations montagnardes observent avec inquiétude l'installation de ces jeunes enseignants qui viennent d'ailleurs, elles savent qu'elles reçoivent un personnel formé selon les normes nationales et dont le salaire est pris en charge par l'Etat. Dans ces conditions, on comprend que les villages veuillent préserver une école dont on leur assure une certaine qualité, mais dont ils n'assument pas les dépenses majeures. Paradoxalement, ce service qui se maintient par son rattachement à un monde beaucoup plus vaste, est aussi un élément majeur de l'histoire la plus étroitement locale.

Les fonctions identitaires et symboliques que l'école exerce en montagne sont d'autant plus fortes que les collectivités sont petites et ont peu d'activités économiques ou de projets d'aménagement. La seule présence scolaire suffit à renvoyer au village l'image d'une société qui se renouvelle, même si personne n'en est dupe. C'est vrai au quotidien : « *tant qu'il y a eu l'école, on entendait le matin les cris des enfants* », nous a-t-on dit plusieurs fois, comme s'il s'agissait d'un écho rassurant propre à faire reculer l'image de la vieillesse et de la mort. C'est vrai aussi sur le plan historique. La population se reconnaît dans ce service qui accumule le souvenir des générations, et qui a été le symbole de l'ascension sociale, surtout dans les communes de « gauche ». Quand, en 1995, la dernière institutrice d'Heume-l'Eglise (Combrailles) a organisé pour le public une exposition photographique sur l'histoire de l'école, ce sont les clichés des générations d'écoliers qui ont retenu l'attention des visiteurs. Ils tendaient à la petite collectivité un miroir déformant qui amplifiait son image au fur et à mesure que l'on remontait le temps : la société locale s'y voyait plus jeune et plus nombreuse. Ont paru aussi intéressants aux visiteurs quelques documents concernant les maîtres (« *ceux qui sont restés longtemps* »). C'est une image de l'« **entre-soi** » que cherchaient les cent quarante-sept habitants de la commune et qui est souvent valorisée dans les villages montagnards.

Chaque municipalité détermine ainsi sa politique scolaire en raison de deux types de liens. Certains maires prennent prioritairement en compte la situation de service public et, selon leurs options politiques, cherchent ou non à le maintenir. Le refus de fermer s'accompagne d'investissements pour rendre attractive l'école locale et éviter les évasions. L'attachement du maire à son école va parfois au-delà de ce que souhaite la population locale. Le quotidien régional a donné deux images pathétiques de la rentrée 1997, où l'on voit les maires face à une classe vide ou quasiment vide[56]. L'attitude inverse consiste à engager peu de frais sur l'école de la commune et à attendre que les parents s'en détachent. On repère ainsi des volontés contradictoires, soit la rénovation de la très petite structure, décidée pour retenir les élèves et freiner les départs déjà nombreux sur l'école privée du chef-lieu de canton, comme à Saint-Pierre-le-Chastel près de Pontgibaud, soit l'abandon, comme à Beurrières, près d'Arlanc, de l'école du village, au profit des services - public ou privé - de la localité voisine.

Plus souvent, les maires agissent en fonction des intérêts et des besoins immédiats de la population résidente. Quand la quasi totalité des artisans et commerçants ont renoncé à leur activité, l'école atteint, selon l'algorithme des fermetures, une situation critique. C'est alors qu'elle est souvent défendue becs et ongles par les maires, qui tiennent à prouver qu'ils peuvent réussir, là où tous les services privés ont échoué, et qu'ils sont capables de préserver une activité qui distingue leur chef-lieu des hameaux. Si d'autres besoins collectifs émergent, les maires hésitent : les demandes nouvelles proviennent souvent des habitants plus âgés ; dans ce cas, les initiatives culturelles et sociales en direction des retraités tendent à prendre le pas sur les activités scolaires. Dans telle commune du plateau des Dômes, le repas en l'honneur des « anciens » engouffre en un jour une subvention du même ordre que la somme allouée pour une année à l'entretien de l'ensemble des écoliers. Ailleurs, le « troisième âge » occupe partiellement la cantine, puis une salle de classe sans détermination précise, puis s'y installe à temps complet. Le retour à la situation antérieure est électoralement impensable. Quand le RPI de Saurier-Saint-Diéry a ouvert une troisième classe, il était dans l'incapacité de récupérer les salles de l'école de Saurier (planche 23). Il ne restait plus qu'à chercher ailleurs un local convenable. La double perspective qui combinerait la poursuite de l'action scolaire et le développement de l'action sociale en faveur des personnes âgées n'est pas facile à maintenir dans une collectivité réduite. La municipalité d'Egliseneuve-d'Entraigue a proposé une solution originale en remplaçant l'ancienne « cantine » par un service de restauration qui distribue les repas aux élèves et aux personnes âgées résidant dans un foyer aménagé à la mairie-école. La vaste dimension du territoire, la dispersion de l'habitat, la taille de la commune qui dépasse six cents habitants, contribuent à justifier cette initiative par laquelle la municipalité exerce deux rôles simultanément.

Ainsi, au cœur de minuscules territoires communaux, les écoles font partie d'un héritage qui selon les cas est accepté, revalorisé, défendu ou au contraire perçu comme un patrimoine lourd à gérer pour un service que certaines municipalités ne veulent plus exercer, ou ne peuvent plus rendre de façon correcte. Pris entre le fonctionnel et le politique, les « intérêts locaux » et la réorganisation du service éducatif, le désir de rassembler des enfants et celui de maintenir un service de l'Etat près des usagers, le discours des maires reflète des intentions contradictoires. Quel qu'il soit, il s'accompagne d'une participation aux frais de scolarité et, selon que celle-ci se borne ou non au simple entretien, les décisions municipales ont des effets territoriaux d'autant plus forts que le tissu scolaire est très fragile.

C - LES LIENS FINANCIERS

L'entretien de l'école, une dépense obligatoire pour la municipalité

Dans le cadre du dialogue entre Etat et communes, qui permet de tenir les écoles ouvertes, l'Etat fournit les postes, la municipalité est responsable des conditions d'accueil : elle construit et entretient les locaux et assume les frais de fonctionnement. Depuis un demi-siècle, sa contribution a été considérablement élargie à des dépenses qui paraissent nécessaires sans être obligatoires. Elle assume les salaires d'employés municipaux qui entretiennent les sites, finance des activités exceptionnelles et prend en charge l'accueil des écoliers dans les temps qui ne sont pas strictement scolaires. Dans l'espace fragmenté des communes montagnardes, deux risques menacent de déséquilibrer le financement. Les observateurs extérieurs insistent sur les conditions qui poussent à un surinvestissement déraisonnable, stimulé par l'émulation entre villages voisins, dont l'effet pervers contribue à la fixité du système : comment oser mettre en cause un site sur lequel la municipalité a investi ? Des maires, au cours des discussions avec l'Inspection Académique, essaient d'éviter les fermetures en soulignant le problème du remboursement des emprunts contractés pour les réparations des bâtiments. Vu de l'intérieur, en revanche, le financement paraît plus limité. Les municipalités, habituées au confort sommaire des montagnes ou feignant de l'être, échaudées par quelques achats sans suite réalisés pour les enseignants qui abandonnent rapidement leur poste, font la sourde oreille aux premières demandes. Les enseignants débutants, qui participent au stage d'adaptation au premier emploi offert par le Plan Départemental de Formation[57], sont unanimes à déplorer le manque de manuels, l'absence d'écrans de projection et de matériel audiovisuel et rejettent les vieilleries accumulées. Une enquête auprès d'eux est intéressante car elle donne le regard de générations nouvelles sur les effets d'un financement séculaire. Elle doit être maniée avec une double précaution: d'une part, elle porte sur des lieux bien particuliers, où se situent les postes peu demandés, où le personnel enseignant change souvent, et donc où les achats se régulent mal ; d'autre part, elle décrit des sociétés réduites à peu de partenaires, où la crédibilité individuelle compte pour beaucoup. En 1994, la nouvelle titulaire d'une classe en Combrailles a découvert dans des caves jamais rangées un stock considérable de cahiers vierges, portant la date de l'achat : dans les années soixante ! Forte de ce trophée, elle est apparue aux yeux du maire une gestionnaire économe et a pu grossir sa commande de matériel ! Pour un secrétaire de mairie-instituteur, la situation répond à tous les espoirs : « *j'ai tout le matériel audiovisuel et informatique dont j'ai besoin, en accès direct au fond de la classe, pour une douzaine d'élèves. Ce sont des conditions de travail supérieures à ce que l'on trouve en ville* », estime-t-il, dans sa haute clairière du Livradois. Le financement résulte d'un accord entre trois personnages, et parfois quatre : le maire, l'enseignant, le représentant des parents d'élèves ou d'une association laïque qui aide l'école, auxquels se joignent des acteurs lointains qui financent des initiatives éducatives spécifiques concernant l'environnement, la culture ou le sport. Ces contributions conjuguées touchent trois domaines de la vie scolaire et ne couvrent pas également l'espace montagnard.

Il faut mettre à part un financement de base qui permet l'activité pédagogique quotidienne. Il fournit le matériel nécessaire à la classe et au confort de l'accueil. Il est réputé être du même ordre partout. Ce n'est pas exact. Il varie en fonction de l'implication des municipalités dans la politique scolaire, mais aussi de la vie associative et de solidarités locales qui s'expriment en faveur de l'école. Les frais de fonctionnement sont en partie couverts par une **somme allouée** par chaque municipalité en fonction des effectifs. Dans les montagnes du Puy-de-Dôme, les directeurs d'école reçoivent environ deux cents francs par élève, ce qui est peu par rapport aux prix des manuels. On annonce trois cents francs dans une petite commune du Haut Forez « *qui fait beaucoup pour ses deux classes* », mais cent francs dans une classe unique de l'Artense. Il serait absurde de s'en tenir aux chiffres, car les habitudes locales maintiennent **d'autres formes de financement collectif** issues des solidarités montagnardes ou paysannes. Dans la dernière commune évoquée, le faible montant de la participation municipale s'explique : « *Chaque hiver, le concours de belote nous rapporte... dix mille francs*[58]. *Le maire le sait bien ! La somme, gérée par la coopérative scolaire, couvre une grande part des frais de scolarité* ». Pour une douzaine d'élèves, et dans une commune de trois cents habitants, elles représente même un apport considérable, et fort habilement rassemblé, grâce aux traditions des familles élargies qui invitent à la fête « *ceux qui sont à Clermont, et qui remontent pour cette occasion* ». Les collectivités locales comptent sur ces rentrées d'argent en partie exogènes, et par un habile renversement des rôles, attendent de l'instituteur... qu'il participe ainsi au financement en animant la vie associative. Le système s'étend à l'économie informelle propre aux communes rurales, « *le conseil d'école (Le Montel-de-Gelat, 500 habitants) tient à remercier tous les parents qui ont effectué des dons en fruits et légumes à la cantine, permettant de maintenir le faible coût des repas* », lit-on dans le compte rendu officiel de la réunion du 22 janvier 1982[59]. Cette survivance des cadeaux au sein de petites sociétés est faite de complicités et de tradition[60]. Elle prend même des allures bibliques quand une institutrice stagiaire dans le Cézallier se voit apporter un agneau... pour doter sa tombola ! Dons individuels et recettes des fêtes contribuent à soulager les municipalités qui, en montagne, assument des surcoûts dus à la vétusté des bâtiments, au chauffage des locaux, à la nécessité de transporter des enfants dispersés sur le territoire communal.

Les salaires des fonctionnaires territoriaux qui assurent l'entretien des locaux, le transport, l'accueil des enfants à la descente des « bus » ou des voitures, représentent la dépense scolaire municipale majeure même si ces emplois ne sont que partiellement au service de l'école. Le maire cherche les profils les plus adaptés aux besoins montagnards : à Egliseneuve-d'Entraigues, l'employée qui accueille les enfants le matin assure l'information touristique pendant l'été ; ailleurs, la femme de ménage ou le chauffeur du véhicule municipal assurent une partie de leurs services pour l'école. Un seul poste est spécifiquement scolaire, celui de l'Agent Territorial de Service des Ecoles Maternelles (ATSEM), actuellement recruté avec un « CAP petite enfance ». Dans les petites écoles, l'ATSEM est nommé à temps partiel, même dans les classes uniques. La scolarisation préélémentaire pèse donc lourd dans les budgets municipaux, d'autant plus que les Inspecteurs de l'Education Nationale exigent la présence de cet agent pour autoriser l'inscription d'enfants de quatre ans ou moins dans les classes uniques, donc dans des collectivités minuscules. Les municipalités cherchent à éviter ces frais, en recourant aux contrats emploi-solidarité (CES) qui sont majoritairement financés par l'Etat. C'est par ce biais que se glissent, dans le quotidien, les premières discriminations territoriales. Les petites écoles « jonglent » avec les contrats CES et les emplois à temps partiel. Les écoles de bourg ont au moins une employée à temps complet pour l'accueil des enfants d'âge préélémentaire. Si cette personne est installée dans ses fonctions depuis longtemps et si elle est compétente, elle contribue à donner du service éducatif une image solide que les villages envient.

Les engagements financiers exceptionnels des municipalités les plus actives

Il est évident que plus le montant des dépenses s'élève, plus le risque de discriminations locales s'affirme, encore que cette règle doive être nuancée du fait des politiques volontaristes de toutes petites municipalités qui ont voté des budgets scolaires ambitieux. Au-delà du quotidien, un second niveau de dépenses apparaît avec des investissements exceptionnels, puis un troisième avec le financement d'actions qui introduisent des partenaires extérieurs pour enrichir l'environnement culturel. Les investissements sont couverts par des subventions et des emprunts contractés par les communes qui sont maîtres-d'œuvre. Celles-ci assument les charges liées à cet endettement sans pouvoir réglementairement exiger une contribution des communes extérieures d'où sont issus certains élèves. Il y a deux localisations majeures de ce type de dépenses. Autour des agglomérations, elles ont correspondu à une demande qui a été soutenue par la démographie et par la nécessité de rénover le réseau villageois. Bien au-delà, de gros travaux sont parfois entrepris dans de très petites écoles. Une synergie locale peut s'enclencher, sous l'effet d'un renouveau apporté par un enseignant déterminé et suivi par la municipalité, qui décide alors de moderniser le cadre pour renforcer la fonction scolaire du village. On peut ainsi citer la rénovation complète d'une classe active et peuplée dans la commune de Vollore-Montagne, où le maire caresse l'espoir de retenir quelques familles jeunes, travaillant dans les ateliers ou les services de Thiers ou de Courpière. Dans bien des cas, cependant, les investissements lourds ne visent qu'à une politique de défense, et ne sont pas soutenus par la démographie. Reste alors le problème de l'amortissement de la dette pour un service qui peut glisser sur la collectivité voisine. L'investissement à moyen terme est une décision risquée tant que ne se dessine pas un projet clair de restructuration du réseau scolaire. Les maires montagnards paraissent plus sûrs de l'avenir de leur mairie que de celle de leur école, et, quand les travaux sont entrepris, dans bien des petites collectivités, la façade de la mairie-école, les espaces communs à la vie municipale et la vie scolaire, les salles de la mairie sont souvent mieux traitées que les locaux purement scolaires. On assiste à une certaine déscolarisation de l'investissement à long terme.

Sur le moyen terme, c'est-à-dire sur quelques rentrées successives, si les effectifs sont suffisants, les municipalités montagnardes de taille moyenne cherchent à s'engager, depuis une décennie, sur des projets culturels ou sportifs dont elles assurent le « cofinancement » avec des associations locales et l'Etat. Ce système a commencé avec les Projets d'Action Educative, puis s'est poursuivi par les Actions Educatives Innovantes à l'intérieur des horaires scolaires ; il a concerné aussi les Contrats d'Aménagement du Temps de l'Enfant, le plus souvent hors du temps scolaire et les Conventions portant sur les rythmes de vie de l'enfant et du jeune[61] (ARPEJ). Des associations organisatrices proposent des activités dont le cofinancement est assuré, outre leur propre participation, par la commune ou un syndicat intercommunal, et par le Ministère de la Jeunesse et des Sports ou le Ministère des Affaires Culturelles. Le nombre moyen d'heures par activité et par enfant varie considérablement. Dans la circonscription de Chamalières, en 1996-97, il s'étendait dans les conventions recensées de 0 h 18 à La Bourboule, et 2 h 30 chaque semaine à Gelles : l'OCCE de La Bourboule proposait, cette année, un apprentissage en informatique, un « mini-tennis » et une découverte du patrimoine ; l'association des parents d'élèves de Gelles et le Sporting Club gellois proposaient, toujours pour 1996-97 jusqu'à douze activités aux écoliers, depuis la chorale jusqu'au ski de randonnées, en passant par une initiation aux arts et traditions populaires et le football. Le coût de ces actions dépend des vacations, du matériel nécessaire et éventuellement des transports et des installations. La municipalité participe aux financements, avec l'association qui est la structure organisatrice et la direction régionale de la Jeunesse et des Sports. Cette dernière apporte 15 700 francs à l'aménagement des rythmes de vie de La Bourboule (32,2 % des recettes), 23 400 F à Gelles (37,4 % des recettes). La nouvelle forme que prend ce partenariat va évidemment de pair avec l'expression de « projets d'école ». Elle permet sur des actions précises, en général renouvelées, de percevoir une participation d'autres ministères que l'Education Nationale. Pour un maire du Livradois, la situation est claire : « *un instituteur qui avait une action originale, il y a 20 ans, cherchait des recettes dans son village et avec l'amicale laïque, organisait un concours de belote ou un bal. Aujourd'hui, je lui demande de préciser, dans son projet d'école, une action innovante ou un aménagement des rythmes de vie qui permette de doubler le financement de la commune par celui d'un ministère* ».

Cet apport financier est cependant minime : il porte sur le tiers d'une activité qui dure la plupart du temps une heure par semaine ! Il contribue à donner une autre image de l'école, plus ouverte aux partenaires locaux et attentive à des besoins nouveaux : les écoliers d'Orcines s'initient aux échecs, à l'escrime et à la lutte, ceux de Pontaumur à l'astronomie. L'environnement paraît plus attrayant aux familles, et les projets d'école paraissent plus inventifs. Ils ne traduisent cependant que rarement une adaptation très précise à des possibilités locales bien ciblées, comme l'activité sur la pêche proposée par les parents d'élèves de Giat, commune qui possède le vaste étang de la Ramade sur les Hautes Combrailles ! Plus souvent, ils répondent au désir d'éduquer les enfants selon les modèles les plus largement admis par les parents et qui se réfèrent au mode de vie urbain. On s'initie à l'escrime à Orcines, parce que « la Rapière » de Chamalières est toute proche, au basket et au football plus loin sur le plateau. L'encadrement, que les parents souhaitent spécialisé, vient en partie de la ville. Les écoles qui bénéficient le plus de ce partenariat sont celles qui ont un effectif suffisant pour proposer des ateliers de différentes natures, un financement municipal convenable et qui sont situées à une distance raisonnable de l'agglomération clermontoise où réside le personnel compétent. Plus petites, ou plus lointaines, les collectivités locales s'inquiètent de ne pas pouvoir répondre de façon fiable à ces exigences nouvelles. Le risque de « *rupture d'égalité* » est souligné par un maire des Combrailles qui redoute une « *école à deux vitesses* ». La différence ne se situe pas dans la vie scolaire proprement dite, ni même sur les questions de financement : le coût de quelques ateliers, s'il est diminué par les subventions des sociétés locales et des différents ministères, n'est pas exorbitant. Elle apparaît surtout dans la variété des activités proposées. Les familles capables de transporter leurs enfants se dirigent vers les écoles publiques ou privées où l'environnement sportif et culturel s'urbanise. Ces points deviennent attractifs et, tout autour, seuls des liens extrêmement forts entre mairie, école et population permettent de leur résister. La commune doit donc être examinée en fonction d'une troisième approche : celle qui porte sur les liens précis entre municipalité, enseignants et parents. Qu'ils soient faits de complicité ou de rivalité, ces liens permettent à des collectivités, pourtant faibles démographiquement et économiquement, de résister à l'attraction scolaire de leurs voisines.

D - LES LIENS ENTRE LES PERSONNES : COHÉSION ET FRACTURE À L'INTÉRIEUR DU TERRITOIRE COMMUNAL

Dans les règles du jeu qui définissaient les rôles au sein des villages, les écoles montagnardes bénéficiaient traditionnellement d'une véritable bonification quand l'instituteur y exerçait la fonction de **secrétaire de mairie**. Cette double activité était délicate pour l'enseignant, qu'elle plaçait dans le rôle difficile de perpétuel second[62], mais, s'il assumait bien cette situation, elle lui donnait une connaissance parfaite du budget communal et des enjeux locaux. Elle permettait donc de choisir le moment opportun pour adresser au Conseil Municipal les demandes d'achats et de réparations. Les instituteurs qui sont actuellement secrétaires de mairie se félicitent toujours de leur position. Ils usent cependant de ces possibilités avec modération, et refusent encore toute ostentation de la dépense, comme s'ils désiraient se fondre dans l'austérité des villages montagnards. Ainsi, l'école du Chambon-sur-Dolore, parfaitement réaménagée à l'intérieur et bien équipée en matériel informatique et audiovisuel, a gardé un extérieur rude qui ne dépare pas sur l'itinéraire de Gaspard-des-Montagnes[63]. Dans un autre registre, mais s'inscrivant dans une tradition semblable, la directrice d'école-secrétaire de mairie d'Olby, encore fidèle en 1995 aux vieilles missions d'éducation à l'hygiène, range et balaye elle-même sa classe, avec la participation des enfants. Les petites municipalités d'aujourd'hui garderaient volontiers ces collaborateurs économes, qui programment les achats scolaires sur plusieurs années, n'exigent pas trop, et pour lesquels elles n'ont pas à s'acquitter des charges sociales liées aux fonctions de secrétaire de mairie. Cependant, les « instituteurs-secrétaires de mairie » se sont littéralement retirés de la montagne (cf. Tab. 10). Ils sont beaucoup plus nombreux en plaine, dans des villages où ils sont installés pour longtemps.

Seraient-ils, sur les hautes terres, devenus **maires** de leurs communes ? Les résultats aux élections municipales de 1995 ont donné une large place aux enseignants, qui sont au nombre de vingt-sept pour cent soixante-treize communes à l'Ouest, et quinze pour cent une en Livradois-Forez. Leur poids relatif est sensiblement le même de part et d'autre de la Limagne et atteint 15 % du corps des élus. La plupart enseignent ou résident dans la collectivité dont ils sont le premier magistrat (c'est le cas des maires de Saint-Amant-Roche-Savine et Saint-Ferréol-des-Côtes en Livradois, de Condat-en-Combraille, de Bagnols dans l'Artense). Quelques-uns y sont en retraite après y avoir passé la majeure partie de leur carrière : le maire de Menat est l'ancien directeur de l'école, celui d'Espinasse y a enseigné... vingt-neuf années durant ! Moins nombreux sont les maires issus de familles locales, qui enseignent dans l'agglomération clermontoise, et « remontent » le week-end assumer leurs charges électives : le directeur de l'école de Beaumont est maire d'Egliseneuve-d'Entraigues, et le doyen de la Faculté des Sciences Economiques de Clermont-Ferrand, en 1995, a été élu à Ambert, où le directeur de l'école est son premier adjoint. Les enseignants néoruraux forment une troisième catégorie d'élus, présente dans les communes situées à une dizaine de kilomètres des centres : Vodable près d'Issoire, ou Saint-Genès-Champanelle près de Clermont-Fd. Tous types confondus, ces maires se dispersent dans tout le département, exceptés les Monts Dore, mais ils ne sont particulièrement nombreux que dans les Combrailles où on peut réellement parler d'un « pouvoir enseignant » : au Nord, huit municipalités voisines les unes des autres sont dirigées par des enseignants, et six au centre (élections de 1995).

Tab. 10 - Lieux d'exercice des secrétaires de mairie - instituteurs

Communes	Population (ordre décroissant)	Montagnes de l'Ouest	Montagnes de l'Est	Plaine
Peschadoires	1 856 hab.			x
Coudes	767			x
Beauregard-Vendon	703			x
Saint-Ignat	632			x
Sugères	499		x	
Olby	485	x		
Laps	428			x
Seychalles	427			x
Glaine-Montaigut	421			x
St-Clément-de-Régnat	397			x
Teilhède	394			x
Sauvagnat-Ste-Marthe	368			x
Prondines	349	x		
Gimeaux	318			x
Vinzelles	308			x
Verneugheol	304	x		
Isserteaux	303		x	
Domaize	298		x	
Chadeleuf	277			x
Espinasse	274	x		
St-Jean-en-Val	266			x
Pignols	231			x
St-Alyre-d'Arlanc	219		x	
Sauvagnat-près-Herment	206	x		
Chambon-sur-Dolore	186		x	
St-Hilaire-les-Monges	135	x		
Grandval	124		x	
27 communes (dont 6 de moins de 250 hab.)		6	6	15

Source : Syndicat des Instituteurs-secrétaires de mairie, année 1996

Contrairement aux idées reçues quant à la fidélité des instituteurs au territoire, les enseignants du premier degré ne sont pas en majorité (quatorze dont un dans l'enseignement privé). Le corps le mieux représenté est celui des professeurs de collège. Toutefois, les instituteurs disposent de contacts personnels avec les municipalités par **leurs réseaux familiaux**. Dans tel village des Combrailles, le maire est fils d'une institutrice retraitée, neveu de deux enseignantes en poste l'une dans un village, l'autre dans un bourg voisin, et frère d'une professeur d'école. Ces liens personnels se multiplient évidemment si l'on inclut les Conseillers municipaux. Dans tel village-centre, le principal du collège est maire, le maître du cours moyen est conseiller municipal, ainsi que l'époux de la directrice d'école. Seule une enquête sociologique précise permettrait de mesurer l'étendue de ces relations et de définir à quelle tranche d'âge elles sont les plus marquées. Il est fréquent de rencontrer des institutrices en fin de carrière épouses de maires ou de conseillers municipaux locaux. Ce n'est plus le cas des jeunes recrues professeurs des écoles, dont les époux travaillent ailleurs. A quelque âge qu'elles soient, les femmes issues de l'enseignement sont très peu présentes dans le corps des élus, seules trois d'entre elles sont à la tête de commune montagnarde, ce qui n'étonnera personne car le corps des premiers magistrats est resté, jusqu'aux élections de 1995 résolument masculin, en montagne encore plus qu'en plaine !

Cependant, un très grand nombre de jeunes femmes nouvellement nommées s'impliquent, comme leurs aînées, dans la **vie associative locale**, ne serait-ce que pour conforter le financement scolaire par des activités collectives lucratives. Nous n'évoquons pas ici les actions de type « conservatoire d'art et traditions populaires », mais la participation des maîtres à un folklore nouveau, qui paraît banal aux yeux des urbains, qui est très vivant et très largement répandu, et s'est substitué aux veillées l'hiver et aux fêtes d'été : parents et grands-parents entendent ainsi que « les maîtres » participent au moins « une fois par an » à une veillée avec concours de belote, ou jeu de loto, voire « karaoke ». Seul le méchoui - activité estivale - concerne peu les enseignants. Il arrive même que dans de petites écoles de village qui, par ailleurs, fonctionnent très sérieusement, de telles actions figurent dans le projet d'école : le regard actuel qu'acteurs et observateurs portent sur la vie scolaire confère une importance réelle à ce renouveau de « l'esprit de localité », et à ses implications dans la vie villageoise.

Ces images conviviales ne doivent cependant pas conduire à conclure sur une participation univoque et bon enfant de l'école à la vie communale, souvent fort complexe. Aux tergiversations des parents qui ne se sentent pas captifs du service public présent dans leur commune, s'ajoutent les rivalités entre enseignement public et privé et, dans les montagnes, les fractures territoriales qui dressent les uns contre les autres des villages à forte identité. On cherchera donc l'exemple de ces fragilités dans un lieu où la population est mobile, où l'éventualité d'inscriptions dans une école privée n'est pas exclue, et où se maintiennent d'ancestrales querelles villageoises qui opposent communes et sections. Les rapports scolaires entre le village de Paugnat et le chef-lieu de la commune, Charbonnières-les-Varennes, sur le rebord du plateau des Dômes sont significatifs des **conflits** que le passé a forgés, et que les nouveaux modes d'occupation du territoire réactivent.

Située dans la partie septentrionale de la chaîne des Puys, la commune de Charbonnières-les-Varennes compte mille deux cents habitants sur un territoire de trois mille hectares. Elle a un double équipement scolaire : une école dessert le chef-lieu et les écarts, une autre un gros hameau que l'on nomme ici « le village » de Paugnat. Cette structure allait de soi au temps des trajets à pied, car ce village est excentré dans l'espace communal (cf. Fig. 20). Elle se calquait - et c'était sa véritable raison d'être - sur l'organisation sociale en « sections » définies en fonction de droits d'usages communs sur les landes. Celle de Paugnat avait son église, son presbytère où se loge actuellement un « jardin d'enfants sectionnal ». Elle dispose de sa propre salle des fêtes. Ses revenus lui viennent d'une carrière de pouzzolane, ouverte dans un puy qui était autrefois un terrain de pacage, et autorisée par un bail jusqu'en l'an 2002. Avec un ramassage scolaire bien conçu, une seule école pourrait répondre aux besoins de la population de toute la commune. Or,

Fig. 20 - Un exemple de querelles scolaires au sein d'un territoire communal

Les fractures de la commune de Charbonnières-les-Varennes

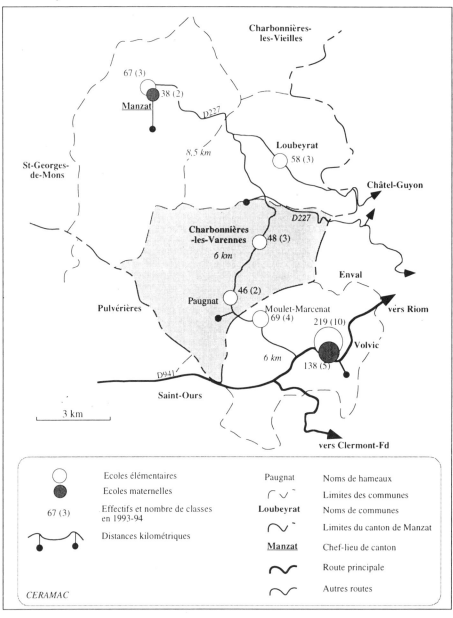

ce schéma simple paraît ici impossible, car il ne conviendrait ni à l'organisation spatiale traditionnelle, ni aux pratiques actuelles ; les deux écoles ne s'identifient pas au territoire communal, et deux espaces, incertains, se font et se défont donc, au gré des alliances et des conflits.

Sont concernés par cette affaire la municipalité, le Conseil de section, qui comprend cinq Conseils municipaux, et la Commission syndicale qui gère les fonds propres à la section, les enseignants des deux écoles publiques, l'établissement privé de Volvic, le jardin d'enfants de Paugnat et les parents d'élèves, qui sont à la fois de moins en moins captifs de la carte scolaire, et de plus en plus intéressés par l'accueil préélémentaire. C'est d'ailleurs par cette question que la crise a éclaté. Dans les années quatre-vingts, les habitants de Paugnat ont inscrit leurs enfants les plus jeunes dans la classe préélémentaire d'un hameau très voisin, mais cependant situé sur la commune de Volvic, Moulet-Marcenat. Cette solution reposait en quelque sorte sur une solidarité villageoise, et a fonctionné tant que la classe maternelle de Moulet-Marcenat, située dans la partie montagnarde la plus isolée de la commune, n'a pas été saturée. Quand le flot de la périurbanisation l'a atteinte, il a été nécessaire de trouver d'autres solutions. Trois se sont offertes aux habitants de Paugnat. Ils ont refusé la création d'un Regroupement Pédagogique avec le chef-lieu de leur commune, car ils ne voulaient pas imposer à leurs enfants de plus de cinq ans des « navettes » quotidiennes, alors qu'ils disposaient de deux classes élémentaires, dont ils étaient satisfaits, au cœur de leur village. On s'est donc contenté d'ouvrir une classe préélémentaire à Charbonnières, en admettant que les enfants de la section « rebelle » retourneraient s'inscrire dans leur territoire dès le cours préparatoire. Il aurait été possible d'envisager une scolarisation dans le service privé, à Volvic. Le trajet aurait été bien plus long, mais l'école Saint-Agnès, intéressée par l'accueil de nouveaux élèves, aurait pu délocaliser une classe en l'installant à Paugnat même, où l'ancien presbytère offrait un local disponible : solution qui, à terme, en créant deux structures scolaires à Paugnat, était à l'évidence démesurée, et ravivait la rivalité entre le hameau et le chef-lieu. Finalement, les finances de la section ont permis d'ouvrir un jardin d'enfants à Paugnat, doublé d'une cantine qui accueille en outre les élèves de l'école publique du hameau. L'école de Charbonnières reçoit, ainsi, en 1996, soixante-huit élèves, dont certains de Paugnat dans sa classe préélémentaire, et le second établissement public de la commune en garde quarante.

L'essai de reconstitution d'un dispositif scolaire simple met ici en question le découpage administratif. L'espace communal reste en morceaux, sans que l'espace sectionnal puisse s'équiper d'un dispositif scolaire correct, tandis que le passage à un espace multicommunal n'a pas été possible ni par le réseau public, ni par le réseau privé. Paugnat représente, sur le plateau périurbain, un cas porté à l'extrême de fractures qui se sont ouvertes au fur et à mesure que les découpages territoriaux s'empilaient en strates successives. Il est coupé de Charbonnières par des querelles ancestrales, mal rattaché au chef-lieu de canton, Manzat, où se situe le collège, mais plus proche de Volvic, qui est mieux placé sur les itinéraires qui descendent sur Riom et Clermont. On sent ce petit territoire prêt d'être capté par l'aval. Dans cette situation incertaine, l'attachement au local s'est porté sur la section, pas sur la commune. La gestion communale est conduite à défendre deux très petites écoles, dans un maillage administratif miné par les héritages historiques, et dépassé par les nouveaux genres de vie : les vieux clivages réapparaissent sous l'effet des demandes des parents eux-mêmes très mobiles et soucieux de remettre très tôt leurs enfants dans un service collectif d'accueil.

CONCLUSION

A la différence de l'offre scolaire privée, repliée sur les bourgs et les villages-centres, l'offre scolaire publique est restée jusqu'à maintenant solidement implantée dans le dispositif communal, au point que ce maillage s'est approprié les Regroupements Pédagogiques Intercommunaux en préservant la dispersion des écoles. L'offre scolaire s'inscrit dans une politique municipale de maintien du service public, soutenue par un faisceau de relations villageoises et familiales qui ont évité toute remise en question de la localisation des écoles. Le tissu scolaire se caractérise ainsi par quatre faits singuliers : **l'atomisation**, l'extrême **variété de fonctionnement**, le besoin vivement ressenti de créer des **liens** à l'intérieur de la circonscription et l'inscription dans un **cadre communal** actuellement débordé par les initiatives pédagogiques et par un genre de vie plus mobile. La diversité de fonctionnement ne peut pas être considérée, a priori, comme un indicateur de crise ; elle ne correspond pas à l'image d'un service public rigoureusement unifié, mais elle paraît gérable par toute une opinion favorable à l'adaptation au local et à l'émergence de projets d'écoles variés dans le cadre de l'Education Nationale. Les trois autres caractéristiques, en revanche, révèlent une fragilité certaine des lieux et des liens qui permettent au système éducatif de fonctionner. Il convient donc de dépasser cette géographie des liens pour procéder à une identification des aires les plus fragiles sur le plan scolaire.

Troisième chapitre

L'IDENTIFICATION DES TERRITOIRES FRAGILES

Le repérage de territoires scolaires originaux procède d'une démarche qui a longtemps été ignorée par l'Éducation Nationale. La nomination sur tous les postes, où qu'ils fussent, de fonctionnaires qui possédaient tous les mêmes diplômes, la définition des tâches par les Instructions officielles venues du Ministère, et, quand le système local a craqué, la mise en route d'un transport d'enfants conçu comme un service public[64], ont préservé une unicité réelle, qui s'inscrivait dans une tradition forte d'un système éducatif jacobin et centralisé. En montagne, qui plus est, cette image sans nuance, répondait aux vœux des parents, plus soucieux de préparer leurs enfants à évoluer dans le cadre national que de se pencher sur des spécificités de terrain. C'est, à rebours, le tracé des fissures, même peu apparentes, que l'on cherche ici à saisir, en faisant l'hypothèse que les différences de taille entre les écoles, l'extrême variété des liens qui se sont noués ont contribué à une fragmentation du territoire scolaire.

Sur le plan national, l'émergence de problèmes originaux a conduit à analyser les spécificités territoriales et donc à reconnaître des espaces caractérisés par un fonctionnement et un équipement scolaire propres[65]. Les premiers découpages auxquels on a procédé ont mis en place les Zones d'Education Prioritaire, en 1982. Leur objectif était de mieux prendre en charge les difficultés locales en associant dans un même projet les établissements du second degré et les écoles. Le classement en ZEP s'est effectué sur plusieurs indicateurs, dont l'échec scolaire, qui ont conduit au signalement de quartiers urbains ou périurbains. Dans le département du Puy-de-Dôme, les premières ZEP ont été organisées autour des villages et des banlieues situées au nord de l'agglomération clermontoise, là où se situaient d'importantes populations de primo-migrants. Il a fallu attendre l'année 1994 et une redéfinition de la carte des ZEP pour que les hautes terres soient à leur tour concernées. Ce soutien pédagogique a alors été accordé à une partie de la montagne thiernoise, où de fortes minorités d'origine turque se sont installées. Il s'adresse à des écoles où l'apprentissage de la lecture et de l'écriture se heurte au double handicap que créent l'isolement dans les hameaux montagnards et l'obstacle de la langue[66]. Cette ZEP constitue le seul domaine qui ait été défini en fonction de critères scolaires dans les moyennes montagnes du Puy-de-Dôme. L'identification de territoires où le réseau éducatif s'est fragilisé est donc à entreprendre.

La problématique abordée ici porte exclusivement sur les **disparités du dispositif scolaire en place** et n'englobe pas, comme le fait le tracé des ZEP l'analyse des résultats et des handicaps locaux. Elle vise à établir un zonage en fonction des structures et de leur fréquentation. Une première discrimination s'établit à partir du mode de distribution qui était la règle de base du service public : la correspondance entre commune et école. Où sont les communes qui ne tiennent pas d'école ouverte et celles qui entretiennent un service minimal réduit à une seule classe ? Et depuis quand l'Education Nationale a-t-elle pris en compte l'originalité des territoires ainsi desservis ?

I - LES ÉCOLES DU «BOUT DU MONDE»[67]

Le relevé des communes qui n'offrent pas d'école ou disposent d'une unique classe (voir Fig. 21), offre un état des lieux dans lequel le lecteur le moins averti reconnaît sans peine un classique phénomène d'opposition entre centre et périphérie.

A - L'IDENTIFICATION DE LA PÉRIPHÉRIE PAR L'ÉTAT ACTUEL DES STRUCTURES

Le déséquilibre du système scolaire, que cette carte transcrit, amplifie l'organisation radioconcentrique du département. Le Puy-de-Dôme présente, avec la Sarthe et la Haute-Vienne, un des trois cas les plus remarquables en France de concertation des activités sur la zone centrale, et de délestage des communes bordières. L'équipement scolaire de ces dernières est, dans le Puy-de-Dôme, d'autant plus faible que les départements limitrophes sont peu peuplés, et donc ne sont pas susceptibles d'envoyer des enfants renforcer les inscriptions dans les écoles qui en manquent. A de rares exceptions près, le réseau scolaire du Puy-de-Dôme est clos sur lui-même : la fragilité périphérique est aggravée par celle des départements voisins, et on s'étonne quand un acteur de la carte scolaire cherche une solution en recrutant quelques élèves au-delà des limites départementales. Ce fut le cas d'une commune de l'angle nord-ouest du département, quand, en 1995, sa troisième classe fut menacée, faute d'effectifs. Cette municipalité a surpris ses partenaires en trouvant quelques écoliers dans les communes voisines du département de l'Allier : la manœuvre a paru d'une audace étonnante, une sorte de transgression des frontières admises par tous, un pari incroyable. Il est vrai que l'inscription de quelques élèves venus du bocage bourbonnais, lui-même très dépeuplé, relevait du miracle, et ne pouvait se renouveler sur le moyen terme : une barrière du vide cerne le département et aggrave le délestage du service scolaire périphérique, particulièrement en montagne[68].

On peut prendre de diverses façons la mesure de ces vides scolaires. En suivant la limite occidentale du département, on constate que, sur trente communes, dix sont sans école, dix autres offrent une classe unique, et donc seulement dix maintiennent une école d'au moins deux classes (cf. Fig. 21). Si l'on observe le phénomène dans toute son étendue, c'est dans la

Fig. 21 - Lacunes et fragilités du réseau scolaire
(Ecole primaire : année scolaire 1992-1993)

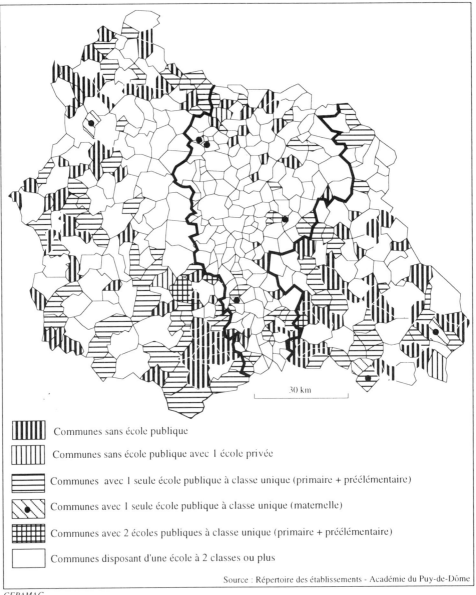

30 km

||||| Communes sans école publique

||||| Communes sans école publique avec 1 école privée

Communes avec 1 seule école publique à classe unique (primaire + préélémentaire)

Communes avec 1 seule école publique à classe unique (maternelle)

Communes avec 2 écoles publiques à classe unique (primaire + préélémentaire)

Communes disposant d'une école à 2 classes ou plus

Source : Répertoire des établissements - Académie du Puy-de-Dôme

CERAMAC

Fig. 22 - Repérage des secteurs les plus fragiles du réseau scolaire

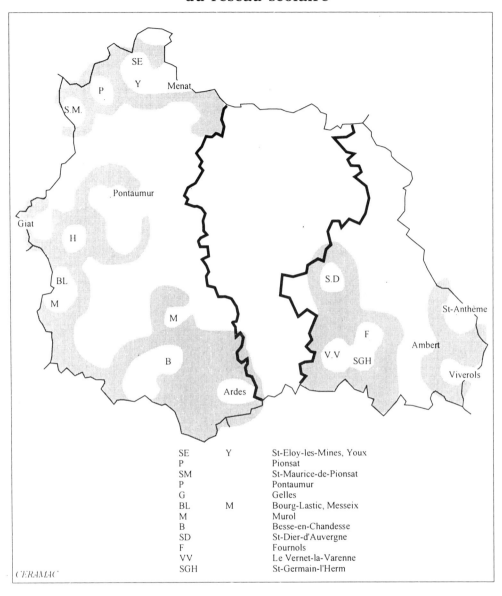

SE	Y	St-Eloy-les-Mines, Youx
P		Pionsat
SM		St-Maurice-de-Pionsat
P		Pontaumur
G		Gelles
BL	M	Bourg-Lastic, Messeix
M		Murol
B		Besse-en-Chandesse
SD		St-Dier-d'Auvergne
F		Fournols
VV		Le Vernet-la-Varenne
SGH		St-Germain-l'Herm

CERAMAC

partie méridionale du département qu'il s'étale le plus largement. Seules quelques communes montagnardes de vastes dimensions et quelques villages-centres ont gardé plusieurs classes. Les mailles faibles ou dépourvues se disposent en cercle, autour d'une douzaine de villages-centres ou de bourgs un peu mieux lotis. Le territoire est organisé par « **aires fragiles** » : chacune d'elles comprend un **centre**, de trois, quatre ou cinq classes dans la plupart des cas, et un **anneau où alternent les communes sans école et celles qui entretiennent une « classe unique »** (cf. Fig. 22). Ces anneaux sont plus ou moins vastes, au point que les aires sont souvent coalescentes, attachées par deux en sœurs siamoises (Saint-Anthème et Viverols, par exemple, cf. Fig. 22), voire par trois (sur la même figure, Giat, Herment et Pontaumur).

Le tracé des aires fragiles ne se confond pas avec le découpage cantonal, bien que les chefs-lieux de canton fassent souvent office de point central. L'histoire économique locale a enrichi le système en créant quelques doublons : les grosses écoles de Saint-Eloy-les-Mines s'intercalent entre celles de Montaigut-en-Combraille et de Menat, au centre d'une aire à trois noyaux. Le même phénomène se répète à Bourg-Lastic et Messeix. D'autres dédoublements sont l'effet d'épisodes propres à la vie scolaire : le souvenir d'un enseignant conseiller général, qui fut une forte figure du socialisme des Combrailles vers 1960, Camille Vacant, a contribué au maintien d'une école à deux classes au cœur d'une aire où six communes sur sept n'ont plus leur propre service scolaire : sans tête véritablement équipée par une structure forte, l'aire de Saint-Maurice-de-Pionsat s'est creusée comme une vacuole au point d'être englobée dans l'élargissement de l'anneau vide de Pionsat. A quelques kilomètres de là, toujours aux confins de l'Allier, c'est le phénomène inverse qui est en cours de réalisation : le maintien, très volontariste, d'une école à trois classes à Lapeyrouse crée une aire spécifique qui tend à se détacher de la couronne de Saint-Eloy-Montaigut, et se centre sur le site de Lapeyrouse qui, bien soutenu par le maire-conseiller général, dispose d'une classe pour l'accueil des enfants d'âge préélémentaire de son territoire et des communes voisines. Les cellules scolaires, ainsi, se rétractent et s'élargissent, au gré des initiatives et des rivalités des acteurs locaux. Ceux-ci sont attentifs à renforcer quelques points centraux, qu'ils soient ou non chefs-lieux de cantons. Ces enjeux se sont combinés aux aléas économiques et démographiques pour décaler le dispositif scolaire par rapport à la carte administrative. Mais les forces économiques et sociales qui modèlent ces territoires varient peu et les acteurs locaux n'agissent qu'à la marge. Les dynamiques sont donc très lentes.

On peut donc dresser un tableau des aires scolaires fragiles sans craindre de devoir l'actualiser à brève échéance. Les différences entre elles tiennent, d'une part à la taille des écoles centrales : celles qui ne dépassent pas trois classes, sont dans une situation limite, et risquent, si leur sort empire, de régresser au rang d'une très petite école où l'accueil préélémentaire est mal assuré. Rien à voir avec les centres qui disposent, comme Pontaumur ou Saint-Eloy-les-Mines, de deux ou trois écoles, dont une maternelle. Les couronnes externes, d'autre part, sont inégalement constituées ; elles se caractérisent par le nombre et la place des classes uniques par rapport aux communes sans école. Le système le moins dégradé a pour modèle une aire scolaire dont le centre dispose de quatre classes ou plus, et dont la couronne comporte plus de classes uniques que de communes sans école (Fig. 23 A - Saint-Dier-d'Auvergne). Le dispositif se détériore (même Fig. 23 B - Saint-Maurice et Pionsat) quand le centre, lui-même affaibli, s'entoure d'une couronne où les communes sans école sont majoritaires. La situation est encore plus grave quand une vacuole qui se creuse dans le tissu scolaire s'élargit sur deux couronnes (Fig. 23 C : un secteur de la vacuole d'Herment et Tab. 11).

Enseigner dans les écoles du second cercle signifie que l'on se situe dans « la périphérie de la périphérie ». Un jeune titulaire remplaçant, à qui on a demandé ce qui faisait l'originalité de ses conditions d'exercice, a répondu, alors qu'on s'attendait à un discours sur l'organisation de la classe, par un seul mot : « *le silence* ». Ce thème revient, en effet, fréquemment dans les discussions sur les pratiques

Fig. 23 - Distribution des écoles dans les aires fragiles à la périphérie du Puy-de-Dôme

A - Le modèle « Saint-Dier-d'Auvergne »
• Aire limitée à une seule couronne de communes
• Ecoles dans une commune sur deux, mais hors du point central, toutes sont à classe unique
Ce modèle est aussi réalisé à Lapeyrouse, Bourg-Lastic et Messeix, Murols

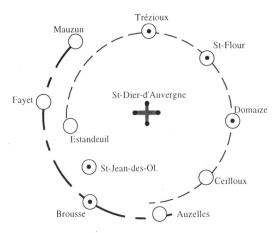

B - Le modèle « Pionsat »
Il résulte d'une détérioration du dispositif précédent et se caractérise par :
• L'école centrale petite ou très petite
• La couronne de communes sans école sauf exception : ici UNE SEULE : l'école du Quartier... fermée à son tour en 1998
Ce modèle, ici réalisé en « double », se retrouve autour de Saint-Anthème et Viverols et en « simple » autour du Vernet-la-Varenne

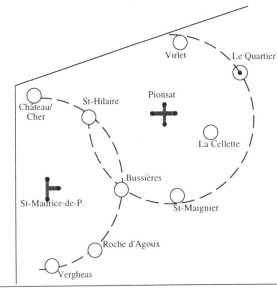

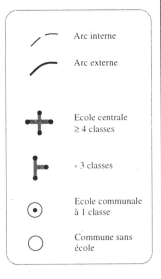

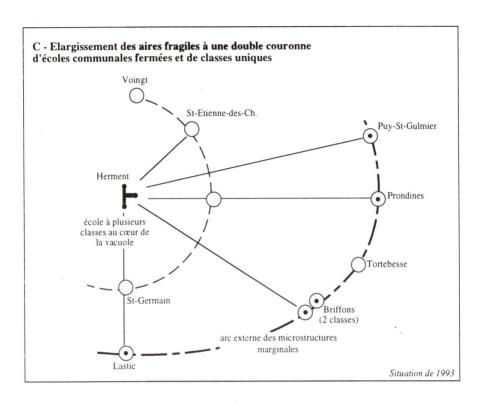

C - Elargissement des aires fragiles à une double couronne d'écoles communales fermées et de classes uniques

Voingt

St-Etienne-des-Ch.

Puy-St-Gulmier

Herment

Prondines

école à plusieurs classes au cœur de la vacuole

Tortebesse

St-Germain

Briffons (2 classes)

arc externe des microstructures marginales

Lastic

Situation de 1993

C - Ce schéma se réalise dans les secteurs les moins peuplés du département : à partir d'une école centrale, elle-même petite, on rencontre un premier cercle de communes sans école, puis un second où l'isolement a préservé des structures à une ou deux classes. Cet emboîtement est l'indicateur d'une vacuole qui s'est creusée (le centre et son enveloppe interne sont peu équipés) et qui s'élargit à une seconde couronne. Le dispositif est repérable sur un secteur de l'aire d'Herment ; il est largement étalé au point de former deux cercles concentriques autour d'Ardes-sur-Couze. Ce second cercle ne peut évidemment se constituer que dans une zone peu peuplée où les villages-centres sont loin les uns des autres. Plus souvent, il apparaît partiellement, avec quelques écoles marginales sur la couronne externe d'une aire fragile. Le tableau n°11 recense toutes les aires, en faisant apparaître les structures centrales les plus faibles et les ébauches de second cercle, qui annoncent les lacunes les plus graves.

Tab. 11 - Distribution de l'offre scolaire dans les aires fragiles

Structures centrales ≥ 4 classes	Structures centrales ≤ 3 classes	Commune sans école du 1er cercle	Microstructures marginales du 2e cercle	Caractères spécifiques
St-Eloy-les-Mines		Durmignat Moureuille	Servant (2 cl.) Youx village	Maintien d'unités de toutes tailles dans le premier cercle (Youx, Montjoie, Montaigut)
Pionsat		Virlet La Cellette St-Maigner St-Hilaire		Une classe unique maintenue dans le 1er cercle (le Quartier), doit fermer en 1998
	St-Maurice de Pionsat	Château/Cher St-Hubert Bussières Roche-d'Agout Vergheas		Tout l'environnement est dépourvu d'école
Giat		Fernoel La Celle Voingt	Verneugheol	
	Herment	Sauvagnat St-Germain-près-H St-Etienne-des-Ch Voingt	Prondines Briffons Puy-St-Gulmier Lastic	
Pontaumur		Landogne Miremont	Villosanges St-Priest-des-Ch Condat-en-C	Le second cercle, avec des écoles à 2 classes, n'est pas à proprement parler dans la vacuole fragile
Bourg-Lastic Messeix		St-Sulpice Savennes	Briffons St-Julien-Puy-L Aveze	
Murol				Couronne de classes uniques en « 1er cercle »
	Ardes/Couze	Rentières St-Hérent Madriat La Chapelle/M Mazoires	Anzat Boutaresse	Trois communes de la périphérie sont aussi sans école
St-Dier-d'Auvergne		Ceilloux Auzelles Estandeuil		+ 4 communes du « 1er cercle » ont préservé leur école
Le Vernet-la-Varenne		St-Genès-la-T Chameane La Chappelle/U Champagnat-le-Jeune Ste-Catherine	St-Martin-d'Ollières	
	St-Germain-l'Herm	Aix-la-Fayette Ste-Catherine Peslières	Echandelys St-Bonnet-le-Chastel Doranges	
	St-Anthème	St-Clément-la-C St-Romain	Saillant Eglisolles	
	Viverols	Medeyrolles Sauvessanges Baffie (école privée)	Chassagnoles	

Cases épaisses : les aires où des vacuoles se sont creusées dans le tissu scolaire : ce sont les lacunes les plus graves (Herment, Ardes, Saint-Anthème sont les cas extrêmes de ces auréoles élargies à deux cercles de communes sans que l'école centrale ait vu son importance s'accroître).

professionnelles. « *Ce printemps, à La Bourboule, je me suis surpris à entendre l'eau de la Dordogne, alors que nous étions en classe, fenêtre ouverte... dans les plus petites écoles, le silence n'étonne pas ; on en prend l'habitude, les enfants parlent peu, et il n'y a pas de bruit à l'extérieur* ». Enseignante aux marges de la vacuole d'Herment, à Puy-Saint-Gulmier, une jeune professeur d'école, à qui on avait demandé de faire le récit de sa journée dans la classe unique où elle enseignait depuis un trimestre, a dit de même : « *un jour, j'ai entendu un bruit ... C'étaient les cloches qui sonnaient* ». Les écoles s'enfoncent dans le **mutisme des campagnes,** qui les absorbe ; les écoliers, avertis par la télévision de ce qui se passe ailleurs, véhiculent eux-mêmes l'image d'une situation marginale.

Il est nécessaire de prendre beaucoup de précautions pour demander aux enfants de décrire leur cadre de vie sans qu'ils récitent un catalogue de lieux communs censés plaire à l'interlocuteur ou qu'ils se limitent à quelques informations élémentaires. Il a paru plus intéressant de se référer à des textes qu'ils rédigent au cours des activités d'expression habituelles. De tout temps, on a proposé aux écoliers de décrire leur environnement... C'est un exercice très difficile, qui les conduit à exprimer l'étrangeté de leur propre vécu. Les enseignants facilitent leur tâche en les plaçant dans des situations de communication où ils s'adressent à des destinataires extérieurs. Ainsi, dans la même école de Puy-Saint-Gulmier, les cinq écoliers qui constituaient à eux seuls la cohorte du troisième cycle en 1993, ont rédigé une présentation des lieux à l'intention d'un concours institué par une chaîne de télévision. Ils souhaitaient, certes, paraître crédibles et bien informés, mais aussi attirer l'attention et séduire le jury. Leurs propos ont construit l'image qui leur paraissait la meilleure pour remporter le concours, mais, pour le géographe, ils révèlent la représentation que ces enfants se font de leur monde périphérique, quand ils veulent se valoriser aux yeux des urbains :

> « *Nous avons choisi de parler de la Butte car c'est l'endroit où nous vivons et nous avons voulu en savoir plus. Mais ce n'est pas la seule*

raison : quand quelqu'un arrive à l'école de la Butte, il nous dit « Mais, quel étrange endroit ! C'est le bout du monde ». Oui, c'est le bout du monde et nous allons vous dire pourquoi.

Notre village de Puy-Saint-Gulmier, dans le département du Puy-de-Dôme, se situe dans les Combrailles à 818 m d'altitude. Deux cents personnes y vivent et sa particularité, qui étonne tant les représentants égarés ou les touristes à la recherche de paysages grandioses, est que ce village est constitué d'un éclatement de petits hameaux gravitant autour d'une butte. Cette butte domine toutes les Combrailles, et a connu son château féodal en ruines maintenant. Quand on « monte » à la Butte, le chemin se termine en cul-de-sac dans la cour de l'école. La Butte, envahie par les bois, comprend les centres nerveux d'un village, à savoir : l'église, l'école et la mairie. On y trouve également la salle des fêtes, le terrain de foot et une maison d'habitation.

Donc, la semaine, quand nous sommes à l'école à la Butte, nous sommes seuls là haut, comme dans un nid d'aigles, avec notre maîtresse.

Les anciens nous ont dit que la Butte, il y a environ soixante ans, était sillonnée par des chemins et des haies. Le remembrement n'était pas passé (sic). La Butte comptait alors non pas une, mais sept à huit maisons... ».

On retrouve ici, développés sur un mode enfantin, quatre thèmes des discours sur la périphérie : la **coupure** avec le monde urbain, l'**attachement** des résidents pour leurs lieux de vie, le constat qu'ils font de la **crise** et le sentiment d'**isolement** qu'engendre leur petit nombre. Les élèves ont abordé le premier thème par un souvenir amusé : ils ont évoqué le moment où un représentant de commerce a arrêté sa voiture devant leur cour, faute de pouvoir continuer au-delà, car la route s'interrompt, et a fait irruption dans leur classe ; n'en croyant pas ses yeux, il leur avait demandé s'il s'agissait bien d'une école ! Les élèves savouraient encore le plaisir d'avoir été surprenants, et, sans craindre l'inflation des termes se sont haussés jusqu'à s'installer dans un « nid d'aigles ». Ce cliché mis à part, les expressions des enfants montrent combien ils sont pris dans la tradition villageoise : « on monte à la Butte » depuis des siècles, à Puy-Saint-Gulmier[69], et les enfants, comme leurs parents, parlent de la butte avec un grand « B » ; ils reprennent les formules « des anciens » pour évoquer les effets du remembrement « passé » sur le territoire comme s'il s'agissait d'un orage venu d'ailleurs. Enfin, quand ils entreprennent une analyse plus rigoureuse en identifiant « les centres nerveux du village », c'est pour noter avec satisfaction la présence de l'église et du terrain de football, comme les symboles d'une société rurale qui défie le temps. Rien n'y manque... sauf les habitants ! Que peut signifier, pour ces enfants, l'expression « *nous sommes seuls là haut* » comme s'ils s'observaient depuis un autre lieu ? Veulent-ils signifier qu'il est étrange d'être réunis à dix sur un site où il n'y a plus âme qui vive ? *Chaque fin de matinée,* dit l'enseignante, *ils sont heureux d'entendre la voiture de la « cantinière »* qui vient leur servir les repas, cuisinés ailleurs. Reprennent-ils une expression de leurs parents, qui travaillent dans leurs exploitations agricoles, « en bas » ? Ou de l'enseignante, qui « monte » chaque matin, comme eux ? Ils précisent d'ailleurs « *seuls là haut, avec notre maîtresse* » : c'est elle qui doit assumer les effets de cette coupure du monde, et de ce sentiment d'isolement ; après des nominations successives de jeunes enseignants qui n'exerçaient qu'un an dans ce poste, l'école a fermé en 1996.

Une telle solitude enseignante n'est pas un fait nouveau. Il y a toujours eu, depuis que l'enseignement public s'est mis en place, des écoles du « bout du monde », difficiles d'accès et ne bénéficiant pas du voisinage d'autres services. On y nommait les jeunes « institutrices-sortantes » qui souvent étaient issues de la paysannerie montagnarde. On comptait sur leur habitude de la vie rustique pour résoudre les problèmes matériels, et sur les formes d'entraide spontanée, entre postes voisins, pour assurer un environnement social et culturel indispensable à la pratique de leur profession. Or, depuis les années soixante, ces équilibres fragiles ont été mis à mal. Le maillage serré des écoles a été remplacé par un semis beaucoup plus lâche, et l'isolement qui était le sort des hameaux a donc gagné les villages, qui ne tiennent qu'une ou deux classes ouvertes, et même les centres des « aires fragiles ». On est passé d'une situation muette, où les enseignants faisaient face entre écoles voisines aux problèmes de documentation professionnelle et de vide social, à la prise de conscience de handicaps communs aux territoires éloignés et peu peuplés. La reconnaissance institutionnelle de difficultés propres à un territoire n'allait pas de soi, puisque l'école publique s'était donnée pour mission de traiter également tous ses élèves, et que les instituteurs de montagne, bien habitués aux difficultés locales, réussissaient à faire fonctionner le système. A la fin des années soixante-dix, l'initiative est venue du CRDP qui a identifié les espaces où il ne parvenait pas à joindre les enseignants, et qui a mis en place des services adaptés à l'isolement des maîtres.

B - L'IDENTIFICATION DE LA PÉRIPHÉRIE PAR L'INSTITUTION : LES RÉPONSES APPORTÉES PAR LE CRDP À L'ENCLAVEMENT PÉDAGOGIQUE

Le CRDP de Clermont-Fd a été un des **pionniers** parmi ceux qui ont installé, en France, des EMALA ou Equipes Mobiles Académiques de Liaison et d'Animation[70]. « *Dotées d'un véhicule équipé en matériel pédagogique, audiovisuel et en ressources documentaires,* (elles) *se déplacent de communes en communes retirées et difficilement accessibles, afin de rompre l'isolement des élèves en assurant la liaison entre les écoles* ». Ce traitement de « l'enclavement pédagogique » a gagné en vingt ans un terrain considérable, et a évolué au fur et à mesure que les écoles lointaines ont eu d'autres exigences et ont donné de nouvelles images d'elles-mêmes. Dans un premier temps, l'Equipe Mobile a desservi les terres situées dans l'épaisseur du Massif central, c'est dire, pour l'académie de Clermont-Ferrand, le Cantal et la Haute-Loire ; seul l'angle sud-est du Puy-de-

Dôme a été concerné (Fig. 24). Une bonne partie de la mission a été consacrée à l'introduction de techniques audiovisuelles dans la pédagogie des petites écoles. Au cours des années quatre-vingt-dix, du fait des départs en retraite ou de la création de nouvelles Unités Mobiles, une nouvelle génération d'enseignants a accédé à ces postes spécifiques, au moment même où émergeaient, dans la vie scolaire, de nouveaux projets concernant l'accès des enfants à la documentation. Informatisation, renouveau des bibliothèques, changement du personnel, extension du territoire à desservir, ont conduit l'Equipe Mobile Académique de Liaison et d'Animation à une **seconde étape** de son histoire. Les politiques territoriales du CRDP ont contribué de façon pragmatique à l'émergence de **deux conceptions successives de la périphérie d'un territoire**.

La **première phase** a consisté dans la mise en place d'une action qui, pour lors, relevait du « jamais vu » et était tentée avec précaution, au « coup par coup».

«*Rappelons*[71] *qu'il s'agit d'une action expérimentale ayant essentiellement pour but de permettre aux enseignants des villages et des hameaux les plus isolés et les plus défavorisés, où l'hiver est long et rigoureux, de disposer d'un matériel pédagogique de qualité, et d'autre part de contribuer à rompre un peu l'isolement des écoles rurales. La mise en place et l'organisation pédagogique ont été confiées au CRDP en étroite collaboration avec les services départementaux de l'Education Nationale... il convient de souligner l'accueil exceptionnel et encourageant rencontré par les deux animateurs* » (les instituteurs nommés en 1976 sur les premiers postes dans deux Unités Mobiles Académiques de Liaison et d'Animation du Cantal et de la Haute-Loire). Cette allocution, prononcée en 1977 par le Recteur de l'Académie de Clermont-Ferrand pour la présentation de la troisième et de la quatrième unité, est révélatrice de la marginalité montagnarde, telle qu'on la percevait il y a vingt ans. Les contraintes de l'hiver étaient très fortement ressenties, et l'isolement d'autant plus prégnant que le service public desservait encore un grand nombre de hameaux ; la distribution du matériel pédagogique était d'autant plus souhaitée que les très petites structures montagnardes ne pouvaient ni acheter, faute de crédits, ni emprunter ce matériel à cause de l'éloignement. La rupture de l'isolement était un objectif majeur du CRDP. A cette fin, il s'était associé au quotidien régional *La Montagne* dans une opération multimédia qui faisait connaître ses productions (dossiers, diapositives, émissions télévisées et films) partout où arrivait le journal ; restait à faire suivre le matériel dans les hameaux... où seul le journal parvenait !

Tab. 12 - Extrait de l'emploi du temps de l'UMALA de Sermentizon

(montagne de Thiers et bas Livradois - année scolaire 1988-89)
Horaires des passages des matinées sur deux semaines

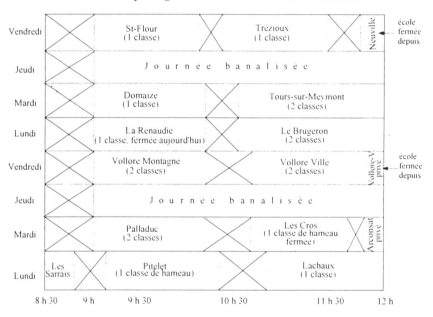

Cette Unité était, en 1988, basée sur une très petite école, à Sermentizon, à l'entrée du Livradois-Forez ; elle y disposait d'un local et d'un garage pour la camionnette. Les tournées s'effectuaient sur un rythme rapide, par séance d'une heure à une heure et demie : les instituteurs venaient, éventuellement avec leurs élèves, choisir des ouvrages, ou recevaient dans la classe le maître itinérant pour des projections de films ou de diapositives. Si le projet était plus complexe, et incluait, par exemple, la production d'un

Fig. 24 - Equipe mobile académique de liaison et d'animation du CRDP d'Auvergne

Localisation des unités

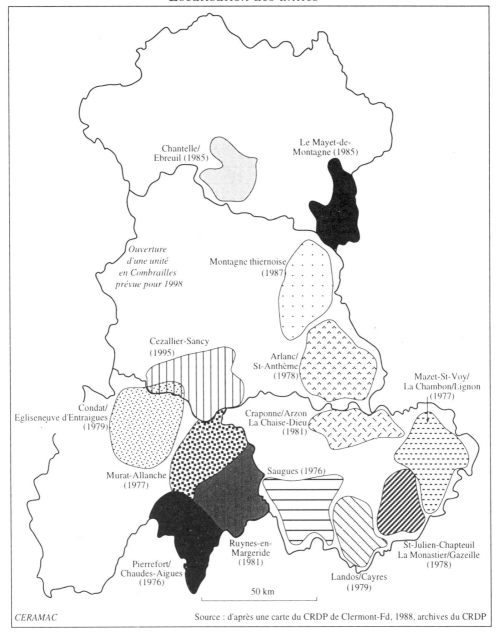

Chantelle/ Ebreuil (1985)

Le Mayet-de-Montagne (1985)

Ouverture d'une unité en Combrailles prévue pour 1998

Montagne thiernoise (1987)

Cezallier-Sancy (1995)

Arlanc/ St-Anthème (1978)

Mazet-St-Voy/ La Chambon/Lignon (1977)

Condat/ Egliseneuve d'Entraigues (1979)

Craponne/Arzon La Chaise-Dieu (1981)

Murat-Allanche (1977)

Saugues (1976)

St-Julien-Chapteuil La Monastier/Gazeille (1978)

Ruynes-en-Margeride (1981)

Pierrefort/ Chaudes-Aigues (1976)

Landos/Cayres (1979)

50 km

CERAMAC

Source : d'après une carte du CRDP de Clermont-Fd, 1988, archives du CRDP

film, avec prises de vues et montage, le travail débordait sur les plages banalisées, destinées à la préparation du matériel. En 1988, ce dispositif avait permis à de très petites écoles de produire des films de fiction ou des documentaires. Les quinze sites desservis en six matinées étaient très proches les uns des autres, au point que l'emploi du temps ne prévoyait pas plus de quinze minutes pour changer de lieu. Ces écoles étaient aussi très petites. Quatre, parmi ceux qui figurent ici, sont fermées, deux sont sur le point de l'être, et deux autres doivent leur survie à une restructuration en RPI.

La mise en place de chaque unité n'a donc pas été guidée par des limites administratives préexistantes. Une des premières unités qui desservait le nord du Cantal a ainsi transgressé la limite départementale et réuni dans son territoire les environs de Condat-en-Féniers (Cantal) et d'Egliseneuve-d'Entraigues (Puy-de-Dôme). La première Unité du Puy-de-Dôme, centrée sur Ambert, n'a pas concerné toute la circonscription : elle desservait, par exemple, la classe unique de Valeyre, dans la commune d'Ambert, mais évidemment pas les grosses écoles du centre-ville. Le CRDP et les Inspecteurs Départementaux de l'Education Nationale ont défini les entités locales en fonction des besoins, des distances, des effectifs et des moyens que l'Education Nationale pouvait fournir : les inspections académiques ont attribué les postes ; les titulaires ont été recrutés parmi les enseignants du terrain ; le CRDP a rassemblé le financement, effectué l'achat du matériel et mis en route le premier parc de véhicules. L'objectif étant de transporter des livres, des documents et des appareils audiovisuels, ce sont des camionnettes équipées qui ont permis de distribuer le matériel dans chaque école, alors que l'instituteur de l'UMALA reprenait à chaque arrêt un rôle pédagogique en discutant avec le maître, voire en participant à une activité en classe. Le réseau ainsi conçu a desservi de nombreux sites, parfois de très petite taille (cf. Tab. 12), et fonctionné pendant plus d'une décennie sans remise en cause sur un territoire caractérisé par le fractionnement du service.

La diminution du nombre d'élèves et la fermeture des écoles ont conduit l'Equipe Mobile à repenser les tournées et à modifier le contour des zones desservies, en même temps qu'elle créait ailleurs d'autres Unités Mobiles. Le territoire desservi avait, en 1976, les modestes dimensions qui conviennent à une action expérimentale. Au fur et à mesure que les besoins de

« désenclavement » pédagogique se sont manifestés, le dispositif s'est étendu jusqu'à couvrir plus du tiers de la région Auvergne (cf. Fig. 24).

Quatorze unités fonctionnent, en 1998, sur la région et une quinzième est en préparation. En deux décennies, le service a confirmé sa vocation de desserte spécifique pour la périphérie (cf. Fig. 24). Six unités assurent la liaison et l'animation pédagogique sur les marges orientales, du Mayet-de-Montagne au nord au Monastier-sur-Gazeille au sud, tandis que sept autres couvrent la montagne volcanique et les plateaux méridionaux, de Condat-en-Feniers (Cantal) jusqu'à Cayres (Haute-Loire). Progressivement, les unités ont installé un pavage complet aux limites est et sud de l'Auvergne, excepté le sud-ouest du Cantal. Cette distribution traduit à la fois une certaine fidélité à l'objectif initial (qui visait à enrichir l'environnement désorganisé par la crise montagnarde) et une prise en compte des moyens locaux, qui se sont découverts au cours des opérations. Les unités se sont mises en place quand les montages financiers l'ont permis (les Conseils généraux y ont contribué) -quand une dynamique locale a souligné les besoins et que des instituteurs ont été prêts à s'investir sur ces postes spécifiques. Il n'est donc pas étonnant de voir figurer, dans les zones pionnières, les hautes terres qui étaient loin d'être les plus immobiles : la vallée de Murat, dans le Cantal, ou, plus significatif encore, le haut plateau du Mazet-Saint-Voy, dans le Velay ; on retrouve ce secteur qui a une tradition culturelle, soutenue par la collectivité protestante à la pointe de l'innovation pédagogique, vingt ans plus tard, avec des actions qui associent lectures scolaires et publiques[72].

Le département du Puy-de-Dôme a figuré dans les pionniers exclusivement par son **angle sud-est** (cf. Fig. 24). Plusieurs facteurs ont conduit à y installer une UMALA peu après avoir expérimenté le système dans le Cantal et en Haute-Loire : la distance entre les écoles de l'Ambertois et le CRDP (plus de cent kilomètres pour nombre d'entre elles) paraissait encore très longue dans les années soixante-dix ; les maîtres étaient d'autant moins prêts à entreprendre de tels déplacements qu'ils étaient pour la plupart des « locaux », bien habitués à fonctionner avec les bibliothèques en place et à se satisfaire d'un complément acheté à la librairie d'Ambert ; les besoins de matériel multimédia sont restés à l'état latent jusqu'au jour où un maître d'origine clermontoise a pu assurer le relais entre le Centre Régional et ses collègues montagnards. Il a fallu presque dix ans pour que se crée une seconde unité mobile, celle qui a couvert le **Bas-Livradois et la montagne de Thiers**, puis sept ans pour que les secteurs très isolés du sud des **Monts Dore** et de l'**Artense** soient atteints : fait nouveau, les syndicats intercommunaux et quelques communes isolées, qui bénéficient de ce service, participent désormais aux frais de fonctionnement. En 1998, une quatrième unité - la quinzième de la région Auvergne - est en préparation, et doit s'installer à **Saint-Gervais-d'Auvergne**, dans les Combrailles. Avec elle, la desserte de la périphérie montagnarde sera presque achevée.

Ainsi, alors que le découpage en circonscriptions ne se prêtait pas à l'émergence d'une inspection qui soit affectée aux territoires montagnards, l'Education Nationale a, en quelque sorte, reconnu la spécificité des plus fragiles d'entre eux par le biais de la documentation et de l'animation pédagogique. Ces territoires susceptibles de recevoir ce service spécifique n'ont pas été distingués sur une liste préalable de critères, mais se sont dessinés au fur et à mesure qu'il paraissait possible de financer l'opération, d'assurer son fonctionnement ultérieur et de disposer d'un poste d'enseignant accordé par l'Inspection Académique. Les termes de cette lente reconnaissance de la marginalité ont évidemment, en deux décennies, considérablement évolué. A l'origine, la sélection territoriale s'est opérée en fonction d'un sentiment de la montagne très profondément marqué par la crise et la solitude, qu'exprimait fort nettement l'allocution rectorale de 1977. Fin des années quatre-vingt-dix, une seconde image de la périphérie se construit, et se substitue partiellement à la précédente. Pour les professeurs d'école, de plus en plus mobiles, et aptes à puiser les informations sur CD-Rom et sur Internet, les distances comptent moins. Elles s'allongent, au contraire, pour le CRDP, dans la mesure où le nombre d'élèves desservis diminue, pour un kilométrage constant des tournées des camionnettes. Cette situation paradoxale a conduit à une remise en cause du fonctionnement de l'EMALA. Le temps du « colportage pédagogique » serait-il dépassé ? Et, pour poursuivre une analogie avec les services marchands, l'Education Nationale va-t-elle ouvrir des supérettes d'ingénierie pédagogique dans les bourgs-centres ? L'affaire n'est pas si simple, et l'image mercantile est beaucoup trop grossière pour exprimer la fonction des enseignants en poste dans l'EMALA qui gardent le contact régulier avec chaque maître **tout en privilégiant le développement de projets** que certains enseignants ont conçu à moyen terme.

Il n'empêche qu'en se rénovant, ce service a créé des **points d'ancrage** qui jalonnent les marges du département : La Monnerie-le-Montel à la limite orientale, Ambert, Besse et Ardes au sud, Saint-Gervais au nord-ouest. Au volant de véhicules plus légers qui remplacent à moindre frais les vieilles camionnettes, l'enseignant de l'unité mobile cherche moins à parcourir un espace pour juguler la crise qu'à contribuer au développement des projets locaux. « *Un enseignant seul dans sa camionnette, seul sur la route d'un pays isolé, peut-il rompre la solitude de l'enseignant seul dans son village ?* ». Cette boutade est significative du regard que les responsables du CRDP portent sur l'état de la périphérie à la fin des années quatre-vingt-dix. L'EMALA fonctionne selon une formule de transition, qui procède d'une **nouvelle lecture des espaces marginaux, nécessite l'équipement de « lieux-ressources », et sollicite de nouveaux jeux d'acteurs...** y compris les participations financières des municipalités bénéficiaires du service. C'est une seconde vision de la périphérie qui s'amorce, puisqu'elle joue sur des possibilités locales d'ancrage, de financement et d'initiatives. Reste à savoir si cette nouvelle image des hautes terres éloignées des aires urbaines est partagée par les enseignants.

II - UNE CEINTURE DE POSTES DONT LES ENSEIGNANTS NE VEULENT PAS

Y-a-t'il coïncidence entre la périphérie qui se distingue par son parc d'écoles petites et isolées, et les zones où les enseignants ne souhaitent guère exercer leur profession ? C'est une image de la périphérie construite à partir des vœux du personnel que l'on cherche à cerner ici. Une première source, constamment mise à jour, est fournie par les documents que l'Inspection Académique publie chaque année pour affecter les enseignants sur les postes, en fonction de leurs vœux. Il y figure chaque année, à côté des écoles très demandées et rapidement pourvues, celles qui n'ont pas trouvé de titulaire jusqu'au mois de juin. Reste alors à y nommer les enseignants qui sortent de l'IUFM et commenceront leur vie professionnelle à la rentrée suivante. La liste des postes à pourvoir en fin d'année scolaire est un indicateur de la désaffection du personnel déjà en place pour certaines écoles. Elle permet de repérer d'éventuelles zones menacées de déshérence, à condition, bien évidemment, d'éviter les aléas propres à un épisode en vérifiant si une constante s'établit sur plusieurs années. La liste des vœux n'est, en revanche, pas utilisable pour connaître les hiérarchies spatiales auxquelles se réfèrent les nouveaux professeurs d'école : ceux-ci sont contraints, par la nécessité de prendre un poste, de ranger par ordre de préférence des écoles qui ne les intéressent guère ; il faut donc, pour connaître où se dirigent réellement leurs vœux, compléter le recensement des postes à pourvoir par une enquête individuelle auprès de ces jeunes enseignants, appelés à combler les vides laissés par les titulaires.

A - L'INDIFFÉRENCE DES TITULAIRES POUR LA PÉRIPHÉRIE

La liste des postes qui restent « découverts » et nous intéresse ici est publiée au cours du troisième trimestre de chaque année scolaire. Les opérations qui distribuent le personnel du premier degré s'effectuent par un « mouvement » en trois temps, et l'affectation s'achève chaque année, en juin ou juillet, à l'occasion d'une troisième Commission Académique Paritaire Départementale (CAPD). Elle porte sur quelques régularisations pour des enseignants sans poste qui demandent à revenir sur leur nomination précédente ; elle pourvoit des postes qui se découvrent tardivement pour diverses raisons (admission du titulaire à un concours ouvrant l'accès à d'autres fonctions, détachement, départ vers un autre département...), mais pour l'essentiel, elle traite des postes non pourvus car non demandés : à de rares exceptions près, ceux-ci sont l'expression d'un refus, silencieux car non exprimé, mais bien réel. Où sont-ils ? Et quels sont-ils ? Une première réponse est donnée par leur localisation en 1993 (voir Fig. 25) et confirmée par les cartes (Fig. 26 et 27) portant sur les deux années suivantes.

Tab. 13 - Répartition des postes non pourvus en juin 1993

Circonscription	Nombre de postes vacants	Postes vacants en classe unique	Postes vacants dans des écoles de 3 classes ou +	Postes vacants en montagne
Ambert	11	7	0	11
Chamalières	10	6	3	10
Riom Combrailles	10	4	3	10
Thiers	4	3	0	2
Issoire	5	5	0	3

La zone où se localisent les postes en déshérence s'enroule comme une **écharpe sur la limite du département** et s'y reproduit, à quelques kilomètres près, année après année. Les écarts, par rapport à une enveloppe périphérique stricte, repérables sur le relevé de 1993, sont dus, semble-t-il, à la nature de la source utilisée. Le plus remarquable - d'autant plus qu'il s'est reproduit les deux années suivantes - concerne la vaste plage de l'Artense - entre Larodde au sud-ouest et Anzat-le-Luguet, où aucun poste n'est resté vacant : cette apparente bonne tenue ne provient pas de demandes sur ces lieux, mais simplement de l'attachement du personnel en place, qui est d'origine locale, et ne cherche pas à participer au mouvement. Quand ces enseignants auront atteint l'âge de la retraite, il y a de forts risques que cette solution de continuité s'efface. Seconde anomalie par rapport à une disposition périphérique, l'écharpe des postes à pourvoir s'écarte de la zone frontalière au nord-ouest du département, pour se déployer très largement

Fig. 25 - L'identification d'un phénomène périphérique :
(CAPD du 9 juillet 199
Liste des postes publiés au mouvement précédent et non demandés

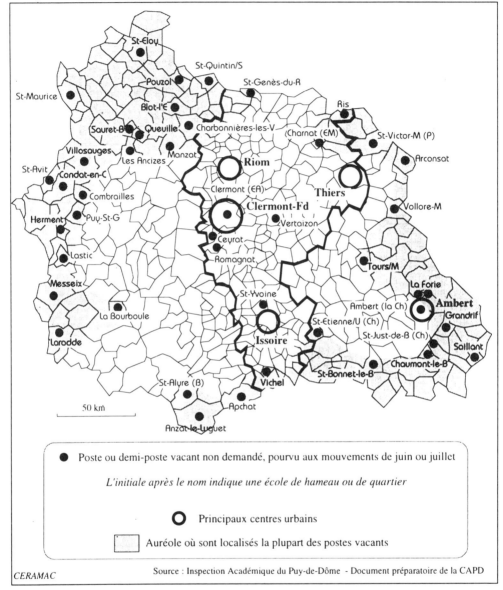

Poste ou demi-poste vacant non demandé, pourvu aux mouvements de juin ou juillet

L'initiale après le nom indique une école de hameau ou de quartier

O   Principaux centres urbains

Auréole où sont localisés la plupart des postes vacants

CERAMAC

Source : Inspection Académique du Puy-de-Dôme - Document préparatoire de la CAPD

dans la Combraille riomoise. Bien visible en 1993, ce phénomène s'estompe ensuite, et relève d'une conjonction fortuite de départs à la retraite et de mutations dans un semis serré d'écoles.

La désaffection en 1993 est manifeste dans l'Ambertois et sur les plateaux occidentaux, où deux caractéristiques perçues généralement comme répulsives sont réunies : **l'éloignement et la présence de classes uniques**.

Le tableau 13 dit crûment les choses : trois inspecteurs de l'Education Nationale ont dû, cette année-là, constater qu'une dizaine de leurs postes n'avaient intéressé personne et qu'ils devaient donc se préparer à recevoir une dizaine d'enseignants qui s'installeraient, contraints et forcés, dans leurs circonscriptions. Derrière cette image négative de la vie administrative et professionnelle, la carte et le tableau révèlent trois problèmes qui se conjuguent aux marges du département. Le premier est purement professionnel, et tient au désir que certains enseignants expriment d'éviter les classes à cours multiples : ils ne souhaitent pas ces écoles, soit parce qu'ils n'apprécient pas ce mode de travail, soit parce qu'ils craignent que ces structures aient peu d'avenir. Ce rejet concerne même des postes proches d'une ville, comme en 1993 l'école du hameau de la Chardie, à moins de cinq kilomètres d'Ambert : ces classes ne sont pas demandées en raison de leur taille, qui les rend difficiles à conduire, et de leur devenir, trop incertain. Le problème s'aggrave quand les écoles souffrent d'être à la fois petites et isolées. Ce double handicap caractérisait, en 1993, les plateaux du Cézallier au sud-ouest d'Issoire, les clairières du Pays thiernois, la montagne du Livradois-Forez. Enfin, le problème concerne tout un territoire quand les titulaires ne veulent pas plus des centres locaux, qu'ils soient ou non chefs-lieux de cantons, que des hameaux. En 1993, une véritable crise territoriale affectait ainsi les Combrailles, où, à côté des postes de hameaux, d'autres restaient vacants dans les petits centres, comme Herment et Messeix ; de Villosanges au nord à Larrode aux confins du Cantal, au sud, neuf communes voisines les unes des autres attendaient en juin la nomination d'un nouveau maître, que ce soit dans une classe unique ou dans une structure à deux ou trois classes ! Les titulaires ont ici boudé non pas un type d'école, mais un espace dans son intégralité et leur attitude s'est confirmée au cours des années 1994 et 1995 (cf. Fig. 26 et 27).

En première lecture, les cartes des postes en déshérence en 1994 et 1995 paraissent confirmer la situation de 1993. En fait, elles traduisent une aggravation du phénomène. D'une part, les mêmes communes sont constamment dans l'attente de leurs enseignants, et, qui plus est, il s'agit souvent de collectivités voisines, comme si la détresse de l'une rejaillissait sur le sort de l'autre. Le couple Saint-Alyre-ès-Montagne et Anzat-le-Luguet réapparaît ainsi à chaque CAPD finale, de même que le couple Saillant-Eglisolles en Livradois-Forez, et dans les plateaux occidentaux, les communes proches de Saint-Avit, Condat ou Combrailles. D'autre part, la désaffection pour les villages-centres, qui se manifestait dès 1993 dans les Combrailles, a touché en 1994 et 1995 le Livradois-Forez, où aucun titulaire n'a postulé pour Fournols ou Saint-Anthème en 1994, ni pour Viverols ou Olliergues en 1995 ; elle a gagné, dans les Combrailles, Bourg-Lastic en 1994, Saint-Priest-des-Champs et Menat en 1995 (voir Fig. 26 et 27). Les établissements de ces « centres de pays » intéressaient un personnel local bien en place, mais n'attirent pas de demandes nouvelles pour combler les départs ou les mises en retraite. Les enseignants ne sont pas tentés par ces petits bourgs et ces villages-centres qu'ils connaissent mal, et craignent de devoir assurer des directions d'école dans un environnement local qui leur est étranger.

Le fonctionnement du système éducatif fait ainsi apparaître la périphérie comme un territoire incertain, une frange mouvante, qui retient mal ses fonctionnaires et en appelle sans cesse de nouveaux. Les maires y procèdent, chaque fin d'été, à l'installation d'enseignants qui doivent combler les vides, mais qui repartent rapidement ; les conseillers pédagogiques des circonscriptions de Chamalières, Ambert, Riom-Combrailles passent la semaine de la rentrée sur les routes, à rouler de villages en hameaux pour accueillir les nouveaux venus. La périphérie se caractérise donc, dans la vie scolaire, par un

Fig. 26 - L'identification d'un phénomène périphérique :
(CAPD du 7 juillet 1994)
Postes publiés non demandés

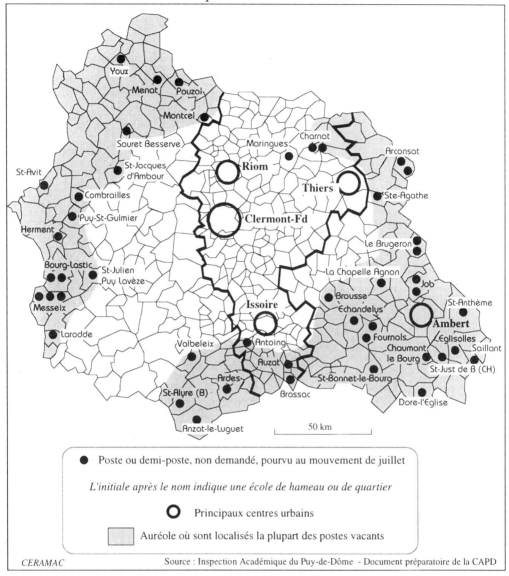

Poste ou demi-poste, non demandé, pourvu au mouvement de juillet

L'initiale après le nom indique une école de hameau ou de quartier

Principaux centres urbains

Auréole où sont localisés la plupart des postes vacants

CERAMAC

Source : Inspection Académique du Puy-de-Dôme - Document préparatoire de la CAPD

Fig. 27 - L'identification d'un phénomène périphérique :
(CAPD DU 21 JUIN ET DU 4 JUILLET 1995)
Liste des postes publiés non demandés

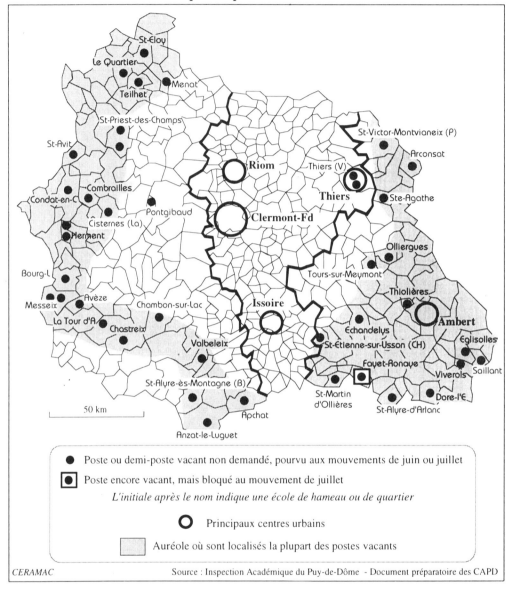

Poste ou demi-poste vacant non demandé, pourvu aux mouvements de juin ou juillet

Poste encore vacant, mais bloqué au mouvement de juillet

L'initiale après le nom indique une école de hameau ou de quartier

Principaux centres urbains

Auréole où sont localisés la plupart des postes vacants

CERAMAC   Source : Inspection Académique du Puy-de-Dôme - Document préparatoire des CAPD

incessant turn-over, alimenté par les enseignants qui commencent ici leur carrière, que ce soit ou non de leur plein gré. Quelles représentations se font-ils des lieux qui les attendent ?

B - UNE TERRE INCONNUE POUR LES NOUVEAUX PROFESSEURS DES ECOLES

La désaffection pour les postes périphériques que l'on a observée chez les enseignants titulaires va de pair évidemment avec **la piètre image** que la plupart des demi-montagnes françaises ont acquis dans l'opinion. Dans le département du Puy-de-Dôme, la disposition radioconcentrique au profit de la zone clermontoise a renforcé cette discrimination territoriale. Reste à savoir si cette politique du « *je veux me rapprocher de Clermont* » est partagée par les nouveaux enseignants, qui sont parvenus à l'âge adulte quand on annonçait une reprise des territoires ruraux. Bien que ce retournement de tendance ne concerne pas les terres isolées et rudes (cf. première partie de ce chapitre), on peut avancer l'hypothèse que le regard des nouveaux fonctionnaires sur les écoles montagnardes doit subir les effets de cette revalorisation du monde rural : encore faut-il préciser qui, parmi les futurs professeurs d'école, s'intéresse aux zones montagnardes, et parmi celles-ci quelles sont les mieux considérées. Seule une enquête auprès des **stagiaires en formation à l'IUFM** permet de rassembler des éléments de réponses, tout en étant délicate à conduire.

La discrimination entre les territoires où les professeurs d'école souhaitent exercer, et ceux qu'ils veulent éviter, s'opère aisément si on s'adresse à chaque interlocuteur en utilisant ses propres repères dans le département. Elle se heurte, en revanche, à un rude problème de localisation quand on entreprend de rassembler les réponses individuelles sur une grille collective : en effet, ces futurs maîtres ne disposent guère de repères communs dans les zones montagnardes. Nés pour la plupart dans les aires urbaines, résidents à Clermont-Fd ou dans une ville universitaire depuis cinq années au moins, et pour quelques-uns fraîchement arrivés en Auvergne grâce à leur succès au concours de recrutement, ces jeunes enseignants sont bien incapables d'utiliser une grille **par « pays »**. Ils connaissent à peine le nom des bourgs ruraux ou des villages-centres. Il leur a paru plus intéressant de répondre sur une grille plus grossière établie en fonction des **écoles** qu'ils ont fréquentées dans leur formation pratique et des **repères les plus communément partagés**, ou tout simplement de se **référer au réseau autoroutier**.

La grille en dix mailles qui a été adoptée (carte 1 Fig. 28) est évidemment plus serrée au centre, où les stagiaires ont saisi des différences à une échelle assez fine, qu'en périphérie, où ils disposent de peu d'informations. Ils identifient ainsi assez bien la Limagne septentrionale, car plusieurs d'entre eux ont fréquenté, durant leur formation, les très petites écoles qui la desservent et tous y ont circulé ; en revanche, ils entrevoient de façon confuse l'espace situé au-delà des Dômes, et au-delà des bassins de Courpière et d'Issoire, d'où le découpage en vastes mailles pour les Combrailles, le Livradois-Forez et le sud des Monts Dore, de façon à ce que chaque espace soit identifiable par un pôle assez bien connu : Saint-Eloy, Ambert ou la station de ski de Besse. Le fond de carte a répondu aux attentes des jeunes gens qui choisissent leurs postes en fonction de l'environnement et du type de réseau scolaire. Une minorité, cependant, s'est montrée peu intéressée par les caractéristiques des futurs lieux d'exercice, et a souhaité se déterminer en fonction des seuls critères d'accessibilité à partir de l'agglomération clermontoise. Ce sont des stagiaires qui ont choisi leur cadre de vie avant d'entrer dans leur carrière professionnelle, et ne gardent, comme critère, que le temps des déplacements de leur domicile à leur poste. Pour eux, la carte, structurée par les axes de communication et les sorties d'autoroutes, est la plus pertinente ; elle leur convient mieux qu'une carte isochrone établie à partir de Clermont-Fd, car ils sont souvent installés en couronne périurbaine, et comptent leur temps de déplacement, non pas à partir du cœur de l'agglomération, mais à partir de communes elles-mêmes très excentrées, comme Saint-Genès-Champanelle, ce qui leur permet de se déplacer loin vers l'ouest, ou Pérignat-ès-Allier, les

Fig. 28 - Fonds de cartes d'enquêtes

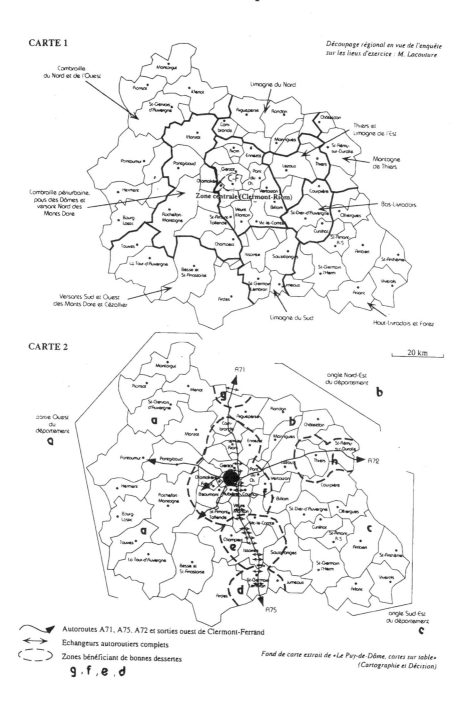

CARTE 1

Découpage régional en vue de l'enquête sur les lieux d'exercice : M. Lacouture

CARTE 2

20 km

Autoroutes A71, A75, A72 et sorties ouest de Clermont-Ferrand

Échangeurs autoroutiers complets

Zones bénéficiant de bonnes dessertes

g , f , e , d

Fond de carte extrait de «Le Puy-de-Dôme, cartes sur table» (Cartographie et Décision) conduit à envisager les postes des Limagnes méridionales ou encore Lempdes, et permet d'atteindre les petites communes du bord du Livradois-Forez, etc. Demandée par une minorité d'étudiants qui ne parvenaient pas à se situer sur la carte en maillage, cette seconde représentation de l'espace (Fig. 28) a été retenue, dans l'enquête, par près de la moitié d'entre eux (59 sur 131 réponses).

Dans les deux cas, chaque professeur d'école a été invité à ranger par ordre de préférence **cinq zones** où il souhaitait exercer, et à indiquer la zone qui lui semblait la plus répulsive. Des rubriques complémentaires permettent de préciser les situations familiales et les caractéristiques culturelles (études en cours ou loisirs) susceptibles d'éclairer les choix. Le dépouillement a été effectué en fonction de la situation familiale (hommes et femmes mariés ou vivant en couple, d'une part, et célibataires vivant seuls d'autre part) et de l'âge (supérieur ou égal à 25 ans, ou inférieur à 25 ans) (cf. Tab. 14).

La carte dressée à partir du réseau autoroutier a été plus utilisée par les couples que par les enseignants vivant seuls, alors que les uns et les autres ont exploité assez également la carte établie par zonage. Les conditions choisies pour recueillir les réponses, qui devaient être rédigées en une dizaine de minutes, sans temps de préparation, ont empêché toute recherche d'informations complémentaires, et contraint ces futurs professeurs d'école à rester dans le domaine des représentations : en fait, ils n'intègrent guère les montagnes périphériques dans les lieux de leurs vies.

Cent trente et une réponses ont été collectées dans les promotions inscrites à l'IUFM en 1996 et 1997. Les schémas en étoile qui rassemblent les informations (Fig. 29 et 30) révèlent une **véritable fixation sur la zone centrale, assortie de quelques évasions** - qui sont autant de lueurs d'espoir pour les inspecteurs chargés de la périphérie - mais sont loin de corriger la tendance centripète. Sur les trente-huit enseignants vivant en couple qui ont choisi la carte par zones pour localiser leurs vœux, vingt-trois ont élu les espaces clermontois et riomois comme terrain d'exercice. On s'effraie à l'allure que prendrait une carte par anamorphose traitant un tel

Situation	Vœux	Zone Clermont Riom	Zone Issoire	Zone Saint-Germain-L.	Zone de l'échangeur de Gannat	Partie ouest du dép.	Angle sud-est du dép.	Lieu d'exercice du conjoint	Possession d'un logement dans l'agglo. clermontoise	Originaire du dép.	Poursuite d'études souhaitée	Activité qui attache particulièrement à un lieu
H (4)	- de 25 ans	A	B	C	E		N	Clermont		oui	non	Direction de colonie Clermont
	+ de 25 ans	A	E		B	D	N	Montluçon		oui	oui	
	+ de 25 ans	D	B	C	E		N	Lempdes		oui	non	Musique a Clermont
	+ de 25 ans	A	B		C			Clermont	oui	oui	non	
		C	B	B	E	A	N	Clermont		oui	non	
		A	C	A		N	E	Aix-en-Provence		non	non	
		C	B	E	C	N				oui	non	
	25 ans ou moins de 25 ans	D	A	C	N	B		Courron		oui	?	
		A	B		C	E	N	Courron		non	non	
		C	A	B	D	N	N	Clermont		non	?	Ski
		A	B	B		N		Clermont		oui	non	Activité sportive
		C	B	C		D	N	Courron	oui	non	?	
		A	C	A	N	N	N	Clermont		oui	?	
F (21)		A	B	C	E	C	N	Clermont		oui	non	
		A	B	E	D	N	N	Clermont		oui	non	
		A	C		E	N	N	Clermont	oui	non	oui	
	+ de 25 ans	A	B			N	E	Gerzat		oui	non	
		E	C	D		A	B	Clermont	oui	non	non	
		E	B	C		A	D	Clermont		oui	non	
		A	D		C	A	N	Academie		non	non	
		A	B	E	C	N	N	Clermont	oui	oui	non	Vie familiale

Tab. 14 - Fiche de dépouillement - Extrait concernant les hommes et femmes vivant en couple et ayant retenu pour leur réponse la carte construite sur le réseau d'autoroutes

Dépouillement II   Femmes et hommes mariés   Carte 2 (autoroutes)

déséquilibre : la seule zone urbaine centrale, élargie en proportion des vœux, couvrirait les deux tiers du département ! Encore faut-il préciser que, sur les quatorze stagiaires qui envisagent de la quitter, huit ne veulent pas aller bien loin : « *un village à une vingtaine de kilomètres de Clermont-Ferrand me conviendrait parfaitement* » a précisé une jeune femme, à l'évidence sensible à une qualité de vie qui allie un décor rural et un système de relations de type urbain. Les options s'arrêtent donc sur les Combrailles toutes proches (6 vœux) ou le Bas Livradois (2 vœux). Les enseignants qui vivent seuls (Fig. 30) acceptent mieux de s'installer dans les zones éloignées : si un sur trois reste attaché à la zone centrale, un sur trois opte pour la montagne ou la plaine proche, et un sur trois (ou presque) souhaite une zone montagnarde, avec une nette préférence (4 vœux) pour les Monts Dore.

On aurait volontiers avancé l'hypothèse que l'obstacle montagnard paraîtrait moins compact pour les stagiaires qui ont organisé leurs réponses à partir de la carte autoroutière. En effet, le trafic est très fluide sur ces axes, car l'Auvergne ignore jusqu'alors les bouchons aux heures de pointe, et certaines écoles, réputées éloignées comme celles du Cézallier mais situées à dix kilomètres d'une sortie autoroutière, sur un axe sans péage, sont devenues accessibles quotidiennement. En fait, ces réponses ont, au contraire, accentué le processus de concentration : trente-deux stagiaires vivant en couple veulent rester sur la zone de Clermont et Riom, sur quarante-cinq réponses (cf. Fig. 31) et onze célibataires sur quatorze (Fig. 32). **Les stagiaires qui se sont appuyés sur la carte structurée par les voies de communication ont une perception de l'espace encore plus resserrée que leurs collègues !** La contradiction n'est qu'apparente. Cette cartographie a été retenue par ceux qui, originaires ou non du Puy-de-Dôme, ne s'intéressent pas aux espaces ruraux. Les autoroutes en facilitent l'accès, mais n'en valorisent pas l'image. Au contraire, l'Ambertois, qui figurait quatre fois dans les vœux que les célibataires ont formulés sur la carte par maillage, est ignoré (cf. Fig. 32) des quatorze stagiaires qui se situent par rapport aux dessertes majeures. La carte du Puy-de-Dôme est, dans ce

Fig. 29 - Femmes et hommes mariés ou
en couple non marié
Carte 1 (à partir des pays de vie)
Zones retenues en premier vœu
38 réponses

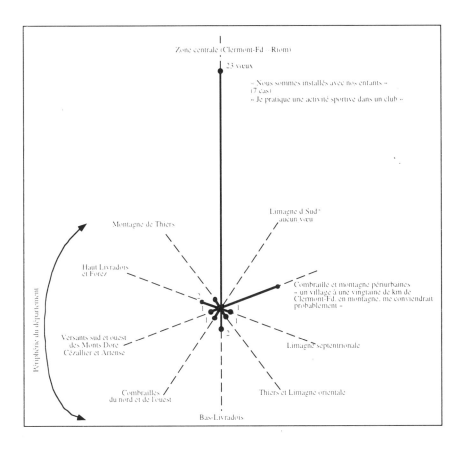

Les postulants ont retenu le zonage élaboré à partir des dessertes autoroutières. Cf. Fig. 28, carte 2. La « non réponse »,* n'est pas significative d'un refus mais peut provenir d'une ignorance.

Fig. 30 - Femmes et hommes célibataires
Carte 1 (à partir des pays de vie)
Zones retenues en premier vœu
34 réponses

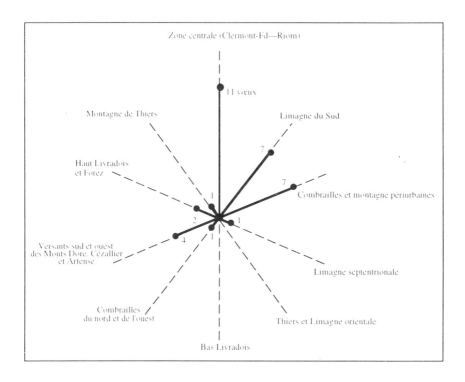

Fig. 31 - Femmes et hommes mariés
Carte 2 (à partir des dessertes majeures du territoire)
Zones retenues en 1er vœu
45 réponses

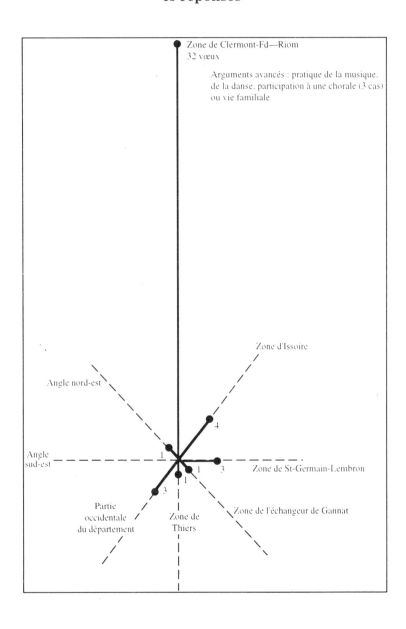

Fig. 32 - Femmes et hommes célibataires
Carte 2 (à partir des dessertes majeures du territoire)
Zones retenues en 1er vœu
14 réponses

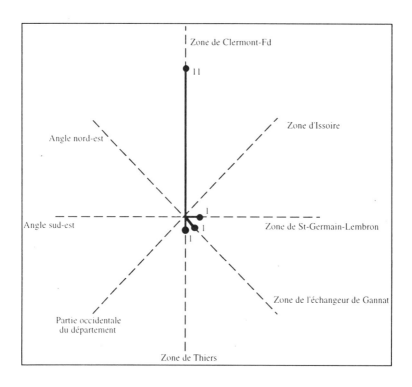

Dans la majorité des cas, la sélection est centrée sur Clermont-Fd et organisée en cercle autour de la ville en fonction de l'accessibilité des lieux. Les vœux qui suivent reproduisent ce modèle largement majoritaire. Cette jeune femme, fidèle à la région clermontoise, s'intéresse à la montagne si elle est périurbaine, en donnant deux significations à ce terme : elle souhaite un domaine proche de la ville et offrant des conditions d'enseignement qui ne diffèrent pas trop des groupes scolaires urbains. Le plateau des Dômes lui paraît donc tout à fait acceptable et le Bas Livradois apparaît en quatrième position. Le Haut Livradois est rejeté.

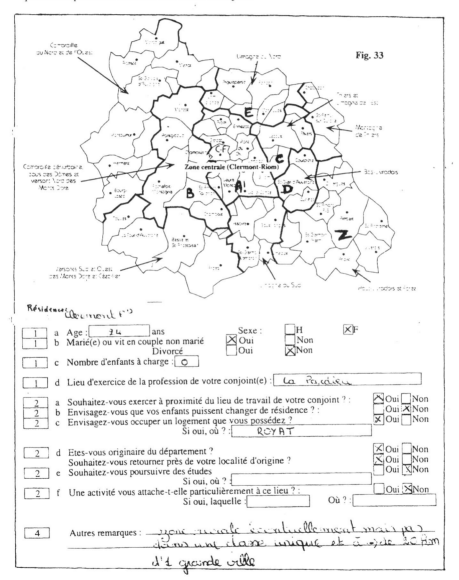

Fig. 33

Résidence : Clermont F?

| 1 | a | Age : 3 4 ans | Sexe : ☐ H | ☒ F |

| 1 | b | Marié(e) ou vit en couple non marié | ☒ Oui | ☐ Non |
Divorcé | ☐ Oui | ☒ Non

| 1 | c | Nombre d'enfants à charge : 0 |

| 1 | d | Lieu d'exercice de la profession de votre conjoint(e) : La Roudieu |

2	a	Souhaitez-vous exercer à proximité du lieu de travail de votre conjoint ? : ☒ Oui ☐ Non
2	b	Envisagez-vous que vos enfants puissent changer de résidence ? : ☐ Oui ☒ Non
2	c	Envisagez-vous occuper un logement que vous possédez ? ☒ Oui ☐ Non
Si oui, où ? : ROYAT

| 2 | d | Etes-vous originaire du département ? ☒ Oui ☐ Non |
Souhaitez-vous retourner près de votre localité d'origine ? ☒ Oui ☐ Non
| 2 | e | Souhaitez-vous poursuivre des études ☐ Oui ☒ Non |
Si oui, où ?
| 2 | f | Une activité vous attache-t-elle particulièrement à ce lieu ? : ☐ Oui ☒ Non |
Si oui, laquelle : Où ? :

| 4 | Autres remarques : *zone rurale éventuellement mais pas dans une classe unique et à +de 20 km d'1 grande ville*

Autre variante de la carte centrée sur Clermont-Fd : cette enseignante très jeune souhaite bien rester dans la ville, mais à défaut, se repliera sur le domicile de ses parents, au sud du département. Elle construit sa carte à partir de ces deux pôles, « A » et « B », en fonction des autoroutes. Sa stratégie est défavorable à l'Ambertois, et tant que l'Axe Clermont-Bordeaux n'est pas ouvert, aux Combrailles, qui figurent elles aussi en « Z ».

résidence : CLERMONT. FD

Fig. 34

CARTE 2

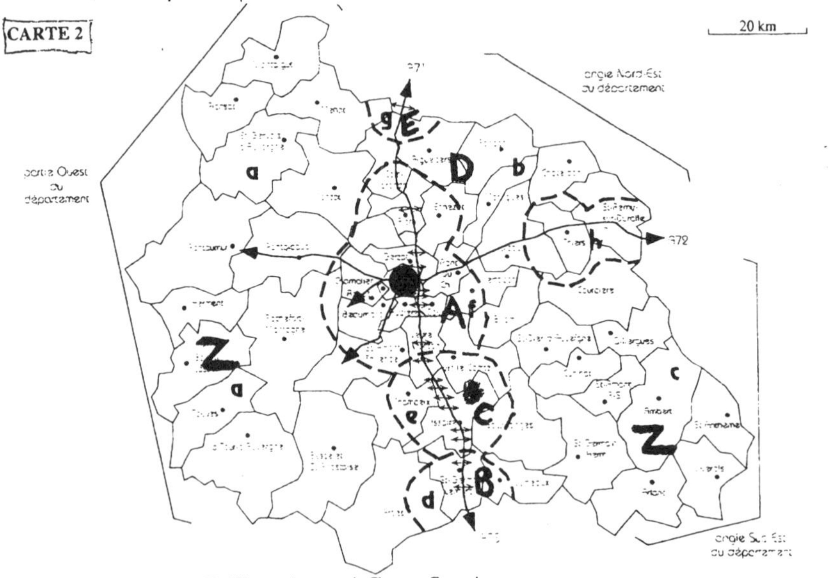

Autoroutes A71, A75, A72 et sorties ouest de Clermont-Ferrand

Echangeurs autoroutiers complets

On retrouve ici le même modèle (centré sur Clermont-Fd) que précédemment avec des arguments semblables, exprimés encore plus nettement par cette nouvelle enseignante âgée de 35 ans : habitude de vie de toute la famille, enfants compris, fidélité à la région de son enfance, lieu *du travail de son époux*. La périphérie n'est pas souhaitée, mais dans la mesure où cette *personne réside dans la banlieue* sud, l'Ambertois paraît moins répulsif que les *Combrailles*.

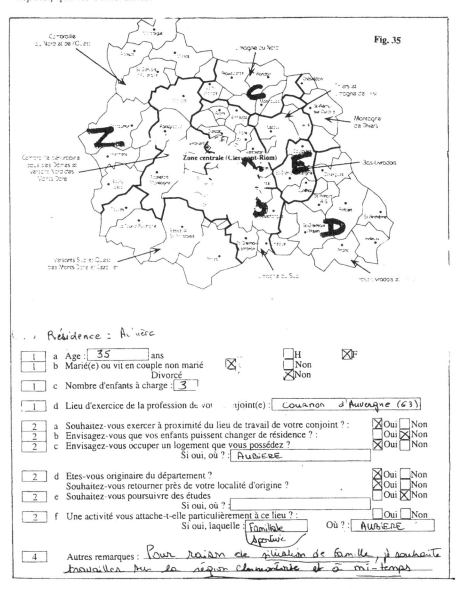

Fig. 35

Résidence : Aubière

1	a Age : 35 ans	☐H ☒F
1	b Marié(e) ou vit en couple non marié ☒ Divorcé	☐Non ☒Non
1	c Nombre d'enfants à charge : 3	
1	d Lieu d'exercice de la profession de votre conjoint(e) : Couranon d'Auvergne (63)	
2	a Souhaitez-vous exercer à proximité du lieu de travail de votre conjoint ? :	☒Oui ☐Non
2	b Envisagez-vous que vos enfants puissent changer de résidence ? :	☐Oui ☒Non
2	c Envisagez-vous occuper un logement que vous possédez ? Si oui, où ? : AUBIERE	☒Oui ☐Non
2	d Etes-vous originaire du département ?	☒Oui ☐Non
	Souhaitez-vous retourner près de votre localité d'origine ?	☒Oui ☐Non
2	e Souhaitez-vous poursuivre des études Si oui, où ? :	☐Oui ☒Non
2	f Une activité vous attache-t-elle particulièrement à ce lieu ? : Si oui, laquelle : Familiale / Sportive Où ? : AUBIERE	☐Oui ☐Non
4	Autres remarques : Pour raison de situation de famille, je souhaite travailler sur la région Clermontoise et à mi-temps	

cas, réduite à la zone centrale, et, en fonction de lieux de résidences de quelques-uns, à trois sorties d'autoroutes !

Cette sélection territoriale drastique, qui s'affirme quel que soit le mode de consultation et le personnel interrogé, tient au fait qu'il y a une profonde coupure entre les espaces de vie des nouveaux professeur d'école et le domaine montagnard, et que le renouveau actuel de l'image des hautes terres n'a guère fait évoluer les choses. Ces jeunes enseignants souhaitent résider en ville pour des raisons bien précises. A la génération précédente, les « instituteurs débutants » demandaient à se rapprocher de l'Université de Clermont-Fd pour y suivre des cours à temps partiel. Les professeurs d'école actuels estiment avoir achevé leurs études : sur les cent trente-trois personnes interrogées ici, trois seulement ont déclaré avoir un projet universitaire, et aucun ne l'envisage dans un avenir immédiat. Leurs arguments sont ceux de personnes déjà installées, dans leur famille et dans un genre de vie urbain. En tête, figure l'attachement du conjoint (ou ami) à la ville par son emploi (60 cas) ; l'achat, déjà effectué, d'un logement, que le couple entend bien occuper, arrive en second ; les habitudes des enfants, inscription dans une école ou dans un club qu'ils ne veulent pas quitter sont évoquées ensuite, puis, en dernier, le désir des enseignants eux-mêmes de poursuivre leurs activités sportives ou culturelles (la musique est citée quatre fois).

Cette fidélité à la zone centrale n'est pas propre à un sexe plus qu'à l'autre. Le recrutement actuel est très largement féminin : cent huit femmes ont été interrogées, et seulement vingt-cinq hommes ; ceux-ci sont donc trop peu nombreux pour que leurs réponses puissent être considérées comme significatives d'un type de comportement. Fait surprenant, les conditions d'exercice sont rarement évoquées pour expliciter ce type de sélection. Les arguments relevant de la **sphère privée** l'emportent sur les autres considérations.

La stratégie territoriale de ces nouveaux enseignants est donc relativement uniforme (cf. les fiches d'enquêtes ci-dessus). Le premier vœu (signalé en A) se porte sur Clermont, et les vœux suivants s'éloignent progressivement du domicile du postulant. La lettre Z, attribuée à la zone, représentée comme la plus répulsive, est reportée sur l'Ambertois et les Combrailles. Deux exemples ci-joints relèvent de cette attitude, qui consiste à tourner autour de l'aire urbaine, faute de pouvoir s'y installer, et ne monter qu'à regret à l'assaut des montagnes. Le troisième exemple offre une version un peu différente : l'enseignante, prudente, annonce deux centres au lieu d'un, et, en envisageant donc plus de déplacements, choisit la carte établie sur le réseau autoroutier ; comme les précédentes, elle refuse la montagne enclavée.

Tab. 15 - Premier et second vœu
en faveur de zones montagnardes

Dépouillement des enquêtes conduites à l'IUFM 1995-96-97

Ordre de vœux	Combraille et montagne périurbaine	Bas Livradois	Artense, Cézallier, ouest des Mts Dore	Livradois-Forez	Montagne de Thiers	Combrailles du nord et ouest
Enseignants célibataires						
1er vœu	7	0	4	2	1	1
2e vœu	6	1	3	0	1	2
Enseignants vivant en couple						
1er vœu	6	2	1	2	1	1
2e vœu	8	3	2	1	1	0

Les motivations de ceux qui optent pour la montagne s'expriment avec moins de précisions que celles des enseignants bien accrochés à la ville. Leurs réponses ignorent une bonne partie des hautes terres mais placent beaucoup d'espoir dans la **qualité de la vie** sur celles qu'ils connaissent. Les domaines intermédiaires comme le bas Livradois et les plateaux situés à la sortie autoroutière de Gannat sont mal connus. Ils ne sont guère sélectionnés par les stagiaires alors qu'ils répondaient fort bien à leurs critères de choix (accès facile, proximité d'un milieu urbain, écoles petites sans être des classes uniques). Ces futurs enseignants leur préfèrent les territoires qu'ils ont déjà parcourus depuis Clermont-Ferrand, dans leur vie privée : le plateau des Dômes, les proches Combrailles et une partie des Monts Dore. Rares sont ceux qui refusent les aires urbaines et optent de façon déterminée pour la montagne isolée (on obtient alors un choix « inversé » A pour le Haut-Livradois-Forez, B pour le Bas-Livradois et Z le refus pour Clermont-Riom).

Ces vœux favorables à la montagne pèsent peu au regard de ceux qui se polarisent sur le centre du département. Ils forment un contingent cependant non négligeable, surtout si l'on admet comme significatifs les seconds vœux (cf. Tab. 15).

Les stagiaires qui optent ainsi pour la périphérie lui confèrent des qualités multiples : ils y voient des classes peu nombreuses - ce qui n'est ni spécifique ni forcément vrai car on y trouve des maternelles chargées[73] -, des écoles plus petites qu'en ville - ce qui est exact dans la grande majorité des cas - et pensent y exercer avec plus d'autonomie - ce qui est discutable, car les risques d'enfermement dans de petites équipes, où les collègues ont leurs habitudes bien ancrées et ont monté des projets qui ne peuvent plus être remis en question, ne sont pas négligeables. Balayant ces obstacles, les stagiaires voient dans ces localités plus lointaines un monde plus libre : « *je suis mieux sur le plateau car je ne supporte pas qu'un intervenant de la municipalité « prenne » mes élèves à une heure qui ne me convient pas* » dit une jeune enseignante soucieuse d'exercer sa profession de façon très indépendante. L'attrait de la montagne périurbaine s'exerce aussi sur de jeunes couples, qui optent pour y résider, notamment tant que leurs enfants n'ont pas dix ans (cf. choix D sur la Fig. 35). Quelques stagiaires prennent aussi leurs distances vis-à-vis de Clermont car ils espèrent utiliser à bon compte un logement pas cher, voir la résidence secondaire de leurs parents ou une ancienne ferme familiale ; on voit apparaître, dans leurs discours, les figures des grands-parents, ou des oncles qui les ont reçus dans leur enfance. Enfin, sont candidats pour les postes montagnards ceux qui comprennent que les postes urbains seront rares et mettent résolument le cap sur les milieux favorables à la pratique du ski, même si l'accès aux pistes est peu compatible avec les horaires scolaires. On retrouve dans leurs arguments apparemment divers une image plus cohérente qu'elle ne paraît : celle d'une montagne rêvée, qu'ils reconstruisent autour de trois thèmes fondamentaux bien connus : la liberté, la nature, le refuge. Un seul argument est nouveau : la montagne intéresse quelques-uns parce qu'elle est située à la périphérie du département et donc les rapproche des grands axes en direction de Lyon, Bordeaux ou Aix-en-Provence : dans cette troisième stratégie, la montagne périphérique prend alors place dans un très vaste espace, que les contraintes de la vie obligent à parcourir. Parmi les arguments favorables au choix montagnard, il y a évidemment une lacune bien compréhensible : les enseignants ou enseignantes évoquent rarement des possibilités d'activités pour leurs conjoints. Les réponses se limitent à quelques espoirs (deux sur cent réponses) de postes doubles, qui intéressent les couples de professeurs d'école, ou expriment le désir de se rapprocher des rares conjoints qui exercent une profession dans les services locaux : une jeune femme signale qu'elle est l'épouse d'un artisan, une autre d'un médecin. Ces cas pèsent peu, au regard de l'emploi urbain.

Le désir de s'installer sur les hautes terres périphériques reste donc très limité, et le recensement des réponses concernant l'identification de zones répulsives (cf. Fig. 36 à 39) révèle à quel point le Livradois-Forez et les plateaux des Combrailles occidentales sont mal perçus : dans les réponses formulées à partir de la trame autoroutière, ce sont même deux secteurs dont aucun célibataire ne veut ! Leur image est déplorable, quels que soient la situation familiale des enseignants et le mode de réponse choisi. L'Inspection de l'Education Nationale d'Ambert a tenté, depuis quelques années, de remédier à ce phénomène collectif : elle organise, avec le Parc Livradois-Forez, des rassemblements d'écoles pour témoigner du dynamisme (et de la jeunesse)[74] des enseignants en poste, ne manque pas une occasion de recevoir des stagiaires de l'IUFM, crée des regroupements pour faciliter la conduite de la classe, se propose de recenser les logements vacants pour installer les nouveaux enseignants ; rien n'y fait ! Le déficit de candidatures se renouvelle constamment et il existe encore, en 1998, une barrière, placée à quarante-cinq minutes environ de trajet entre l'école et le lieu de résidence, qui scinde en deux les hautes terres du Puy-de-Dôme.

Fig. 36 - Femmes et hommes célibataires
Carte 2 (à partir des dessertes majeures du territoire)
Zones indiquées comme les plus répulsives
14 réponses

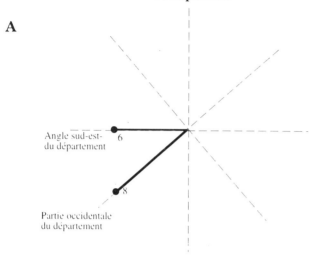

Fig. 37 - Femmes et hommes mariés
Carte 2 (à partir des dessertes majeures du territoire)
Zones indiquées comme les plus répulsives
44 réponses

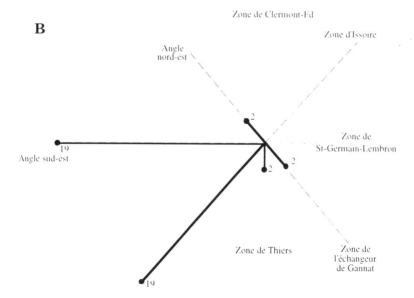

Fig. 38 - Femmes et hommes mariés
Carte 1 (à partir des pays de vie)
Zones indiquées comme les plus répulsives

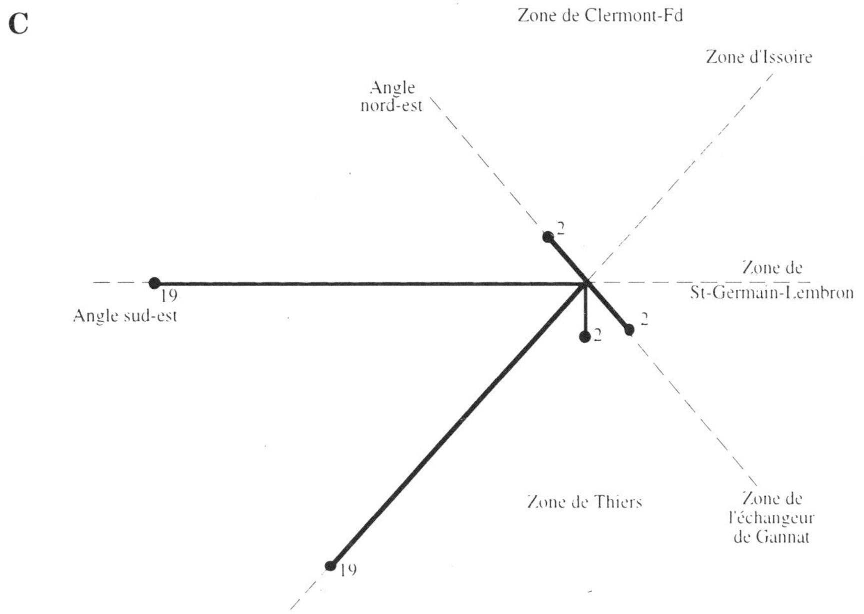

C

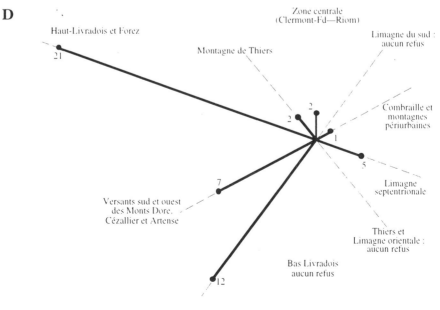

Zone de Clermont-Fd

Zone d'Issoire

Angle
nord-est

2

Zone de
St-Germain-Lembron

19

Angle sud-est

2

2

Zone de Thiers

Zone de
l'échangeur
de Gannat

19

Fig. 39 - Femmes et hommes célibataires
Carte 1 (à partir des pays de vie)

D

Zone centrale
(Clermont-Fd—Riom)

Haut-Livradois et Forez

Limagne du sud :
aucun refus

21

Montagne de Thiers

2

Combraille et
montagnes
périurbaines

2

1

5

7

Limagne
septentrionale

Versants sud et ouest
des Monts Dore,
Cézallier et Artense

Thiers et
Limagne orientale :
aucun refus

Bas Livradois
aucun refus

12

CONCLUSION

La génération qui s'installe dans les fonctions de professeurs des écoles envisage le domaine périphérique et montagnard à trois échelles différentes. Rares sont ceux qui se situent à grande échelle, et identifient une portion bien précise des hautes terres où ils souhaitent exercer par choix de mode de vie ou de travail. Cette option prise, ils se dirigent avec détermination sur les secteurs qu'ils ont sélectionnés, qu'ils connaissent ou croient connaître. Cette stratégie concerne des enseignants bien décidés à exercer en montagne. Bien que leur nombre soit en légère augmentation, ils sont loin de pourvoir tous les postes. Dans leur immense majorité, les enseignants qui débutent ne procèdent pas ainsi. Ils font leur choix à l'échelle départementale pour l'agglomération de Clermont et ses premières couronnes. Faute de les obtenir, ils égrènent leurs vœux selon une carte par points le long des routes en attendant de glisser vers l'aire urbaine : la fermeture de leur classe est une aubaine pour quelques-uns qui y voient uniquement l'occasion qui facilitera leur translation vers la ville. Enfin, pour un petit nombre, le cadre départemental est d'ores et déjà dépassé. Le concours les a conduits sur un territoire dont ils veulent s'évader au plus vite. Ils ont une stratégie nationale, comparable à celle des professeurs de lycée ou collège. Ils visent quelques secteurs limitrophes, pour atteindre plus rapidement les vrais pôles de leur vie, qui sont souvent les grandes métropoles régionales, situées plus ou moins loin de l'Auvergne.

Quand ils formulent leurs vœux, les enseignants débutants croisent leur grille territoriale avec les critères qui portent sur la pratique de la classe. S'ils souhaitent s'insérer dans le travail d'équipe d'un groupe scolaire, bénéficier des services municipaux bien en place, ils cherchent évidemment les postes urbains de l'aire centrale ou des localités montagnardes qui offrent des conditions semblables : Ambert, La Bourboule par exemple. S'ils ont découvert, pendant leurs stages, qu'ils ne répugnaient pas à être seuls dans un bâtiment vide avec la cohorte d'enfants dont ils ont la responsabilité, ils se dirigent vers les classes des Dômes ou d'autres plus éloignées.

Evidemment, ceux qui veulent appliquer sans problème une progression facile par cycles et qui acceptent de s'intégrer dans un projet déjà construit, optent pour les villages-centres ou les regroupements pédagogiques. Les choix prennent ainsi en compte la taille des écoles et la proximité des unes et des autres à l'échelle de la dizaine de kilomètres, celle où les échanges entre collègues et les rencontres d'élèves sont possibles. L'analyse territoriale ne peut donc pas se limiter à l'évidente opposition entre centre et périphérie : le parc scolaire ne se présente pas comme un tissu qui recouvrirait le département en se distendant vers les marges, comme s'il obéissait simplement à un gradient d'usure. Il présente des variantes locales que seul un zonage permet de préciser, en tenant compte du poids des écoles (tailles et effectifs) et des rapports de proximité.

III - LES DISPARITÉS LOCALES DU TISSU SCOLAIRE

A - MÉTHODOLOGIE : CONSTRUCTION DU « TISSU SCOLAIRE » COMME OBJET DE RECHERCHE

Les chercheurs s'étant, jusqu'alors, plus intéressés à la sociologie du système éducatif qu'à sa localisation, il n'y a pas de méthode qui ait été spécifiquement mise au point pour discriminer des « tissus scolaires ». Force est donc d'en proposer une. L'emploi de ce terme, comme dans « tissu urbain » ou « tissu industriel » relève « *d'une façon commode, imagée, de parler de l'espace... L'image contient à la fois quelque chose du corps (le tissu cellulaire, l'arrangement des cellules d'une même nature) et quelque chose de ce qui s'ourdit, se tisse - ou se mite, s'effiloche, et se déchire* »[75]. L'étude des tissus conduira ainsi à celle des crises qui les ont déchirés, et à celle des résistances, qui les ont constamment ravaudés. On retrouvera alors (deuxième partie, 2e chapitre) la dimension sensible qu'évoque la définition précédente. Il n'empêche que pour comprendre le déroulement de ces actions, il est nécessaire d'avoir précisé la nature des tissus sur lesquels elles se sont appliquées. On tente donc ici de la définir **en classant les localités en fonction de** critères numériques disponibles pour toutes celles qui ont une école ouverte, et en repérant, sur la carte, les modes de regroupement ou de dispersion des différents types de localités à fonction scolaire.

Deux chiffres, les effectifs scolaires d'une part, et le poids de ceux-ci dans la population de la commune d'autre part, ont été retenus comme indicateurs de la fonction scolaire. Rappelons que la distribution des **effectifs** montagnards[76] est originale avec, dans le Puy-de-Dôme, seulement seize localités qui accueillent plus de cent quinze élèves, soit deux mille huit cents sur les onze mille enfants qui constituent la cohorte montagnarde. Le « gros des troupes » - les huit mille restants - sont dispersés dans de très petites structures : une soixantaine reçoivent entre cinq et quinze élèves seulement, et deux localités sur trois n'en accueillent pas même cinquante. Le tissu scolaire est ainsi composé d'un « arrangement » particulièrement hétérométrique « de cellules », que les seuils permettent de classer en quatre groupes : une bonne cinquantaine de microcellules scolaires fonctionnaient en 1993-94 avec cinq à quinze enfants ; une cinquantaine de petites cellules en inscrivaient entre dix-sept et quarante-cinq ; les « bonnes petites écoles de montagne » constituaient la troisième classe, un peu moins fournie que les précédentes, et recevaient chacune entre quarante-six et cent quatorze élèves en 1993. Les localités qui en recrutaient d'avantage faisaient en 1993 figure d'exception : elles n'étaient que quatorze à accueillir entre cent vingt-huit et trois cent quinze enfants ; les écoles de Courpière et Ambert dominaient ce lot, et le dominent toujours, en annonçant presque cinq cents et un peu plus de six cents inscriptions dans le service public de chaque ville.

Cette hétérométrie ne se traduit pas systématiquement dans le rapport entre les effectifs scolaires et la population résidente. On croirait volontiers qu'une très petite école qui reçoit une dizaine ou une vingtaine d'enfants pèse peu dans la population communale. Il n'en est rien même si on s'en tient à la seule lecture des chiffres. **La recherche d'un indicateur pertinent s'impose donc : il paraît intéressant d'estimer le poids de la cohorte scolaire dans la collectivité par le**

calcul du rapport entre les effectifs inscrits dans une école et la population résidente dans la commune qui en a la charge. Ce pourcentage, que l'on nommera indifféremment « taux de scolarisation » ou « indice de représentativité de la fonction scolaire » s'établit à **8,2** % ; cent soixante-dix-neuf communes qui comptent 123 707 habitants ayant en 1993-94 la charge d'accueillir 10 151 écoliers dans leurs établissements publics ((10 151 / 123 707) x 100 = 8,2). Une commune de cinq cents habitants conforme à cette norme scolariserait donc quarante et un élèves. Sur la pente occidentale du Livradois, en 1993, la petite commune de Sugères, située ni haut dans la montagne, ni près d'un noyau urbain, illustre exactement ce cas en inscrivant quarante et un élèves pour quatre cents quatre-vingt-dix-neuf habitants.

Les écarts par rapport à cette norme s'inscrivent dans une fourchette qui va de 2 % à 20 %. L'indice de représentation est descendu à 2 % en 1993 à Vodable, dans les buttes qui bordent le bassin d'Issoire. Seuls cinq élèves y restaient dans une petite école que la municipalité maintenait ouverte grâce au moratoire des fermetures des services publics, au sein d'une collectivité de deux cent vingt-six habitants. A quelques kilomètres de là, avec une taille du même ordre, les cohortes de Saint-Floret et Saurier atteignaient, la même année, 17 % et même 20 % de la population résidente. Sur-représentation et sous-représentation sont fonction de l'âge de la population, du taux de fécondité, de la participation des enfants aux migrations alternantes quotidiennes, et, dans quelques cas, d'une politique d'appel bien déterminée pratiquée par le maire et le maître d'école. Une trentaine de localités ont un taux médiocre, et la fonction scolaire y est sous-représentée avec des cohortes qui ne dépassent pas quatre ou cinq pour cent de la population : dans nombre de cas, ces scores faibles sont liés à un genre de vie très sédentaire, qui fixe chaque cohorte dans sa cellule, et au vieillissement de la population qui gonfle les classes qui ne sont plus en âge d'élever des enfants. Le taux est bien meilleur dans une trentaine de communes, où les effectifs dépassent 10 % de la population résidente, atteignent fréquemment 14 % et, nous l'avons vu, exceptionnellement, s'élèvent au-delà. Ces chiffres expriment une vitalité certaine de la fonction scolaire, soit que de jeunes couples résident dans la commune et y inscrivent leurs enfants, soit que les enfants viennent de communes voisines. Ces localités sont, en quelque sorte, des **points d'ancrage** du tissu scolaire, des points de **résistance** qui s'affirment quelle que soit la taille des cellules.

Dans une vingtaine de localités, la présence d'une école privée introduit une troisième variable. Aucune école privée en doublon avec le service public n'inscrit, en 1993, des effectifs supérieurs ou égaux à un dixième de la population communale et, en cas de binôme local école privée-école publique, il est extrêmement rare que l'école publique ait un taux de représentativité satisfaisant : seules La Bourboule, Champeix et Courpière sont dans ce cas, avec des inscriptions solides dans le public, et d'un niveau moyen dans le service privé (cf. Tab. 16). La configuration la plus courante (cf. Tab. 16) juxtapose une école publique de poids moyen (entre 6 et 10 % de la population résidente) et une école privée qui pèse peu malgré le renfort d'éventuels internats. Qui pis est, dans cinq localités, le poids des inscriptions dans l'un et l'autre des services passe au-dessous de 6 %. A Orcines, la population est relativement jeune, avec 25 à 30 % de moins de vingt ans ; cependant, aucun des deux établissements ne parvient à retenir les écoliers potentiels qui « descendent » dans l'agglomération clermontoise. Dans les secteurs isolés, comme à Bagnols dans l'ouest de l'Artense, Marsac-en-Livradois dans la vallée supérieure de la Dore, la présence de deux écoles pour une cohorte locale de quelques dizaines d'enfants aggrave la fragilité du tissu scolaire.

B - ÉTUDE D'ÉCHANTILLONS TERRITORIAUX

Les fréquences, sur un espace donné, des types de cellules ainsi définies, permettent de distinguer des plages d'inégale tenue. Afin de vérifier le caractère discriminant de ce repérage, des zones témoins ont été découpées à « l'emporte-pièce » sur les hautes terres, puis, dès lors que cette méthode d'analyse territoriale a paru convenir pour saisir l'originalité des tissus scolaires, on a procédé à un zonage de l'ensemble de la montagne.

Tab. 16 - Typologie des doublons école privée-école publique dans leslocalités de montagne du Puy-de-Dôme en fonction du rapport Effectifs/population communale

Effectifs privés / Effectifs publics	Supérieurs à 10 % de la population communale ■	Compris entre 6 % et 9,9 % de la population communale ▨	Inférieurs à 6 % de la population communale ☐
Supérieurs à 10 % de la population communale ●	*	La Bourboule Champeix Courpière	
Compris entre 6 % et 9.9 % de la population communale ◪	*	St-Rémy/D Les Ancizes Chapdes-B Pontgibaud	Ambert Arlanc Besse-en-Ch Celle/D Cunlhat Gelles école privée fermée en 1994 Giat Manzat St-Eloy-les-M St-Georges-de-M Tauves école privée fermeture prévue en 1998
Inférieurs à 6 °o de la population communale ○	*		Arconsat Bagnols Orcines Marsac Le Mont-Dore

* Aucune école privée en « doublon » n'inscrit des effectifs ≥ à 10 °o de la population communale
Source : Répertoire des établissements du 1er degré - 1993-94. Inspection Académique

Fig. 40 - Localisation des échantillons
de tissus scolaire

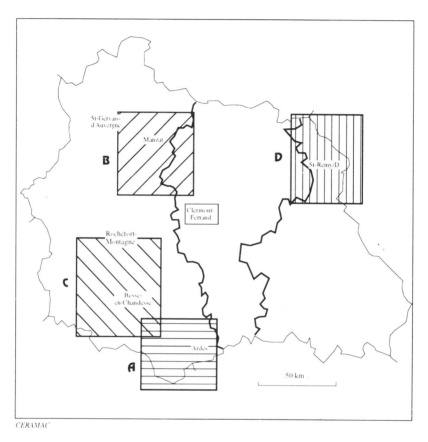

CERAMAC

Les premières plages ont été choisies dans des sociétés montagnardes qui présentent des cas extrêmes. L'une, **A**, couvre les hauts plateaux méridionaux autour d'Ardes-sur-Couze : ici aucune activité n'a assuré le relais des emplois agricoles. L'autre, **B**, sur le plateau des Combrailles, a été découpée dans une zone où la population a été soutenue par l'emploi industriel, puis par la construction résidentielle périurbaine. On a pris ensuite comme témoins deux zones découpées dans des secteurs où l'emploi se dégrade progressivement quand on pénètre au cœur du volume montagneux, l'une à l'ouest couvrant largement les Monts Dore **C**, l'autre à l'est, présentant la vallée de la Durolle et le massif dans lequel elle s'inscrit **D** (Fig. 40).

A Ardes-sur-Couze et dans les alentours (Fig. 41), sept écoles seulement fonctionnent, dans des cellules qui se sont distendues pour desservir à elles seules un territoire qui dépasse cent kilomètres carrés[77]. Leur activité est réduite : six écoles sur sept ne recevaient qu'une dizaine d'élèves en 1993-94 et, sur ces six, cinq enregistrent des effectifs qui restent en-dessous de 6 % de la population résidente. Dans **ce tissu incontestablement pauvre, la fonction scolaire d'Ardes-sur-Couze** est originale. Cette commune reçoit une cinquantaine d'élèves qui vivent dispersés dans les hameaux, sur son territoire et au-delà, et le taux de représentativité dépasse 10 % : c'est le point d'ancrage solide d'un tissu qui, par ailleurs, est très inégal. Les « bonnes petites écoles de montagne », celles qui inscrivent quelques dizaines d'écoliers, en sont totalement absentes ; les deux très petites écoles qui subsistent à l'aval, à Apchat et Augnat, sont proches d'Ardes et de Saint-Germain-Lembron dans la plaine, et cependant la seconde préserve une cohorte qui lui confère en 1993 un bon taux de représentativité : l'une et l'autre font figure de « relicte » dans un espace maillé à plus grande échelle. A l'amont, la situation est très différente : quatre microstructures sont ouvertes, mais dans un état de faiblesse extrême : très petites, avec un taux de représentativité très bas, et pourtant une assise territoriale très vaste. Sur cet espace, quinze écoles ont été fermées depuis 1970 : le réseau a été complètement ravagé ; le tissu qui reste est dans un tel état d'usure que personne n'ose y toucher de peur de le déchirer de façon irrémédiable, c'est-à-dire d'y créer des lacunes telles que la scolarisation des enfants de localités isolées serait très difficile.

L'échantillon découpé sur le plateau occidental, entre Saint-Gervais-d'Auvergne et Pontaumur, d'une part, et le rebord limagnais d'autre part (cf Fig. 41 B), présente des caractéristiques qui s'opposent point par point à celles du tissu précédent. Ici, la trame est serrée et régulière et, alors qu'il n'y avait aucune école privée en Cézallier, services privé et public se redoublent ici sur quatre localités. A l'évidence, le tissu scolaire s'est avéré jusqu'ici solide. La norme est, dans cet espace, représentée par des écoles de quelques dizaines d'élèves, et le maintien des sites n'a donc pas été remis en question. Il n'y a que deux micro-structures, dont une (Saint-Jacques-d'Ambur), à quelques kilomètres au sud des Ancizes, paraissait, en 1993, très fragile : sa petite taille s'accompagnait d'un faible taux de représentativité : ce problème a été résolu depuis par l'alliance en RPI avec une école voisine, mieux lotie. **Ce semis de petites écoles est dominé par trois sites majeurs**, qui accueillent plus de cent trente écoliers dans les écoles publiques, assez importantes pour que soit séparé sans problème, accueil préélémentaire et élémentaire. Dans ce dispositif déjà serré, le service privé ajoute quatre autres possibilités de scolarisation. Il y a donc quatre types de cellules dans ce tissu : celles qui s'inscrivent dans le maillage des communes rurales ; celles qui se sont étoffées avec l'ouverture d'une école maternelle de canton ; celles qui se sont hypertrophiées auprès des usines, celles qui disposent de services public et privé, et n'ont pas de taille préférentielle. Ici, le service privé n'a pas fait de choix pour un type de localité : on le trouve indifféremment dans un village (Chapdes-Beaufort), dans deux chefs-lieux de canton (Manzat, Pontgibaud) et dans une localité industrielle (Saint-Georges-de-Mons). Ces enrichissements successifs ne sont cependant pas une assurance pour l'avenir, car le taux de représentativité est bien moyen, et ne dépasse 10 % qu'aux Ancizes. Dans cette nébuleuse très serrée, chaque école ne peut compter que sur un recrutement étroitement local, et subit les effets du vieillissement récent et de la baisse de fécondité. Les lendemains sont incertains. Aucune fermeture d'école, certes, ne menaçait, en 1993, mais les fermetures de classes ne sont pas exclues. Elles révéleront un déséquilibre qui n'est pas encore apparent, dans un tissu jusque-là étonnamment serré que la démographie remettra vraisemblablement en cause.

Appliqués à des espaces plus complexes, ces mêmes critères permettent d'ailleurs de repérer **le passage sur le terrain des tissus consolidés aux zones « mitées »** dont la trame est désormais très lâche. Dans les deux échantillons qui suivent, seule l'extrémité septentrionale de la montagne de Thiers et les pentes des Monts Dore, au sud d'une ligne qui va de La Bourboule à Super Besse sont pauvrement équipées. Les écoles sont rares, souvent très petites : malgré de vastes aires de recrutement, elles peinent à dépasser quinze élèves ; les effectifs ne représentent même pas, dans la plupart des cas, 6 % de la population communale, et quand les deux services, public et privé, sont ouverts côte à côte, ni l'un ni l'autre n'atteint ces 6 % : c'est le cas à Bagnols au sud-ouest des Monts Dore, au Mont-Dore même, au cœur du massif, et près de la vallée de la Durolle à Arconsat (Fig. 41 C et D).

En quelques minutes, si on se dirige vers le versant septentrional des Monts Dore ou si on descend sur la vallée de la Durolle, on découvre un autre tissu scolaire, beaucoup plus serré, disposant d'établissements qui inscrivent une cinquantaine, voire une centaine d'élèves dans des localités qui accueillent des effectifs supérieurs à 10 % de la population résidente, et disposent d'un service privé dans trois ou quatre cas. On retrouve ici des tissus solides, en meilleur état même que celui du plateau des Ancizes, avec deux caractères spécifiques locaux. Le tissu s'est particulièrement concentré sur un axe, le long de la vallée de la Durolle, alors que ses abords, au sud, évoquent la nébuleuse régulière des Combrailles industrielles (cf. Fig. 41 D). Sur le versant septentrional des Monts Dore, la trame reste plus large, en fonction du semis des villages. Les collectivités locales (les plus petites communes et parfois même les hameaux de sections communales) ont gardé des écoles pour moins de quinze élèves, et constituent un semis interstitiel entre les cellules moyennes et les localités majeures que sont la station thermale (La Bourboule), le bourg rural (Rochefort-Montagne) et la commune périurbaine (Aydat) (cf. Fig. 41 C).

Au terme de ces analyses locales, trois conclusions s'imposent sur le plan méthodologique. Quelles que soient les diversités territoriales, les critères retenus permettent de définir deux types fondamentaux de tissus, mais aussi de distinguer des nuances à l'intérieur de chacun et, en délimitant les surfaces occupées par tel ou tel agencement, de procéder à un zonage. Alors que les croquis localisant les services scolaires

Fig. 41 A - Réorganisation spatiale du système scolaire plateau du Cézallier :

Les effets du «vide social»

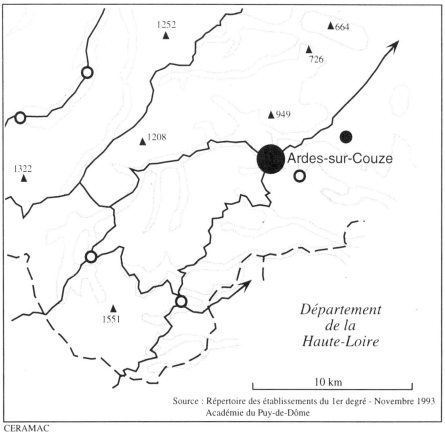

Département
de la
Haute-Loire

10 km

Source : Répertoire des établissements du 1er degré - Novembre 1993
Académie du Puy-de-Dôme

CERAMAC

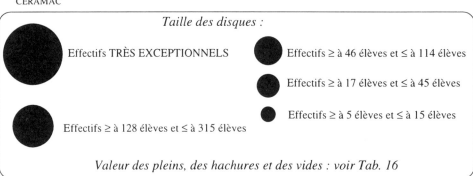

Taille des disques :

Effectifs TRÈS EXCEPTIONNELS

Effectifs ≥ à 46 élèves et ≤ à 114 élèves

Effectifs ≥ à 17 élèves et ≤ à 45 élèves

Effectifs ≥ à 5 élèves et ≤ à 15 élèves

Effectifs ≥ à 128 élèves et ≤ à 315 élèves

Valeur des pleins, des hachures et des vides : voir Tab. 16

Fig. 41 B - Organisation spatiale du système scolaire sur le plateau des Combrailles (région des Ancizes) :

Une nébuleuse régulièrement répartie, mais combien fragile !

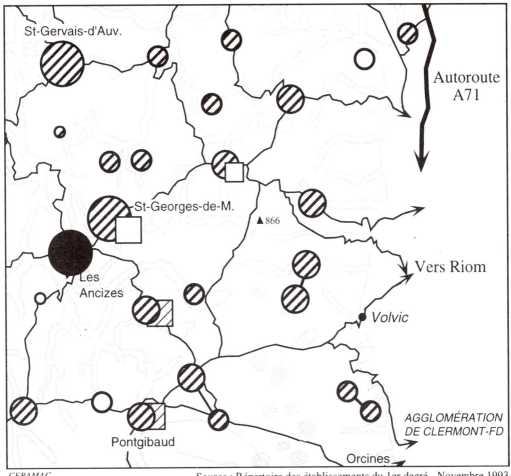

Source : Répertoire des établissements du 1er degré - Novembre 1993

CERAMAC

Fig 41 C - Réorganisation spatiale du système scolaire dans le massif des Monts Dore :

Une nébuleuse encore fournie

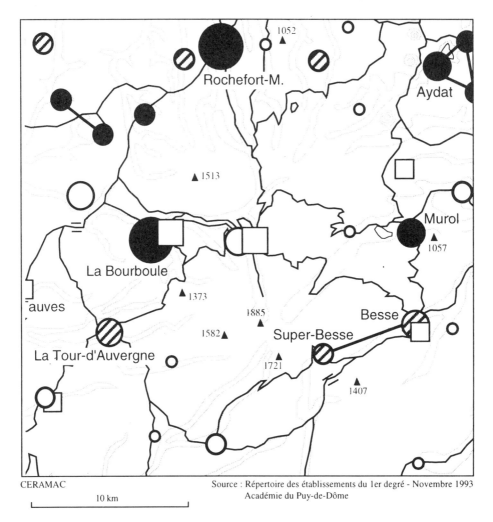

CERAMAC

Source : Répertoire des établissements du 1er degré - Novembre 1993
Académie du Puy-de-Dôme

10 km

Fig. 41 D - Organisation spatiale du système scolaire dans la montagne de Thiers :

Une nébuleuse à forte concentration axiale

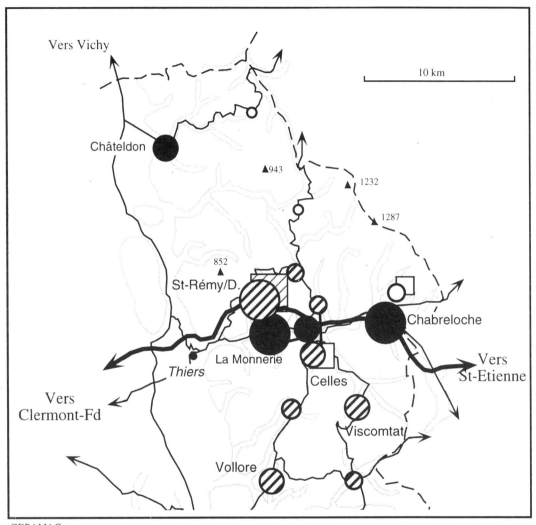

CERAMAC

(Fig. 21) montrent des phénomènes recensés par les acteurs de la vie professionnelle, **la cartographie qui suit vise à révéler un état « plus caché » des choses**. Les tissus les plus fragiles se caractérisent par quatre faits, inégalement représentés dans un espace, mais toujours repérables (cf. Fig. 42 schéma A) : les très petites écoles sont sur-représentées dans le parc scolaire ; les écoles de plus de cent vingt élèves sont quasiment absentes, de même que les écoles privées ; les effectifs pèsent peu dans la population résidente, et descendent souvent à moins de 6 % sauf dans quelques lieux exceptionnels, que l'on peut considérer comme les points d'ancrage du tissu scolaire.

Fig. 42 - Les deux modèles
de couverture scolaire montagnarde

Schéma A

Modèle territorial de tissu scolaire fragile : occupant plus largement les hautes terres orientales que les autres, ce modèle se décline en six variantes locales (cf. typologie ci-après)

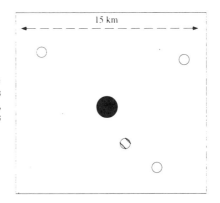

Schéma B

Modèle territorial de tissu scolaire solide : resserré dans les vallées des hautes terres orientales, ce modèle se déploie largement à l'ouest. On en relève huit déclinaisons locales (cf. typologie ci-après)

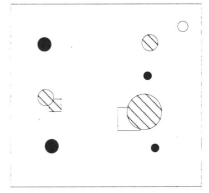

Légende : les signes employés sont conformes à la légende du Tab. 16

On qualifiera de solides, les tissus qui ont une trame plus serrée, et une meilleure représentation des écoles moyennes d'une cinquantaine à une centaine d'élèves, alors que les très petites écoles sont plus rares ; la plupart des écoles privées se logent dans ces zones, où le taux de représentativité est plus fort qu'ailleurs, dépassant souvent 10 % pour les effectifs publics (cf. Fig. 42 schéma B). La solidité de cette couverture ne doit pas faire illusion : des crises menacent par points, mais, si elles entraînent des fermetures, les cellules voisines sont assez nombreuses pour offrir des solutions de remplacement.

C - DISTRIBUTION DES TISSUS SCOLAIRES QUI RECOUVRENT LES HAUTES TERRES

Les **tissus lâches, émiettés et fragiles** desservent plus de la moitié du territoire montagnard du Puy-de-Dôme. Ils couvrent deux zones très larges, l'une dans les Combrailles rurales, l'autre sur le Livradois, et quatre plus petites (voir Fig. 43). Ces dernières, Artense, Cézallier, Bois Noirs et l'échine des Monts du Forez, cumulent tous les facteurs de fragilité. Leur parc scolaire est constitué pour plus de moitié de très petites écoles, et aucune structure, dans ces quatre zones, n'inscrit plus de cent vingt élèves ! Les petites écoles sont rares, complètement ignorées des Bois Noirs et du Cézallier et le pourcentage des effectifs par rapport au nombre d'habitants est très médiocre. Exceptés les monts du Forez, il est inférieur à 6 % dans deux localités sur trois. Dans ce tableau inquiétant, que précisent les chiffres du Tab. 17, deux cas extrêmes de faiblesse se distinguent. On connaît celui du Cézallier, analysé précédemment à titre d'échantillon ; l'Artense n'est pas en meilleur état, mais pour des raisons différentes : le tissu est certes plus continu et présente une palette complète d'établissements (six très petites écoles, deux petites, trois de taille moyenne), mais le manque de vitalité scolaire se traduit par un pourcentage particulièrement médiocre des effectifs par rapport au nombre d'habitants. Trois localités sur quatre n'ont pas six élèves pour cent habitants, et aucune n'en a dix pour cent ! L'Artense offre ainsi un cas unique parmi toutes les zones montagnardes.

Fig. 43 - Les tissus scolaires des montagnes du Puy-de-Dôme
Repérage sur la carte de 2 types de texture (interprétation des cartes
«Disparités spatiales du système scolaire»)

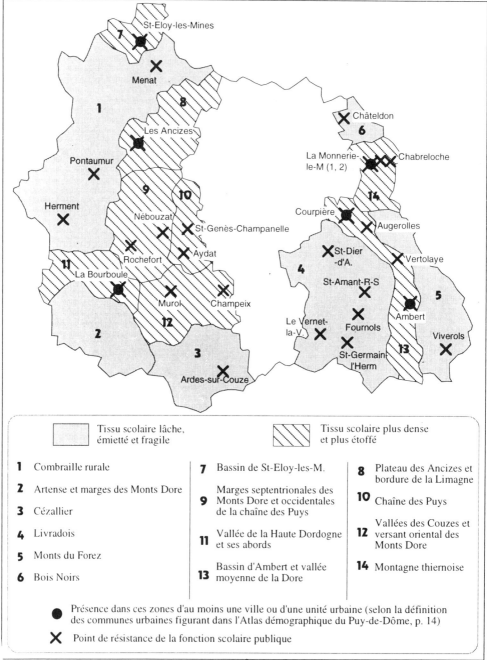

Tissu scolaire lâche, émietté et fragile

Tissu scolaire plus dense et plus étoffé

1 Combraille rurale

2 Artense et marges des Monts Dore

3 Cézallier

4 Livradois

5 Monts du Forez

6 Bois Noirs

7 Bassin de St-Eloy-les-M.

9 Marges septentrionales des Monts Dore et occidentales de la chaîne des Puys

11 Vallée de la Haute Dordogne et ses abords

13 Bassin d'Ambert et vallée moyenne de la Dore

8 Plateau des Ancizes et bordure de la Limagne

10 Chaîne des Puys

12 Vallées des Couzes et versant oriental des Monts Dore

14 Montagne thiernoise

● Présence dans ces zones d'au moins une ville ou d'une unité urbaine (selon la définition des communes urbaines figurant dans l'Atlas démographique du Puy-de-Dôme, p. 14)

✗ Point de résistance de la fonction scolaire publique

CERAMAC

Sources : cf. cartes *«Disparités spatiales du système scolaire»*

Les deux vastes zones que sont la Combraille rurale et le Livradois ne donnent pas l'exemple d'un tel dénuement, et peuvent être considérées comme très représentatives des espaces ruraux de moyenne montagne qui ont peu bénéficié de la périurbanisation récente et ont très fortement subi la crise démographique ; elles présentent un tissu scolaire lâche qui a cependant échappé aux effets extrêmes de la désintégration (cf. Tab. 17). Deux indicateurs témoignent d'une meilleure tenue que celle des quatre cas précédents : les petites écoles sont plus nombreuses, en particulier dans la Combraille où on en compte treize, presque autant que de très petites écoles (quatorze) ; le pourcentage de la population scolaire par rapport à la population résidente est moins médiocre que dans l'ensemble des six zones : 36 % des localités à fonction scolaire de Combraille, 33 % de celles du Livradois ont moins de six élèves pour cent habitants ; deux localités sur trois donc ont des taux moyens ou forts (cinq localités du Livradois ont un taux de représentativité supérieur à 10 %). Il y a deux différences essentielles cependant entre le tissu scolaire de la Combraille et celui qui couvre l'amande montagneuse du Livradois. Ce dernier a gardé un pourcentage beaucoup plus élevé de très petites écoles, alors que la Combraille dispose de deux grosses implantations qui accueillent plus de 120 enfants. Le Livradois n'a pas d'aussi grosses unités, mais il a gardé une couronne d'écoles ni grandes, ni petites (cf. Fig. 44), qui reçoivent d'une cinquantaine à une bonne centaine d'inscriptions, et avec un taux de représentativité supérieur à 10 %, bénéficient d'une implantation solide, bien que la trame générale soit fragile.

Les tissus à trame plus serrée, à effectifs plus étoffés et évidemment moins fragiles concernent trois zones rurales et cinq zones caractérisées par la présence d'une économie urbaine (cf. Fig. 43). Les trois zones exclusivement rurales (nord des Monts Dore et marge des Puys, pays des Couzes et versant oriental des Dore, versant oriental des Puys, voir les plages 9, 10 et 12 du Tab. 18) se caractérisent par une occupation relativement dense, soutenue par le développement du tourisme et la résidence périurbaine qui s'ajoutent aux activités agricoles. C'est le domaine où les petites écoles sont le mieux

Tab. 17 - Critères numériques identifiant les zones de tissus FRAGILES

Repérage des zones	Service public					Nombre d'écoles privées	Service public rapport : effectifs scolarisés/population de la commune		
	Nb d'écoles de 5 à 15 élèves Très petites écoles	Nb d'écoles de 17 à 45 élèves Petites écoles	Nb de localités scolarisant de 46 à 120 élèves Moyennes écoles	Nb de localités scolarisant plus de 120 élèves Grandes écoles	Nb total de cette zone (secteur public)		< 6 %	de 6 à 9,9 %	> 10 %
1 - Combraille rurale	14 écoles soit 38,8 % du parc scolaire	13 écoles soit 36,1 % du parc scolaire	7 localités sont 19,4 % du parc scolaire	2 soit 5,5 %	36	1	13 localités 36,1 %	20 localités 55,5 %	3 (Herment, Pontaumur, Pionsat) 8,3 %
2 - Artense et marges sud des Monts Dore	6 écolesx sont 54,5 % du parc scolaire	2 écoles sont 18 %	3 localités sont 27 %	0	11	2	8 72,7 % a	3 27,2 %	0
3 - Cézallier	6 écoles	0	1	0	7	0	5 71,4 % a	0	2 (Ardes, Augnat)
4 - Livradois	17 soit 54,8 %	8 25,8 %	6 19,3 %	0	31	1	10 32,2 %	16 51,6 %	5 16,1 % b
5 - Monts du Forez	4 57,1 %	1	2	0	7	2	3 42,8 %	3 42,8 %	1
6 - Bois Noirs	2	0	1	0	3	0	2	0	1
TOTAL	49 très petites écoles Ces très petites écoles font 51,5 % du nb des écoles	24 petites écoles 25,2 %	20 moyennes 21 %	2 2,1 % Ces grandes écoles sont exceptionnelles	95	6 Le privé a quitté ces zones fragiles !	41 43,1 %	42 44,2 %	12 12,6 %

Rmq : a - extrême faiblesse du taux de scolarisation   b - bonne tenue du taux de scolarisation

bonne tenue de 5 villages-centres u bourgs

- 206 -

Repérage des zones	Service public					Nombre d'écoles privées	Service public rapport : effectifs scolarisés/population de la commune		
	Nb d'écoles de 5 à 15 élèves Très petites écoles	Nb d'écoles de 17 à 45 élèves Petites écoles	Nb de localités scolarisant de 46 à 120 élèves Moyennes écoles	Nb de localités scolarisant plus de 120 élèves Grandes écoles	Nb total de cette zone (secteur public)		< 6 %	de 6 à 9,9 %	> 10 %
7 - Bassins de St-Eloy-les-Mines	3 écoles, soit 37,5 % du parc scolaire	0	3 écoles 37,5 % du parc	2 25 % du parc	8	1	4 50 % du parc	3	1
8 - Plateau des Ancizes et bordure de la Limagne	0	9 52,9 % du parc	6 35,5 % du parc	2 1,8 %	17	3	1	15 88,2 %	1
9 - Marges septentrionales des Monts Dore et marges occidentales de la Chaîne des Puys	4	9	4	1	18	2	5 27,8 %	11 61,1 %	2 11,1 %
10 - Chaîne des Puys (marge orientale)	1 12,5 %	4 50 %	1 12,5 %	2 25 %	8	1	1	3	4
11 - Vallée de la Haute Dordogne et ses abords	1	4	4	1	10	2	5 50 %	1	4
12 - Vallées des Couzes et versant oriental des Monts Dore	7 38,9 %	8 44,4 %	3 16,7 %	0	18	3	6 33,3 %	7 38,9 %	5 27,8 %
13 - Bassin d'Ambert et vallée moyenne de la Dore	3 20 %	2 13,3 %	7 46,7 %	3 20 %	15	4	2 13,3 %	10 66,7 %	3 20 %
14 - " Montagne " thiernoise	0	5 41,2 %	4 33,3 %	3 25 %	12	3	1	8 66,7 %	3
TOTAL	19 écoles 17,9 %	41 écoles 38,6 %	32 localités 30,2 %	14 localités 13,2 %	106	19	25 localités 23,6 %	58 localités 54,7 %	23 localités 21,7 %

Tab. 18 - Critères numériques identifiant les zones des tissus PLUS DENSES

représentées, et constituent la moitié ou presque du parc scolaire, alors qu'elles n'en représentent que le tiers dans l'ensemble des tissus serrés, et le quart dans les tissus lâches. Inversement, les écoles d'une cinquantaine à une centaine d'élèves sont peu nombreuses. Dans ce modèle commun, chacune des trois zones apporte une caractéristique spécifique. Les marges septentrionales des Monts Dore ont une trame fine constituée de cellules très petites ou petites (cf. plus haut la plage-échantillon de Rochefort-Montagne). Dans le pays des Couzes, la vitalité des écoles publiques est très variable : le nombre de localités qui inscrivent moins de six élèves pour cent habitants est sensiblement égal à celui des localités qui ont plus de dix élèves pour cent. Enfin, sur les marges orientales de la chaîne des Puys, l'occupation est plus concentrée et c'est ici que se localisent les plus grosses implantations en milieu rural, les écoles d'Orcines et Saint-Genès-Champanelle.

Les implantations de grande taille font l'originalité des cinq zones montagnardes où une ou plusieurs communes sont urbaines (voir dans le Tab. 18 et sur la Fig. 43 les plages 7, 8, 11, 13 et 14). Pays de Saint-Eloy-les-Mines, plateau des Ancizes jusqu'au rebord Limagnais, Haute Dordogne, vallée de la Dore de Courpière à l'amont d'Ambert et enfin montagne thiernoise présentent trois caractères communs. On recense ici les effectifs les plus fournis : les écoles moyennes constituent entre un tiers et la moitié du parc scolaire, et quatorze localités scolarisent plus de cent vingt élèves : elles représentent plus du cinquième du parc scolaire dans la zone de Saint-Eloy-les-Mines, la vallée de la Durolle et la zone Ambert-vallée de la Dore. A l'opposé, les très petites écoles sont rares, en particulier dans les territoires marqués depuis longtemps par l'industrialisation montagnarde (pays des Ancizes, vallée de la Durolle). Mais il n'y a pas de règle et les zones d'Ambert et de Saint-Eloy-les-Mines ont à la fois de gros et de très petits établissements. La vitalité de ces cellules est extrêmement variable : dans le pays des Ancizes (cf. étude de l'échantillon, Fig. 41 B), le taux de représentativité des effectifs dans la population résidente est moyen (entre 6 et 10 %) et, signe plus inquiétant d'une crise des sociétés industrielles montagnardes, une école sur deux de la région de

Saint-Eloy et de la Haute Dordogne n'inscrit pas des effectifs qui atteignent 6 % de la population locale. Le réseau scolaire, qui avait hérité d'un double patrimoine d'écoles villageoises et de groupes scolaires de carreaux de mine, a subi les effets sévères de la fermeture des puits. Dans le bassin de Messeix, où la chute de l'emploi est très grave, les taux de représentativité scolaire se sont, dès 1993, alignés sur ceux des Combrailles voisines.

Ce sont ces rapports de proximité qui sont intéressants, et, plus encore, les ruptures qui découpent le paysage scolaire en plages inégales. La cartographie des disparités précise donc l'opposition centre et périphérie, en indiquant les rubans de tissus scolaires serrés qui traversent les zones marginales, et en révélant, dans les réseaux sinistrés qui desservent de larges portions du territoire, les points d'ancrage actuels face à la progression du vide scolaire.

Le tissu scolaire qui couvre les hautes terres orientales (Fig. 44) est remarquable par la vigueur de la mince écharpe qui, de Chabreloche au nord à Arlanc au sud, rassemble la plupart des cellules les plus étoffées, en passant par Courpière et Ambert et sépare en deux parts inégales les tissus les plus faiblement pourvus. Lâches ou serrés, tous ces dispositifs sont héritiers d'un service qui fut extrêmement dense, et qui s'est maintenant effacé avec la fermeture d'un grand nombre d'écoles. L'équipement et les effectifs sont aujourd'hui particulièrement pauvres dans les Bois Noirs et les Monts du Forez, où les écoles sont de petite taille et loin les unes des autres. Sur une cinquantaine de kilomètres, entre Vollore et Saint-Anthème, un seul des hauts bassins qui s'alignent dans les massifs du Forez a gardé une école, et celle-ci n'a que deux classes ! Il faut aller à l'extrême nord, à Châteldon, ou à l'extrême sud, à Viverols, pour trouver une école dont les effectifs représentent plus de 10 % des habitants ! Ce vide scolaire qui s'étire le long de la limite du département de la Loire, paraît contenu aux marges du pays thiernois où quatre communes (cf. Vollore et Viscontat sur la Fig. 44) ont gardé leur service scolaire et le long de la vallée de la Dore, particulièrement bien équipée. La situation est cependant incertaine : il est tentant, au nord, d'inscrire ses enfants dans la vallée de la Durolle ; au sud, le taux de représentativité, fort correct le long de la vallée de la Dore, s'affaiblit à l'amont d'Ambert, et l'extrémité méridionale du sillon ne peut guère recevoir de renfort des pentes qui le bordent : le tissu scolaire du Livradois est ancré sur la couronne de dix écoles qui, de Saint-Dier-d'Auvergne au Vernet-la-Varenne, ont une vitalité certaine et font office de point d'ancrage pour un tissu qui s'affaiblit vers le sud, dans les zones rurales profondes situées aux marges de la Haute-Loire.

L'héritage scolaire des hameaux et des villages s'est mieux maintenu à l'ouest du département (Fig. 45 et 45'). Les disparités spatiales sont moins contrastées qu'en Livradois-Forez, car les écoles petites ou très petites sont partout présentes, et les écoles majeures ne sont pas proches les unes des autres comme elles le sont dans les vallées industrielles. La discrimination entre territoires plus fournis et plus lâches, telle que les indicateurs chiffrés permettent de l'opérer, est moins vigoureuse que le long de la vallée de la Dore. Vérification faite sur le terrain, dans des enquêtes très ouvertes, la coupure est confirmée par les représentations que les gens véhiculent sur leurs espaces de vie. « *J'essaierai bien de faire un regroupement avec Saint-Julien-Puy-Lavèze* », nous signale une institutrice de Briffons, « *mais jamais les parents de Saint-Julien ne voudront faire remonter leurs enfants ici* ». A cinq kilomètres l'une de l'autre, une école est en zone « fragile », l'autre est en zone repérée comme dense ; sur le terrain, la frontière, qui n'a jamais existé, est bel et bien infranchissable par les mieux lotis ! Il y a un seul secteur pour lequel l'appartenance à une zone reste assez floue, celui de Bourg-Lastic—Messeix. En 1993, date du relevé qui a permis cette cartographie, le caractère serré du réseau scolaire, qui comprend deux écoles de carreau de mine, le fait ranger dans les tissus les plus fournis, alors que le taux de représentativité, moyen pour Bourg-Lastic et piètre pour Messeix, annonce un vraisemblable problème d'effectifs, qui s'est confirmé et a entraîné la fermeture des deux plus petites écoles. Les deux aires de tissus lâches, de l'ouest et du sud, distinctes en 1993, tendent ici à se rejoindre pour constituer, de

Fig. 44 - Les disparités spatiales du système scolaire dans le département du Puy-de-Dôme Montagnes du Livradois et du Forez

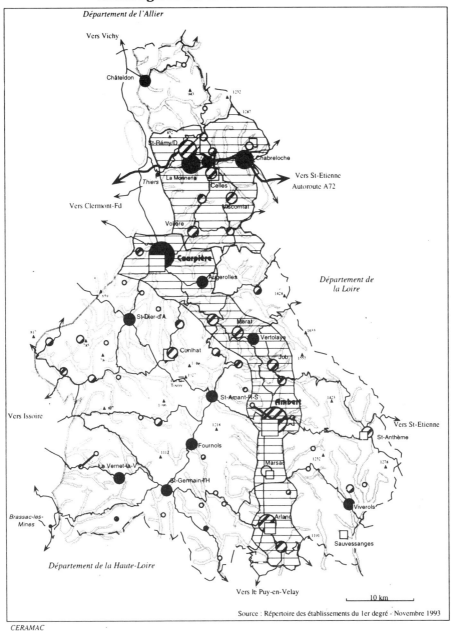

Fig. 44' - Les disparités spatiales du système scolaire dans le département du Puy-de-Dôme

Légende commune aux trois cartes qui suivent :
- *Montagnes du Livradois et du Forez*
- *Plateaux des Combrailles et chaîne des Puys (partie septentrionale)*
- *Chaîne des Puys (partie méridionale), Monts Dore et plateaux environnants*

Nature du service :

Localité offrant un service scolaire public. élémentaire et(ou) préélémentaire

Localité offrant un service scolaire privé. élémentaire et préélémentaire

Localité offrant un service scolaire public et un service scolaire privé

Localités d'une même commune offrant chacune un service scolaire public

Effectifs accueillis :
(année scolaire 1993-94)

Effectifs TRÈS EXCEPTIONNELS : Ambert-ville : 611 élèves
Courpière : 486 élèves

Effectifs ≥ à 128 élèves et ≤ à 315 élèves

Effectifs ≥ à 46 élèves et ≤ à 114 élèves

Effectifs ≥ à 17 élèves et ≤ à 45 élèves

Effectifs ≥ à 5 élèves et ≤ à 15 élèves

Taux de scolarisation :
(en %)

$$\frac{\text{Population scolaire publique ou privée d'une commune}}{\text{Population résidente dans cette commune en 1990}} \times 100$$

Taux de scolarisation du service public
- ≥ 10 %
- ≥ 6 % et < 10 %
- < 6 %

Taux de scolarisation du service privé
- ≥ 6 % et < 10 %
- < 6 %

Fond de carte :

Autoroute

Route d'intérêt régional ou local

• *Thiers*   Localité importante. en marge du terrain de cette étude

Limite départementale

Altitude des zones sommitales

Principaux accidents du relief : versant de vallées. rebords des plateaux. pentes des «Puys»

Tissu scolaire dense

Fig. 45 - Les disparités spatiales du système scolaire dans le département du Puy-de-Dôme
Plateaux des Combrailles et chaîne des Puys (partie Nord)

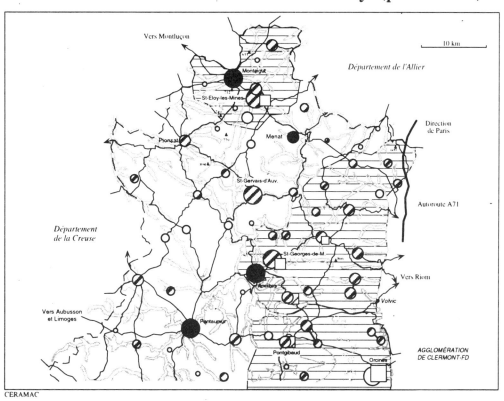

CERAMAC

Fig. 45' - Les disparités spatiales du système scolaire dans le département du Puy-de-Dôme Chaîne des Puys (partie méridionale), Monts Dore et plateaux environnants

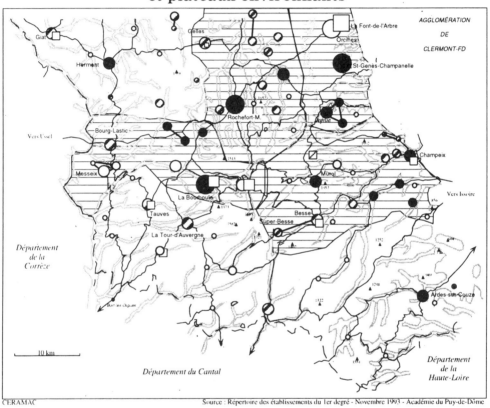

CERAMAC   Source : Répertoire des établissements du 1er degré - Novembre 1993 - Académie du Puy-de-Dôme

Pionsat à Ardes-sur-Couze, un vaste croissant périphérique où la crise du tissu scolaire est manifeste, même si, comme dans le canton de Bourg-Lastic, le potentiel d'accueil est non négligeable.

CONCLUSION

Une fissure traverse ainsi en zigzag le tissu scolaire montagnard, et détache, sur la périphérie, des « plaques » dont le contour n'a rien à voir avec les limites des circonscriptions de l'Education Nationale. Elle s'ouvre sous l'effet d'un double mouvement : celui-ci conjugue la progression du vide et celle de fronts pionniers scolaires qui opèrent une « reconquête » aux marges des auréoles périurbaines. Le premier mouvement s'est traduit par la multiplication des « classes uniques » dont le nombre s'élève à près de quatre-vingt-dix dans un parc de deux bonnes centaines d'écoles et dont le recrutement, un peu comme les précipitations aux marges du désert, connaît des écarts relatifs d'autant plus grands que les chiffres absolus sont plus faibles. Le second mouvement se repère au maintien ou au renforcement, dans des hameaux ou des villages dont la population s'est étoffée, de structures à deux ou trois classes, voire plus.

Sur le trajet de la fissure qui sépare les tissus scolaires désormais très fragiles, et ceux qui sont restés plus denses, l'espoir d'un renouveau ou la crainte du vide ont multiplié les initiatives locales, même dans des écoles dont l'assiette territoriale est très réduite. C'est le lieu par excellence des arrangements locaux, qui s'expriment spontanément par la complicité de quelques familles, des maîtres et du maire, ou qui trouvent une forme plus aboutie dans les négociations conduites par les Inspecteurs de l'Education Nationale pour mettre en place des Regroupements Pédagogiques Intercommunaux. Nés sur les basses pentes des Monts Dore et du Livradois, ils s'organisent aujourd'hui, à la fin des années quatre-vingt-dix, dans des espaces qui leur conviennent moins, et doivent associer des communes peu peuplées mais très vastes, ou procéder à des couplages incertains entre classes uniques et écoles de chefs-lieux de cantons.

En effet, le territoire administratif dans lequel s'est inscrit le système scolaire est devenu, au bout d'un siècle de fonctionnement, fort problématique : les écoles se sont maintenues dans un filet communal très étroit, voire même infracommunal quand les hameaux des « sections » ont gardé assez de poids, comme sur le plateau des Dômes, pour maintenir un site ouvert. L'atomisation scolaire, qui est un fait général en montagne, et que l'on a retrouvée dans le réseau ariégeois, comparable par bien des points à celui des montagnes du Puy-de-Dôme, est ici d'autant plus remarquable que les écoles sont prises dans un système original, dû à la forte dominance, au centre du département, de l'agglomération clermontoise. Urbains pour la plupart, instituteurs ou professeurs d'écoles méconnaissent des pans entiers du système, et, par ignorance ou par choix, ne souhaitent pas y exercer. Il est vrai que le réseau scolaire a une morphologie fort disparate, qui ne facilite par le repérage : l'essentiel est un semis de petites écoles d'où les points d'ancrage émergent mal, à côté de couvertures serrées mais hétérogènes, où quelques groupes scolaires ont pris des dimensions démesurées par rapport au reste du dispositif.

L'inscription du système scolaire dans les montagnes du Puy-de-Dôme se caractérise donc à la fin des années quatre-vingt-dix par trois faits : la multiplicité des lieux de l'enseignement, dispersés dans des collectivités de toute taille, l'enchevêtrement des relations qui, pour faire face à l'isolement, se sont nouées par-dessus le lien fondamental qui unit école et mairie, et les ruptures qui déchirent le tissu scolaire. Tous trois sont significatifs d'un réseau déstabilisé, et, pour comprendre leur genèse, il convient donc de placer ce tableau de l'espace scolaire dans le contexte de la crise qui l'a considérablement transformé et sévit encore.

Notes de la Ière partie

1 - 247 écoles, soit 222 écoles publiques et 25 écoles privées pour l'année scolaire 1993-1994. Source : Inspection Académique du Puy-de-Dôme. Population : chiffre du RGP de 1990.

2 - L'identification d'un espace comme un objet de recherche n'est pas un fait nouveau. Franck AURIAC, *Système économique et espace, Un exemple en Languedoc*, Université Paul Valéry, Montpellier, 2 octobre 1979.

3 - Antoine PROST, *Histoire de l'enseignement en France, 1800-1967*, A. Colin, Paris, 1968.

4 - François FURET et Jacques OZOUF, *Lire et écrire, l'alphabétisation des Français de Calvin à Jules Ferry*, Ed. de Minuit, Paris, 1977.

5 - Claude LELIÈVRE, *Histoire des institutions scolaires*, Nathan, Paris, 1990.

6 - Claude DURAND-PRINDBORGNE, *L'éducation nationale, une culture, un service, un système*, Nathan, Paris, 1992.

7 - Bernard CHARLOT, *L'école et le territoire : nouveaux espaces, nouveaux enjeux*, Colin, Paris, 1994.

8 - Pierre COUTURIER, *Sections et biens sectionaux dans le Massif central*, Thèse de doctorat, Presses Universitaires Blaise Pascal, CERAMAC, 2000, 476 p.

9 - Charles MORACCHINI, *Système éducatif et espaces fragiles - Les collèges dans les montagnes d'Auvergne*, CERAMAC, Clermont-Fd, 1992.

10 - Jean-Paul DIRY, *Bourgs-centres et petites villes en Auvergne*, CERAMAC, octobre 1993, en consultation au CERAMAC.

11 - J.P. DIRY et alii, *L'Auvergne rurale, Des terroirs au grande marché*, CERAMAC, Clermont-Ferrand, 1990, 209 p.

12 - Année 1992.

13 - Enquête auprès du professeur d'école de Saillant, 1997.

14 - Rapport établi par un groupe de recherche du CERAMAC. Etude rédigée par J.P. DIRY, directeur, à l'intention de la Direction Régionale de l'Equipement (en consultation à la DRE), 1993.

15 - Enquêtes auprès d'instituteurs retraités à Clermont-Ferrand, 1995.

16 - André FEL, *Les hautes terres du Massif central, tradition paysanne et économie agricole*, PUF, Paris,340 p., 1962.
Enquête à la ferme-auberge de Saint-Yvoix, Saint-Anthème, juin 1997.

17 - Association couleur paille « sur le chemin de la ferme », Documentation, 33 rue Drelon, 63000 Clermont-Ferrand.

18 - Mauricette FOURNIER, *Les industries rurales de l'Auvergne et du Velay. Innovations et innovateurs dans la moyenne montagne du Massif central*, Presses Universitaires Blaise Pascal, Clermont-Ferrand, 450 p.,1998.

19 - Charles MORACCHINI, « L'école rurale et la mentalité scripturale, lire et écrire en zone rurale auvergnate, Compte rendu d'observations et d'expériences », in *L'école et les discontinuités territoriales*, Rencontres Scientifiques 2 et 3 avril 1996, Laboratoire de Géographie Humaine, Université de Lille I, et Institut Fédératif de Recherches sur les Economies et les Sociétés Industrielles, Lille.

20 - Luc MAZUEL, *Espaces de référence et promotion touristique. L'exemple de l'Auvergne*, Thèse de Doctorat, Clermont-Ferrand, 1994.

21 - Impressions recueillies au cours d'une sortie sur le terrain, en mai 1996, auprès des professeurs d'école en formation, 2e année à l'IUFM d'Auvergne.

22 - Les sièges des inspections des Monts Dore et des Combrailles ont quitté depuis longtemps la Bourboule et Saint-Gervais-d'Auvergne pour glisser sur la plaine (cf. Fig. 14, 1ère partie, 2e chapitre).

23 - Chiffres de l'année scolaire 1993-94.

24 - Exemple de projet montagnard à Vollore-Montagne, circonscription d'Ambert, l'exposition « Fais comme l'oiseau », exposition et itinéraire de découverte réalisés par les enfants des écoles. Juillet-août 1998, in *Guide estival du Puy-de-Dôme*, le magazine du Conseil général, n°44 (numéro spécial).

25 - Cette part de l'école privée dans la carte scolaire montagnarde est nettement inférieure à celle que l'enseignement privé détient dans l'ensemble national : l'offre de l'enseignement privé en France représente 1/5 de l'offre de l'enseignement public. Dans les montagnes du Puy-de-Dôme, elle dépasse à peine 1/10.

26 - Dominique MOMIRON, *Le réseau scolaire du canton de Saint-Amant-Tallende*, mémoire de maîtrise, 1994-95, en consultation au Département de Géographie, Université Blaise Pascal, Clermont-Ferrand.

27 - François HERAN, « Ecole publique, école privée : qui peut choisir ? », in *Economie et Statistique*, n°293, 1996, p. 17 à 39, « la pratique religieuse et, au-delà, le sentiment d'appartenir à une religion, restent des facteurs décisifs du recours à l'école privée ».

28 - Cette décision de 1993, prise à l'échelle nationale, prévoit la sauvegarde du dernier point d'un service public dans une commune, quelle que soit la taille de celle-ci.

29 - Vodable près d'Issoire, la Chardie près d'Ambert.

30 - Pierre STOEKLIN, « Favoriser l'école rurale et montagnarde : le modèle géographique, une aide précieuse pour l'administration ? », in *Mappemonde*, Belin-Reclus, Montpellier, 1996-2, p. 19 à 23.

31 - Dossier technique « secteur du 1er degré » publié par le Syndicat des Enseignants Fédération de l'Education Nationale de l'Ariège, 1996.

32 - Rouze : 10 élèves ; le Pla : 13 élèves ; Quérigut : 10 élèves, effectif total du RIP : 33 élèves en 1996-97.

33 - Voir note 21.

34 - Enquête auprès d'une personne née au hameau de Ferréol en 1908 dans une fratrie de cinq enfants nés entre 1906 et 1924.

35 - La circonscription de Chamalières se divise ainsi en 6 secteurs : 3 correspondant à l'aire de recrutement d'un collège public, alors que les

3 autres comprennent l'aire de recrutement de deux petits collèges, ceux de Gelles et Rochefort pour le secteur de Rochefort-Montagne, par exemple.

36 - Charles MORACCHINI, in *Faits et gestes*, Lettre d'information pédagogique du CRDP d'Auvergne, décembre 1996, p. 4, en consultation au CRDP de Clermont-Ferrand.

37 Module « enseigner en milieu difficile », formation des Professeurs d'Ecole, 2e année, IUFM d'Auvergne, 27 avril-2 mai 1997.

38 - Ce soutien passe par un service spécifique, celui de l'EMALA destiné à rompre l'isolement et dont on suivra plus loin l'évolution, au cours de trente ans d'histoire (1ère partie, chapitre 3, I : « Les écoles du bout du monde »).

39 - Enquête auprès d'un professeur issu du monde rural, scolarisé de 1947 à 1952 dans une école de village à quatre classes.

40 - Yves ALPE, chercheur au CERPE (Centre de Recherche en Pédagogie de l'Economie), Université de la Méditerranée, directeur du site IUFM de Digne-les-Bains, « L'école rurale : problèmes, stratégies et enjeux. Quelques pistes de réflexion à partir de l'exemple des Alpes du Sud », in *L'école rurale entre pédagogie et aménagement du territoire*, document de travail du « Pôle Sud Est » des IUFM destiné au séminaire du 15 et 16 mai 1997 à Bourg-en-Bresse. En consultation au centre local, IUFM de Bourg-en-Bresse.

41 - Il faut ajouter à ces douze circonscriptions deux qui ont des fonctions spécifiques et un très petit territoire qui ne concerne pas la montagne (situation de 1995).

42 - Circonscription de Chamalières : communes où l'école n'avait pas d'abonnement téléphonique en 1992 : Avèze, Heume l'Eglise, Saulzet-le-Froid, Orcival, Saint-Genès-Champespe, Saint-Bonnet-d'Orcival, Puy-Saint-Gulmier, Saint-Donat, Singles, Chastreix, Lastic.

43 - Stage « gérer une classe à plusieurs niveaux ». Fiche B15 du plan départemental, IA du Puy-de-Dôme.

44 - A titre d'exemple, en 1996-97, la circonscription de Chamalières dispose de 10 postes de « maîtres-remplaçants » en ZIL (Zone d'Intervention Limitée).

45 - Le projet « Cyber Creuse Education » a été subventionné par les municipalités et le Conseil général, et a reçu l'aide européenne. Il a permis le raccordement de la quasi totalité des écoles du département de la Creuse.

46 - L'utilisation du Minitel à l'école élémentaire et au collège a été l'objet d'une exérience précoce réalisée à l'Ecole Normale de Clermont-Ferrand à l'occasion du bicentenaire de la Révolution Française. Compte rendu par M. LACOUTURE, F. REVERSEAU et J.P. LAUBY dans *Recherche et formation*, 1990, n°2, p. 39 à 69, MAFPEN-APHG-IREGH, académie de Clermont-Ferrand, CRDP de Clermont-Ferrand.

47 - Le compte rendu du projet « lecture » de l'année scolaire 1995-96 est en consultation à l'Inspection de l'Education Nationale, Ambert.

48 - M. MIGAYROU, inspecteur d'Académie, directeur des Services Départementaux de l'Education Nationale d'Ille-et-Vilaine, *Politique éducative en faveur des zones rurales - Présentation des orientations éducatives pour les écoles et collèges publics du département d'Ille-et-Vilaine applicables à la rentrée 1992, projet*, en consultation à l'académie de Rennes.

49 - Yves ALPE, op. cit.

50 - Pierre MAUGER, op. cit., *A chacun sa solution*, p. 20 à 128.

51 - Syndicat National Unitaire des Instituteurs et Professeurs des écoles et collèges (ouvrage collectif), *KISAITOU, Memento administratif*, 1ère édition, 1996, Paris, 338 p.

52 - Isabelle BACCONNET-DAUPHIN, *L'avenir des petites écoles en milieu rural. Etude de cas dans les Combrailles*, Mémoire de Licence C1UV, directeur de recherche J.L. Llinares, Université Lumière Lyon 2, Département des Sciences de l'Education, 1994-95, 33 p.

53 - Cf. deuxième chapitre.

54 - J.P. DIRY (sous la direction de), op. cit., p. 23.

55 - Véronique ROUSSEL, « Théorie des seuils critiques de dépopulation et irréversibilité des processus de désertification », *revue d'Economie Régionale et Urbaine*, n°5, 1988, p. 811 à 825.

56 - Rentrée 1997 à Saint-Agathe et Espinasse, *La Montagne*, 2 septembre 1997, p. 5.

57 - Plan Départemental de Formation, année scolaire 1997-98, stage 97 EHD 701 N, « Gérer une classe à plusieurs niveaux ou une classe unique », archives de l'Inspection Académique du Puy-de-Dôme.

58 - Cet ordre de grandeur a été confirmé par des enquêtes dans les hautes terres occidentales.

59 - Compte rendu du conseil d'école du 22 janvier 1996, RPI du Montel-de-Gelat—Villosanges.

60 - Armand FREMONT, *France, Géographie d'une société*, Flammarion, Paris, 1988, p. 78 : « action municipale, vie associative, économie informelle ; la collectivité des communes rurales se fonde sur cette trilogie. L'analyse des trois éléments en fait étroitement solidaires ne peut traduire tout ce que le système comporte d'approximations, de finesses cachées ».

61 - Bulletins Officiels de l'Education Nationale.

62 - Enquête auprès d'instituteurs-secrétaires de mairie retraités de l'Education nationale.

63 - Henri POURRAT, *Gaspard des Montagnes*, 1ère édition de 1922 à 1931. Le roman donne des indications sur l'architecture rurale sévère du début du XIXe siècle.

64 - Bernard CHARLOT et alii, op. cit.

65 - Bernard CHARLOT et alii, ibid., p. 35.

66 - Charles MORACCHINI, « L'école rurale et la mentalité scripturale », in *L'école et les discontinuités territoriales, Rencontres scientifiques*, op. cit.

67 - L'expression est tirée d'un texte rédigé par un élève de 10 ans (cf. plus loin le texte d'un enfant de Puy-Saint-Gulmier). Elle est évidemment excessive, et c'est bien là tout son intérêt ! Signifie-t-elle que cet enfant comprend que son école se coupe du monde ?

68 - Cette ceinture comprend, du NW au NE, en sens inverse des aiguilles d'une montre : les petites écoles du Bocage bourbonnais, les communes de l'est de la Creuse, qui se sont réorganisées vigoureusement en RPI pour éviter la fuite de quelques élèves vers Giat dans le Puy-de-Dôme, celles du Cantal, de la Haute-Loire - où se situe le seul RPI « transfrontalier » -, et celles du

versant du Forez compris dans le département de la Loire.

69 - A.G. MAURY (sous la direction de...), *Histoire des communes du Puy-de-Dôme, arrondissement de Riom*, éditions Horvath, Roanne, 1991.

70 - Pierre MAUGER (sous la direction de...), op. cit., p. 15. Cette définition du sigle EMALA se poursuit par une remarque qui présente cette institution comme l'ultime recours dans le cas où la restructuration est impossible « sans prétendre remplacer le dynamisme quotidien d'une structure plus forte, cette formule rend d'indiscutables services là où aucune solution de regroupement n'est possible, en zone de haute montagne notamment... » .

71 - Extrait de l'allocution du Recteur de l'Académie de Clermont-Ferrand pour la création des troisième et quatrième unités, janvier 1977.

72 - Cf. le témoignage du Syndicat Intercommunal à Vocations Multiples « Vivarais-Lignon » , au colloque « Lecture et Ruralité » réuni par le Rectorat de l'Académie de Clermont-Fd, le 17 novembre 1994 au LEP Marie Laurencin, 63200 Riom.

73 - Chaque année, une maternelle de village-centre annonce de forts effectifs en 1997-98, Champeix a inscrit 60 élèves pour 2 classes.

74 - Ex. : rassemblements le 6 juin 1998 sur le thème : « Raconte-moi un paysage », *La Montagne*, édition d'Ambert.

75 - Roger BRUNET, Robert FERRAS, Henri THERY, *Les mots de la géographie - Dictionnaire critique*, RECLUS, La Doc. Française, Paris, 1993, 518 p.

76 - Cf. histogramme « Distribution des effectifs », 1ère partie, 2e chapitre.

77 - Les effectifs d'Augnat ont, depuis 1993, beaucoup baissé. Avec 6 élèves en 1997-98, la situation de relicte s'est confirmée.

Deuxième partie

LA DESTABILISATION DU SYSTÈME

La fragmentation en plaques du tissu scolaire résulte d'une longue histoire sans unité de lieu ni de temps. Depuis un demi-siècle, acteurs endogènes et exogènes s'efforcent de répondre à une crise complexe, dont les composantes socio-démographiques sont les plus évidentes, mais non les seules. L'espace scolaire montagnard peut être analysé comme un champ où trois forces s'exercent : le poids de l'Education Nationale, qui distribue les postes et contrôle le dispositif, en fonction des effectifs et de l'évolution du projet éducatif et des cursus scolaires, le poids de la zone clermontoise, en particulier lors de sa grande croissance (1950-1980), et le poids des initiatives locales qui hésitent entre les politiques de renoncement, de sauvegarde à tout prix ou de réaménagement.

Contrairement à l'idée reçue, l'Education Nationale a pris en compte le caractère rural des hautes terres et a préservé un grand nombre de postes qui sont actuellement très fragiles. Elle n'a pas évité les vagues de fermetures. On a assisté à une véritable récession scolaire, doublée d'un réaménagement inégal de l'offre, qui s'adresse à des enfants de plus en plus jeunes. Les circonstances ont ainsi demandé à des collectivités sinistrées par la crise montagnarde d'innover en matière d'éducation : les lieux potentiels de la scolarité étaient partout... et nulle part ! L'objectif de ces pages est de suivre le processus de sélection, qui a conforté quelques localités, alors que bon nombre d'autres ont laissé s'échapper la fonction scolaire au fil de la décrue démographique (Fig. 46) ou l'ont maintenue dans des conditions incertaines.

Au cours de ce processus, la fidélité à l'école du hameau ou du chef-lieu a quelque peu reculé face au développement des migrations quotidiennes, imposées ou voulues. Celles-ci sont génératrices de tensions, qui créent de nouveaux espaces. C'est donc une géographie de la mobilité que l'on aborde ici -

Fig. 46 - La sélection des localités à fonction scolaire

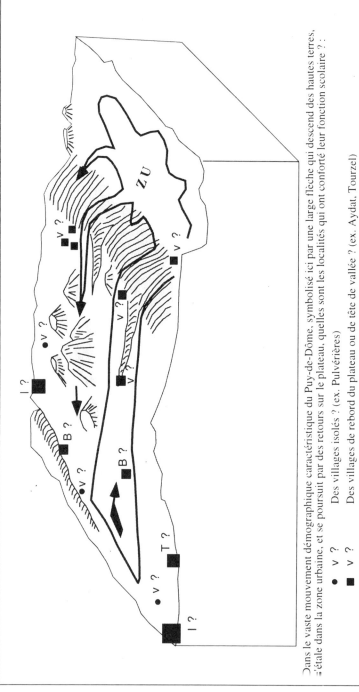

Dans le vaste mouvement démographique caractéristique du Puy-de-Dôme, symbolisé ici par une large flèche qui descend des hautes terres, s'étale dans la zone urbaine, et se poursuit par des retours sur le plateau, quelles sont les localités qui ont conforté leur fonction scolaire ? :

- ● v ?   Des villages isolés ? (ex. Pulvérières)
- ■ v ?   Des villages de rebord du plateau ou de tête de vallée ? (ex. Aydat, Tourzel)
- ■ B ?   Des bourgs ou des villages-centres de la montagne ou des vallées ? (ex. Pontgibaud, Rochefort-M)
- ■ I ou T ?   Des centres industriels ou touristiques ? (ex. St-Georges-de-M., La Bourboule)

Rmq :

• Pour plus de clarté, on a dissocié ici les mouvements ascendants et descendants, qui évidemment se superposent.
• Fond du croquis : interprétation de la Figure 201 «Aspect schématique de la chaîne des Puys», extraite du «Guide géographique Auvergne» (C. Jamot, P. Vitte, B. Valadas, Y. Veyret), Masson 1988.

A - Fermeture du paysage et abandon des clairières autour de Saint-Anthème (Monts du Forez)
B - Effectifs préélémentaires dans une école à deux classes à Grandrif (canton de Saint-Anthème)

Les effets du souffle de la crise se manifestent en termes d'effectifs (il n'y a plus qu'une centaine d'élèves scolarisés à St-Anthème, deux tiers dans le service public, un tiers dans le service privé) et d'adaptation de l'offre : réunir, comme dans cette cour, une cohorte de quinze enfants de moins de six ans permet d'ouvrir une classe préélémentaire, ce qui est l'ambition de bien des maires de montagne.

Chute des effectifs et problèmes de réorganisation des structures sont inextricablement liés depuis trois décennies.

B

complémentaire de l'état des lieux auquel on a précédemment procédé. Elle consiste à suivre les effets de la crise des effectifs et les réponses données par les cartes scolaires, pour comprendre comment les migrations scolaires journalières des élèves préparent d'autres territoires.

Premier chapitre

ÉVOLUTION DES EFFECTIFS
ET SÉLECTION BRUTALE
DES LIEUX DE LA SCOLARITÉ

Le problème de la gestion des effectifs a été soumis en une génération à des facteurs nouveaux qui ont fait évoluer sa nature. Dans les années cinquante, il a d'abord été quantitatif et a reflété les effets de la démographie. Dans les années soixante-dix, sous l'effet des départs en classe de 6e et des entrées plus précoces dans la scolarité préélémentaire, des questions plus qualitatives, liées au rajeunissement du recrutement, ont émergé. Dans les années quatre-vingt-dix, la répartition des effectifs scolaires a été vue dans ses rapports avec l'aménagement territorial. Ces trois questions ne sont pas propres au domaine montagnard. A l'échelle métropolitaine, on peut repérer les tendances liées à la démographie et aux réformes de la scolarité. C'est à l'échelle départementale que se décide le pilotage local du système, orienté par les choix de l'Inspecteur d'Académie, en fonction de chiffres qui concernent plaines et montagnes ; à l'échelle de chaque localité, se pose le problème crucial : que reste-t-il des générations d'écoliers ? Les chiffres nécessaires pour élaborer une réponse sont issus des archives de la « Division de l'organisation scolaire et des statistiques » de l'Inspection Académique du Puy-de-Dôme. Ils proviennent d'une part de synthèses manuscrites réalisées dans ce service en 1972 et 1974, et d'autre part des réponses que les directeurs de chaque école ont fourni à l'enquête annuelle de rentrée pour les années scolaires 1992-93, 1993-94, 1994-95[1]. L'intérêt pour les gestionnaires d'établir des comparaisons entre les tendances nationales, académiques et départementales est tel que la Direction de l'Evaluation et de la Prospective calcule chaque année une série d'indicateurs qui mesurent l'évolution des effectifs scolarisés à ces trois échelles, et les publie à l'intention des Inspecteurs d'Académie sous le titre de « Tableau de bord »[2], en comparant les chiffres de l'année en cours à ceux de l'année de référence, 1980. On peut donc avoir sur les générations d'écoliers un regard qui suit le fil du temps et que l'on accommode à trois distances différentes. Dans les pages qui suivent, le regard porte sur le territoire métropolitain[3] et départemental : c'est en quelque sorte le regard du presbyte. Il donne des références qui permettent d'observer ensuite la réalité locale sans prendre la vision trop étroite du myope.

I - LE RETOURNEMENT DES ANNÉES SOIXANTE-DIX

A - LA DÉCRUE DES EFFECTIFS NATIONAUX ET DÉPARTEMENTAUX

Le nombre des enfants scolarisés dépend du renouvellement des générations et du mode de scolarisation. Cette règle générale s'applique à toute collectivité, quelle qu'en soit l'échelle. A l'échelle nationale, le renouvellement des générations d'écoliers dépend du nombre des naissances ; les mouvements migratoires le concernent peu, si ce n'est par la dimension internationale, alors que, à l'échelle locale, les glissements d'effectifs d'une localité à une autre modifient considérablement les chiffres. Les établissements français du premier degré, enseignements public et privé réunis, reçoivent chaque année moins d'élèves. Les effectifs qui avaient augmenté jusqu'aux années soixante-dix, ont commencé, à la fin de ces mêmes années, une **longue régression**.

Tab. 19 - Evolution nationale
des effectifs scolaires (en millions d'élèves)

Année	1954	1968	1978	1986	1992
Effectifs de l'enseignement du 1er degré (public et privé)	6,2	7,2	7,5	6,65	6,6

Sources :
• Tableau des enseignements et de la formation - Service des études informatiques et statistiques, Ministère de l'Education Nationale, 1980 (en consultation à l'INRP, 29 rue d'Ulm, Paris).
• Cahiers de l'Education Nationale, n°58, octobre 1987, p. 7 et 8.

Ce tableau traduit d'abord - et pour l'essentiel - une réalité démographique. A partir de 1978, des classes d'âge moins nombreuses, formées d'enfants nés après le retournement démographique de 1973, sont arrivées à l'école. La courte reprise des naissances de 1979 et 1980 a amené un flot plus fourni, qui a soutenu les effectifs au-dessus de six millions et demi. Quand cette courte vague démographique a atteint l'âge de l'inscription au collège, le phénomène de baisse à moyen terme a repris : en 1990, les établissements du 1er degré ont compté trente-quatre mille élèves de moins qu'en 1989,cinquante-neuf mille de moins l'année suivante. Le rythme des pertes s'est installé entre 0,5 et 1 % par an.

Fig. 47 - Proportion d'élèves de 11 ans et plus en CM2

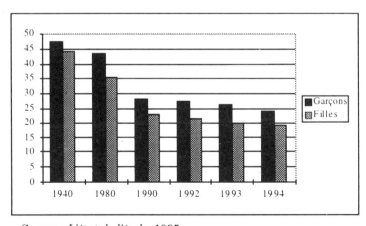

Source : *L'état de l'école*, 1995.

La diminution des naissances a été le facteur premier de cette évolution, à laquelle a contribué accessoirement le recul de la pratique des redoublements. En 1980, seulement 59 % des garçons et 66 % des filles parvenaient au collège sans avoir redoublé de classe ; en 1994, le parcours scolaire s'effectue plus rapidement : ce sont 77 % des garçons et 82 % des filles qui arrivent en 6e à onze ans[4] (Fig. 49 et Tab. 20).

Tab. 20 - Baisse de la durée de scolarisation

Temps passé à l'école élémentaire	6,1 ans	5,6 ans	5,4 ans	5,2 ans	5,2 ans	5,1 ans
année	1960	1970	1980	1992	1993	1994

« La durée de scolarisation du CP au CM2, calculée pour une année donnée est obtenue en additionnant les taux de scolarisation relevés cette année-là aux différents âges. Elle représente le temps (hypothétique) moyen qu'un enfant entrant au cours préparatoire passerait à l'école élémentaire s'il y rencontrait les conditions de scolarisation du moment ».
Source : *L'état de l'école*, n°5, octobre 1995, 14e indicateur.

Les observateurs du système éducatif estiment[5] que cette « *amélioration du déroulement des scolarités élémentaires est certainement liée, au moins pour partie, au développement de la scolarisation préélémentaire* ». Contrairement à l'idée reçue, le développement d'une scolarisation véritable à partir de trois ans ne s'explique pas par l'accroissement du travail féminin. La croissance des écoles maternelles « *commence dès 1959, alors que l'activité féminine n'a pas progressé entre 1962 et 1968 ; d'ailleurs, le pourcentage des femmes qui travaillent est resté très inférieur au pourcentage des enfants inscrits à l'école* »[6]. Celui-ci a augmenté en trois décennies. Il a absorbé tous les enfants de la tranche d'âge de cinq ans, puis progressivement ceux de quatre ans, puis de trois ans. Le processus s'est interrompu quand un tiers des enfants de deux ans a été scolarisé. Cela signifie que pour ces très jeunes enfants, les parents cherchent un lieu d'accueil non scolaire. S'ils ne les gardent pas « à la maison », ils les confient à des nourrices ou à des crèches. La scolarisation des enfants de deux ans n'est systématique qu'en Zone d'Education Prioritaire, où elle répond à un besoin social. Destinée à combler un handicap culturel, elle est en fait d'autant plus appréciée des familles qu'elle est moins onéreuse que l'inscription dans une crèche. D'une façon générale, elle est souvent réalisée à la faveur de baisses démographiques qui libèrent des places dans les écoles. C'est le cas à Paris, très en retard sur ce plan, où une partie des demandes les plus pressantes devrait être satisfaite à la rentrée 1996. Mais, dans le Massif central, les jeunes mères ne se pressent évidemment pas aux portes des écoles des collectivités les plus vieillies et les petites classes à plusieurs cours ne peuvent pas répondre aux demandes de quelques jeunes ménages résidant dans les villages. La substitution du public de très jeunes enfants au public scolaire traditionnel est donc très imparfaite, et la progression de la préscolarisation connaît actuellement un palier dans l'ensemble du territoire (Tab. 21) :

Tab. 21 - Progression en biseau de la préscolarisation sur le territoire métropolitain

% des enfants inscrits	Année							
	1960-61	1970-71	1980-81	1980-91	1991-91	1992-93	1993-94	1994-95
à 2 ans	9,9	17,9	36,3	35,2	34,4	34,8	35,3	35,4
à 3 ans	36,0	61,1	90,8	*98,1*	98,8	99,0	99,3	99,5
à 4 ans	62,6	87,3	*100,0*	100,0	100,0	100,0	100,0	100,0
à 5 ans	91,4	*100,0*	100,0	100,0	100,0	100,0	100,0	100,0
de 2 à 5 ans	50,0	65,4	82,8	84,1	84,3	84,4	84,6	84,7

Source : *L'état de l'école*, n°3, octobre 1993 et n°5 octobre 1995. **En caractères gras et italique, la décennie où chaque classe d'âge passe à une scolarisation complète ; la régularité du processus est évidente. Mais le processus paraît s'arrêter à 36 ou 35 % des enfants de 2 ans** (cases encadrées en noir) sauf pour les Zones d'Education Prioritaire.

Les effectifs métropolitains sont donc actuellement engagés dans une véritable **transition démographique**. Les enfants sont de moins en moins nombreux depuis vingt ans ; ils sont inscrits à l'école de plus en plus jeunes ; ils effectuent leur cursus de plus en plus rapidement et quittent tous l'école élémentaire pour le collège. De ces quatre phénomènes qui caractérisent la transition démographique, seul le dernier est uniformément partagé par toutes les écoles de France. Pour les autres, le processus est inégalement avancé selon les lieux, et avec ces nouvelles données démographiques, les lieux sont inégalement armés pour réaliser le projet éducatif national : transmission des savoirs, acquisition de méthodes et socialisation.

Le département du Puy-de-Dôme donne de cette transition démographique une version qui en exagère les caractéristiques. **Il a grossièrement suivi le schéma national** avec une phase d'expansion, puis de recul des effectifs. Dans un premier temps, l'augmentation des effectifs a été considérable avec le gain d'un élève pour quatre inscrits entre 1950 et 1970 (1955 : 60 000 élèves ; 1970 : 76 000 élèves). Cet apport tient à trois facteurs. Le nombre des naissances a considérablement augmenté en passant dans le Puy-de-Dôme de huit mille en 1955 à plus de neuf mille en 1972 ; des jeunes couples accompagnés d'enfants sont venus s'installer dans le département ; en ville, des classes des « grandes et moyennes sections » ont été ouvertes pour accueillir les enfants de cinq puis quatre ans. L'archétype de cette explosion scolaire a été, dans ce département, fourni par la dynamique commune de Cournon qui a construit, en plus de la vieille école « du bourg », neuf écoles nouvelles dans la périphérie proche et lointaine[7]. Ce phénomène, de nature urbaine, s'est concentré dans la zone majeure de la plaine, mais a concerné ponctuellement les petites villes intramontagnardes où les services et l'industrie ont créé des emplois. Les écoles d'Ambert, de Saint-Georges-de-Mons, des Ancizes et de La Monnerie-le-Montel dans le Thiernois, sont alors « *montées en puissance* » pour reprendre l'expression, très liée à la société technicienne locale, d'un instituteur de Celles-sur-Durolle. Il signifiait par là que les maîtres avaient dû accueillir des classes plus chargées avant d'obtenir des ouvertures de postes. Certaines écoles de montagne ont ainsi connu des phases de « *surchauffe* », qui ont précédé l'amélioration des structures, que ce fût par le dédoublement de classes ou la création d'écoles maternelles.

C'est une phase de décélération que les pilotes gèrent actuellement. Le département a perdu huit mille élèves depuis 1985. Entre 1990 et 1995, le déficit moyen s'est établi autour de 1,8 % par an. Les chiffres qui suivent soulignent l'ampleur de cette érosion (Tab. 22).

Tab. 22 - Baisse annuelle des effectifs des écoles publiques
(enseignement préélémentaire et élémentaire)
Département du Puy-de-Dôme

	Nombre d'élèves inscrits	Déficit	Déficit/nombre d'inscrits
1989-90	55548		
1990-91	54690	-858	-1,5 %
1991-92	53644	-1056	-1,9 %
1992-93	52661	-983	-1,8 %
1993-94	51708	-953	-1,8 %
1994-95	51115	-593	-1,1 %

Source : Archives chiffrées de l'Inspection académique;

Même si les pertes se poursuivent, les derniers chiffres révèlent une amélioration. Dans la mesure où ils succèdent à une série très déficitaire, le département du Puy-de-Dôme est très mal situé dans l'évolution des quinze dernières années. « *Nos cours de récréation se vident plus vite que dans l'ensemble de la France* »[8]. Les tableaux de bord de l'Education Nationale permettent de préciser la comparaison (Tab. 23).

Les générations d'élèves du Puy-de-Dôme ont subi une baisse plus précoce et plus sévère que l'ensemble des générations scolaires françaises. Entre 1980 et 1990, le département avait déjà perdu 15 % de ces écoliers, alors qu'il n'en manquait que 6 % sur l'ensemble du territoire (passage de l'indice 100 aux indices 85 et 94).

En 1994, le département du Puy-de-Dôme ne réalisait que 80 % des inscriptions de 1980, alors que le territoire métropolitain en avait préservé 90 %. Cette fragilité locale a ses racines dans le recrutement préélémentaire. Le fléchissement s'est amorcé lentement : les effectifs de 1990 n'atteignaient que 98 % de ceux de 1980 ; à partir de là, chaque année a emporté, régulièrement, 1 % des effectifs. Sur le moyen terme, le handicap s'avère considérable. Le département a perdu, en quinze ans, plus de 5 % des inscriptions préélémentaires, alors que la tendance nationale a été à la hausse jusqu'en 1992, et que les écoles maternelles et sections enfantines françaises comptent encore 7 % de plus qu'il y a quinze ans.

Tab. 23 - Erosion des générations d'écoliers
France métropolitaine et département du Puy-de-Dôme
(secteur public)

		1980-81	1990-91	1991-92	1993-94	1994-95
		France métropolitaine				
Préel + In + Ad. A	Effectifs	2 071 345	2 241 200	2 241 651	2 231 089	2 217 323
	Tend. France	100,00	108,20	108,22	107,71	**107,05**
Elem + Init + AD B	Effectifs	3 967 949	3 472 052	3 441 807	3 371 706	3 377 087
	Tend. France	100,00	87,50	86,74	84,97	**85,11**
S/Total A + B	Effectifs	6 039 294	5 713 252	5 683 458	5 602 795	5 594 410
	Tend. France	100,00	94,60	94,11	92,77	92,63
Spécial	Effectifs	95 202	64 858	62 465	51 994	49 041
	Tend. France	100,00	68,13	65,61	54,61	51,51
Total	Effectifs	6 134 496	5 778 110	5 745 923	5 654 789	5 643 451
	Tend. France	100,00	**94,19**	93,67	92,18	**92,00**
		Puy-de-Dôme				
Préel + In + Ad. A	Effectifs	20 511	20 129	20 024	19 637	19 418
	Tend. Dép.	100,00	**98,14**	97,63	94,74	**94,67**
	Tend. Aca.	100,00	99,18	99,00	97,44	96,89
Elem + Init + AD B	Effectifs	42 352	34 007	33 110	31 596	31 168
	Tend. Dép.	100,00	80,30	78,18	74,60	**73,59**
	Tend. Aca.	100,00	78,15	75,84	72,14	71,17
S/Total A + B	Effectifs	62 863	54 136	53 134	51 233	50 586
	Tend. Dép.	100,00	86,12	84,52	81,50	80,47
	Tend. Aca.	100,00	84,95	83,33	80,32	79,48
Spécial	Effectifs	1 205	554	510	475	529
	Tend. Dép.	100,00	45,98	42,32	39,42	43,90
	Tend. Aca.	100,00	46,35	43,29	38,76	42,53
Total	Effectifs	64 068	54 690	53 644	51 708	51 115
	Tend. Dép.	100,00	**85,36**	83,73	80,71	**79,78**
	Tend. Aca.	100,00	84,24	82,58	79,55	78,80

Source : Tableaux de bord de l'Inspection Académique
Rmq : Les élèves comptabilisés dans ces tableaux sont inscrits dans l'enseignement préélémentaire et élémentaire, y compris dans les classes d'intégration (IN), d'adaptation (AD) et d'initiation (INIT).
Une école qui inscrivait 100 élèves d'âge préélémentaire à la rentrée 1980 en inscrit 107 à la rentrée 1994 (moyenne française) mais inscrit

à peine 95 élèves si elle est située dans le Puy-de-Dôme. Une école élémentaire qui inscrivait 100 élèves à la rentrée 1980 en inscrit seulement 85 à la rentrée 1994 (moyenne française), mais n'en inscrit même pas 74 si elle est dans le Puy-de-Dôme.

La répartition par classes d'âge du déficit préélémentaire est un facteur aggravant. Le tableau qui suit indique des bilans annuels négatifs pour les trois classes d'âge entièrement scolarisées.

Tab. 24 - Effectifs par âge
dans l'enseignement préélémentaire public
Département du Puy-de-Dôme

Générations Classes d'âge	Nombre d'élèves inscrits			
	année scolaire 1991-92	année scolaire 1994-95	Bilan positif	Bilan négatif
2 ans	1 941	2 260	↗ +265	
3 ans	5 707	5 553		↘ -154
4 ans	6 078	5 814		↘ -264
5 ans	6 245	5 764		↘ -481
total de 2 à 5 ans	19 971	19 337		-634 élèves
total de 3 à 5 ans	18 030	17 131		-899 élèves

Source : Tableaux de bord de l'Inspection Académique

Le diagnostic est net : aucune des trois classes **d'âge** ne se renouvelle actuellement. Le renfort de 265 inscriptions d'enfants de deux ans est dû aux efforts faits dans ce département pour les accueillir. Cette scolarisation n'était ni facile, à cause de l'extrême dispersion de la population montagnarde et des rigueurs climatiques, ni très demandée. Le retard du Puy-de-Dôme a été récemment comblé et plus d'un enfant de deux ans sur trois fréquente une école. Or, sur le plan national, les inscriptions plafonnent depuis quinze ans à ce taux là. L'avenir est donc incertain : ou le département se conformera au modèle national avec inscription d'un tiers des enfants et les effectifs préélémentaires vont chuter selon la courbe démographique ; ou le département continuera à développer, hors des ZEP, cette scolarisation qui nécessite des locaux appropriés et une réflexion spécifique sur la conduite de la classe, et les effectifs du cycle des préapprentissages se maintiendront en partie. L'école publique de La Bourboule constitue, depuis 1992, un excellent exemple d'établissement qui cherche à s'adapter à la demande des parents de très jeunes enfants, sans y être poussé par une carence démographique. Les habitudes de vie y sont très urbaines, et la majorité des mères a fréquenté l'école maternelle. La gratuité est appréciée des jeunes couples qui vivent de salaires gagnés pendant les saisons touristiques et thermales. Les effectifs ont été confortés par l'inscription d'enfants de deux communes voisines, Murat-le-Quaire qui a fermé son école bien que la commune ait recueilli des jeunes ménages dont l'emploi est à La Bourboule, et Saint-Sauves-d'Auvergne, dont l'école à trois classes ne reçoit pas d'enfants si jeunes. Ces facteurs divers ont conforté la demande d'inscriptions précoces à l'école. En réponse, le projet de l'école maternelle a été adapté pour permettre le fonctionnement d'une « très petite section » autonome, bien que les autres classes soient très chargées ; et les lieux ont été spécifiquement aménagés dans un ancien logement de fonction pour offrir une transition entre l'espace domestique et celui de l'école ; une institutrice y conduit une réflexion sur les objectifs et méthodes de cette classe.

D'une façon générale, l'ouverture de l'école maternelle aux enfants de deux ans tient à trois faits : d'une part la définition d'un projet propre à la « très petite section » correspond à un souci actuel des enseignants[9] ; d'autre part, le recul démographique rend disponible un certain nombre de places, et enfin la demande sociale est d'autant plus forte que cet accueil est gratuit. Les deux mille élèves inscrits dès l'âge de deux ans, même s'ils ne forment pas un dixième des effectifs préélémentaires du département annoncent les effectifs futurs. L'inscription dans la très petite section engage le cursus de l'élève dans une école pour le 1er cycle, et souvent pour les deux suivants. Elle annonce l'inscription d'une fratrie, s'il s'agit de l'aîné de la famille[10]. Ainsi, dans les localités où elles coexistent, écoles publiques et privées reçoivent ces très jeunes enfants en espérant préserver leurs effectifs.

Dans ce contexte difficile, établissements publics et privés se sont partagés les inscriptions nouvelles pendant les années de la croissance, et ont subi ensuite une érosion régulière, avec des pertes légèrement supérieures dans l'enseignement privé qui accueillait 9 207 élèves en 1984 et n'en scolarise que 7 659 en 1994. Par rapport aux inscriptions qui s'élevaient au total à 68 376 puis 58 774, la part des effectifs de l'enseignement privé a glissé de 15 à 13 % en dix ans. Le poids respectif des services privés et publics n'a donc guère changé, ce que montre bien la représentation des effectifs annuels par histogrammes dans deux séquences de la croissance et de la décroissance (Fig. 48).

L'érosion des effectifs a conduit ce département à une situation paradoxale, à la fois améliorée et fragile. Le nombre de postes pour cent élèves a eu tendance à augmenter (Tab. 25).

Tab. 25 - Enseignement public
Evolution du ratio P/E dans le département
du Puy-de-Dôme

	89/90	90/91	91/92	92/93	97/98
(Nombre de postes / Total élèves) x 100*	5,51	5,55	5,60	5,71	5,12

*Postes pris en compte : le total des postes, diminué des postes de réadaptation, des œuvres, de la MGEN, des congés de mobilités, des directions des Instituts Spécialisés et des postes en établissements pénitenciers.
Source : Division de l'organisation scolaire et des statistiques, IA du Puy-de-Dôme

Le Puy-de-Dôme, parmi les départements mi-urbains mi-ruraux qui offrent des situations semblables, est un des mieux pourvus. A titre de comparaison, le département voisin de l'Allier dispose de 6,18 postes pour cent élèves, mais celui du Haut-Rhin seulement de 4,94 en 1994-95. Les effectifs par classe sont donc moins élevés dans le Puy-de-Dôme qu'ils ne le sont sur le territoire métropolitain.

Ces données définissent des conditions d'exercice convenables et, cependant, le système éducatif du Puy-de-Dôme, a été **très fragilisé** par la crise des effectifs. Sur le long terme, il doit chaque rentrée fonctionner avec **moins d'emplois** (Tab. 26).

Fig. 48

A - Evolution des effectifs
des établissements publics et privés
du 1er degré, au cours d'une séquence de la croissanc

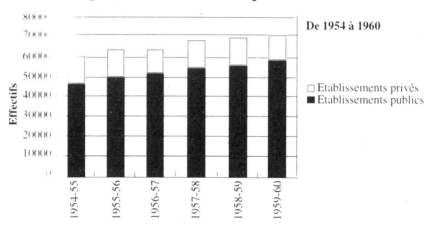

De 1954 à 1960

□ Etablissements privés
■ Etablissements publics

Source INSEE - Annuaire Statistique Régional - 1964

B - Evolution des effectifs des établissements publics
et privés du 1er degré sur une séquence décroissante

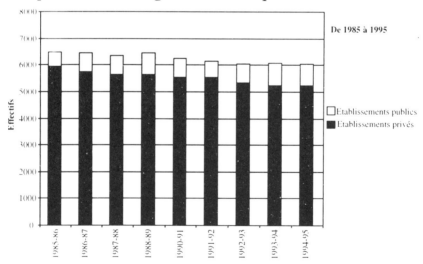

De 1985 à 1995

□ Etablissements publics
■ Etablissements privés

Source : Inspection Académique du Puy-de-Dôme

Tab. 26 - Evolution des effectifs et des emplois
de septembre 1992 à septembre 1994

	PUBLIC			PRIVÉ		
	Effectif total	Variation par rapport à la rentrée précédente	Retraits d'emplois	Effectif total	Variation par rapport à la rentrée précédente	Retraits d'emplois
1992-93	52 661	-983	-39	7 895	-170	-1
1993-94	51 708	-953	-9	7 877	-18	-3
1994-95	51 115	-593	-29	7 659	-218	-5,5

Source : Division de l'organisation scolaire et des statistiques, IA du Puy-de-Dôme

Second facteur de fragilité, cette baisse n'est pas régulière et les embellies de courte durée immobilisent des emplois pour répondre à des besoins ponctuels, immédiats, limités dans le temps, qui remettent constamment en question l'équilibre entre les effectifs et les postes. Enfin, les moyennes cachent des réalités locales qui sont, dans ce département, très contrastées. Les effectifs ont chuté très tôt en montagne, et subissent actuellement une baisse ralentie. Les villes intramontagnardes et surtout l'agglomération de Clermont-Ferrand ont gagné assez d'élèves pour masquer les déficits des écoles de montagne dans le bilan départemental, jusque dans les années soixante-dix ; mais, actuellement, le déficit éclate au grand-jour. Le mauvais renouvellement des classes préélémentaires annonce un diagnostic sévère pour les hautes terres. Le département souffre de deux faits qui y aggravent la crise nationale. Le vivier de l'enseignement préélémentaire est fortement touché par la baisse et la baisse est très inégalement répartie en fonction des contrastes économiques et sociaux locaux.

La régulation des effectifs montagnards a ses caractéristiques propres, qu'il convient de préciser en se consacrant à ces seuls espaces.

B - LE TOURNANT DES ANNÉES SOIXANTE-DIX EN MONTAGNE

Dans la vie scolaire montagnarde, les années soixante-dix n'ont évidemment pas entraîné de retournement quantitatif comme on l'a noté aux plans métropolitain et départemental. La baisse des inscriptions qui sévissait depuis des lustres n'étonnait plus personne mais, dans cette longue phase de décroissance, l'adoption de la mixité[11] et l'allongement progressif de la scolarité ont introduit deux données nouvelles qui ont eu des incidences singulières sur les effectifs montagnards en baisse.

La **mixité** avait été admise dans les écoles de hameaux dès leur ouverture. Dans un premier temps, elle avait été considérée comme un pis-aller fâcheux par l'opinion locale. Les parents craignaient que les jeunes institutrices n'imposent pas une discipline convenable aux garçons, mais ne voulaient pas non plus de jeunes maîtres célibataires, qui étaient dans l'incapacité d'enseigner la couture aux filles ! Ainsi, la mémoire d'un hameau du Forez a-t-elle gardé le souvenir d'un conseiller municipal[12] inquiet qui écoutait, en 1924, sous les fenêtres de l'école les premières prestations d'une normalienne, pour partir, rassuré, annoncer aux habitants : « *Cette fois, nous avons retrouvé... la Noémie* », faisant référence à la première maîtresse d'école qui avait appris à lire aux garçons par des méthodes particulièrement autoritaires en 1880 ! Les écoles des villages et des bourgs, qui ne pratiqueraient pas la mixité, paraissaient offrir un service bien supérieur. La séparation entre garçons et filles était gravée sur les portes d'entrée ou sur les frontons des bâtiments scolaires, comme un certificat de conformité ou un label de qualité. La remise en cause de cette partition a donc été lente dans les bourgs. Il n'en a pas été de même dans les villages, où les écoles étaient tenues par des couples d'instituteurs souvent favorables à la gestion de groupes mixtes d'enfants d'âges voisins, plutôt qu'à celle de classes hétérogènes où s'inscrivaient les enfants d'un seul sexe de cinq à quatorze ans. Thème important dans la vie scolaire entre 1930 et 1939, la mixité a progressé pendant la Seconde Guerre mondiale, car il y avait moins d'instituteurs disponibles, puis pendant les années cinquante, faute d'effectifs. La chronologie qui suit donne un exemple local de ce processus (Tab. 27).

Tab. 27 - Répartition par sexe des élèves dans la commune du Brugeron (canton d'Olliergues, Forez septentrional) 1938-1949

Octobre 1938	140 élèves présents, soit 4 classes répartition traditionnelle sur 2 écoles : • les filles, à l'entrée du village et • les garçons, dans la mairie-école près de l'église. L'effectif des garçons (78 présents) permet d'espérer l'ouverture qui ne se fera jamais d'une 3e classe)
Mai 1939	Congé de maternité de la directrice de l'école de filles. La manque de moyens entraîne la « gémination », c'est-à-dire la réunion deux par deux des classes de filles et de garçons afin que le directeur puisque préparer les uns et les autres au certificat d'études
Juillet 1939	Délibération du Conseil municipal pour approuver la mixité. Le maire n'y est pas défavorable, et, pour emporter la décision, demande la participation de « l'Inspecteur Primaire » d'Ambert à la réunion municipale
Octobre 1939	Nouveau manque de moyens : le directeur et l'instituteur adjoint sont mobilisés. Le maire préfère voir la « grande classe » de filles et garçons aux mains de la directrice des filles et souhaite maintenir la gémination. L'école fonctionne avec la directrice (chargée de ce qui est considéré comme la mission fondamentale : la préparation au certificat d'études des garçons et des filles), l'adjointe et deux jeunes remplaçantes
1940	Adresse à l'Inspecteur Académique d'une pétition des habitants contre l'instauration de la mixité. Après vérification, il apparaît que la lettre est signée par des habitants qui ne sont pas parents d'élèves. L'inspecteur primaire utilise cet argument pour maintenir la gémination. L'enseignement est donné en classes mixtes, dans deux écoles maintenues administrativement, avec deux directeurs ou directrices, dont l'un chargé de la classe de Fin d'Etudes [1]

De telles décisions ont été soutenues par des maîtres novateurs ou des inspecteurs primaires, mais elles ont heurté les parents d'élèves attachés à la tradition. Elles ne se sont généralisées en montagne qu'après 1950 à l'occasion de la chute du recrutement. Elles permettaient de réunir des effectifs qui s'amenuisaient : la mixité a alors progressé des hameaux aux villages, puis des villages aux bourgs et aux villes intramontagnardes.

Ce schéma a peu souffert d'exceptions. En 1965[13], **la plupart des écoles de la circonscription d'Ambert étaient déjà mixtes**, alors qu'aucune ne l'était à Clermont-Ferrand. La carte des retards se calquait sur celle des bourgs et des petites villes, pour trois raisons : la chute des effectifs n'y avait pas conduit à des minima tels que seule la mixité puisse les rendre gérables ; ces petites localités étaient attachées à la séparation des sexes car elles y voyaient un élément de « distinction » apprécié des sociétés éprises d'ordre, et l'expression d'une « morale sociale » à laquelle les écoles de hameaux ne pouvaient pas prétendre ; enfin, dans des petits centres où coexistaient services public et privé, les écoles publiques n'osaient pas prendre une décision que certains parents contourneraient en inscrivant leurs filles dans les établissements privés. En 1965, on séparait donc les garçons des filles, dans les écoles publiques et privées de Saint-Anthème, Arlanc, Marsac-en-Livradois et Ambert. La rivalité public-privé a ainsi renforcé le statu quo à Marsac jusqu'en 1971, date très tardive pour la montagne et ce n'est qu'au début des années soixante-dix que la mixité a été généralisée sur décision de l'inspection académique. Les bourgs et villages-centres ont gardé quelque temps deux écoles : Cunlhat les a préservées jusqu'en 1998, l'une ouverte aux enfants d'âge préélémentaire ou inscrits au cours préparatoire, l'autre aux enfants plus âgés. Dans la plupart des cas, une seule école est restée ouverte, et les bâtiments vacants ont parfois hébergé, comme à Saint-Dier-d'Auvergne, les classes du collège dont la fonction s'est développée dans les années soixante-dix.

L'établissement de la mixité s'est ainsi accompagné d'une simplification considérable de la carte scolaire ; il est donc impossible de comparer, établissement par établissement, les effectifs de 1970 et ceux d'aujourd'hui. Pour s'exercer sur des termes semblables, les comparaisons doivent, en montagne, être conduites localité par localité, et porter sur l'ensemble des filles et garçons scolarisés. Dans cette affaire, le milieu montagnard s'est adapté plus vite que l'agglomération clermontoise aux nouvelles normes. Les instituteurs qui « descendaient » en cours de carrière exercer dans des écoles urbaines avaient l'impression de retrouver en ville des modalités de répartition des effectifs datant d'un autre âge. La mixité est la dernière innovation que les montagnes aient adoptée avec aisance. En revanche, la fermeture des classes de fin d'études, à laquelle on procédait en même temps, ne s'est effectuée que lentement, comme à regrets.

La fermeture des classes qui préparaient au certificat d'études s'inscrit dans les réformes successives qui ont conduit à l'organisation actuelle par cycles du cursus

Fig. 49 - Exemples de cursus scolaires montagnards (enquêtes de terrain)

a - Cursus d'élèves dans les montagnes du Puy-de-Dôme dans les années cinquante et soixante

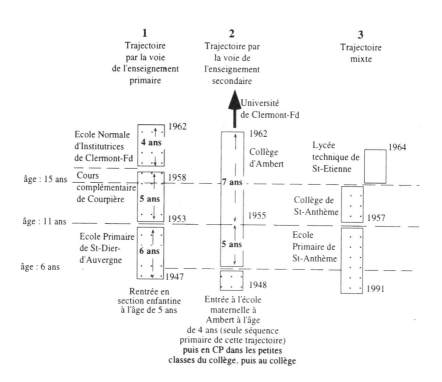

La voie de l'enseignement primaire a été très utilisée dans les montagnes, qui ont ainsi fourni leur propre encadrement à leurs écoles primaires. La trajectoire par l'enseignement secondaire depuis le cours préparatoire était exceptionnelle dans l'enseignement public montagnard. La trajectoire mixte, avec une dernière séquence dans l'enseignement technique, telle qu'elle est représentée ici, est plus représentative des montagnes de l'est que de l'ouest (importance des établissements techniques de Saint-Etienne et Thiers).

b - Années quatre-vingt-dix : cursus actuel dans l'enseignement structuré par degrés

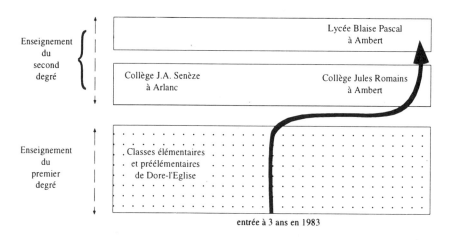

Toute trajectoire passe actuellement par le premier degré (accueil local) puis le second degré (accueil possible au bourg ou à la ville intramontagnarde en fonction des options choisies). Le choix de l'allemand comme première langue a conduit cette élève à ne pas utiliser les possibilités du collège de proximité (Arlanc)[14] et à préférer le collège urbain. La ville d'Ambert a ainsi bien préservé sa fonction scolaire traditionnelle, mais chaque petit « pays » du Livradois-Forez dispose d'un collège issu de cours complémentaires ouverts dans les écoles primaires supérieures du début du siècle. Jean-Auguste SENÈZE, le personnage éponyme du collège d'Arlanc fut un responsable national des actions syndicales et laïques des instituteurs, issu du Livradois.

scolaire. Depuis le XIXe siècle, l'enseignement public proposait en France deux parcours distincts. L'enseignement primaire conduisait la majorité de ses élèves au niveau du certificat d'études, présenté à douze ans, puis à quatorze ans, âges qui correspondaient au terme de la scolarité obligatoire. Cet enseignement primaire proposait aussi des scolarités plus longues dans des cours complémentaires et des établissements primaires supérieurs. Parallèlement, l'enseignement secondaire avait toujours eu vocation de préparer au baccalauréat, même si un grand nombre d'élèves ne parvenait pas à ce terme. Les recherches en sciences de l'éducation ont analysé le fonctionnement de ce système fondé sur deux voies parallèles entre lesquelles les passerelles étaient rares[15]. Mis à part le recrutement local du collège d'Ambert, et l'inscription de quelques élèves dans les lycées, cours secondaires privés ou collèges publics de Clermont-Ferrand et Issoire, la montagne relevait de l'enseignement primaire et les élèves qui ne restaient pas en classe de fin d'études étaient scolarisés dans de nombreux cours complémentaires publics pour la plupart, parfois privés, implantés dans les bourgs et les petites villes. Cette architecture verticale du système scolaire a été renversée au profit d'une organisation par strates qui a offert aux élèves un cursus passant par des cycles successifs (Fig. 49 a et b).

Des textes législatifs et réglementaires ont mis en place ce nouveau cursus et progressivement conduit au collège unique. Une logique unit ces textes[16], quel que fût le gouvernement dont ils émanaient. Le texte initial a été l'ordonnance publiée en 1959 par le ministre Berthoin : elle prolongeait la scolarité obligatoire jusqu'à seize ans et devait s'appliquer aux enfants alors âgés de cinq ans. Par décret, il était prévu que tous les élèves quitteraient l'école à onze ans et seraient accueillis dans un cycle d'observation pour commencer l'étape suivante de leur scolarité. La thèse de Charles MORACCHINI a démontré comment, dans les montagnes d'Auvergne, ce sont les anciens cours complémentaires issus de l'enseignement primaire qui ont assumé cette fonction, et accédé alors au statut d'établissement : ... « *la réforme Berthoin, et c'est certainement là un de ses effets les moins connus, scelle l'existence d'un enseignement populaire de proximité en s'appuyant sur le réseau primaire existant, tout en donnant son autonomie à un ensemble d'établissements publics et privés extrêmement petits* »[17]. Il était donc tout à fait possible pour un enfant de onze ans de trouver un point d'accueil près de chez lui, dans les montagnes du Puy-de-Dôme qui comptaient vingt-quatre CEG publics et vingt cours complémentaires catholiques en 1962-63. Souvent situés dans les chefs-lieux de cantons, les CEG ont vu leur développement soutenu par les conseillers généraux, qui ont entrepris des constructions pour accueillir ce public nouveau. Parfaitement obsolète actuellement, le sigle CEG figure encore dans plusieurs centres des montagnes, gravé sur les façades ou peint sur les panneaux indicateurs. Faut-il voir dans sa perduration, bien au-delà de la réalité administrative, le signe que ces petites localités ont éprouvé une certaine fierté en accédant à ces nouvelles responsabilités scolaires ? C'est vraisemblable. Pourtant, malgré cette proximité immédiate, l'inscription de toute **une génération d'enfants en classe de 6e a nécessité une longue période de transition.** Il a fallu dix ans, de 1962 à 1972, pour passer de l'inscription de six enfants sur dix à la quasi totalité. En 1973, on ne recensait plus de classes de fin d'études, mais deux cent soixante-quatorze élèves étaient encore dénombrés sous ce terme dans l'enseignement public. Ces effectifs résiduels n'ont aucune importance numériquement : ils concernent 0,5 % des effectifs départementaux ! Ils sont cependant intéressants par leur localisation, car la quasi totalité de ces inscriptions (266 sur 274) relève de la zone montagnarde.

La rétention des grands élèves à l'école élémentaire se manifestait aussi bien à proximité des collèges devenus CES (9 élèves en fin d'études au bourg même de Saint-Germain-l'Herm, 8 élèves à Olliergues) que dans les villages éloignés (8 élèves à Chastreix, 8 à Bertignat, 5 à Saint-Donat). Les enquêtes révèlent, dans le souvenir de ceux qui étaient alors adolescents, une certaine indifférence pour une culture qui leur paraissait lointaine, en particulier pour l'apprentissage de langues vivantes dont ils ne pressentaient pas l'utilité. Le fait que les établissements locaux aient changé d'appellation sans que les projets soient bien définis contribuait à créer un certain scepticisme chez les parents. Ceux-ci souhaitaient parfois laisser dans les écoles élémentaires de grands élèves dont les apprentissages étaient peu sûrs pour mieux les préparer au certificat d'études qui était officiellement maintenu. Cette pratique était d'autant plus aisée que les écoles élémentaires voyaient alors fondre leurs effectifs. Ces arguments culturels, pédagogiques ou démographiques se sont cumulés dans certaines montagnes, en particulier en Artense et en Livradois, qui ont enregistré les records de pérennité en « fin d'études ». Tout s'est passé comme si les acteurs étaient restés le plus longtemps possible fidèles au passé et avaient tenté de sauvegarder les effectifs des écoles de proximité. Sans importance numériquement (0,5 % des effectifs), la fréquentation de l'école primaire par ces adolescents révèle un système local sur la défensive, qui freine sa rentrée dans la grande réforme du système éducatif contemporain.

Tab. 28 - Effectifs recensés en « fin d'études » en 1972-73

Total du département	Localisation	Secteurs de:	
274	En montagne : 266 élèves	St-Germain-l'Herm	43 élèves
		Ambert	39 élèves
		La Tour d'Auv.	31 élèves
		Arlanc	30 élèves
		Cunlhat	27 élèves
		Courpière	26 élèves
		Olliergues	26 élèves
		Etc.	....
	Hors de la montagne : 8 élèves	Secteur de Lezoux essentiellement	

Source: Archives manuscrites - Ecoles et effectifs par classe en 1972. Inspection académique du Puy-de-Dôme.

Ecrêtés par les départs en classe de sixième, les effectifs montagnards ne pouvaient pas être renfloués par le bas. En effet, le recrutement préélémentaire qui, nous l'avons vu, dynamisait les écoles au plan départemental et plus encore au plan métropolitain, s'est heurté dans les années soixante-dix à trois difficultés propres au milieu montagnard. La plupart des villages n'étaient pas en mesure d'offrir aux enfants de moins de cinq ans des structures d'accueil spécifiques ; l'utilisation des transports scolaires par un public si jeune paraissait dangereux aux parents, en raison du manque de surveillance et des rigueurs du climat ; enfin, ni l'une ni l'autre de ces questions ne trouvait de réponse, car aucune pression démographique n'y poussait : les écoliers susceptibles d'être inscrits dans les sections préélémentaires étaient issus de générations elles-mêmes amputées par les grandes vagues de départs des années cinquante.

CONCLUSION

Les écoles de montagnes ont donc été prises **en ciseau entre deux processus contraires : le rajeunissement institutionnel** de la politique scolaire, dû à la politique éducative nationale et le **vieillissement de la population locale**, qui avait affecté dès 1970 toute la montagne, villes exceptées. L'affaissement des inscriptions qui en a résulté est sans commune mesure avec la baisse observée au plan national. Il a été d'autant plus ressenti que la notion d'« effectifs scolarisables » s'est brouillée. Jusque dans les années soixante-dix, les effectifs scolarisés en montagne correspondaient assez fidèlement au nombre d'enfants de cinq à quatorze ans résidant dans la commune, diminué du faible contingent des départs en classe de sixième. Avec l'accueil généralisé au collège, il est devenu évident que tous les élèves accompliraient le cursus obligatoire dans deux établissements au moins et, pour la plupart, dans deux localités. Les enfants devraient se situer dans deux communautés différentes. La « **frontière** » **scolaire locale était rompue** au profit du secteur de recrutement des collèges, qui était desservi par des réseaux d'autocars. Au cœur du village même, la signalétique et les installations propres au « ramassage scolaire » ont, dès lors, montré l'insertion des lieux dans une autre hiérarchie territoriale. Même si les enfants de moins de onze ans n'étaient pas concernés, et ne le sont pas encore dans bien des cas, la référence à un autre maillage, accepté ou refusé, est devenu un thème récurrent de la vie collective. L'opinion locale a bien ressenti cette rupture, plus potentielle que réelle. « *Ils sont toujours là* » dit la voisine de l'école de Briffons au sujet de vingt élèves scolarisés dans cette clairière au milieu des landes et des forêts... « *mais allez savoir pour combien de temps !... Le ramassage emmène les grands à Bourg-Lastic ; les petits partiront bien un jour avec* »[18]. Deux décennies de navettes autour des collèges n'ont pas suffi à construire un territoire. En 1970, il y avait fort à parier que la prolongation de la scolarité gonflerait les fonctions scolaires des petits centres, et pénaliserait les structures les plus menues. Or, ces petites structures montagnardes ont perduré au point de devenir, nous l'avons vu, une des singularités du Puy-de-Dôme. Le processus d'érosion sélective qui a fonctionné n'a pas été celui qu'on attendait.

II - LES EFFETS, PAR LOCALITÉS, DU SOUFFLE DE LA CRISE

Les faits démographiques et l'évolution de la scolarité qui perturbaient le recrutement dans les années soixante-dix laissaient entrevoir aux observateurs non pas un, mais deux scenarii quant à l'évolution des effectifs. Le premier - très quantitatif - se basait sur la fonte immédiate des très petites écoles, dont les effectifs résiduels seraient inscrits à plus ou moins brève échéance dans les établissements voisins plus importants. Dans ce cas, on assisterait à un élagage spontané, où les plus petits effectifs seraient éliminés en premier. C'était sans compter que, simultanément, le délestage affecterait aussi les écoles de taille moyenne. Un second scenario plus qualitatif était concevable, en tentant compte du fait que l'élagage « par le bas » n'irait pas de soi, et qu'une école survivrait même avec un effectif initial très bas, si elle recevait quelques enfants issus de populations jeunes renouvelables, ou si des initiatives locales rassemblaient à son profit les élèves des communes voisines. A contrario, une école serait menacée même si les inscriptions étaient convenables en 1970, au cas où elle se situerait dans un village dont les activités ne retiendraient pas de jeunes couples, dont la localisation ne permettrait pas de mouvements pendulaires vers les zones industrielles, et où aucune initiative ne conforterait son attraction. Elle se dégraderait alors jusqu'à partager le sort précaire des très petits établissements. Personne n'envisageait, en 1970, ni la crise démographique des petites villes, ni les reflux d'effectifs sur les auréoles périurbaines, qui ont nourri un troisième scenario.

A - L'ÉVOLUTION SUR DEUX DÉCENNIES 1972-92

Sur le terrain, au cas par cas, on observe tous les types d'évolution. « *Les fermetures des écoles communales voisines ne suffisent pas à soutenir « nos » effectifs* » constate, à juste titre, la directrice de l'école d'Herment, dans un canton où la population a baissé de 30 % entre 1968 et 1990, pendant que le chef-lieu perdait un habitant sur quatre. A quelques kilomètres de là, à Pionsat, le phénomène est perçu différemment. Dans une microcommune proche du bourg, l'élément déclencheur a moins été la baisse des effectifs que le départ d'un instituteur très impliqué dans l'animation culturelle et considéré comme « irremplaçable ». La municipalité s'est débattue quelques années, essayant de bien recevoir des instituteurs qui ne restaient pas, tout en mesurant le risque qu'il y avait à retenir des enfants dans une classe unique qui fonctionnait en isolat... alors qu'elle était peu éloignée du bourg. Pour Madame le Maire, pourtant très attachée à ses responsabilités scolaires, la décision a été prise quand un conseiller municipal lui a annoncé son désir d'inscrire sa fille à Pionsat. « *J'ai compris, ce soir-là, que je ne garderais pas « mon » école* ». Dans le bâtiment rénové pour accueillir les fonctions municipales et la vie associative, le premier magistrat de la petite commune a conservé quelques meubles et du matériel scolaire, comme des symboles identitaires que tous reconnaissent. Depuis la cour d'où l'on aperçoit le clocher de Pionsat, ce maire explique l'organisation actuelle, qui a rassemblé les enfants au chef-lieu de canton, sans attendre que les effectifs aient littéralement fondu.

L'histoire de chaque école combine ainsi les effets d'additions et de soustractions diverses. Les données démographiques sont interprétées selon les règles nationales du système éducatif, mais accommodées en fonction des initiatives locales et bousculées au hasard des nominations d'enseignants et des déplacements familiaux. Le mode de régulation qui a prévalu depuis vingt ans n'a pas pu être recherché d'emblée dans des enquêtes de terrain, plus révélatrices de la singularité locale que des règles communes. Ces dernières ont émergé grâce à une étude quantitative qui a pris en compte la totalité des populations scolaires. La comparaison entre les inscriptions actuelles et celles de 1970 n'a pas été possible école par école, puisque la restructuration qui a suivi la mixité a souvent éliminé une école sur deux ou sur trois. On a donc procédé à une étude par localités, en relevant pour chacune d'elles, à **deux décennies d'intervalle, les effectifs accueillis** dans le service public, et pour les rares cas concernés, ceux de l'enseignement privé.

L'évolution a préservé les cas extrêmes. Dans le service public, la concentration sur quelques localités majeures et la dispersion des écoles dans une poussière de localités vidées par les départs s'annonçaient dès le début des années soixante-dix. A cette date, le service privé avait déjà[19] concentré son offre sur des bourgs qui comptaient des effectifs beaucoup plus homogènes, compris entre trente et cent élèves pour la plupart, jamais inférieurs à trente. Or, deux décennies plus tard, le service privé se trouve de nouveau contraint d'accueillir moins de trente élèves dans quelques écoles. Cet « éternel retour »[20] des petits effectifs qui se reconstituent en un lieu alors qu'ils disparaissent en un autre est caractéristique des montagnes du Puy-de-Dôme, et s'est renouvelé constamment, à quelques kilomètres de gros bourgs et de petites villes, qui ont préservé d'importants effectifs, atteignant ou dépassant une, voire deux centaines d'élèves. Ces tendances locales sont lisibles dans le jeu des quatre histogrammes qui suivent, construits à partir d'un relevé des inscriptions par localités, dans les écoles publiques et privées[21], à une vingtaine d'années d'écart (cf. Fig. 50, 51, 52).

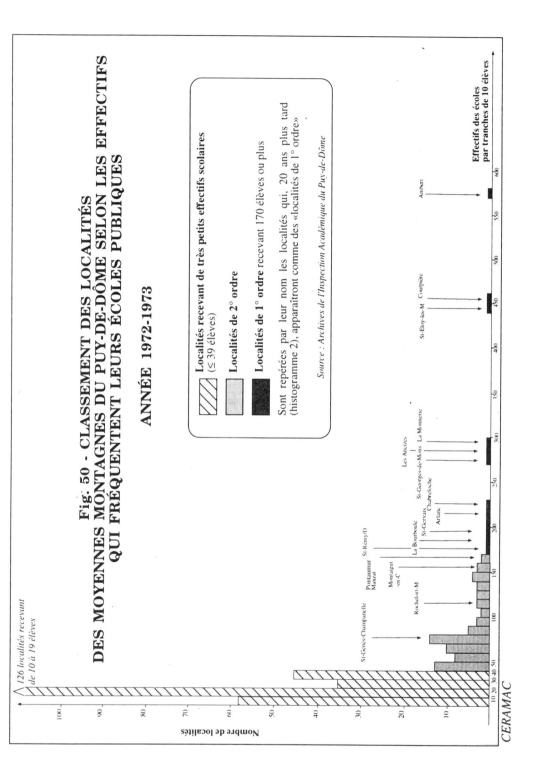

Fig. 50 - CLASSEMENT DES LOCALITÉS DES MOYENNES MONTAGNES DU PUY-DE-DÔME SELON LES EFFECTIFS QUI FRÉQUENTENT LEURS ÉCOLES PUBLIQUES

ANNÉE 1972-1973

Localités recevant de très petits effectifs scolaires (≤ 39 élèves)

Localités de 2° ordre

Localités de 1° ordre recevant 170 élèves ou plus

Sont repérés par leur nom les localités qui, 20 ans plus tard (histogramme 2), apparaîtront comme des «localités de 1° ordre»

Source : Archives de l'Inspection Académique du Puy-de-Dôme

Effectifs des écoles par tranches de 10 élèves

Nombre de localités

126 localités recevant de 10 à 19 élèves

CERAMAC

- 254 -

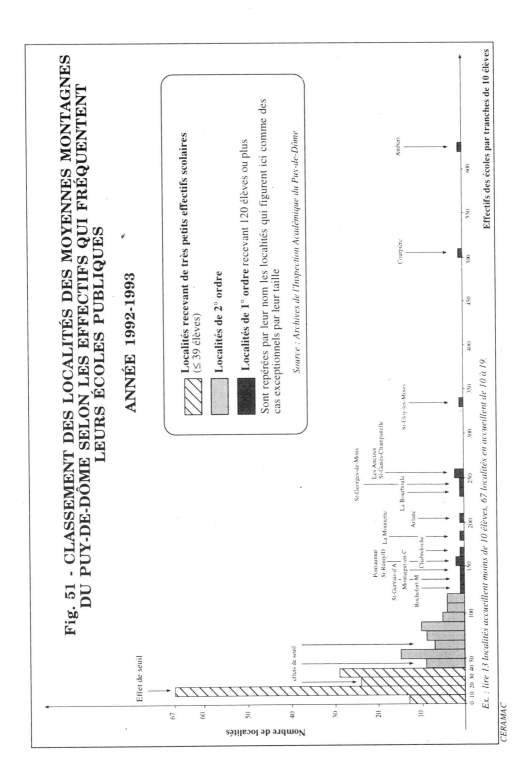

Fig. 51 - CLASSEMENT DES LOCALITÉS DES MOYENNES MONTAGNES DU PUY-DE-DÔME SELON LES EFFECTIFS QUI FRÉQUENTENT LEURS ÉCOLES PUBLIQUES

ANNÉE 1992-1993

Localités recevant de très petits effectifs scolaires (≤ 39 élèves)

Localités de 2° ordre

Localités de 1° ordre recevant 120 élèves ou plus

Sont repérées par leur nom les localités qui figurent ici comme des cas exceptionnels par leur taille

Source : Archives de l'Inspection Académique du Puy-de-Dôme

Ex. : lire 13 localités accueillent moins de 10 élèves, 67 localités en accueillent de 10 à 19.

Effectifs des écoles par tranches de 10 élèves

Nombre de localités

CERAMAC

- 255 -

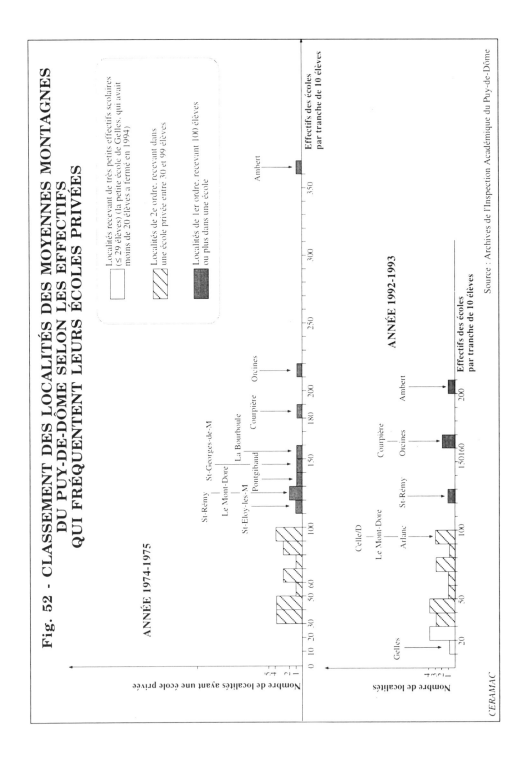

Fig. 52 - CLASSEMENT DES LOCALITÉS DES MOYENNES MONTAGNES DU PUY-DE-DÔME SELON LES EFFECTIFS QUI FRÉQUENTENT LEURS ÉCOLES PRIVÉES

Source : Archives de l'Inspection Académique du Puy-de-Dôme

CERAMAC

La comparaison des quatre histogrammes est riche d'enseignements sur l'histoire des populations scolaires. Seul l'histogramme consacré aux inscriptions dans l'enseignement privé en 1974 ignore les petits effectifs (Fig. 52). Les trois autres sont semblables par leur structure tripartite. Deux décennies de crises démographiques, de modernisation du système éducatif et de corrections constantes effectuées pour permettre à l'école de fonctionner malgré les aléas démographiques, n'ont en rien changé l'hétérométrie du système scolaire public. En 1972, celui-ci était implanté dans les gros bourgs, les petites villes et les centres industriels ; il a conforté sa position dans ces localités majeures. Il reste implanté dans des localités dont les effectifs paraissent, en leur temps, ni exceptionnellement fournis, ni particulièrement faibles. Ces localités « de second ordre », tout en étant repérables sur les deux histogrammes, sont actuellement moins nombreuses. Enfin, le service public était et reste ouvert dans une nuée de localités qui inscrivent moins de quarante élèves. C'est cette « aile gauche » de l'histogramme qui paraît actuellement en reconstitution dans l'enseignement privé.

La diminution globale des inscriptions a donc entraîné quatre effets territoriaux. Les localités ayant au moins une école sont moins nombreuses, particulièrement dans le service public : le nombre effarant des villages et hameaux inscrivant de dix à vingt élèves a régressé de moitié (126 localités en 1972, 67 actuellement). Second effet, les effectifs de l'ordre de cent cinquante élèves sont devenus rares dans le service public, et ont presque disparu du service privé, alors qu'ils offrent des possibilités d'organisation intéressante pour la vie scolaire. Du coup, la **rupture qui distinguait, dans le secteur public, le groupe des localités majeures et celui des localités moyennes, a glissé de cent soixante-dix à cent vingt élèves**. Enfin, dans ce tassement général, on observe des « hauts » et des « bas » car les acteurs du système scolaire, public ou privé, essaient de recruter plus de dix ou trente élèves pour éviter que leurs effectifs se rapprochent des seuils où sont prononcés les fermetures : en 1993, une classe unique pouvait se maintenir si, selon sa situation géographique, elle prévoyait huit ou dix inscriptions ; une école à deux classes évitait la fermeture d'une classe au-dessus de vingt élèves, une école à trois classes au-dessus de quarante-cinq, une école à quatre classes au-dessus de soixante-quinze, et à cinq classes, le recrutement ne devait pas dépasser vingt-sept élèves par classe après la fermeture[22]. Les initiatives locales freinent donc la chute des inscriptions pour qu'elles se maintiennent au-dessus des seuils où une classe serait menacée.

B - LA RÉSISTANCE DES EFFECTIFS MAJEURS ET MINEURS

Dans la baisse globale que les histogrammes reflètent, les **effectifs majeurs ont assez bien résisté**, en particulier dans l'enseignement public. Les **centres industriels** (Les Ancizes, Saint-Georges-de-Mons et Saint-Rémy-sur-Durolle) et **touristiques** (La Bourboule) ont gardé suffisamment d'enfants pour maintenir de grosses écoles à la fois dans le secteur public et le secteur privé. Les deux services disposent de sites majeurs dans la zone périurbaine montagnarde de Clermont-Ferrand, sur les communes voisines de Saint-Genès-Champanelle (école publique) et d'Orcines (école privée, doublée d'une école publique en développement au village de La Font-de-l'Arbre). Les écoles privées montagnardes qui ont le mieux résisté à la crise sont celles du pays thiernois. La composition sociologique de celui-ci a contribué à leur bonne tenue. Leurs inscriptions ont été confortées par le choix de certaines familles, qui ont préféré le service privé, pour éviter les enfants de l'émigration turque plus nombreux à l'école publique. Ainsi, l'école privée de Saint-Rémy-sur-Durolle[23] reçoit-elle des enfants de la commune voisine, La Monnerie-le-Montel ; en août 1996, un reportage paru dans le quotidien régional[24] sur les activités d'écriture conduites dans cette école est tout à fait significatif de l'ancrage dans la tradition locale : les élèves ont conçu un livre, présenté sous forme de couteau, dont les lames tiennent lieu de pages, et cette création scolaire est présentée dans tout ce qu'elle suppose de liaison avec le passé thiernois et la mémoire des familles[25]. Si on globalise les inscriptions des deux écoles, les effectifs de

Saint-Rémy ont toutefois subi une légère baisse, et restent en deçà de la barre des trois cents élèves. Avec sa forte concentration de huit cents élèves, Ambert présente la situation inverse : fort recul des effectifs privés, mais nets gains des effectifs publics, pour un bilan global qui, cependant, ne parvient pas à être positif. Les écoles publiques qui ont gagné le plus d'élèves - une cinquantaine en deux décennies - sont celles de Courpière et d'Ambert. Cependant, la conjoncture récente se révèle fragile, et, dans les hauts et les bas des rentrées successives, une lente tendance à la baisse s'est maintenant installée.

Tab. 29 - Lente érosion des inscriptions
de 1985 à 1994 à l'école Henri Pourrat à Ambert
(école élémentaire publique)

Années scolaires	CP	CE1	CE2	CLAD	CM1	CM2	CLIS	Total
1985-86	68	80	73	12	79	96	12	420
1986-87	80	68	87	13	76	89	9	422
1987-88	84	79	78	12	90	84	15	442
1988-89	66	94	82	12	75	81	12	422
1989-90	60	73	95	11	89	78	8	414
1990-91	81	57	80	10	95	86	10	419
1991-92	71	70	63	11	82	100	10	407
1992-93	76	62	73	12	68	85	11	387
1993-94	74	70	72	8	75	65	10	375
1994-95	70	65	73	11	70	78	11	378

CLAD : Classe d'Adaptation, pour enfants en difficultés d'apprentissage
CLIS : Classe d'Intégration Scolaire pour enfants handicapés, pouvant suivre des rééducations et des thérapies dans des centres extérieurs à l'école
La diagonale suit le devenir scolaire de la dernière génération nombreuse (écoliers inscrits en 1986 et 1987 au CP)
Source : Statistiques fournies par Monsieur le Directeur de l'école H. Pourrat

Les rentrées au Cours Préparatoire (Tab. 29) n'ont pas évolué de façon linéaire : le chiffre sur un seul groupe scolaire reflète évidemment les hasards des naissances et des déplacements familiaux. Dans le cas d'Ambert (Tab. 29), il a enregistré très brièvement la courte reprise des naissances de 1980 dont on a repéré, au plan départemental, les effets positifs sur les générations inscrites en 1986 et 1987. Le recrutement a ensuite sensiblement fléchi (moitié inférieure à gauche du tableau). Il n'y a pas eu de crise à Ambert, mais une hémorragie latente, dont le taux a été de 10 % en dix ans. La petite ville a été confrontée aux problèmes communs à toute population urbaine : baisse de l'emploi industriel qui n'attire plus de jeunes ménages, installation de jeunes couples en périphérie par un phénomène de « micro-périurbanisation ». Elle a dû aussi assumer l'évolution de sa fonction intramontagnarde. Elle a reçu les enfants des communes voisines au fur et à mesure que les écoles de montagne ont fermé, et donc élargi son aire de recrutement jusqu'à une distance qui ne pouvait plus croître. L'évolution, toutefois, n'a rien d'irréversible : en effet, l'école H. Pourrat a retrouvé, à la rentrée 1998, avec quatre cent dix-sept élèves, les effectifs de 1990-91.

Le **contingent des localités de troisième ordre** s'est maintenu dans l'enseignement public et, qui mieux est, a pu renaître de ses cendres dans l'enseignement privé. Constamment amputé par le bas, il a été aussitôt **renfloué par le haut, avec la glissade des localités de second ordre** sous la barre des quarante ou des trente inscriptions, selon que l'on se place dans le service public ou privé. Le maintien de ces micro-sociétés scolaires relève de deux histoires contraires : ou une petite école a réussi à préserver voire à conforter ses effectifs, et son cas s'apparente à une dynamique de **résistance** ; ou un site à plusieurs classes a perdu progressivement ses élèves, et son cas s'inscrit dans un processus **régressif**. Les deux histoires diffèrent par les effectifs initiaux et débouchent sur des sociétés scolaires singulières, bien que dans les recensements actuels, les chiffres soient semblables.

Dans les zones d'emplois proches des villes, de micro-sociétés scolaires se sont maintenues. Elles sont à l'échelle d'une clairière autour de Thiers et d'Ambert, et rassemblent une dizaine d'élèves. On les rencontre aussi dans les anciens « villages-vignerons » recolonisés par la rurbanisation, cas fréquent près d'Issoire ; elles regroupent alors une vingtaine d'élèves. Elles se situent enfin dans les villages qui offrent quelques services de proximité pour des résidents dont l'emploi se situe aux Ancizes ou à Riom ; on recense alors une trentaine d'enfants. Bien qu'ils n'aient pas d'activités propres importantes, ces villages et hameaux sont restés des lieux de vie dans la mesure où l'installation de **quelques couples** a conforté les effectifs scolaires. Nous sommes ici sur les franges de la périurbanisation (Tourzel-Ronzières, St-Julien) ou sur des points où se manifestent les premiers effets d'une nouvelle ruralité (l'inscription des enfants d'une infirmière a sauvé la petite société scolaire à Chassagnols, dans les forêts de l'Ambertois). La décision de confier leurs enfants à l'école du lieu de résidence ne va pas de soi pour des parents très mobiles. Elle résulte d'un choix favorable au milieu local, au petit nombre, à l'environnement montagnard ou semi-montagnard plutôt qu'à la ville. Celui qui entre dans ces lieux observe une curieuse relation entre passé et présent. Le cadre est celui d'autrefois, on a parfois préservé le vieux matériel scolaire. A l'école de Saint-Julien, les pupitres en bois et les placards cirés donnent l'impression qu'on va tourner un « film de Pagnol », pour lequel les figurants, habillés à la mode des grandes surfaces périurbaines, n'auraient pas encore enfilé les costumes d'époque ; ils sont cependant tous là : il y a **peu de tables vides** dans ces écoles qui ont toujours été petites mais dont les effectifs ont résisté (Tab. 30).

Dans les zones qui offrent peu de possibilités d'emploi ou de résidence, au-delà des auréoles périurbaines, les petits effectifs ne constituent plus qu'un **noyau résiduel** d'une dizaine d'enfants. C'est le lot banal des chefs-lieux des communes périphériques des Combrailles, des Monts Dore ou du Livradois-Forez. Aux visiteurs qui poussent leurs portes, ces écoles donnent immédiatement la mesure du recul qui les affecte : dans le couloir-vestiaire, traditionnellement équipé d'une rangée de portemanteaux, l'œil suit une enfilade vide avant de s'arrêter sur quelques étiquettes coloriées, qui portent les prénoms actuels, Kevin, Vanessa, Arthur... et qui sont accompagnées d'autant de paires de chaussons. La chute des effectifs (Tab. 30) est en quelque sorte concrètement exposée... Il y a quelque chose de poignant dans la **survie de minuscules sociétés scolaires, logées dans des cadres surdimensionnés**, conçus pour des collectivités qui comptaient trois ou quatre fois plus d'élèves il y a vingt ans.

Tab. 30 - Evolution sur deux décennies des micro-sociétés scolaires

Noms des villages ou des hameaux		Nbre d'élèves inscrits en		Localisation	Typologie
		72-73	92-93		
inscrivant MOINS de 40 élèves en 1972	Pitelet (commune de St-Victor-Montvianex)	15	14	hautes clairières des pays de Thiers et d'Ambert	Tradition de très petits effectifs et dynamique de résistance
	Chassagnols* (commune de St-Just-de-Baffie)	17	07		
	St-Julien (comme de Montaigut-le-B)*	10	17	Buttes bordières des Limagnes	
	Tourzel-Ronzières	12	20		
	St-Angel	28	38	Combrailles périurbaines	
	Le Vernet-Ste-Marguerite (ens. privé)	35	25	Confins des monts Dore	
inscrivant PLUS de 40 élèves en 1972 et MOINS de 40 en 1992	St-Maurice-de-Pionsat	65	34	Combrailles rurales	Accueil d'effectifs résiduels, ...
	St-Jacques-d'Ambur	53	15		
	Picherande	58	24	Montagnes herbagères	
	Anzat-le-Luguet	44	12	(Monts Dore, Cézallier)	... et quelques résistances récentes
	Sauvessanges (ens. privé)	64	27 (en ✓)	Hautes terres isolées de l'est	
	Le Brugeron	39	33	du département	

*Ecoles fermées en 1998 et 1999 ; effectifs rassemblés au chef-lieu de commune
Enseignement privé : chiffres de 1974
Source : Archives IA et enquêtes de 1992.

C - LA GLISSADE DES EFFECTIFS INTERMÉDIAIRES

Les localités qui inscrivent entre deux cent trente et soixante-dix élèves dans leurs écoles publiques sont de moins en moins nombreuses : entre ces bornes, les barres des histogrammes[26] se sont affaissées. Par rapport à l'année 1972-73, on recense moins de localités qui inscrivent, par exemple, entre soixante-dix et quatre-vingts élèves, alors qu'elles sont plus nombreuses à en rassembler cinquante ou soixante. Amputé par le bas, ce contingent ne s'est pas renfloué par le haut. Une glissade générale a emporté les effectifs. Les vecteurs du schéma qui suit révèlent la puissance de la crise (Fig. 53). Son souffle a entraîné, dans la plupart des cas, une chute des inscriptions comprise entre 20 et 30 % : Bourg-Lastic a régressé de cent vingt à cent deux élèves, La Tour d'Auvergne de soixante-dix-neuf à cinquante-six. C'est le lot commun de la plupart des chefs-lieux de canton (Tauves, Viverols, Arlanc, Montaigut-en-Combrailles ont connu un déficit semblable), ainsi que des villages de même taille (Augerolles, Dore-l'Eglise). Selon l'amplitude des vecteurs, on distingue les reculs majeurs et les cas de meilleure tenue.

En corrélant les chiffres scolaires et les caractéristiques économiques et sociales des localités, on peut avancer que quatre règles ont régi cette évolution (Fig. 54).

Les déficits majeurs sont enregistrés dans les localités victimes de la crise d'une activité dominante : trois écoles du bassin minier de Messeix ont perdu à elles seules cent quatre-vingts élèves ! L'école de Messeix même ne gardait pas, en 1992, la moitié des effectifs de celle de Bourg-Lastic, le bourg-centre voisin. Chute considérable aussi sur le carreau des mines de Youx-Montjoie, sur le site d'industrie chimique de Vertolaye et dans le pays thiernois. Dans chaque cas, les communes industrielles ont été plus pénalisées que les centres de services proches : Youx, plus gravement que Montaigut-en-Combrailles, Vertolaye plus qu'Ambert, La Monnerie et Chabreloche plus gravement que Saint-Rémy-sur-Durolle et Celle. Ces pertes atteignent et même dépassent la moitié des inscriptions de 1972.

Fig. 53 - Évolution des effectifs des écoles publiques entre 1972-73 et 1992-93
Localités dont les effectifs étaient compris entre 70 et 230 élèves en septembre 1972

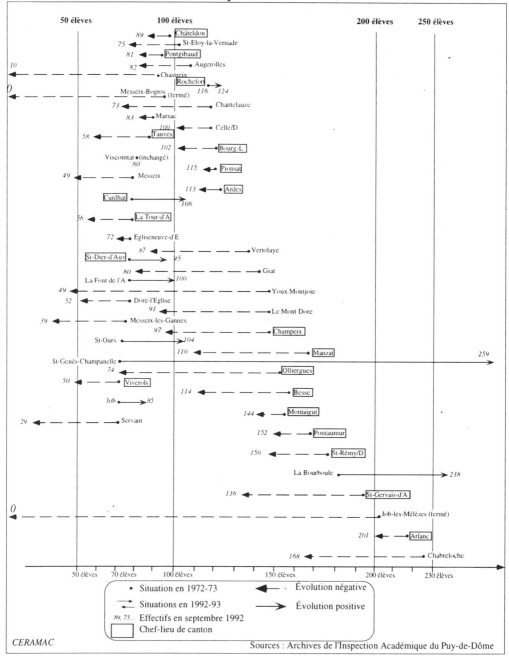

Fig. 54 - Types d'évolution des effectifs scolaires de taille moyenne

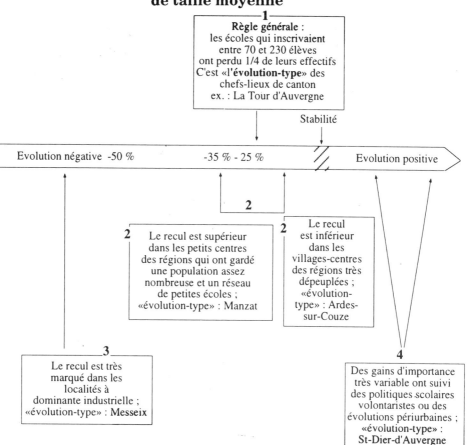

1

Règle générale :
les écoles qui inscrivaient
entre 70 et 230 élèves
ont perdu 1/4 de leurs effectifs
C'est «l'**évolution-type**» des
chefs-lieux de canton
ex. : La Tour d'Auvergne

Stabilité

Evolution négative -50 %   -35 % - 25 %   Evolution positive

2

2 Le recul est supérieur
dans les petits centres
des régions qui ont gardé
une population assez
nombreuse et un réseau
de petites écoles ;
«évolution-type» : Manzat

2 Le recul
est inférieur
dans les
villages-centres
des régions très
dépeuplées ;
«évolution-
type» : Ardes-
sur-Couze

3
Le recul est très
marqué dans les
localités à
dominante industrielle ;
«évolution-type» : **Messeix**

4
Des gains d'importance
très variable ont suivi
des politiques scolaires
volontaristes ou des
évolutions périurbaines ;
«évolution-type» :
St-Dier-d'Auvergne

• Le recul moyen est représenté par La Tour d'Auvergne qui passe en vingt ans de 79 à 56 élèves.
Le recul est inférieur dans le type illustré par Ardes-sur-Couze qui passe de 124 à 113 élèves.
Il est aggravé dans les cas semblables à celui de Manzat qui passe de 163 à 110 élèves.

• L'archétype de la crise est donné par Messeix, où, les trois sites confondus (Messeix, Messeix-Bogros, Messeix-les-Gannes), les effectifs ont chuté de 248 à 88 élèves.

• Saint-Dier-d'Auvergne qui représente les rares évolutions positives, est passé de 77 à 95 élèves.

La ponction reste supérieure à la norme, c'est-à-dire **a prélevé entre le tiers et la moitié des effectifs si deux facteurs se sont conjugués : vieillissement** du village de bourg-centre, mais maintien dans un environnement encore relativement peuplé, de petites écoles de proximité, comme si les populations dispersées étaient rebelles à l'attraction de l'école majeure. C'est le cas de Manzat (on préfère scolariser ses enfants à Saint-Angel, si on y habite, plutôt que de les déplacer sur Manzat), d'Olliergues (on laisse ses enfants au Brugeron ou à La Chapelle-Agnon plutôt que de les faire descendre dans l'école de vallée), mais aussi de Saint-Gervais-d'Auvergne et de Champeix : on discerne un phénomène de **rétention des enfants** dans les petites écoles du voisinage. Paradoxalement, dans des contextes démographiques beaucoup plus fragilisés, les inscriptions se sont, jusqu'alors, mieux maintenues. Dans leurs environnements exsangues, Ardes-sur-Couze et Egliseneuve-d'Entraigues n'ont perdu que quelques dizaines d'élèves, car ils ont élargi leurs aires de recrutement. Sur les deux décennies observées, ils ont réussi à préserver les neuf dixièmes de leurs inscriptions : la crise, dans ces cas-là, s'annonce pour demain.

Les évolutions positives sont rares. Elles concernent soit des centres de petits « pays » (Rochefort-Montagne sur le versant septentrional des Monts Dore, Cunlhat au creux d'un bassin du Livradois), soit des localités urbaines ou périurbaines (La Bourboule sur la Haute-Dordogne, La Font-de-l'Arbre, près de Clermont-Ferrand). L'école de Saint-Dier-d'Auvergne, dont on étudiera plus loin la restructuration, a bénéficié de deux apports : elle inscrit les enfants des hameaux voisins, mais aussi ceux de la petite commune d'Estandeuil, qui a su attirer de jeunes couples travaillant dans l'agglomération clermontoise. Dans ces quelques exemples de reprises scolaires, ces facteurs positifs ont été accompagnés d'initiatives locales fortes, venues de maires ou d'enseignants déterminés à soutenir la fonction scolaire publique.

Seules deux écoles privées de taille moyenne ont préservé leurs effectifs en s'inscrivant dans deux processus contraires. Arlanc a rassemblé une bonne part des inscriptions potentielles de son petit territoire et accueille les enfants des communes voisines dont l'école publique avait fermé : en 1993, Beurrières lui envoyait la quasi totalité de ses enfants, vingt et un à l'école publique et vingt-trois à l'école privée ; de même, quinze élèves résidant dans la petite commune de Mayres étaient inscrits à Arlanc, sept dans le service public, huit dans le service privé. L'école, privée comme publique, s'inscrit donc bien, dans ce cas, dans les fonctions attractives de ce petit bourg de vallée industrielle. C'est, à rebours, un véritable mouvement de refus de la ville qui a grossi les effectifs de l'école privée de Celles-sur-Durolle. Arlanc et Celles sont des exceptions dans un contexte de régression (Fig. 55).

Toutefois, ces quelques exceptions mises à part, le souffle de la crise a été plus ravageur dans l'enseignement privé que dans l'enseignement public ; il a affecté particulièrement les localités dont les écoles privées recrutaient, il y a vingt ans, entre soixante-dix et deux cent vingt élèves. L'évolution-type des chefs-lieux de canton[27] se solde, entre 1974 et 1992, par une perte de la moitié des effectifs, quel que soit le chiffre initial. Les inscriptions à l'école privée de Pontgibaud sont passées de cent trente-six à soixante-dix élèves ; celles de Cunlhat de quatre-vingt-treize à cinquante-deux ; celles de Tauves de soixante-dix-sept à trente-six et celles de Saint-Anthème de quatre-vingt-dix à trente-sept. Enfin, dans ce même laps de temps, ont été fermées les écoles privées de Montaigut-en-Combrailles et de Saint-Germain-l'Herm, ainsi que celles, plus petites, de Bourg-Lastic et de Vollore-ville[28]. La périphérie du département a ainsi été très touchée par le recul des effectifs de l'enseignement privé, dont il ne subsiste qu'une série discontinue de points, parfois en doublons : Saint-Eloy-les-Mines et Giat, Bagnols près de Tauves et Tauves, Sauvessanges et Saint-Anthème dans le sud du Forez, Arconsat et Celle dans la montagne de Thiers. Les chiffres des inscriptions ne sont plus révélateurs de la fonction de petit centre : l'école privée de Sauvessanges accueille presque autant d'élèves que celle de Saint-Anthème et vient d'accroître ses effectifs (1992 : 27 élèves ; 1994 : 37 élèves) ; celle de Tauves, avec une vingtaine d'élèves, est du même ordre que celle du petit village de Bagnols. Tout observateur, analysant le recrutement en 1974 aurait estimé que l'enseignement privé offrait des positions solides, car il ne gardait ouverte aucune école de moins de trente élèves et il était situé essentiellement dans des bourgs ou du moins des villages-centres. Au fur et à mesure que la population des petits centres a diminué, et que leurs fonctions se sont appauvries, le recrutement des petites écoles privées s'est fragilisé.

**Tab. 31 - L'amenuisement des sociétés scolaires
dans des localités de second ordre
offrant un enseignement public et privé**

Nom de la localité	Ordre de grandeur du déficit sur deux décennies (en dizaines d'inscriptions)		Effectifs actuels (nombre d'élèves)	
	Ecole privée	Ecole publique	Ecole privée	Ecole publique
Tauves	-3	-3	36	58
Champeix	-4	-5	42	97
Le Mont-Dore	-3	-6	93	91
Giat	-2	-4	60	80
St-Germain-l'Herm	-9 (fermeture)	-2	0	58
Arlanc	Pas de déficit	-2	92	201
Cunlhat	-4	gain : +2	52	106
La Font-de-l'Arbre et Orcines	-5	+2,5	163	100
Celles-sur-Durolle	gain : +2	-2	99	100˙

La chute des effectifs s'inscrit dans une crise locale qui, d'ailleurs, a débordé l'enseignement du premier degré. A Saint-Anthème et Tauves, les effectifs privés ont baissé de moitié en deux décennies ; en même temps, ceux du secteur public ont régressé d'un tiers ; compte tenu des quelques départs pour les collèges urbains, les cours moyens des deux écoles ne suffisent plus à assurer des contingents viables en classes de sixième et cinquième. Les deux collèges reçoivent, à la rentrée 1996, moins de cinquante élèves pour quatre classes ! Il apparaît aux yeux de tous urgent de réorganiser ces sociétés scolaires : ces deux localités sont devenues, dans le département du Puy-de-Dôme, le symbole de cette nécessité et figurent à ce titre, comme

Fig. 55 - Évolution des effectifs des écoles privées
entre 1974 et 1993
Localités dont les effectifs étaient compris entre 70 et 230 en 1974

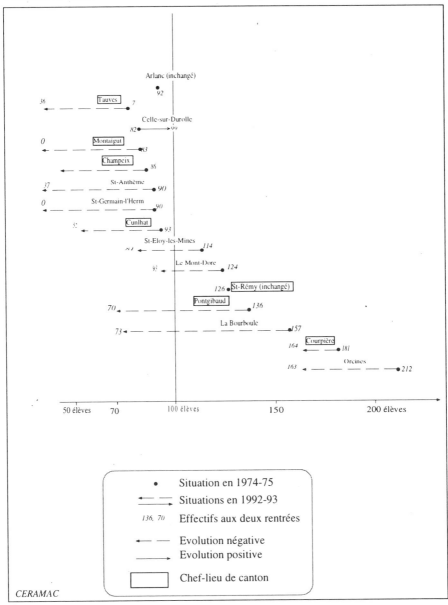

référence dans la presse régionale[29]. Dans les montagnes loin de l'agglomération clermontoise, écoles publiques et privées ont eu l'une et l'autre du mal à recruter des élèves, et leur présence côte-à-côte dans des localités vieillies sectionne la population scolarisable en deux entités très menues, qui accumulent les déficits (Tab. 31).

La présence des deux écoles n'a pas préservé de la crise la fonction scolaire. Exceptées les situations périurbaines et quelques localités bien ancrées dans leurs territoires, les déficits privés et publics se sont accumulés.

CONCLUSION

La « transition démographique » que tous les établissements français du 1er degré ont connue en une génération a eu, dans les montagnes du Puy-de-Dôme, des effets singuliers : après deux décennies durant lesquelles les grandes écoles publiques ont été confortées, la tendance actuelle est incertaine et le recrutement s'effectue en dents de scie, selon les hasards des rentrées. Les inscriptions dans les classes préélémentaires ont été impuissantes à soutenir les effectifs des bourgs-centres et des villages, qui continuent une régression commencée il y a un demi-siècle. **Laissée à son libre cours, l'évolution est défavorable aux écoles d'une centaine d'élèves, celles-là même où l'organisation du cursus scolaire par cycle paraît plus aisée.** Une coupure s'établit dans les montagnes du Puy-de-Dôme entre les sociétés scolaires de type urbain, où les élèves se répartissent entre plusieurs écoles maternelles et primaires, publiques et privées, et les sociétés de troisième ordre avec des effectifs atomisés dans des écoles de moins de quarante enfants, où l'action éducative doit être conduite dans des conditions très spécifiques, avec des classes à plusieurs cours et l'accueil de quelques élèves d'âge préélémentaire. Entre ces deux extrêmes, les structures intermédiaires sont menacées. Dans ce mouvement, les acteurs ont eu le choix entre deux possibilités d'intervention. Ou ils ont agi à la base, au terme de la reculade, en essayant de conforter les plus petites localités, ou ils ont tenté de rompre cette régression en privilégiant les

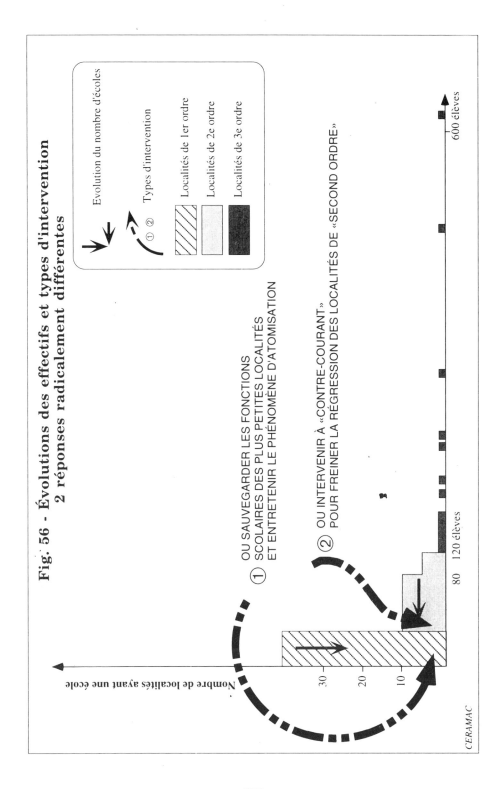

Fig. 56 - Évolutions des effectifs et types d'intervention 2 réponses radicalement différentes

① OU SAUVEGARDER LES FONCTIONS SCOLAIRES DES PLUS PETITES LOCALITÉS ET ENTRETENIR LE PHÉNOMÈNE D'ATOMISATION

② OU INTERVENIR À «CONTRE-COURANT» POUR FREINER LA RÉGRESSION DES LOCALITÉS DE «SECOND ORDRE»

Evolution du nombre d'écoles

Types d'intervention

Localités de 1er ordre

Localités de 2e ordre

Localités de 3e ordre

Nombre de localités ayant une école

30

20

10

80   120 élèves

600 élèves

CERAMAC

effectifs moyens. La Fig. 56 situe ces stratégies contraires dans l'évolution caractéristique des montagnes du Puy-de-Dôme.

Jusqu'alors, la sauvegarde de petits effectifs a été ressentie dans l'opinion locale comme un fait dont on peut être fier, qui manifesterait une qualité spécifiquement montagnarde : une façon propre à ce milieu d'assimiler les règles nationales et de les adapter à la taille des lieux de vie. « *A Fohet[30], on est bien* ». Le slogan, en graphisme multicolore, silhouettes d'enfants à l'appui, figurait sur une affichette collée à la porte de l'école en 1994. Le fait était indiscutable : les quatorze élèves de cette école à classe unique, organisée en RPI, travaillaient dans de bonnes conditions. Cependant, de par son existence même, l'affiche avouait que cette petite collectivité scolaire éprouvait la nécessité de se justifier aux yeux du public. Elle traduisait bien le paradoxe que les chiffres ont montré : issus de la crise montagnarde, mais parfois renfloués par la nouvelle société rurale, les petits effectifs sont, dans le Puy-de-Dôme, à la fois **menacés et tenaces**. Ils n'excluent pas une image rénovée de l'école, mais la ville et la collectivité nationale portent sur eux un regard sceptique.

La fragilité des établissements de l'ordre d'une cinquantaine ou d'une centaine d'élèves est dramatique pour le milieu montagnard. Une fois la crise due à la fermeture des classes de fin d'études dépassée, ces écoles ont élargi leurs inscriptions par un recrutement précoce et ont reçu les élèves de communes voisines. Ces apports n'ont pas compensé la baisse des inscriptions locales ; le déficit apparaît d'autant plus vivement que, dans une vingtaine de cas, les effectifs résiduels se distribuent entre les deux services, public et privé. Les enseignants ont conscience d'avoir beaucoup fait pour retenir leurs élèves. Les chiffres ne baissent que très lentement. Les acteurs locaux essaient d'éviter la crise, mais celle-ci est latente, et prête à se manifester sur des détails parfois futiles : qu'une troupe de marionnettes s'annonce dans le village de Giat, et on se rend compte que les effectifs de chacune des deux écoles... sont en-dessous de la barre qui permet d'accéder au billet collectif ! La démographie joue actuellement contre ces écoles ; l'évolution de la scolarisation qui leur a été favorable ne l'est plus. La solution ne peut venir que d'un troisième élément de régulation : un **réaménagement territorial**. Elle révèle donc un problème de carte scolaire.

Deuxième chapitre

LES RÉPONSES DES CARTES SCOLAIRES

La recherche d'une répartition des moyens qui soit à la fois adaptée au nombre d'élèves et au projet éducatif national est un travail de Pénélope qui s'effectue chaque année par des mesures de carte scolaire, remises aussitôt en cause sous l'effet des mouvements démographiques, des nouvelles priorités éducatives et du choix des parents. Tous les Etats du monde sont confrontés à ce problème, qui a fait l'objet d'un rapport de recherche de l'Institut International de Planification de l'Education (IIPE) en 1976[31]. Bien qu'elle date de vingt ans, cette synthèse reste la référence théorique fondamentale pour les techniques de planification des systèmes éducatifs. La méthodologie est intéressante car elle attire l'attention sur la dimension spatiale du problème. Les données et les choix sont évidemment différents d'un pays à un autre, mais la recherche de la meilleure localisation passe par des démarches semblables : que le réseau soit hérité ou neuf, que les enfants soient nombreux ou non, l'élaboration d'une carte nécessite trois phases : le **découpage** préalable, le **calcul** des effectifs prévisionnels et la **distribution** des postes. Ces étapes sont régies selon des règles nationales, mais prennent nécessairement en compte les moyens matériels en place, les habitudes contractées au cours des opérations précédentes, et les initiatives des « leaders » du moment.

La problématique des pages qui suivent porte sur le fonctionnement et les effets territoriaux des cartes scolaires destinées à aménager un espace singulier. Le fonctionnement de l'institution est régi par des règles générales, conformes aux principes qui ont fondé l'école publique en France, mais il a intégré les effets des remédiations locales auxquelles on a procédé depuis un siècle. La génération de l'entre-deux-guerres a complété les mailles les plus fines du réseau. La génération des années cinquante a cru à une embellie de ce réseau montagnard. Celle des années soixante-dix a dû gérer son repli. Les acteurs actuels tentent de concilier la fidélité à la carte originelle, la prise en charge des héritages et l'émergence de nouvelles pratiques. La notion de génération, au sens de **groupe d'individus partageant une vision commune de l'espace**, issue d'héritages et d'expériences nouvelles, est fondamentale pour conduire cette analyse.

Le service public français suit une procédure[32] qui lui est propre. Les travaux commencent, chaque année, en fin de premier trimestre par la prévision des effectifs de la rentrée suivante, dont les directeurs d'école transmettent les chiffres à l'Inspection Académique. L'étude des données prévisionnelles permet de soumettre aux maires le projet de retrait ou d'attribution de postes[33]. La dimension communale a été très respectée dans cette recherche de la meilleure distribution du service. Les textes réglementaires se réfèrent toujours à la loi organique de 1886, qui charge les municipalités de l'inscription des élèves et de l'entretien des écoles[34]. Qui plus est, la loi de décentralisation, un siècle plus tard, a accru le rôle des maires en leur conférant l'initiative de l'ouverture des classes. La localisation des écoles publiques est ainsi restée très dépendante du plus petit maillon de la vie civique française. Alors que la crise des sociétés traditionnelles vidait un certain nombre de communes de leurs habitants, l'éducation nationale a dû s'adapter aux discordances locales entre le territoire scolaire « civique », et les aires de recrutement. Le territoire « civique » n'a pas varié faute de réforme administrative ; les aires de recrutement se sont subdivisées dans les zones urbaines et élargies dans les zones rurales.

Depuis les années cinquante, sous l'effet de l'urgence démographique et d'une certaine confiance dans les instruments de planification, les mesures de carte scolaire ont multiplié les remédiations et corrigé, année après année, les déséquilibres les plus flagrants entre postes et effectifs. Elles impliquent des décisions prises à trois niveaux différents. A l'étage national, une régulation générale retire ou accorde des postes en fonction de la politique ministérielle et des effectifs prévisionnels départementaux. Chaque Inspection académique adopte une norme départementale qui précise le taux d'encadrement[35] en fonction du nombre de classes d'une école et procède à une régulation sur le terrain : celle-ci équilibre les inscriptions et les moyens à l'échelle des hameaux et des quartiers, des communes, des couples de communes si une sur deux n'a plus d'école et, éventuellement, à l'échelle d'une structure intercommunale[36]. Ces ajustements de proximité ont permis au service public de fonctionner sans que jamais ne fût redéfini l'espace qu'il desservait. L'école se glisse dans un découpage communal déjà figé, vieux de deux siècles, qui dans beaucoup de cas en France s'est calqué sur un filet paroissial, bien antérieur. Par un renversement des rôles, l'école publique laïque s'efforce ainsi de rester fidèle à un réseau de paroisses que l'école privée confessionnelle a abandonné dans les années cinquante et soixante. L'identification de l'unité géographique la mieux adaptée à la mesure des effectifs, voire au rassemblement des élèves et à l'émergence d'un projet d'école s'est faite au coup par coup.

Dans le processus en trois phases commun à toute planification scolaire, la **France a fait, depuis un siècle, l'économie du découpage** en aires de recrutement, c'est-à-dire de la phase initiale sur laquelle repose le recensement des élèves et la distribution des postes. Il y a là une véritable brèche dans le dispositif français. S'y sont engouffrées des idées reçues, qui ont exposé le système éducatif à trois risques majeurs. Le premier a consisté à privilégier la défense du statu quo, c'est-à-dire à maintenir la **fiction** d'un espace scolaire communal, alors que 26 % des maires français n'entretiennent plus d'école[37] et n'ont guère d'initiatives en matière d'éducation. Le second péril, au contraire, a résulté de l'accélération d'une évolution sauvage, qui aggravait les disparités territoriales. Les écoles les plus grandes ont bénéficié d'une image positive jusque vers 1995 ; elles ont élargi leurs aires de recrutement et laissé pour compte des **espaces marginaux** : dans ceux-ci, les petites structures ont été trop affaiblies pour solliciter des créations de postes, mais suffisamment prises en charge par les acteurs locaux pour se maintenir au-dessus des chiffres imposant l'examen des cas en vue de fermeture. Il s'est ainsi créé des espaces scolaires discrets : le réseau s'y maintient, comme si la dispersion allait de soi, dans des angles morts de la carte scolaire.

L'absence de réflexion sur le découpage le plus adapté aux conditions locales a conduit à un troisième péril, qui a consisté à privilégier le projet d'un tissu scolaire normalisé, en fonction d'un espace pédagogique idéal. Le corps enseignant a longtemps admis le modèle implicite fourni par le couple exerçant en poste double. L'élargissement des mariages à d'autres catégories socioprofessionnelles a rendu cet idéal-type caduc. Subsistent actuellement deux « modèles » d'école en milieu non urbain : la petite école à classe unique et l'école à trois classes organisées en fonction des cycles de la scolarité. Qu'ils aient privilégié l'un ou l'autre maillage, les acteurs de la carte scolaire se sont trouvés aux prises avec une mission délicate : recouvrir un territoire, tout en « creux et bosses » topographiques et démographiques, d'un **filet scolaire à mailles régulières, qui ne pouvait s'adapter sans déchirures aux rugosités du terrain !**

Devant de tels périls, le système traditionnel a cependant pu se maintenir et fonctionner car, dans les montagnes du Puy-de-Dôme, la structure ancienne a été consolidée par quatre pratiques : la plupart des municipalités qui ont tenu un discours favorable aux écoles de leurs communes ont entretenu les locaux et financé l'action éducative ; les enseignants ont fait preuve d'une adaptabilité telle qu'ils ont su exercer dans des conditions très diverses ; le corps de l'Inspection les a soutenus dans leurs efforts d'insertion locale, tout en évitant que les écarts entre les modes de fonctionnement ne se creusent ; enfin, les familles sont restées jusqu'alors relativement fidèles à la localisation du service public, et ont rarement rompu le « pacte local » au profit d'un comportement plus consumériste.

Le processus d'élaboration de la carte scolaire dans les montagnes du Puy-de-Dôme n'est donc pas assimilable à la simple rencontre d'une offre et d'une demande. Il résulte d'un rapport qui s'établit entre les données scolaires (inscriptions et postes disponibles), l'état des lieux bouleversés par la crise montagnarde, et un jeu de cartes mentales que les acteurs d'âges et de fonctions diverses ont projetées sur l'espace. L'évolution du rapport entre effectifs et postes, parc scolaire et cartes mentales, se comprend en puisant à quatre sources. Les discordances sur un lieu entre population résidente, population scolarisable et population scolarisée ont été recherchées dans les données chiffrées collectées par l'INSEE et l'Inspection académique. Les regards croisés que les acteurs ont porté sur l'état des lieux apparaissent dans les correspondances échangées entre les mairies, les services académiques et préfectoraux, qui ont été versées aux archives départementales. Pour suivre les cheminements de l'opinion confrontée à des processus de transformation sociale d'ampleur et de nature inattendue, on s'est reporté à des sources susceptibles de révéler les inquiétudes immédiates, au fur et à mesure qu'elles émergeaient dans l'esprit des contemporains : questions orales et écrites adressées par les parlementaires au ministre dans les années soixante, et analyses proposées aux instituteurs dans l'urgence de l'action, par le journal syndical, *L'école libératrice*, très largement distribué dans le milieu enseignant des années soixante et soixante-dix. Enfin l'originalité locale ne peut se dégager que des enquêtes de terrain. Ce que l'on a cherché à saisir dans cette quatrième source, c'est la mémoire que les sociétés montagnardes ont voulu garder des faits, plutôt que les faits eux-mêmes. Ces sociétés ont participé au dialogue sur l'élaboration de la carte scolaire sans remettre en cause **l'espace** dans lequel elles se définissaient traditionnellement, et **qui n'est pourtant plus l'espace de leur vie.**

I - LA CONSTRUCTION DES RÉSEAUX MONTAGNARDS

A - LES FONDEMENTS

Les acteurs locaux les plus âgés, maires et électeurs de plus de soixante ans, ont bien connu des cartes scolaires denses, issues des derniers épisodes de la surpopulation montagnarde. Les maillages étaient plus réguliers qu'ils ne le sont aujourd'hui, comme si le territoire ne leur avait pas opposé des particularités topographiques, sociales ou relationnelles. Le texte réglementaire[38] ignorait d'ailleurs ces obstacles. Il instaurait l'obligation pour toute commune de « *pourvoir à l'établissement d'une maison d'école dans les hameaux ou centres de population distants les uns des autres de trois kilomètres (distance calculée non pas à vol d'oiseau, mais d'après les parcours sur les chemins) et réunissant un effectif d'au moins vingt enfants d'âge scolaire* ». En fait, la dispersion de la population montagnarde en une multitude de hameaux rendait très contestable tout recensement des élèves par modules de vingt. Ce n'est donc pas la simple application du texte qui a découpé minutieusement et régulièrement l'espace scolaire, mais un ensemble de décisions et de corrections, issues de conflits locaux.

L'installation des dernières « écoles de la République »

Les dernières écoles du réseau traditionnel ont été ouvertes entre 1920 et 1930. C'est le cas de l'école située dans la partie sommitale de la commune de Grandrif dans les Monts du Forez (cf. la carte topographique reproduite dans la figure 16 sous le titre « Le sauvetage d'une petite école à flanc de montagne »). Le débat qui a accompagné le choix du site est significatif des prémisses d'une évolution sociale. L'école était souhaitée par les habitants du hameau de Chougoirand pénalisés par l'isolement et l'altitude, supérieure à 1 100 m. Elle a été ouverte en 1928, à deux kilomètres du hameau « demandeur », dans une ancienne ferme située au col des Pradeaux, sur la route qui reliait Ambert à Saint-Anthème et était empruntée par la première ligne d'autobus de cette montagne enclavée. C'était admettre l'introduction d'un nouveau critère dans l'aménagement de l'espace scolaire et envisager l'organisation territoriale qui tenait compte de l'ouverture sur d'autres milieux. A l'inverse, à la même date, dans la vaste commune de Briffons sur les plateaux occidentaux, les habitants du hameau du Rozet réussissaient à maintenir leur école près de leurs foyers, malgré les prétentions du village voisin, plus ouvert et plus actif. Les querelles révèlent un état d'esprit auquel on se réfère encore :

« *Avant 1928, l'école « se faisait » dans un bâtiment appartenant à une famille du pays : les Donnat* », rapporte une vieille dame qui a toujours habité Briffons.[39] « *Mon voisin dit qu'il est allé chez Donnat pour « commencer l'école ». L'institutrice était logée dans deux pièces, dans un bâtiment sans étage, où la salle de classe était séparée d'une petite étable par un mur mitoyen. Le conseil municipal a donc décidé la construction du bâtiment visible actuellement sur le bord de la route. Initialement, il avait été décidé que cette école se situerait au camp de Lastic (dont une partie s'étend sur le territoire de Briffons) en raison du nombre d'enfants et de l'animation du lieu avec plusieurs cafés. Mais un conseiller du Rozet est allé de nuit (!) faire signer les autres conseillers en notre faveur : il a fait basculer la décision, mais ensuite, au dire des gens, il a dû démissionner à cause de l'école.*

Pour l'inauguration en 1928, les gens avaient décoré la route avec des genévriers garnis de roses jusqu'à l'entrée du village. C'est en grande pompe que tous attendaient l'arrivée du Préfet. Certains hommes devaient tirer des coups de fusil en l'air pour « faire une aubade » à Monsieur le Préfet. Mais durant l'attente, un habitant de Lastic, qui était un des rares à posséder une voiture, s'est trouvé à passer, et des coups de fusil sont partis ! Le Préfet est enfin arrivé, et un banquet a eu lieu au café de Briffons ».

De cette affaire et de sa fin heureuse, le lecteur d'aujourd'hui retiendra deux faits. La localisation du service public à l'échelon infra-communal était incertaine. L'école « se gagnait » au terme d'une rivalité locale où se mêlaient la demande de bonnes conditions de scolarisation, la défense de la laïcité et le désir de provoquer son voisin : ce que fait le hameau « vaincu » en voyant un de ses ressortissants traverser la fête paysanne « en automobile » ! Célébrée dans le décor des mariages, l'ouverture de l'école était perçue comme un événement majeur, qui conférait au hameau une identité nouvelle. Elle le hissait hors du lot commun en le faisant pénétrer dans le monde hiérarchisé du service public, avec, dans ce cas précis, la consécration officielle du représentant de la République. On assistait au passage d'un espace banal de la vie rurale à un espace identifié dans le cadre de la vie nationale. Une tradition de défense des prés-carrés scolaires puise de fortes racines dans les péripéties locales qui ont accompagné la création des très petites écoles et les conseillers municipaux se sentent responsables d'un héritage quasiment familial si leurs ascendants ont été actifs dans ces affaires.

Les acteurs se sont d'autant plus impliqués dans les problèmes de localisation que les hameaux et les villages ont su s'approprier le système scolaire. Ecoles et localités évoluaient sous l'effet d'influences réciproques et l'école s'est adaptée au territoire en se logeant dans les plus petites mailles. Les argumentaires[40] échangés entre inspection académique, préfecture et mairies à propos des fermetures, ouvertures ou réouvertures permettent de construire une géographie de l'espace scolaire, et révèlent les risques de « l'esprit de localité », selon la locution employée par Guizot au siècle précédent. Chaque école recrutait ses élèves dans la proximité immédiate, à l'intérieur d'un domaine dont chacun connaissait les limites et elle se glissait dans le rythme de la vie au point que les acteurs en oubliant parfois la règle fondamentale de l'obligation scolaire. Ainsi, dans la protestation qu'il a adressée au Préfet en 1932 contre la fermeture de l'école du hameau des Roussières, le maire d'Avèze a-t-il pu écrire en toute sérénité : « *Si M. G.* (l'inspecteur primaire) *n'a trouvé au cours de sa visite du début octobre que trois élèves à l'école des Roussières, il en est de même dans toutes les écoles de campagne, où les enfants, occupés à la garde des troupeaux, ne rentrent qu'après la Toussaint ».* La coutume locale primait ainsi sur la loi dans toutes les populations à majorité paysanne. Au Brugeron, en 1930, les enfants quittaient l'école à la foire de la Saint-Jean, qui ouvrait la période des fenaisons sur le Haut-Forez ; en 1950, les enfants d'Auzolles (1 100 m d'altitude, commune de Saint-Alyre-ès-Montagne) ne rentraient à l'école qu'après la foire de Brion, quand les éleveurs avaient vendu une partie du bétail. Dans les espaces scolaires qui se confondaient avec le territoire des hameaux, les « maisons d'école » restaient aussi inconfortables que les bâtiments voisins. En 1937, l'institutrice du hameau de Baraduc, sur les hauteurs dominant la vallée de la Dore, menaça de suspendre la classe et d'alerter Préfet et Inspecteur d'Académie pour que le maire fasse venir les sourciers capables de conduire l'eau à la fontaine proche de l'école. Quand il envisageait des fermetures, l'Inspecteur d'Académie notait le mauvais état des classes et des logements et si l'école se maintenait, exigeait des réparations[41].

A l'inverse, cette insertion du système éducatif dans le terroir a été bénéfique au service public, même dans des communautés montagnardes bien démunies, si une opinion éclairée soutenait le projet éducatif. Des mouvements de solidarité ont été animés par les conseillers municipaux représentant les « sections » du territoire communal, ou par les maires des plus petites communes. On a vu alors les habitants **donner leur travail, ou réserver les pierres de la carrière locale, ou le bois d'une coupe en forêt pour construire « leur » école.** Les élans qui dépassaient les querelles familiales ont laissé un vif souvenir. Un manuel de morale, en usage dans les années trente, présentait au chapitre de l'entraide la « conduite exemplaire » des habitants des Vialles (commune de Cisternes-la-Forêt) qui avaient édifié eux-mêmes leur école ; un menuisier émigré, originaire du lieu, avait fabriqué de ses mains le bureau du maître et l'avait offert. On montre encore dans le bâtiment, aujourd'hui délaissé, ce bureau symbolique, dont la mémoire locale est fière[42]. La commune de Cisternes, théâtre de ce récit fondateur, a gardé deux écoles de une et deux classes, qui ont jusqu'en 1997 résisté à toute tentative de réunion proposée par les inspecteurs successifs de l'Education nationale. Très forte à l'échelle de la « section », la solidarité locale ne pouvait pas s'élargir au territoire communal.

Dès les années trente, cependant, la scolarité ne pouvait plus se satisfaire de ce découpage par mailles élémentaires juxtaposées. Le système s'enrichissait alors de deux services qu'il n'était pas facile de loger dans des cellules aussi étroites : les classes enfantines ou maternelles, et les cours complémentaires, officiellement inclus dans l'enseignement primaire dès le XIXe siècle, qui ont très lentement valorisé des cellules-relais dans les bourgs et petites villes. La composition familiale de la plupart des hameaux montagnards permettait de garder les jeunes enfants à domicile, et la pré-scolarisation n'a intéressé qu'un petit nombre : en 1939[43], mille trois cents élèves fréquentaient une école maternelle dans le département du Puy-de-Dôme, sur quarante-deux mille cinq cents inscrits dans l'enseignement primaire. A cette date, le chiffre des inscriptions en cours complémentaire était encore plus bas (1 000 élèves) mais il concernait particulièrement la montagne : il répondait à la demande des couples installés sur les exploitations trop petites qui envisageaient de présenter leurs enfants à des concours de la fonction publique, pour leur permettre un meilleur départ. Ces cas exceptés, l'école de hameau suffisait donc à répondre à la demande courante, et la cellule locale convenait à la plupart des parents, sauf au sujet du catéchisme. C'est, paradoxalement par l'enseignement religieux que le système a montré ses premières faiblesses. Les parents les plus aisés ont évité les trajets à leurs enfants en les « mettant en pension » chez des cousins qui habitaient « au bourg », voire dans des auberges ou dans des écoles privées disposant d'un internat. Les écoles éloignées du centre de la paroisse étaient ainsi pénalisées. « *La réouverture de l'école de Legal sur la route de La Bourboule ne paraît pas nécessaire* », indique l'inspecteur d'académie au conseil municipal du Mont-Dore, « *car les enfants s'absenteront pour aller au catéchisme au chef-lieu* »[44]. Quant à l'école des Roussières, où l'inspecteur n'avait trouvé que trois élèves, la faiblesse des effectifs n'était pas seulement imputable au travail des enfants, mais, bien qu'on soit dans un monde attaché à l'école laïque, au départ de quelques-uns pour l'école privée avec internat de Tauves, où l'on se préparait à la communion. L'inscription dans un cadre qui dépassait celui du hameau ou de la très petite commune s'annonçait donc ; elle était imminente dans les localités les plus fragiles. Elle était cependant freinée par les difficultés causées par l'allongement des trajets dans des sociétés disposant de peu de moyens. Dès que l'école de Roche-Charles eût fermée, avec quinze élèves en juillet 1931, le maire a demandé sa réouverture[45]. Les familles n'ont pas de ressources pour envoyer leurs enfants au loin... et, ajoute-t-il avec condescendance : « ... *cinq enfants sont d'une famille de petits fermiers ayant beaucoup de peine pour élever leur nichée* ». Il a su se fait entendre : finalement l'école n'a fermé qu'en 1970 !

Ainsi les éléments du débat sur la localisation des écoles montagnardes étaient-ils déjà réunis dès les années trente. Ils portaient sur la qualité des moyens mis en place par des sociétés parfois très modestes, mais aussi sur la volonté locale d'entretenir une école ; ils tenaient compte des difficultés d'accès dans des territoires discontinus, où les hivers rendaient les longs trajets très pénibles. Enfin, même si cet argument ne pouvait pas être exprimé, la promotion que l'école procurait aux hameaux et aux micro-communes, était un fait implicitement reconnu de tous. Une aire de recrutement étroite suffisait dans ces montagnes encore peuplées à fournir une cohorte convenable d'écoliers. Elle respectait la dimension de l'espace de vie quotidien des familles paysannes les moins mobiles. Dans quelques cas cependant, elle ne devait sa survie qu'à la présence de deux ou trois fratries plus nombreuses. Fallait-il envisager le rattachement des aires locales à un domaine plus vaste, comme l'enseignement religieux, dispensé près de l'église paroissiale, l'avait toujours pratiqué ? Les hameaux des montagnes étaient sortis de leur marginalité géographique et culturelle en partie grâce à leurs écoles, et les ont gardées jusqu'à l'extrême limite des possibilités de fonctionnement. Ils leur sont restés très attachés, même quand les classes ont été vidées par les grands départs des années cinquante.

Les acteurs qui préparaient les cartes scolaires au tournant des années cinquante ont répondu à des exigences contradictoires : le réseau devait accompagner le déplacement des usagers vers les villes, mais, en tant que service public, accueillir sur les sites traditionnels des effectifs dont la chute s'accélérait car les départs des jeunes couples gommaient les effets positifs de la reprise de la fécondité. Second paradoxe : les sociétés montagnardes parvenaient alors à un relatif bien-être, qu'elles n'avaient jamais connu auparavant et ont pu améliorer les installations au moment même où la demande glissait en direction de la plaine. Enfin, elles manifestaient un « appétit scolaire » certain, lié au désir de mieux armer les enfants pour une autre vie professionnelle, sans cependant mesurer tout l'intérêt de la prolongation de la scolarité, annoncée en 1959[46]. Il est aisé, a posteriori, de repérer les prémisses du repli du service éducatif à partir de 1950, et les décisions contradictoires qui l'ont accompagné. Sur le terrain comme au plan national, la prise de conscience des mutations spatiales s'est faite très lentement, avant d'aboutir à la débâcle des années soixante-dix.

B - L'ÉLAN BÂTISSEUR DES ANNÉES CINQUANTE

Dans les montagnes du Puy-de-Dôme, nombre de maires, instituteurs et secrétaires de mairies ont soutenu un vaste programme de constructions scolaires au cours des années cinquante et soixante, alors même que, sur le plan départemental, l'urgence portait sur l'implantation de groupes scolaires dans les périphéries urbaines. On relève une distorsion flagrante entre l'effondrement de la demande qui se traduit par des fermetures de classe, et la rénovation du parc scolaire sur sa trame ancienne. Certaines « grosses réparations » ne visaient qu'à rattraper des retards dont les sociétés locales n'avaient pas pris conscience auparavant. C'est seulement en 1960, par exemple, que les écoles de Ceilloux et de Le Pouille (commune de Valcivières) ont reçu une conduite d'eau potable[47]. Il serait illusoire de prétendre distinguer les travaux qui visaient à rendre acceptables des bâtiments sans confort, et les « grosses réparations », reconstructions, voire même constructions qui signifiaient une volonté locale de miser sur l'avenir du vieux réseau. Dans l'euphorie des années cinquante et soixante de très nombreux travaux ont été entrepris, quels que fussent les effectifs concernés, et les chiffres de la population résidente. Les versements de la seconde division de l'Inspection académique au service départemental des archives témoignent des initiatives locales, à l'échelle de la section, de la commune, du chef-lieu de canton. Dans les années cinquante, ont fleuri des petits projets[48] : des écoles de hameaux en 1957 et 1958 dans la commune de St-Jean—St-Gervais, qui a aujourd'hui quatre-vingt-quinze habitants ; en 1959, toujours sur les pentes du Livradois, une école primaire « prototype deux classes » à Auzelles, qui comptait cinq cent cinquante-deux habitants en 1962 et n'en garde même pas trois cent cinquante actuellement. Dans les années soixante, on a fait de grosses réparations ou reconstruit une école à classe unique au Puy-Maladroit (commune de Montfermy) et à La Bourgeade (commune de Briffons) ; on a édifié un bâtiment pour quatre classes à Villosanges (531 habitants en 1968) et ouvert 6 classes pour l'enseignement primaire dans le nouveau bâtiment du Collège d'Enseignement Général de Saint-Gervais-d'Auvergne. On pourrait multiplier les exemples de chantiers. Globalement, ils se sont ouverts dans des localités très petites dans les années cinquante, et ultérieurement dans les villages et bourgs-centres où ils n'ont concerné l'école élémentaire que si elle était associée au collège pour occuper le même édifice.

Cet élan bâtisseur traduisait le regard d'une génération sur les besoins et les fonctions des écoles montagnardes. Il répondait aux demandes des parents, et bénéficiait du soutien nécessaire des municipalités, mais aussi de subventions du conseil général et de l'Etat qui, jusque dans les années soixante, a accordé son aide même pour de très petites écoles[49]. Simultanément, le développement des mouvements associatifs au lendemain de la Seconde Guerre mondiale, dans le cadre d'associations laïques ou de foyers ruraux, a renforcé le rôle des écoles et incité à réparer ou à construire des bâtiments. Les instituteurs qui s'impliquaient dans ces œuvres « péri ou post-scolaires » répondaient à la demande de collectivités où les jeunes générations encore nombreuses désiraient s'ouvrir à une culture plus urbaine tout en restant attachées au cadre villageois. La chronologie d'un tel mouvement (Tab. 32) dans le Haut-Forez septentrional est significative de l'ancrage de l'école dans la vie sociale et culturelle du village, alors que le glissement de la population vers la ville s'accélérait[50].

Tab. 32 - Chronologie des activités socio-éducatives organisées autour des écoles du Brugeron (Haut-Forez - 850 m d'altitude ; 750 hab. en 1946 ; 678 hab. en 1974 ; 4 classes en 2 écoles géminées en 1939)

1945	• Changement de **municipalité.**
1946	• Dépôt des statuts **d'un foyer rural**, présidé par le maire et animé par l'instituteur-directeur-secrétaire de mairie. Demande de subventions à la fédération des œuvres laïques et à l'association des foyers ruraux. • Achat d'un appareil de **projection pour films** ; organisation de séances de cinéma publiques et scolaires.
1947	• Organisation d'un **voyage pour adultes** dans les Alpes du Nord. • Projet **de reconstruction** d'une aile de l'école de filles pour accueillir une classe, une cantine avec cuisine, qui remplacerait la longue table au fond de la classe, une bibliothèque, une salle de spectacles, et des douches publiques. • Montage financier qui complète l'apport des **subventions** et des adhésions par des prêts accordés personnellement par le maire, le receveur des Postes, l'instituteur et quelques habitants qui ont mis une partie de leurs économies à la disposition de l'association.
1948	• Inauguration du bâtiment qui double le volume d'une école. • Organisation d'un **cycle d'activités** : projections de films (hebdomadaires), bals (saisonniers), accueils de groupes de théâtre amateur (occasionnels) et voyages collectifs.
1950	• Organisation d'un **concours agricole** avec l'aide des services départementaux de l'agriculture, et hébergement pour deux hivers consécutifs de **cours ménagers** agricoles destinés aux jeunes filles après leur sortie du système scolaire.
1951	• **Fermeture de la quatrième classe** à cause de la baisse des effectifs.
1952	• Développement d'activités de **ski**, en relation avec le club alpin de Thiers pour les personnes adultes et avec les services académiques développant le sport à l'école pour les enfants. • Accueil l'été d'une **colonie de vacances** de la ville de Thiers dans les bâtiments scolaires inoccupés.

L'éclectisme surprenant de cette liste révèle le rapport singulier que certaines écoles montagnardes établissaient alors avec l'espace. Elles remplissaient une fonction d'enseignement agricole, qui s'adressait à des paysans encore nombreux, mais elles répondaient aussi à des demandes très variées, car ces petites communautés isolées découvraient, au lendemain de la guerre, qu'elles avaient besoin de tout, depuis les douches publiques jusqu'aux projections de film. Dans le cas exposé plus haut, l'instituteur du village endossait des rôles successifs ; il poursuivait la mission hygiéniste des instituteurs de la Troisième République en installant à l'école le service de douches ouvert aux adultes ; il abordait les sports de pleine nature, qui se sont développés ultérieurement dans le Parc du Livradois-Forez, et il faisait fonction d'animateur audiovisuel. Olliergues, le chef-lieu de canton et bourg voisin ne disposait pas de tels services.

Ces associations ont réussi parce qu'elles ont bénéficié de synergies créées autour de l'école laïque, mais aussi parce qu'elles étaient soutenues par un opiniâtre « esprit de localité ». Avoir les « premiers du canton » au certificat d'études, avoir le premier appareil de projection en 16 mm du secteur, ou organiser avec les autocars locaux les premiers voyages collectifs en direction de Génissiat et Genève, ou Montpellier, les points « forts » de l'époque, traduisaient la même fierté locale, et au fond, le même souci de conjurer la crise due à la fragilité montagnarde. Dans un entretien très ouvert sur l'histoire de l'école du village, deux habitants de Compains disent, en 1994, au sujet de l'instituteur de la génération précédente : « *Il nous avait dit qu'on pouvait faire aussi bien qu'ailleurs et on le « leur » a montré* ». En aménageant des activités culturelles ou un concours agricole, le village captait des fonctions de bourg-centre et comblait une lacune du maillage territorial.

L'implantation de telles activités post-scolaires ne se calquait que très grossièrement sur la géographie du comportement politique. Certes, ces initiatives ont réussi dans les Combrailles, très attachées à la laïcité et au vote socialiste (Lapeyrouse, Vergheas), mais elles se sont développées aussi aux confins des

Monts Dore (Compains) et dans l'Ambertois (Fayet-Ronaye, Valcivières, Le Brugeron) qui sont des zones de traditions plus conservatrice. La réussite devait beaucoup à l'implication de quelques leaders locaux et à l'action des instituteurs, donc aux aléas des nominations dans les postes vacants. L'examen des lieux fait apparaître deux règles. Les écoles à fonctions multiples se situent à la périphérie du département, plutôt que dans la zone centrale plus urbaine. Dans cette périphérie, les initiatives sont venues des villages, non des bourgs. Il y a eu ainsi, dans les années cinquante, une série de doublons qui ont quelque peu perturbé la hiérarchie territoriale : une association d'art et de traditions populaires capable de déplacer une troupe folklorique jusqu'à l'étranger avait son siège à Vergheas (230 habitants en 1946 !) et pas à Pionsat ; des bals publics qui « dépassaient mille entrées » se sont tenus au Brugeron, qui ne comptait pas huit cents adultes et pas à Olliergues, le chef-lieu de canton ; on pourrait citer aussi l'activité de Compains, à côté de Besse-en-Chandesse, celle de Valcivières, près d'Ambert, de Fayet-Ronaye non loin de Saint-Germain-l'Herm, de Lapeyrouse, à côté de Saint-Eloy-les-Mines.

L'ambition qui accompagnait ces initiatives allait parfaitement à contre-courant du mouvement démographique : on espérait ralentir les départs et créer des pôles de vie. A tout le moins, le projet se basait sur les allers et venues des primo-migrants qui travaillaient à Clermont-Ferrand mais « remontaient » le week-end dans les villages. En fait, les écoles qui ont connu de telles expériences se sont révélées ultérieurement résistantes quand la chute des effectifs les a mises en péril. Fayet-Ronaye a, jusqu'à maintenant, sauvé son école[51] ; Compains aussi, malgré une décision de fermeture prise en 1991, mais aussitôt résiliée ! Le Brugeron reste le seul site ouvert entre le pays thiernois et le bassin de Saint-Anthème, sur le Haut-Forez Quand, en 1995, ses effectifs ont paru insuffisants pour justifier la troisième classe, la commune de Lapeyrouse a entrepris une défense énergique basée sur une politique volontariste, que résumait une courte proclamation affichée à la porte de l'école. « *Tout n'est pas désespéré ! Trouvons des enfants !* ». Cependant, si fortes que fussent ces solidarités locales, les effectifs ont inéluctablement baissé dans ces petites localités périphériques qui offraient peu d'emplois. Il y a donc eu un décalage territorial dans les années cinquante : des initiatives scolaires et péri-scolaires ont animé de petits villages, à côté de bourgs qui s'assoupissaient. Une génération plus tard, la hiérarchie territoriale traditionnelle s'est rétablie : il ne s'est pas créé de territoires autour des petits pôles qui avaient momentanément émergé.

Reconstructions des années cinquante, reprise de la natalité dans les couples qui restaient en montagne, déploiement des activités par le jeu d'associations « amies de l'école » ont créé une **embellie du réseau dans l'immédiat après-guerre**. Nul n'envisageait dans les montagnes du Puy-de-Dôme l'ampleur de la chute des effectifs qui s'accélérait, et la dégradation du réseau qui s'en suivrait. Le témoignage le plus caractéristique de cette association paradoxale entre une rénovation volontariste et un inévitable abandon est fourni, dans les Combrailles, par l'école aujourd'hui fermée de Saint-Germain-près-Herment. Dans cette commune d'habitat très dispersé, une classe unique fonctionnait dans une bâtisse de mauvaise qualité, et les conditions d'enseignement étaient, de l'avis de tous les témoins, déplorables. En 1952, la municipalité a comblé ce retard par l'édification d'une mairie-école d'une très belle architecture, construite de façon soignée, à l'écart des hameaux sur une large parcelle au carrefour des routes locales. C'est l'exemple d'une création décidée dans l'espoir de consolider une société encore nombreuse en 1950, où les services étaient cependant mal structurés. En 1993, il ne restait plus que quatre enfants sur tout le territoire communal, tous inscrits à l'école du canton, Herment. Ce bâtiment modèle se dresse donc seul, à l'état presque neuf, devant une cour vide et un jardin en friche, dans un silence absolu[52]. Il illustre **l'illusion, largement partagée par la génération de l'après-guerre, qu'un nouvel équilibre pouvait s'instaurer** dans des montagnes qui avaient gardé une bonne part de leurs habitants et accédaient à un certain confort.

C - LES REMISES EN CAUSE

En mars 1970, un titre du *Figaro*[53] exprimait crûment l'ampleur de la crise qui sévissait : « *Dans le désert français 7 000 écoles de moins de quinze élèves* ». S'inspirant du titre de l'ouvrage de J.F. GRAVIER, le journaliste ne voyait plus sur une partie du territoire qu'une terre abandonnée, où les structures s'étaient atomisées, et fonctionnaient selon des normes qui choquaient ses habitudes urbaines. En fait, au cours du processus qui a vidé les écoles, habitants, usagers, élus et fonctionnaires de l'Education Nationale n'ont pas eu à gérer un « désert », mais un territoire aux caractères nouveaux. Ils ont donc imaginé d'autres modes d'action, avec une inquiétude certaine qui s'est traduite dans les questions adressées par les parlementaires aux ministres et dans les réponses de ceux-ci. Dans quinze réponses recensées entre 1961 et 1971[54] apparaissent les thèmes concrets de l'organisation d'un territoire : où situer le service public ? Comment en organiser l'accès ? Que faire des locaux libres ? Quelles responsabilités incombent aux élus ? A travers ces problèmes, on découvre des interlocuteurs qui avaient encore peine, en 1960, à imaginer un espace plus mobile, où les enfants se déplaceraient : les infrastructures d'internat paraissaient possibles, si bien que le ministre lui même a dû préciser qu'elles ne semblaient plus nécessaires ! Les transports d'enfants n'étaient alors envisagés que sur des communes immédiatement voisines ; leurs mises en place, lentes, a freiné les regroupements pédagogiques : on devait surseoir à ces procédures tant que les conditions d'accueil, de transports, de cantine n'étaient pas maîtrisées. Les acteurs de ce temps émergeaient donc très lentement d'un monde jusque-là cloisonné. Ils quittaient aussi avec peine l'organisation d'un espace où le bâtiment d'école avait un rôle singulier : l'utilisation des locaux était reconnue comme un « *problème difficile à résoudre, si on ne conservait pas ces locaux pour les œuvres post et périscolaires* » (réponse du 27 février 1995). Dans les montagnes du Puy-de-Dôme, il y eut, en effet, des tentatives d'internat, et quelques réemplois des bâtiments pour des activités périscolaires : accueil de classes de découvertes ou de colonies à Chastreix et Bagnols, dans l'Artense, exposition archéologique dans l'école de Voingt, près d'un vicus gallo-romain des Combrailles, musée de l'école près d'Ambert et dans le bassin houiller de Messeix. Ces initiatives ont été exceptionnelles, car, quoiqu'on en pensait à l'Assemblée nationale en 1965, elles supposaient, pour se déployer, qu'il reste sur place une population suffisamment dynamique. Or, la diminution des effectifs scolaires s'est répercutée, quelques années plus tard, sur le nombre des jeunes adultes : le système post-scolaire a été à son tour remis en question. Il était évident pour tous que l'espace scolaire traditionnel partait en lambeaux. Il était difficile - le désarroi qui paraît à travers les questions des parlementaires le prouve - de distinguer ce qui pouvait être sauvé et d'envisager des reconstructions.

L'intrusion, dans ce contexte flou, des effets très discernables liés à l'entrée de tous les enfants au collège a réactivé les discussions de fond sur l'école et son territoire. Le journal syndical alors le plus lu par les instituteurs, *L'école libératrice*, proposait, en 1962, une analyse construite sur l'hypothèse que l'ordonnance du 6 janvier 1959[55], en prolongeant la scolarité, impliquerait inévitablement un changement de structures. Chacun sait que cette logique n'a pas prévalu : il est donc intéressant de suivre l'évolution des représentations de l'espace scolaire qui sont passées de l'élaboration de projets à la défense d'un réseau désormais dépassé.

L'éventualité d'une restructuration scolaire a été présentée par *L'école libératrice* à l'issue de journées d'études en milieu rural, en 1962[56]. Le rapporteur était un syndicaliste, instituteur originaire de la région thiernoise, où, à cette date, les clairières étaient encore bien « tenues » par une société de petits paysans, d'artisans et d'ouvriers. Le rapport, qui a pour objet la société rurale au plan national, envisage des densités encore fortes et dessine un « paysage » scolaire restructuré, où les instituteurs animeraient des « centres scolaires intercommunaux », développés à partir des établissements des bourgs et villages-centres, les CEG, Collèges d'Enseignement Général.

    « C'est ainsi qu'à la dispersion actuelle des écoles dans les zones agricoles[57] succédera un établissement scolaire

plus vaste, aux fonctions multiples, qui aura la triple mission de faire acquérir des connaissances, de déterminer des aptitudes, de préparer à la vie : ce sera le centre scolaire intercommunal ».

Le projet était vaste. On imaginait, pour ces CEG élargis, des fonctions à la mesure des petits pays bien peuplés. Ces centres devaient disposer d'annexes avec laboratoire et bibliothèques, organiser des classes agricoles, comme si le monde paysan traditionnel pouvait survivre aux mutations en cours ; le directeur, qui exerçait son autorité dans l'établissement, devait être en relation avec les *« écoles primaires rurales de divers types existant dans le ressort du centre intercommunal »*. C'était concevoir une nouvelle structure et un territoire, avec des intuitions sur une mise en réseau qui ont dû étonner les instituteurs très attachés à l'autonomie et à « l'égale dignité » de chaque école. Le rapport préservait l'image d'un monde où l'agriculture était peuplante et assez peu technicienne pour se satisfaire d'une formation professionnelle à l'échelle de quelques communes. Le réseau ainsi conçu s'enrichissait d'un établissement nouveau, sans se défaire des écoles dispersées sur le terrain. Somme toute, le projet se construisait sur l'idée que la campagne garderait des hommes, des emplois et des établissements scolaires adaptés à des densités fortes et une formation professionnelle courte.

Douze années plus tard, le numéro de rentrée du même journal a publié un dossier collectif sur « L'école rurale »[58]. La date (1975) est intéressante car elle permet de faire le point sur les représentations de l'espace scolaire alors que l'urbanisation et les départs pour le collège ont entraîné des vagues de fermeture de classes et d'écoles, et que les acteurs discernent nettement les caractéristiques de la nouvelle société rurale. La mutation de l'agriculture est présentée avec l'amélioration de la productivité, l'augmentation des surfaces par exploitation et leurs corollaires : diminution des emplois dans l'agriculture et dans les services ruraux. De jeunes agriculteurs, membres du CNJA en 1975, ont été appelés à donner leur point de vue[59]. Issus de milieux qui avaient connu de fortes mutations (Aveyron et Loiret), ils ont exprimé une demande d'école moderne dans son contenu et cependant traditionnelle dans ses structures.

Elie JOUEN : Qu'attend le milieu rural de l'école ?

Camille MONTEILLET (CNJA Aveyron) : Le milieu rural revendique l'école. Conscient des mutations que ce milieu a vécues ces dernières années, il pense que les jeunes ruraux ont plus que jamais besoin d'une solide culture générale, qu'ils restent ou non à la terre.

Pour cela, il faut généraliser tout d'abord les écoles maternelles en milieu rural. Le monde rural est un monde où l'on parle peu et l'école et en particulier l'école maternelle, développe notamment le langage de plus en plus nécessaire à notre époque.

Il faut ensuite maintenir une très large « couverture » de l'école élémentaire sur nos campagnes, même si la notion de rentabilité doit être abandonnée.

Il faut enfin permettre aux jeunes ruraux de poursuivre dans des conditions satisfaisantes leur formation générale au collège, dans le même esprit qu'à l'école élémentaire. Ensuite interviendra la spécialisation, qu'elle s'engage au niveau des études secondaires ou de l'apprentissage d'un métier.

Elie JOUEN : La faiblesse du nombre d'enfants dans certains villages rend quelquefois difficile, du point de vue de l'administration, le maintien d'une école. Quelle est votre position à ce propos ?

Anne-Marie FOUQUIN (CNJA Loiret) : Le maintien de l'école au village est indispensable pour lui assurer un certain équilibre, même si ... la notion de rentabilité doit être abandonnée.

L'allusion à la rentabilité doit être interprétée comme le vœu d'une nouvelle réglementation, favorable au monde rural. Cette disposition est actuellement acquise et permet aux départements les plus ruraux de recevoir plus de postes que les autres, et donc d'encadrer des cohortes d'élèves plus petites. La même jeune agricultrice poursuivait :

« Nous sommes opposés au regroupement central, qui entraîne des frais beaucoup plus lourds et qui supprime l'école au village ».

Le paysage scolaire restait donc, dans l'imaginaire collectif, déterminé par le cadre villageois. Les propositions de 1975 étaient inversées par rapport à celles de 1962. Le rapporteur des années soixante ignorait ce que serait le monde rural, mais proposait une indispensable restructuration scolaire. Le présentateur du dossier de 1975 a, au contraire, bien pris la mesure de la révolution agricole, mais est cependant revenu à la défense des structures traditionnelles de l'enseignement au village.

« Un village : une école », ... le dossier de *L'école libératrice* développait ensuite un argumentaire qui justifie cette correspondance terme à terme. La rédaction de l'étude sociologique a été réalisée par des enseignants des Pyrénées Atlantiques, qui se référaient plus particulièrement à l'expérience de leurs collègues des cantons d'Orthez et Saint-Jean-Pied-de-Port, où la fermeture des écoles de Maux et Béon avaient provoqué « *des réactions* (qui) *ont défrayé la chronique pendant un certain temps* ». Ces enseignants traduisaient leur opinion dans la belle langue du Sud-Ouest : en cas de fermeture, « *le village languit et meurt tôt ou tard* »... Les enseignants ne souhaitaient donc pas regrouper des élèves en un seul site intercommunal.

> « *Un seul village bénéficie de l'apport scolaire, mais les autres communes ne sont pas mieux loties que dans le cas d'une fermeture d'école, bien qu'ayant participé au financement du nouveau groupe scolaire (70 millions d'AF au bas mot...). Dans cette optique, un seul village retrouve un regain de vie au détriment des autres qui s'étiolent et meurent* ».

Pour les acteurs qui révélaient un attachement sans faille à la relation « école → commune → village », et somme toute, à leur clocher, la solution ne pouvait être recherchée qu'en regroupant les élèves par niveau, tout en respectant les implantations villageoises : on préconisait ainsi de rassembler les élèves par classes, sur « *trois ou quatre écoles de communes voisines en maintenant une école ouverte dans chaque village* ». Si cette restructuration, parfaitement respectueuse de l'état antérieur, n'était pas possible, les auteurs revenaient, en dernier recours, à la classe à faibles effectifs et à cours multiples :

> « *Partout où d'autres solutions mieux adaptées ne peuvent pas être envisagées, le village doit conserver à tout prix son école à cours multiples. Nous le répétons : il vaut mieux une école à classe unique dans chaque village que pas d'école du tout* ».

Dans un langage familier, une habitante d'une micro-commune très isolée de la Combraille occidentale, mère de professeurs et grand-mère de petits enfants résidant en Val-de-Loire, traduisait en 1992 la même conception de l'organisation territoriale par ces mots : « *S'il ne nous restait plus les enfants de l'école, que nous resterait-il ici ?* ». On ne saurait mieux dire que l'on garde les écoliers en espérant changer le cours des choses. Ils sont les « **otages** » des adultes qui les retiennent pour éviter la phase ultime du déclin.

Cette thèse, qui considère la fermeture de l'école comme l'événement déclencheur de l'épisode final, s'est maintenue dans l'opinion traumatisée par la crise démographique. Elle était très largement répandue dans les années soixante-dix, à l'échelle nationale. Peut-on la considérer recevable dans les montagnes du Puy-de-Dôme ?

II - LES VAGUES DE FERMETURES D'ÉCOLES MONTAGNARDES

A partir de 1950, la priorité scolaire départementale a porté dans le Puy-de-Dôme sur les besoins des zones où se construisaient les logements neufs : villes de toutes tailles et localités industrielles montagnardes. C'est ainsi que sur le bassin houiller de Messeix (3 080 habitants dans la commune en 1946 ; 3 366 en 1954 ; 3 552 en 1962) on ouvrait des classes et que, pour répondre aux demandes très vives et très rivales des cités de mineurs de Bogros et des Gannes, et du village de Bialon, on construisait des écoles parfaitement identiques, à quelques kilomètres les unes des autres. Dans le même temps, les effectifs baissaient dans la commune voisine d'Avèze, et la chute conduisait à la fermeture d'une classe dès 1966. Même contraste dans la vallée de la Dore où les écoles de Vertolaye et Marat ouvraient des classes pour accueillir les enfants des employés de la grosse usine de Roussel-UCLAF, alors que, dans les années cinquante, sur les pentes des Monts du Forez, les petites communes de La Renaudie, de Saint-Pierre-la-Bourlhonne et du Brugeron fermaient une de leurs classes, faute d'effectifs.

Tab. 33 - Types d'évolution des cohortes d'enfants entre 1975 et 1990 dans les montagnes du Puy-de-Dôme

Liste des cantons de montagne	Population enfantine (0 à 9 ans)					Cantons sélectionnés pour une comparaison entre évolution démographique et carte scolaire
	Evolution de 1975 à 1990 (base 100 pour 1975)	Types d'évolution de la population enfantine	Pourcentage des enfants de moins de 9 ans dans la population totale en 1990			
			> 8 %	< 8 %		
Champeix	103,0		11,6			
Manzat	102,3	maintien ou faible diminution depuis 1975	12,7 (Max)			
St-Dier-d'A.	96,4		8,8			St-Dier-d'Auvergne
St-Amant-R-S	93,0		8,5			
Arlanc	86,9		10,4			
Ambert	85,0		10,1			Ambert
Cunlhat	83,3		8,5			
Pontgibaud	81,4		11			
St-Remy-sur-D	80,5	déficit de 1 enfant sur 4 ou 5	11,8			
Rochefort-M	78,9		10,4			Rochefort-M
St-Germain-l'H	76,1		9,4			
Ardes	74,7		8,6			Ardes-sur-Couze
Courpière	74,6		9,9			
Besse	70,9		9,6			
Pontaumur	68,5		8,7			
St-Gervais-d'A	68,2	fort déficit environ 1 enfant sur 3	8,4			
Tauves	67,9		8,6			
Olliergues	64,5		8,8			
Menat	64,0			7,4		
St-Anthème	63,0			7,4		St-Anthème
Montaigut-en-C	62,4		8,7			
Viverols	58,1	**Très fort déficit : en 15 ans, la population enfantine a été divisée par deux !**		7,8		
La Tour-d'A	54,4			6,8		
Pionsat	54,3		(Min)	6,3		Pionsat
Bourg-Lastic	54,2			7,7		
Herment	42,0			6,9		

On repère aisément les seuils qui ont permis de déterminer les quatre classes. La population enfantine n'avait augmenté en 1975 et 1990 que dans deux cantons : Champeix (dont on a retenu la partie montagnarde) et Manzat. Elle s'est assez bien maintenue dans quatre autres, dont Saint-Dier-d'Auvergne et Ambert. La part des enfants dans la population totale est cependant médiocre à Saint-Dier-d'Auvergne, car quelques familles récemment installées ne suffisent pas à retourner la tendance lourde, caractérisée par le vieillissement de la population.

Sans prétendre à un inventaire exhaustif, on peut avancer que le réseau scolaire s'est réorganisé, dans ces décennies, selon deux modèles opposés. Dans les zones industrielles et les villes montagnardes, les écoles se sont doublées de créations de maternelles, ont ouvert des classes de perfectionnement pour les enfants en difficulté et ont organisé la scolarité en faisant correspondre les classes et les années de naissance. Le modèle urbain de scolarisation s'est multiplié dans les stations thermales (le Mont Dore et La Bourboule) dans tous les types de localités industrielles (Saint-Eloy-les-Mines, La Monnerie-le-Monteil et Saint-Rémy-sur-Durolle, Olliergues et Arlanc) et dans les bourgs (Pontaumur et Courpière). Il se heurtait à des difficultés certaines, en particulier aux surcharges des effectifs dans les cités les plus actives, mais il était observé depuis les villages voisins, comme offrant le meilleur cursus possible.

Ailleurs, le réseau devait répondre dès 1950 à une demande scolaire moins nombreuse mais, faute de transports scolaires, toujours aussi dispersée que par le passé. Les postes ont été retirés aux écoles de village dont les effectifs se tassaient, mais cependant maintenus dans les écoles de hameaux, qui sont restées ouvertes pour répondre à la demande de l'immédiate proximité. Cette première phase de repli du système scolaire montagnard s'est effectuée selon un modèle déséquilibré : les fermetures de postes ont désorganisé les écoles de villages, et préservé la plupart des micro-structures des hameaux. Quelques clairières ont cependant renoncé à leur école en particulier dans la montagne thiernoise, surpeuplée au XIXe siècle, dans les ravins qui descendent du Livradois sur la plaine d'Issoire. Le village du Mayet, « au-dessus » de Vollore-Ville selon l'expression locale qui signifie à la fois altitude et isolement, est représentatif de ces lieux situés aux marges des finages. Les habitants de ces zones extrêmes ont, au XIXe siècle, fortement revendiqué des équipements collectifs, qui ont été très rapidement fragilisés par la crise démographique. La petite communauté du Mayet avait ouvert une école dès le Second Empire, et construit alors, de ses propres ressources, avec le travail de ses propres habitants, une église et son presbytère. La municipalité de Vollore-Ville y voyait évidemment une tentative de sécession qu'elle redoutait d'autant plus que quelques communes se sont constituées ainsi dans le Haut-Forez septentrional. L'évêché n'a jamais installé de desservant. L'Education Nationale a retiré le poste dès 1956. Les bâtiments du hameau sont aujourd'hui recouverts par la broussaille. Des renoncements précoces se repèrent aussi dans les « pays coupés » du Livradois. Cinq communes jointives (Esteil, La Chapelle-sur-Usson, Saint-Jean-Saint-Gervais, Vals-sous-Châteauneuf et Peslières) ne disposaient plus sur place de service scolaire en 1970[60]. Cet abandon de toute une zone, qui évoque les déprises précoces des Alpes du Sud, était exceptionnel dans le département du Puy-de-Dôme. En 1970, donc, bien que les montagnes aient perdu plus de la moitié de leurs habitants, le réseau restait, dans sa grande majorité, organisé sur un maillage serré. Mais le départ des jeunes qui fondaient leurs foyers ailleurs se traduisait localement par l'effondrement des naissances. Dans les cas les plus sévères, quinze ans plus tard, la population enfantine est diminuée de moitié (Tab. 33).

A - DISCORDANCES ENTRE DÉMOGRAPHIE ET MESURES DE CARTE SCOLAIRE

C'est à partir de 1970 que la crise démographique qui perdurait et les craquements de réseau scolaire se sont conjugués. Les deux phénomènes ne sont cependant pas calqués l'un sur l'autre et les **discordances,** qui sont révélatrices de problèmes originaux de l'espace scolaire, méritent d'être précisées. Pour ce faire, l'échelle de la commune ne convient pas, car l'abandon d'une école, qui ne se décidait pas sans l'examen des situations voisines, doit être replacé dans son contexte local. Sans préjuger d'une fonction scolaire qui caractériserait les chefs-lieux, on a retenu ici l'échelle du canton pour comparer évolutions démographiques et chronologies scolaires. Quatre cantons de deux mille habitants environ ont été retenus pour représenter quatre types de renouvellement des cohortes d'enfants dans les petits cantons ruraux. Pionsat a été sélectionné comme « modèle » de crise grave, avec une diminution de moitié du nombre d'enfants entre 1975 et 1990 ;

Saint-Anthème figure pour représenter des évolutions un peu moins pénalisantes, avec des pertes de l'ordre du tiers de la population enfantine. Les cantons d'Ardes-sur-Couze et de Saint-Dier-d'Auvergne, bien qu'ils soient situés dans des montagnes d'où les hommes sont partis en grand nombre, ont gardé en 1990 au moins les trois quarts de leur contingent d'enfants de 1975 : dans le canton d'Ardes, l'hémorragie avait été bien antérieure ; quant à celui de Saint-Dier, il bénéficie actuellement, du moins pour ses communes les plus proches de Billom, de l'installation de quelques familles périurbaines ; celles-ci expliquent l'assez bonne tenue des jeunes classes. Les cantons qui ont été touchés par le développement de petites villes ou des phénomènes de périurbanisation ont acquis une autre taille. Cet échantillon en retient deux, de dix mille habitants environ, Ambert et Rochefort-Montagne (Tab. 34).

Les discordances entre déficit de la population enfantine et déficit global sont de deux types : dans quelques cas, la crise de la population enfantine a été moins prononcée, entre 1975 et 1990, que le recul de l'ensemble de la population ; mais, d'une façon générale, au contraire, la crise a été plus sévère pour les moins de dix ans que pour l'ensemble de la population.

Dans quelques cantons très affectés par la chute de la population, le nombre d'enfants est resté, en 1990, assez proche de ce qu'il était en 1975. Cette bonne tenue n'est qu'illusoire. Il s'agit de populations vieillies par des départs précoces, qui étaient déjà très affaiblies en 1975, au point de n'offrir plus guère de candidats au départ : le chiffre des enfants ne baisse donc plus à cause des mouvements migratoires, mais par la seule diminution de la fécondité ; l'installation de quelques familles suffit à reconstituer des cohortes d'enfants semblables à celles de 1975. Ce sont de courtes victoires démographiques que l'on a enregistrées ainsi à Ardes-sur-Couze ou à Saint-Amant-Roche-Savine, car les chiffres de 1975 étaient faibles, et nul ne sait si de telles reprises sont conjoncturelles ou durables. Ces cantons ont actuellement peu d'écoles ouvertes (5 dans celui d'Ardes, 2 dans celui de Saint-Amant) mais le nombre des fermetures depuis 1970 a été très variable : six ont été prononcées autour de Saint-Amant, quinze autour d'Ardes !

Tab. 34 - Evolution de la population résidente et du nombre d'écoles dans les cantons montagnards du Puy-de-Dôme

INDICATEURS	POPULATION TOTALE					NOMBRE D'ÉCOLES PUBLIQUES	
Liste des cantons de montagne (dont ceux retenus pour l'analyse)	Chiffres au RGP 1990		Caractéristiques économiques* et sociales des cantons			Evolution de la population des cantons (base 100 pour 1968)	En service en 1995	Fermées entre 1970 et 1995
	>8 000 hab	<8 000 hab	stables	en décroissance modéré	forte			
Champeix		5 337	R (P)			97	11	6
Manzat	9 813		R (I+P)			103	14	3
St-Dier-d'Auv.		2 152		R		79	6	3
St-Amant-R-S.		1 420			R	70	[2]	6
Arlanc		4 170		R		82	7	5
Ambert	11 554		R (U)			96.5	7	16
Cunlhat		2 468		R		83	[4]	2
Pontgibaud		6 009	R (P)			98.5	10	4
St-Rémy-sur-D	10 280		R (I)			93	11	5
Rochefort-M.	11 074		R (T+P)			90	16	7
St-Germain-l'H.		2 410			R	66	8	6
Ardes		2 357			R	69	[5]	15
Courpière	8 297		R (U)			98.5	7	8
Besse		4 711	R (T)			88	10	6
Pontaumur		5 501		R		77	10	7
St-Gervais-d'A.		4 287			R	69.5	8	5
Tauves		3 047		R		78	[5]	5
Olliergues		3 362		R (I)		75	6	5
Menat		3 623			R	72	8	4
St-Anthème		1 642			R	62.5	[2]	6
Montaigut-en-C.	9 141				R (I+U)	71	11	4
Viverols		1 969			R	68	[4]	5
La Tour-d'A.		3 357			R	68	6	5
Pionsat		2 788			R	71	[3]	6
Bourg-Lastic		3 725			R (I)	58	7	6
Herment		1 380			R	71	[3]	3

* Caractéristiques économiques et sociales des cantons (voir plus haut, IIe partie, introduction).
On entend par :
• R : les cantons RURAUX qui se caractérisent par :
◊ des liens étroits avec l'économie agricole
◊ le faible poids des activités industrielles et des services
◊ et des rapports ténus avec les agglomérations (exceptées quelques communes périurbaines)
• R(P) : cantons RURAUX atteints par la Périurbanisation
• R (U+T+I) : Les cantons RURAUX où les emplois sont importants dans les services offerts par les petites villes (U), le tourisme (T) ou l'industrie (I).
La typologie des cantons, la même que précédemment, est effectuée sur le critère de renouvellement des classes d'âge comprises entre 0 et 9 ans. Les meilleurs scores atteints par la population résidente correspondent à des renouvellements de la population totale supérieurs à 88 % depuis 1968 ; les plus faibles à des renouvellements compris entre 83 et 58 %.

Tab. 35 - Sélection des cantons en vue d'une analyse des modalités locales de fermeture

INDICATEURS — Liste des cantons de montagne (dont ceux retenus pour l'analyse)	POPULATION ENFANTINE (0 à 9 ans) — Évolution de 1975 à 1990 (base 100 pour 1975)	POPULATION ENFANTINE — commentaire	POP. TOTALE — Chiffres au RGP 1990 >8 000 hab	POP. TOTALE — <8 000 hab	Caract. — stables	Caract. — en décroissance modérée	Caract. — en décroissance forte	Évolution de la population des cantons (base 100 pour 1968)	En service en 1995	Fermées entre 1970 et 1995
Champeix	103,0	Maintien ou faible diminution depuis 1975		5 337	R (P)			97	11	6
Manzat	102,3		9 813		R (I+P)	R		103	14	3
St-Dier-d'Auv.	96,4			2 152				79	6	3
St-Amant-R.-S.	93,0			1 420		R		70	[2]	6
Arlanc	86,9			4 170		R		82	7	5
Ambert	85,5		11 554		R (U)			96,5	7	16
Cunlhat	83,3	Déficit de 1 enfant sur 4 ou 5		2 468	R (P)	R		83	[4]	2
Pontgibaud	81,4			6 009	R (I)			98,5	10	4
St-Rémy-sur-D	80,5		10 280		R (P)			93	11	5
Rochefort-M.	78,9		11 074		R (T+P)	R		90	16	7
St-Germain-l'H.	76,1			2 410		R		66	8	6
Ardes	74,7			2 357		R		69	[5]	15
Courpière	74,6		8 297		R (U)			98,5	7	8
Besse	70,9	Fort déficit environ 1 enfant sur 3		4 711	R (T)			88	10	6
Pontaumur	68,5			5 501				77	10	7
St-Gervais-d'A.	68,2			4 287		R		69,5	8	5
Tauves	67,9			3 047				78	[5]	5
Olliergues	64,5			3 362	R (I)	R		75	6	5
Menat	64,0			3 623	R (I)			72	8	4
St-Anthème	63,0			1 642				62,5	[2]	6
Montaigut-en-C.	62,4		9 141				R (I+U)	71	11	4
Viverols	58,1	Très fort déficit : en 15 ans, la population enfantine a été divisée par deux !		1 969		R		68	[4]	5
La Tour-d'A.	54,4			3 357		R		68	6	5
Pionsat	54,3			2 788		R		71	[3]	6
Bourg-Lastic	54,2			3 725			R (I)	58	7	6
Herment	42,0			1 380		R		71	[3]	3

* Caractéristiques économiques et sociales des cantons.

On entend par : • R : les cantons RURAUX qui se caractérisent par :
• R+U+T+I ou P : les cantons ou la ruralité se conjugue avec un ou plusieurs phénomènes
  U : présence d'un gros noyau urbain
  I ou T : forte incidence des foyers de type industriel ou touristique } « nouvelle ruralité »
  P : péri-urbanisation à partir des agglomérations de la plaine
• des liens étroits avec l'économie agricole
• le faible poids des activités industrielles et des services
• et des rapports ténus avec les agglomérations (exceptées quelques communes classées en ZPIU)

Sources : RGP, division de l'organisation scolaire des statistiques de l'Inspection Académique du Puy-de-Dôme

Plus fréquemment, la crise a amputé la population enfantine (Tab. 35) plus qu'elle n'a atteint l'ensemble de la population résidente. Le canton de Pionsat n'a plus, en 1990, que cinquante-quatre enfants sur cent qui y vivaient en 1975 ; il garde pourtant 71 % de la population de 1968. Le canton d'Herment n'a renouvelé que 42 % de sa cohorte d'enfants de 1975 ; il a pourtant gardé 71 % de sa population résidente de 1968. Ce sont là les chiffres classiques de collectivités locales vieillies, dont la pyramide des âges est gravement érodée à la base. La jeune professeur d'école qui s'installait à Avèze (canton de Tauves), à la rentrée de l'automne 1996, découvrait ce phénomène démographique à travers l'état des lieux : dans un bâtiment de petite dimension, mais d'allure moderne et coquette, sur la place du village, la municipalité entretient deux salles : l'une reçoit le club du troisième âge, l'autre est la salle de classe. Le club inscrit quarante-quatre adhérents, l'école onze élèves ! La chute de la population enfantine est d'ores et déjà extrêmement grave ; celle de la population résidente est retardée par le maintien sur place de personnes âgées, le retour de quelques retraités, voire quelques arrivées. Aux confins des cantons de Tauves et Bourg-Lastic, cette petite localité illustre le cas des espaces pénalisés à la fois par la chute de la population et le vieillissement. Bien que les générations ne se renouvellent plus, elle a réussi cependant à préserver sa classe, maintenant « unique ».

Les correspondances entre chute de la population enfantine et décisions de fermeture d'école sont difficiles à établir en première lecture. Certes, le canton de Manzat - le seul à afficher une évolution positive en 1990 - n'a perdu que trois écoles, mais celui de Cunlhat a encore mieux préservé son parc scolaire, alors que seize écoles du canton d'Ambert ont fermé (Tab. 35) ! Depuis 1970, les cantons de montagnes ont perdu en moyenne six écoles, la médiane étant de cinq fermetures, comme s'il s'agissait d'un régime accepté par l'opinion. Amélioration ou péjoration de l'évolution démographique n'expliquent pas les écarts à cette « norme ». Les hypothèses d'explication mettent en avant le type d'école et l'expression des volontés locales, très inégalement ralliées entre 1970 et 1990, aux décisions de

Fig. 57 - Croquis de localisation des cantons d'Ambert, Ardes-sur-Couze, Rochefort-Montagne, Pionsat, Saint-Anthème et Saint-Dier-d'Auvergne

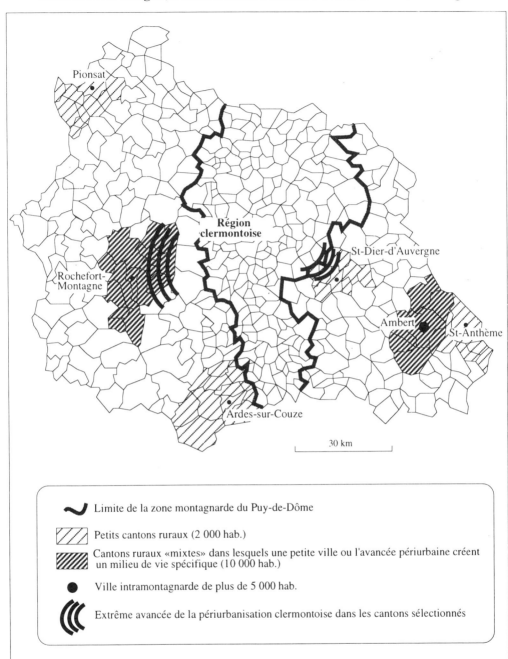

Limite de la zone montagnarde du Puy-de-Dôme

Petits cantons ruraux (2 000 hab.)

Cantons ruraux «mixtes» dans lesquels une petite ville ou l'avancée périurbaine créent un milieu de vie spécifique (10 000 hab.)

Ville intramontagnarde de plus de 5 000 hab.

Extrême avancée de la périurbanisation clermontoise dans les cantons sélectionnés

CERAMAC

Fig. 58 - Fermetures d'écoles et évolution de la population dans deux cantons «mixtes» des montagnes : CANTON D'AMBERT

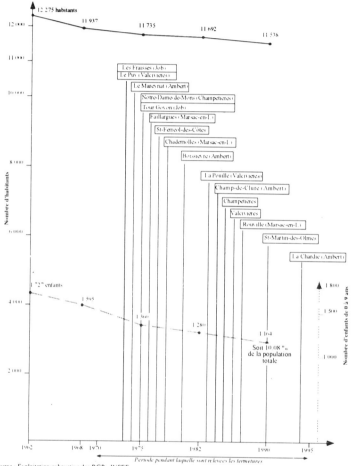

Source : Exploitation exhaustive des RGP - INSEE

Chaque fermeture est indiquée par le nom de la commune, précédé, éventuellement de celui du hameau.
Source : Exploitation exhaustive des RGP INSEE et archives IA.

Le canton d'Ambert a globalement assez bien préservé sa population résidente, et son contingent d'enfants. Les chiffres ont été soutenus par la ville et les villages du bassin, alors que les hautes pentes ont subi une déprise sévère. Les contrastes démographiques ne suffisent pas à expliquer les deux rafales de fermetures qui ont emporté les écoles des hameaux (depuis les Fraisses jusqu'à Boisseyre) puis celles des petites communes (Champétières, Valcivières et Saint-Martin-des-Olmes). Ce repli du réseau scolaire sur les écoles publiques ou privées d'Ambert et de Marsac s'explique par la forte ATTRACTION d'Ambert, l'accessibilité des écoles de Marsac et d'Ambert et la diminution des populations des hameaux et villages éloignés. Les phénomènes de **restructuration** décidés parce que de très petites écoles ne retenaient plus les effectifs scolarisables ont prédominé dans ce processus.

Fig. 59 - Fermetures d'écoles et évolution de la population dans deux cantons « mixtes » des montagnes : CANTON DE ROCHEFORT-MONTAGNE

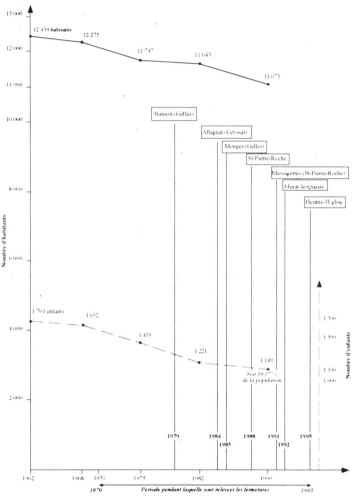

Alors que l'évolution démographique globale a suivi , comme dans le cas précédent, une baisse lente depuis 1970, la chronologie des fermetures d'école a été radicalement différente : les habitants des hameaux des « sections » et des microcommunes se sont engagés dans des DÉFENSES LOCALES vigoureuses de leur maillage et ont réussi à faire différer les fermetures jusqu'en 1984. A commencé alors une phase de renoncement des plus petites collectivités, qui s'étaient épuisées côte-à-côte (Saint-Pierre-Roche et Massagettes ont fermé, sur la même commune, leurs deux écoles en trois ans). A l'inverse, Murat-le-Quaire est une petite collectivité bien vivante, qui a confié la fonction scolaire à sa voisine urbaine, La Bourboule. Cette localité a joué un rôle comparable à celui d'Ambert dans le cas précédent.

Fig. 60 - Fermetures d'écoles et évolution de la population dans quatre cantons ruraux des montagnes : CANTON D'ARDES-SUR-COUZE

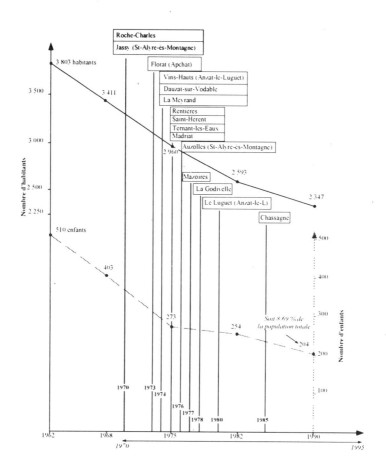

Les quatre exemples qui suivent présentent des cantons qui ont actuellement 2 000 habitants environ .Entre 1962 et 1990, ils ont subi une saignée démographique qui a enlevé plus de 1 000 habitants à chacun d'eux. Depuis 1970, l'Education nationale a décidé la fermeture de 15 sites du canton d'Ardes, hameaux ou chefs-lieux de communes exsangues (le sort de Roche-Charles avait déjà été discuté en ... 1931 - cf. 2e partie, 1er chapitre). Deux faits pénalisaient ce réseau : **la distribution originelle était très atomisée**, adaptée à un service de proximité qui desservait des plateaux ventés et des vallées en gorge où la circulation hivernale était très difficile ; **les effectifs ont chuté** de 47 % entre 1962 et 1975.

Les années soixante-dix ont marqué la FIN D'UN ESPACE SCOLAIRE. La baisse démographique actuelle, même ralentie, menace les derniers éléments, et dans ce vide, l'école du chef-lieu a peine à se reconstruire comme école de village-centre.

Fig. 61 - Fermetures d'écoles et évolution de la population dans quatre cantons ruraux des montagnes : CANTON DE SAINT-DIER-D'AUVERGNE

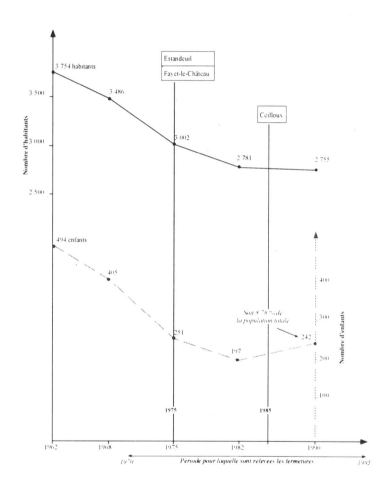

La situation du parc scolaire paraît figée : il n'en est rien ! Chaque localité qui a gardé une école la PRÉSERVE en espérant, en dépit de l'éloignement de Clermont, bénéficier à son tour de la périurbanisation qui a surpris les acteurs locaux et explique la remontée de la population enfantine. Les contrastes sont cependant très forts : à l'aval, à 40 kilomètres de Clermont-Ferrand, Estandeuil, qui a fermé son école, a gagné 60 habitants depuis 1975 ; à l'amont, Ceilloux, qui avait maintenu son école jusqu'en 1985, a continué à perdre ses habitants jusqu'en 1990 (145 hab.), puis en gagne (151 hab. en 1999). Le chef-lieu de canton définit son nouveau rôle d'école de village.

Fig. 62 - Fermetures d'écoles et évolution de la population dans quatre cantons ruraux des montagnes : CANTON DE SAINT-ANTHÈME

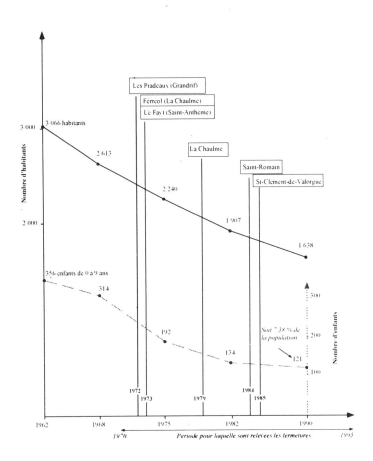

Dans ce canton qui occupe la haute vallée de l'Ance, les fermetures ont progressé selon une TRAJECTOIRE CIRCULAIRE qui a tourné autour du bassin en descendant des hameaux les plus élevés (Les Pradeaux sont à 1 200 m) jusqu'aux portes du chef-lieu de canton. Ces décisions jalonnent l'histoire d'une grande clairière qui « se ferme » (cf. la photo en introduction de la 2e partie). Aucun phénomène d'attraction urbaine n'a perturbé un **déterminisme physique certain** qui a joué, quelles que fussent les résistances locales, dans ce milieu isolé, où l'école de Saint-Anthème a pris la taille de celle d'un village.

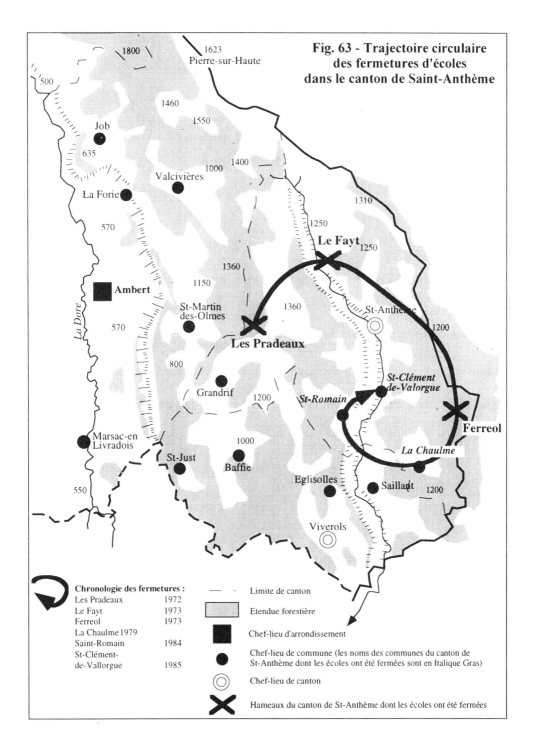

Fig. 63 - Trajectoire circulaire des fermetures d'écoles dans le canton de Saint-Anthème

Chronologie des fermetures :

Les Pradeaux	1972
Le Fayt	1973
Ferreol	1973
La Chaulme	1979
Saint-Romain	1984
St-Clément-de-Vallorgue	1985

— · — Limite de canton

Etendue forestière

■ Chef-lieu d'arrondissement

● Chef-lieu de commune (les noms des communes du canton de St-Anthème dont les écoles ont été fermées sont en Italique Gras)

◎ Chef-lieu de canton

✗ Hameaux du canton de St-Anthème dont les écoles ont été fermées

Fig. 64 - Fermetures d'écoles et évolution de la population dans quatre cantons ruraux des montagnes : CANTON DE PIONSAT

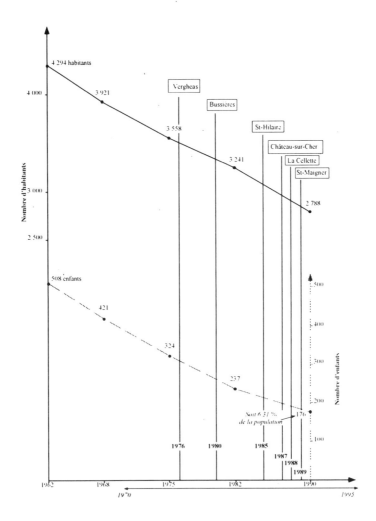

La crise démographique a été particulièrement sévère par l'ampleur de son déficit et par sa durée. Les enfants pèsent peu dans ce canton (6,3 % de la population) et sont peu nombreux : 176 en 1990 ; le nombre s'affaisse encore actuellement. Les fermetures d'école ont été DIFFÉRÉES dans ces Combrailles très attachées au service public, et ont été prononcées, au coup par coup, après 1980. Le long processus par lequel la commune de la Cellette a renoncé à maintenir son école est significatif de l'enracinement du réseau scolaire et de sa fragilité actuelle. La baisse des effectifs scolarisables rend d'autres fermetures probables, bien qu'il ne reste que trois écoles en 1997.

fermetures. Ces hypothèses doivent être vérifiées au cas par cas, dans les cantons sélectionnés comme représentatifs de la démographie montagnarde.

La comparaison des six cantons révèle l'ampleur des **écarts qui se sont instaurés entre l'évolution démographique et les prises de décisions**. Alors que le poids des populations était comparable et que les évolutions sont semblables deux par deux, chaque chronique des mesures de carte scolaire est singulière. Dans cet échantillon, le **canton de St-Anthème** présente un cas unique de corrélation entre la déprise et les décisions. Les courbes descendantes de la population résidente et des enfants de moins de dix ans sont jalonnées régulièrement par les fermetures. Les défenses entreprises par les acteurs locaux ont tout au plus réussi à obtenir quelques sursis, et ont conduit le système ancien jusqu'aux extrêmes possibilités de la classe unique : on tenait école ouverte à Ferréol en 1970 pour quatre élèves ! De telles situations ont retardé le cours des choses, mais ne l'ont pas infléchi : la « marée » démographique qui avait surpeuplé les clairières dans la seconde moitié du dix-neuvième siècle s'est retirée en ébranlant les écoles. Les fermetures accompagnent, avec un décalage dans le temps, ce long repli de la vie locale sur le chef-lieu de canton, qui n'est plus, lui-même, qu'un village de haute vallée.

Dans les cinq autres cas, la chronique des décisions et celle des épisodes démographiques sont discordantes. Des facteurs, autres que la chute des effectifs sont intervenus. L'observation des écarts permet d'avancer trois règles, que l'on vérifie sur le terrain. Première règle : l'**atomisation** des structures originelles a été porteuse de risques. Qu'il s'agisse de hameaux, comme dans le canton d'Ambert, ou de communes de faible dimension, comme dans le canton de Pionsat, les petites structures voisines se sont révélées fragiles en même temps, et leurs fermetures ont été prononcées dans un laps de temps bref. Cette règle n'est cependant pas totalement généralisable. Des écoles minuscules ont été défendues soit par un fort « esprit de localité », soit par un attachement manifeste aux écoles publiques et aux activités associatives créées autour d'elles.

Seconde règle : l'association d'une école à une **mairie** a été souvent un gage de pérennité. Les écoles des chefs-lieux de commune, qui avaient été ébranlées par les fermetures de classe dans les années cinquante, ont ensuite bien résisté, même si elles étaient amputées de deux ou trois classes. Les écoles de hameaux, qui, elles, s'étaient bien maintenues jusque dans les années soixante-dix, se sont ensuite très rapidement effacées de la carte. Cependant, la présence sur le territoire montagnard de fortes « **sections** » a entraîné de véritables résistances locales, tant l'esprit communautaire et l'héritage historique pouvaient être encore solidement ancrés dans la mentalité des hameaux. Unis par la propriété de forêts ou de pâturages sectionaux, voire même de terres cultivables, ces hameaux ont manifesté de tout temps une opposition à la gestion municipale et aux fonctions du « bourg ». Les questions scolaires leur ont permis de refuser l'attraction du chef-lieu et d'échafauder des projets de survie pour leur école. Dans ces cas là, ils ont eu un comportement, des moyens, des leaders, comparables à ceux des chefs-lieux de communes, et ils ont retardé la fermeture de la petite structure symbole de leur esprit sectionnaire : c'est cette politique montagnarde qui a entraîné le décalage entre la chute démographique du canton de Rochefort, et les décisions de fermetures. L'archétype de ce fonctionnement a été fourni par la commune de Gelles où le hameau de Monges a guerroyé pour garder son école jusqu'en 1985. Les habitants de Monges disposent de biens sectionnaux fort étendus, sur le versant du Puy de Banson ; ils ont au village une mairie secondaire, qui a abrité l'école, près de laquelle s'élève leur église, et le monument en souvenir de leurs propres morts à la guerre. Quand leur école a été menacée de fermeture, ils ont souligné leur refus en « *ne venant plus acheter le pain au boulanger du bourg* ». Toute cette résistance est chargée de symboles, face auxquels les propositions rationnelles d'aménagement scolaire pèsent peu. Au cours des rencontres préalables à la restructuration, plusieurs solutions ont été envisagées dont celle d'un regroupement pédagogique qui aurait transporté des enfants du chef-lieu sur la classe du hameau : perspective que le « bourg », effrayé à l'idée de voir ses enfants dispersés sur deux sites, ne pouvait évidemment pas accepter. C'est finalement la structure du chef-lieu qui s'est maintenue et renforcée, mais dans des cas semblables où l'école de la section est soutenue par une forte tradition collective, les hameaux ont fait entendre leurs exigences : dans une autre commune du canton de Rochefort, les habitants du hameau de Massajettes ont obtenu une victoire à la Pyrrhus en gardant (pour 3 ans !)[61] leur école, alors que celle du chef-lieu avait dû fermer, puisqu'ils refusaient d'y envoyer leurs enfants.

Troisième règle repérable dans les chronologies locales, le vide, ou le **sentiment que les acteurs des cartes scolaires ont eu de ce vide**, a contribué à préserver les mailles les plus fines du système. On voit ainsi apparaître très tardivement, dans la chronologie des fermetures, les écoles que la crise démographique avait affaiblies depuis des lustres, mais que leur isolement a protégées. C'est le cas de Chassagne, située sur une petite route qui traverse le Haut-Cézallier : les cent habitants ont réussi à préserver leur école jusqu'en 1985 (cf. Fig. 60). Ces isolats représentent des cas qui défient la logique des chiffres et n'ont pas une évolution conforme à la démographie, telle qu'on l'a définie pour le canton de Saint-Anthème. Ils sont encore relativement fréquents. On repère ainsi une ou deux situations de fermeture différée aux **marges de chaque canton** : St-Jean-des-Ollières et Brousse, sur les rebords du bassin de St-Dier, le Quartier sur les hauteurs qui dessinent Pionsat, Anzat-le-Luguet et Boutaresse à la limite de l'habitat permanent dans le Cézallier. Le territoire montagnard a opposé aux décisions de fermetures une rugosité certaine et, dans le réseau scolaire du « désert français » débâcles et résistances ont voisiné.

Le bilan des cartes scolaires montagnardes paraît donc difficile à établir pour les années postérieures à 1970. Il est cependant nécessaire et doit passer par un recensement exhaustif des décisions. En moyenne, entre 1970 et 1992, on a fermé cinq ou six écoles montagnardes par an. Les rentrées les plus ravageuses ont été celles de 1973 et 1975 avec dix-huit et dix-sept décisions de fermetures. Celles-ci sont regroupées par « trains » : dix fermetures annuelles en moyenne de 1970 à

Fig. 65 - Chronologies de fermetures d'écoles

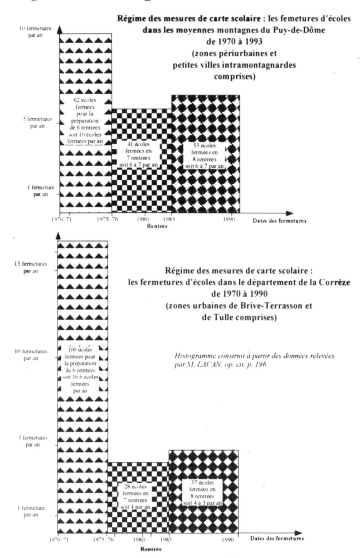

Régime des mesures de carte scolaire : les femetures d'écoles dans les moyennes montagnes du Puy-de-Dôme de 1970 à 1993 (zones périurbaines et petites villes intramontagnardes comprises)

Régime des mesures de carte scolaire : les fermetures d'écoles dans le département de la Corrèze de 1970 à 1990 (zones urbaines de Brive-Terrasson et de Tulle comprises)

Histogramme construit à partir des données relevées par M. LACAN, op. cit. p. 196

L'exemple de la **Corrèze** a été retenu ici en raison de son voisinage avec le Puy-de-Dôme, et de sa taille comparable à celle du terrain de cette étude. Le milieu est moins montagnard, plus urbain, du fait du poids de la zone de Brive-Terrasson, mais il est comparable aux montagnes du Puy-de-Dôme par l'atomisation des structures dans un habitat très dispersé et la chute démographique en particulier du Haut-Limousin : **les mêmes vagues de fermetures** sont repérables, mais la première a été, en Corrèze, considérablement gonflée.

Maurice LACAN, « La crise de l'école rurale et l'aménagement de l'espace en Corrèze », *Norois*, n°154, 39e année, avril-juin 1992, Poitiers, p. 195 à 206.

1975 ; six en moyenne de 1976 à 1983 ; sept à dix, selon les années, ensuite. **La corrélation de la première phase avec la baisse des effectifs est évidente** : en six années charnières, les sociétés montagnardes ont dû renoncer à leur pratique traditionnelle du territoire, fondée sur l'accès direct à un service scolaire de proximité. Ce fait est lié à la crise démographique, aux départs en sixième et à la mise en place des transports scolaires. Il n'est pas propre aux montagnes du Puy-de-Dôme, et se repère ailleurs, dans les Alpes, le Massif central (cf. Fig. 65), dans les Pyrénées.

Dès 1975, on pouvait dresser un bilan de cette première **remise en cause** de la dispersion du service scolaire. Depuis 1970, où la quasi totalité des communes étaient desservies, soixante écoles avaient été fermées en cinq ans. Trente-cinq d'entre elles se situaient dans les hameaux, et vingt-cinq dans les chefs-lieux de communes. A partir de ces dates, les décisions scolaires ont été prises en fonction de deux représentations opposées de l'organisation territoriale : maintien de la dispersion des services, ou recherche de la concentration. Autour des années quatre-vingts, la **politique des fermetures a été freinée en montagne**, alors que les effectifs diminuaient encore : l'essentiel des restructurations s'est alors effectué en ville, où on a regroupé des écoles et fermé des classes. A partir de 1984, la **vague de fermetures**, tout en restant nombreuses dans les agglomérations, **est « remontée »** sur les montagnes. Les projections démographiques laissent prévoir que, sauf si une volonté forte s'exprime pour sauver les lambeaux du système ancien, ces fermetures seront encore nombreuses et s'inscriront dans un réseau déjà très perturbé.

B - L'EFFET TERRITORIAL DES FERMETURES

On suit sur le terrain l'avancée des trois vagues de fermetures. La localisation des trains de mesures permet de repérer des logiques territoriales : les fermetures d'écoles ont été, d'une façon générale, plus nombreuses au Sud qu'au Nord, et ont atteint les montagnes orientales plus tôt, et plus massivement que celles de l'ouest.

Fig. 66 - L'effet territorial des fermetures successives Montagnes du Livradois et du Forez Le tournant des années 1970

Département de l'Allier

Châteldon

St-Victor-M.

Les Cros

Charner

Chabreloche

Thiers La Monnerie

Le Moulin de la Courtade

Vers St-Etienne

Autoroute A72

La Malaptie

Vers Clermont-Fd

Sugier

Aubusson d'A.

Le Trévy

La Renaudie

Courtesserre

Courpière

Département de la Loire

Sauviat

Olmet

Giroux

Le Besset

Baradie

Estandeuil

St-Gervais s-M

Olliergues

St-Pierre-la-Bourlhonne

Fayet-le-Ch

St-Dier-d'A.

Pradat

Ceilloux

Cunlhat

La Brugière

Les Fraisses

Vindiollet

Auzelles

Le Verdier

Grandval

St-Amant-R-S

La Tour-G

Le Puy

Valcivières

La Pouille

Montboissier

Solier

Le Monestier

Le Champ-de-C.

Le Marevnot

Le Fayt

Egliseneuve-des-L.

St-Eloy-la-G.

Boisseyre

Amber

St-Martin-des-O

St-Anthème

St-Quentin-s-S.

La Mare

St-Ferréol-des-Côtes

St-Clément-de-V

Chaméane

Aix-la-F.

N. Dame-de-Mons

Champetières

Les Pradeaux

Ferréol

St-Genès-la-Tourette

Fournols

Rouville

Pavagnat

Chadernolles

Baffie

St-Romain

Le Vernet-la-V

Praulat

St-Germain-l'H

Faillargues

St-Just-de-B

La Chaulme

Champagnat

St-Catherine

Champsiaux

Le Cros

Viverol

E CU

Lasfond

Chassaignes-Htes

Beurrieres

VC

P

Medeyrolles

SJG

Mandelles

St-Sauveur-la-S

Arlanc

Mayres

Sauvessanges

Département de la Haute-Loire

10 km

Vers le Puy-en-Velay

CHRONOLOGIE ET LOCALISATION DES FERMETURES DU SERVICE PUBLIC

Fermetures précoces sur un territoire continu

• CU	La Chapelle-sur-Usson	Ensemble de 5 communes limitrophes dont les écoles ont fermé antérieurement à 1970
• E	Esteil	
• SJG	St-Jean St-Gervais	
• VC	Valz-sous-Châteauneuf	
• P	Peslières	

▲ École de commune ou de hameau fermée entre 1970 et 1975

■ École encore ouverte en 1975 et fermée ultérieurement

Source : Service de statistiques IA du Puy-de-Dôme

CERAMAC

Fig. 67 - Interprétation de la carte localisant les fermetures prononcées au tournant des années 1970

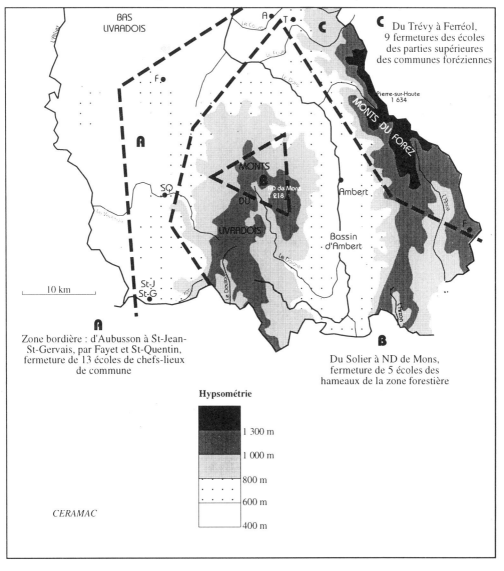

BAS
LIVRADOIS

C Du Trévy à Ferréol,
9 fermetures des écoles
des parties supérieures
des communes foréziennes

Pierre-sur-Haute
1 634

MONTS DU FOREZ

MONTS

DU

LIVRADOIS

ND de Mons
1 218

Ambert

Bassin
d'Ambert

St-J
St-G

10 km

A
Zone bordière : d'Aubusson à St-Jean-
St-Gervais, par Fayet et St-Quentin,
fermeture de 13 écoles de chefs-lieux
de commune

B
Du Solier à ND de Mons,
fermeture de 5 écoles des
hameaux de la zone forestière

Hypsométrie

1 300 m

1 000 m

800 m

600 m

400 m

CERAMAC

Le réseau du Livradois-Forez (Fig. 66) se caractérise par la précocité et l'ampleur de la déprise qui a atteint les chefs-lieux de communes comme les hameaux. L'association de l'école et de la mairie n'a pas suffi à protéger les plus petites structures dans la zone bordière où la crise de l'économie traditionnelle a été particulièrement grave et où les communes étaient de très petite taille. Ainsi, les écoles des « pays coupés » ont-elles été rayées tôt de la carte, parfois même plus tôt que celles du Haut-Livradois. En altitude, les écoles des chefs-lieux de communes ont été protégées, lors de cette première vague de fermetures, par la taille des communes et l'allongement des distances. Ce sont les écoles des hameaux qui ont été effacées, au grand soulagement des institutrices qui redoutaient ces postes isolés. Bien que chaque décision ait été l'objet d'enjeux spécifiques à chacun des lieux, la carte scolaire du Livradois-Forez a évolué en fonction de **trois logiques territoriales** : fermeture des écoles de chefs-lieux dans les ravins et les bassins bordiers ; fermeture de quelques écoles de clairières dans le Livradois ; repli du service scolaire qui a abandonné les hameaux les plus haut perchés dans les Monts du Forez (Fig. 67).

A l'ouest du département, les décisions de carte scolaire prises au tournant des années soixante-dix ont beaucoup moins bousculé le réseau, exceptions faites du Cézallier et, plus partiellement, des Monts Dore. Derrière des chiffres bien inférieurs à ceux du Livradois-Forez, on repère cependant des logiques territoriales similaires : le phénomène d'abandon des « pays coupés » y est même aggravé. Sur une bande de trente kilomètres, du hameau de Florat à la limite de la Haute-Loire jusqu'à celui des Arnats, au sud d'Aydat, dix fermetures ont été prononcées en cinq ans, dont huit concernent des chefs-lieux de communes (Fig. 68). Le réseau scolaire traditionnel a été sinistré : la fragilité que crée le voisinage de multiples petites structures était ici portée à son comble. Plus haut, sur la montagne, le réseau de proximité s'est, dans ce premier temps, assez bien maintenu, sauvé par les dimensions assez vastes des territoires communaux. Les chefs-lieux ont gardé leurs écoles jusqu'en 1975 au moins ; on n'a fermé que les très petites structures situées à l'écart dans des hameaux développés au

XIXe siècle sur des défrichements marginaux. Ont fermé leurs portes avant 1975 l'école de Jassy dans la commune de Saint-Alyre-ès-Montagnes, celle de Lamur dans le territoire de Picherande, celle d'Aulnat près de Bagnols, d'Anglard près de Besse, etc. Inversement, l'isolement a préservé des écoles de chefs-lieux de commune, du moins pour quelques années : Compains (toujours ouverte en 1999), la Godivelle, Espinchal, Cros et Labessette. Il n'y avait encore pas de remise en cause de la trame fondamentale du réseau scolaire public dans les parties les plus montagnardes. Ce fait vaut aussi pour les Combrailles où le réseau s'est assez bien maintenu au début des années soixante-dix, exceptées quatre petites communes voisines, aux marges de la Creuse (Fernoël, la Celle, Voingt et Tralaigues) victimes de l'atomisation du découpage communal autant que de la crise démographique.

Le rythme sur lequel on a fermé les écoles **s'est ralenti après 1975**, mais les décisions, échelonnées sur deux décennies, ont considérablement transformé les structures en place sur le Livradois-Forez (Fig. 69). En altitude, le réseau qui desservait les petites communes a disparu. Il n'y a plus d'écoles de première proximité, mais des écoles de petits villages-centres, souvent chefs-lieux de canton : St-Anthème, Viverols, St-Germain-l'Herm, Fournols, St-Amant-Roche-Savine. On a assisté à une véritable **progression du vide scolaire, qui redoublait la progression du vide démographique, et faisait peur**. Quelques petites communes ont tenté de s'y opposer, en faisant une **barrière de Regroupements Pédagogiques**, alignés sur les hautes vallées ou regroupant des hauts bassins, comme s'ils devaient contenir la crise sur les hauteurs. C'est le cas des RPI situés dans le triangle St-Germain-l'Herm—Fournols—Arlanc, comme s'ils s'interposaient entre la zone forestière, très démantelée, et la vallée de la Dore, où les structures scolaires sont plus fournies. De même, un RPI proche de Viverols « bloque » vers le sud la progression du vide qui a supprimé toutes les écoles du Haut-Forez sauf trois !

A l'étage inférieur, sur les versants qui dominent la vallée de la Dore, et tout au long de cet axe, nombre de communes et de hameaux ont aussi renoncé à leur école, mais, dans cette zone

Fig. 68 - L'effet territorial des fermetures successives
Montagnes de l'Ouest

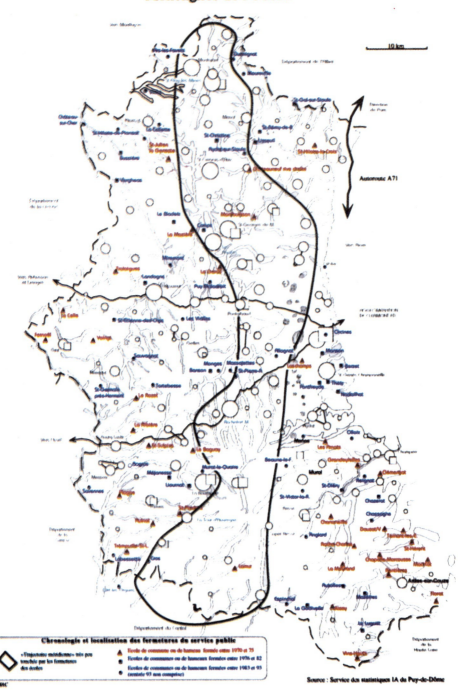

Fig. 69 - L'effet territorial des fermetures successives Montagnes du Livradois et du Forez Les fermetures postérieures à 1975

marquée par l'industrie, la population scolarisable est restée relativement nombreuse, assez pour permettre à des écoles de toutes tailles de se maintenir en fonction des volontés locales et de l'attractivité des lieux : la restructuration sauvage a gonflé les structures d'Ambert et de Courpière ; à côté, au hasard des histoires locales, des communes minuscules ont su maintenir une offre scolaire sur leur territoire, avec une, deux ou trois classes.

Le même caractère hétéroclite se retrouve dans la montagne thiernoise, bien qu'elle n'ait pas été touchée par le grand coup des fermetures de 1970 à 1975. Il y a eu ici peu d'abandons ; ils n'ont pas affecté les chefs-lieux de communes, mis à part le village de St-Victor-Monvianeix : nous sommes dans une campagne industrialisée, profondément différente des milieux touchés par l'exode rural.

A partir de l'enveloppe montagnarde que forment les « pays coupés », le processus de fermeture d'écoles a, au coup par coup, couvert toute la montagne orientale, excepté le pays thiernois. Il a cependant laissé un ruban d'équipements scolaires denses le long de la vallée de la Dore. Le problème actuel est donc d'estimer quel peut être, entre le vide et la vallée, la place des écoles des villages et des structures minuscules des Regroupements Pédagogiques.

Sur les montagnes occidentales le même processus de fermetures s'est propagé par ondes depuis le sud jusqu'au centre (où on a fermé des écoles de hameaux et de communes sur le plateau de Gelles et de St-Gervais-d'Auvergne) pour atteindre tardivement au nord les communes qui bordent le bassin de St-Eloy-les-Mines (Moureuille, Durmignat, Ars-les-Favets). A la différence du mouvement qui a atteint le Livradois-Forez, les vagues de fermetures n'ont pas couvert tout le territoire (cf. Fig. 68) et les plages préservées sont plus nombreuses et fort diverses : souvent à l'échelle du canton ou du petit pays, elles dessinent sur la carte une longue bande méridienne, faite de pays très divers, depuis les zones industrielles de St-Eloy-les-Mines et des Ancizes, puis ensuite la montagne riomoise, le plateau des Dômes, le pays de Rochefort, jusqu'à la Haute-Artense où, malgré des densités de l'ordre de dix à vingt hab. au km², l'isolement a protégé jusqu'à l'extrême fin du XXe siècle six écoles sur sept entre La Tour d'Auvergne et Espinchal. Ailleurs, les fermetures ont entraîné les mêmes effets territoriaux qu'en Livradois-Forez, mais différemment répartis. Les espaces sans école de proximité sont étendus aux dimensions de quelques cantons : les cas extrêmes sont ceux d'Ardes et de Pionsat. Deux décennies de mesures successives ont conduit au rassemblement de l'offre scolaire sur une école, sans qu'il y ait eu de politique déterminée : du coup, quelques écoles marginales ont échappé au processus et deviennent des figures symboliques de la résistance des structures traditionnelles. Comme le long de la vallée de la Dore, on ne recense pas de fermeture sur les axes principaux, les routes d'Ussel et d'Aubusson. Mais leurs écoles ne desservent pas la population de la majeure partie du plateau qui, malgré les effacements des classes uniques des hameaux et des petites communes, garde un réseau scolaire encore dispersé. Le processus de fermetures d'écoles, radical dans le Cézallier, ignoré dans la montagne riomoise, a conduit ailleurs au « mitage » d'un tissu scolaire qui a préservé nombre de sites traditionnels. C'est un paradoxe de trouver dans cette montagne le cas de St-Genès-Champanelle, exemple de reconstruction systématique de l'offre scolaire après la fermeture délibérée de six classes uniques. Ce modèle volontariste n'a pas été suivi ; la capacité du système spatial ancien à se maintenir malgré les vides a été la plus forte.

Les pratiques territoriales que révèlent les cartes scolaires du dernier quart de siècle sont donc doublement originales. Elles le sont d'abord par leur histoire. Après une période où les fermetures se sont succédées à un rythme vif, les très petites écoles ne pouvant survivre au départ de leurs grands élèves au collège, la carte scolaire a évolué sur un rythme plus lent, selon un régime semble-t-il accepté de six à sept fermetures annuelles. Même si les discussions ont été parfois vives, au sujet des sites qui espéraient une remontée de leurs effectifs, les décisions prises ont été rarement remises en question. Le réseau scolaire s'est ainsi adapté très lentement, par un système de retouches continuelles. La fidélité à la dispersion du service s'est donc largement maintenue, exception faite du **modèle réussi mais sans suite** du regroupement sur St-Genès-Champanelle.

Les effets spatiaux des cartes successives sont liés à cette **rugosité de l'histoire**. Il existe, dans le département du Puy-de-Dôme, deux types de petites écoles. Les unes sont isolées dans les zones fragilisées par les fermetures et la baisse des effectifs. Elles se maintiennent avec d'autant plus de ténacité qu'elles sentent leur sort précaire, et qu'une fierté locale incite les acteurs à vouloir réussir là où les collectivités voisines ont échoué. Les autres font partie du réseau dense, en zone industrielle ou périurbaine, où le service de première proximité subsiste par points ou par nuages si l'on se situe dans une plage que les fermetures n'ont pas touchée, comme le plateau des Dômes. Il n'y a donc pas une petite école montagnarde, mais deux types issus de passés fort différents : **tout discours sur la classe unique comme archétype ne peut être reçu que s'il est précisément localisé**, et distingue les milieux où la carte scolaire résulte d'un repli et ceux qui sont intégrés dans des zones où des sociétés nouvelles s'organisent. Par ailleurs, le maintien d'une offre scolaire dispersée dans un maillage communal très irrégulier, voire infracommunal, a renforcé les contrastes du paysage scolaire. Les six ou sept fermetures annuelles d'écoles et celles, bien plus nombreuses, de classes n'ont pas gommé l'extrême variété du réseau initial. Elles ont pérennisé des sites très divers, entre lesquels les situations démographiques de plus en plus contrastées, aggravent les écarts.

La carte scolaire s'est ainsi construite chaque printemps à partir d'un bilan issu de cette histoire complexe et en fonction des prévisions annoncées pour la rentrée suivante. Dans la superposition en mille-feuilles de ces projets à court terme, dressés école par école, l'organisation à moyen terme des espaces de la vie scolaire n'a guère, jusqu'alors, trouvé de place. Il n'y a pas eu de reconstruction véritable du paysage scolaire.

C - LES EFFORTS ACTUELS DE REDISTRIBUTION DE L'OFFRE SCOLAIRE

Le paysage scolaire né de la dispersion du service dans les communes et les hameaux et des vicissitudes de l'histoire, présente actuellement trois types d'organisation territoriale. Le premier s'est créé autour des villes intramontagnardes. Le groupe scolaire central, gonflé par la fermeture d'écoles proches et par la croissance de sa propre population coexiste avec quelques très petites structures, où l'offre scolaire s'est maintenue en fonction de l'histoire des villages et même des hameaux. La Bourboule et St-Sauves, Ambert et sa couronne en ordre lâche de petites écoles (Thiolières, Grandrif, Chaumont-le-Bourg, et même, jusqu'en 1997, Valeyre), St-Eloy-les-Mines et la Crouzille, sont autant d'exemples de ce modèle qui allie, sur quelques kilomètres de distance, un gros point d'offre scolaire à un ou des satellites. A l'autre extrême, quelques plages sont desservies par des écoles de même taille, comme si l'histoire avait fait émerger une norme locale. Ces écoles sont associées en Regroupements Pédagogiques Intercommunaux Dispersés, RPID (c'est le cas de six petits sites échelonnés sur les hautes vallées de la Dore et de la Dolore)[62], ou fonctionnent de façon autonome (comme les écoles à une ou deux classes de l'Artense). Une telle distribution régulière de l'offre couvre peu d'espace dans les montagnes du Puy-de-Dôme. Sur la majorité du territoire, ce sont des petites structures de taille inégale qui se côtoient (Chanat-la-Mouteyre et l'Etang, Lapeyrousse et Buxières, Aydat, Rouillas-Bas et Fohet). Elles sont associées en Regroupement Pédagogique Dispersé, sauf si le poids des rivalités locales a rendu impossible l'émergence d'un projet. Bourgs, villages-centres et petites communes qui leur sont proches relèvent de ce troisième modèle territorial, sans que les associations en RPI y aient été, jusqu'alors, possibles. A proximité des trois classes d'Ardes-sur-Couze jusqu'en 1999, restait la petite école d'Apchat, avec une dizaine d'élèves ; près d'Herment, celle de Verneugheol, près de Saint-Dier-d'Auvergne, celle de Domaize, etc. La géographie se fait ici à l'échelle du kilomètre. Chaque carte scolaire se construit sur cette connaissance très intime des lieux et sur le calcul des effectifs prévisionnels de chaque site.

La carte s'élabore chaque printemps pour la rentrée d'automne. Décidée par l'Inspecteur d'Académie, elle clôt une série d'échanges qui s'inscrivent dans un sens vertical, depuis le ministère qui définit une politique scolaire et attribue à chaque département un certain nombre d'emplois jusqu'aux services locaux et, dans un sens horizontal, entre l'Education Nationale et différents partenaires impliqués : autres services de l'Etat, élus et parents d'élèves (Fig. 70).

Fig. 70 - Les échanges préparatoires à une carte scolaire

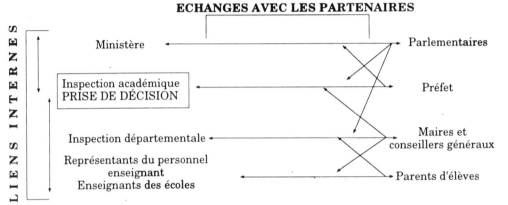

Or, dans les montagnes du Puy-de-Dôme, cette démarche, rigoureuse et bien informée, n'a abouti jusqu'alors qu'à un immobilisme de fait. Le réseau traditionnel a été constamment ravaudé, pour permettre la rentrée suivante. C'est ce paradoxe entre des besoins répertoriés et le maintien d'un état né de l'héritage de la IIIe République qu'il convient d'examiner ici.

Les priorités sont définies à l'échelon départemental. L'orientation et la décision reviennent à l'Inspecteur d'Académie, qui répartit les postes d'enseignants en accord avec le projet national et rectoral, et en fonction des moyens attribués par le ministère. Dans ce département où la population de moins de dix ans a diminué, le directeur des

Fig. 71 - Schéma de la procédure
(ici dans l'optique de création)

Phase I

Calendrier des opérations*	Etat	Communes	CDEN	CTPD
Octobre Novembre	Bilan de rentrée →	Information	Information	
Fin novembre	Prévisions d'effectifs ←→	Prévisions d'effectifs		
Décembre		Projets de création		
Janvier	Projet de rentrée (politique générale pour l'utilisation des moyens)			Saisine pour avis sur • projet de rentrée • projet de création des communes
Février	Avis sur les créations projetées par commune →			
Mars	←→ Décisions de création			

Phase II

Calendrier des opérations*	Etat	Communes	CDEN	CTPD
Fin mars, avril	Projet d'implantation des emplois →	Envoi pour avis	Saisine pour avis	Saisine pour avis
Fin avril	←	Retour avis		
Début mai	Décisions d'affectation et retrait des emplois →	Notification		
Début septembre	Décisions d'ajustement ←	Notification		

*Les dates du présent calendrier sont données à titre indicatif
Source : Schéma extrait du BO spécial n°4 - 20 mars 1986, p. 33.

services de l'Education nationale doit chaque année faire face avec moins de moyens aux exigences actuelles[63] et gérer de forts contrastes territoriaux. Les points sensibles sont identifiés sur le critère des effectifs et leur devenir est traité par le retrait ou l'attribution d'emplois et la recherche de solutions de remplacement. En 1995, l'organisation des échanges internes et externes qui précèdent la décision se fait selon un calendrier « lié à la nomination des enseignants, qui se déroule en juin, et à la consultation de certaines instances... ». Les directeurs des écoles transmettent leurs prévisions d'effectifs en décembre à l'Inspection Académique. Elles font l'objet d'une étude technique en liaison avec les Inspecteurs de l'Education Nationale et des représentants du personnel dans le cadre d'un comité technique paritaire départemental. L'avis des maires est alors sollicité sur le projet de retrait ou d'attribution d'emplois. Le Préfet, conjointement avec le Président du Conseil général, réunit pour avis le Conseil départemental de l'Education Nationale, composé d'élus, de représentants du personnel et de parents d'élèves. Enfin, avant décision de l'Inspecteur d'Académie et ratification, le projet est soumis à la Commission Départementale d'organisation et de modernisation des services publics »[64]. Le mécanisme des échanges est suffisamment complexe pour que l'on ait éprouvé la nécessité de l'exprimer par un schéma (Fig. 71).

Les décisions d'affectations ou de suppressions sont prises en mai, par l'Inspecteur d'Académie, en fonction des priorités qu'il a retenues, des barèmes qui en découlent et des moyens dont il dispose. Le moment crucial se situe en janvier ou février, quand le projet est présenté au Comité Technique Paritaire Départemental. Cependant, tout au long de la procédure, le **rôle des maires est fondamental**. Dans les montagnes du Puy-de-Dôme, les décisions concernent quelques maires des villes et de couronnes périurbaines et, en grande majorité, les élus des espaces ruraux. Un regard sur le poids de la ruralité dans le traitement actuel de la carte scolaire est donc indispensable.

La prise en compte de la ruralité dans l'élaboration de la carte

L'opinion commune est convaincue que la ruralité est ignorée, et n'est pas loin de considérer les transferts des postes d'enseignants en direction des villes comme une sorte de complot contre les campagnes. Née dans les années soixante, au moment de la deuxième grande vague d'exode rural, cette sensibilité reste très largement répandue, alors que, depuis longtemps, la **qualité « rurale » est retenue dans les règles du fonctionnement**. Le premier dispositif a concerné le nombre de postes d'enseignants attribué à chaque département.

Depuis 1970, la Direction des Ecoles « *prend explicitement en compte le caractère rural des départements* »[65] et procède à un classement de ceux-ci afin de tenir compte de la dispersion des élèves pour répartir les postes. Ainsi, la Creuse, département très rural, figure-t-elle dans le cinquième groupe, le mieux doté : avec moins de dix mille élèves pour cinq cent onze classes en 1996, elle ne compte pas vingt élèves par classes. Le Puy-de-Dôme, qui se range parmi les départements les mieux pourvus du groupe 3 annonce des moyennes de l'ordre de vingt-six élèves en maternelle, 20,7 en élémentaire. Le nombre de postes pour 100 élèves y est relativement élevé, et reste à 5,71 en 1997-98. Le classement des départements en fonction de leur ruralité a facilité le maintien d'une offre scolaire dans de petites collectivités sans cependant empêcher les fermetures si les effectifs descendaient trop.

Le seuil des fermetures, second dispositif limitant les disparitions, était fixé selon les années autour de sept ou huit élèves : il permettait de corriger lentement la carte, rentrée après rentrée. Or, ce régime très mesuré, a lui-même été remis en cause par le **moratoire des fermetures** des derniers services publics ouverts dans une commune rurale. Par ce dispositif décidé en 1993[66] pour six mois puis prolongé, les classes uniques dont la situation chancelait se trouvaient donc maintenues, si les maires le souhaitaient (Tab. 36). L'effet immédiat a été la réouverture de trois microstructures sur les cinq dont la fermeture était annoncée pour la rentrée. Deux d'entre elles ont disparu l'année suivante !

Les petites écoles ont été ainsi plus protégées qu'elles ne l'avaient jamais été, et les maires confrontés à des situations délicates, pouvant difficilement solliciter une fermeture à laquelle leur commune peut échapper. La présence de « microstructures » reste considérée comme un bien en soi ; les politiques municipales de défense ou d'expectative en sont renforcées, laissant aux enseignants le devoir de faire fonctionner le service dans des conditions minimalistes. On peut douter à terme du maintien d'une telle solution qui a ainsi défié le bons sens dans un certain nombre de cas.

Tab. 36 - Chronologie des fermetures d'écoles postérieures à 1992 dans la zone de montagne

Commune	Hameau	Date de la décision de la fermeture	Evolution
Ambert	La Chardie	1993	Réouverture dès juin 1993 pour 7 élèves
Neuf-Eglise		1993	
Orcines	Ternant	1993	
St-Pierre-le-Chastel		1993	Réouverture dès juin 1993 - Ecole toujours ouverte en 1999
Vodable		1993	Réouverture dès juin 93 pour 5 élèves
Ambert	Le Chardie	1994	Fermeture après un sursis d'un an
Messeix	Les Gannes	1994	Fusion avec Messeix-bourg
St-Ours-les-Roches	Les Roches	1994	
Vodable		1994	Fermeture après un sursis d'un an
Heume-l'Eglise		1995	
Lastic		1996	
Puy-St-Guilmier		1996	
St-Bonnet-le-Bourg		1996	
Saulzet-le-Froid		1996	
Ambert	Valeyre	1997	
Messeix	Bialon	1997	

Dans le même temps cependant, l'argumentaire de la dispersion s'est enrichi des contributions apportées au plan national par l'Institut de Recherche en Economie de l'Education (**IREDU**)[67]. A partir de données collectées en Bourgogne, ces travaux ont abouti à des conclusions qui remettent en cause la politique de regroupement des élèves. L'hypothèse de recherche était bâtie sur le fait que l'Education Nationale a adapté son réseau au vieillissement de la population en pratiquant des fermetures qu'elle justifie par des arguments pédagogiques et financiers dont elle n'a pas mesuré la pertinence. Ces analyses empiriques ont révélé que les classes à plusieurs cours sont plus favorables aux acquisitions que les classes à cours unique, au moins au début de l'école élémentaire, et qu'il existe, d'après des simulations opérées sur un territoire de cinq cantons[68], une large plage, entre concentration et dispersion extrêmes, où les coûts varient peu (cf. Fig. 72), si l'on s'en tient aux charges du département (transports) et de l'Etat (salaire des enseignants).

Fig. 72 - Evolution des coûts
(transports scolaires et salaires des enseignants) en fonction du nombre d'écoles desservant 73 communes de la Nièvre : résultat de 73 simulations qui équipent progressivement le territoire de une à soixante-treize écoles
(Extrait de *Eléments pour une réflexion nouvelle sur l'école primaire en milieu rural*, A. MINGAT, C. OGIER)

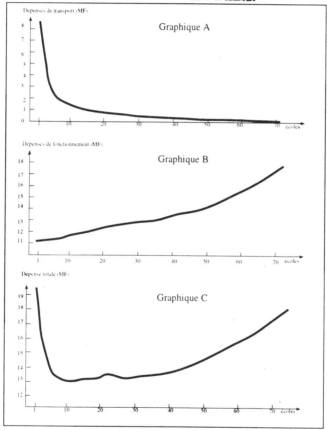

Graphique A : **Le coût des transports** baisse très rapidement depuis la situation (parfaitement irréaliste) qui concentrerait 1 600 élèves sur une école. Il est déjà très bas quand le territoire est desservi par 20 écoles.

Graphique B : **La masse des salaires versés aux enseignants** s'accroît régulièrement au fur et à mesure que le parc scolaire se disperse.

Graphique C : La courbe « de type parabolique » qui représente l'évolution des **deux dépenses** montre que **le chiffre varie peu entre cinq et quarante écoles** : 13,5 M de francs pour 5 écoles ; 13,6 M pour quarante, en passant par un minimum de 13 M pour dix écoles.

Cette simulation **ne prend pas** en compte **les frais engagés par les municipalités**. Ceux-ci concernent le matériel scolaire, qui dépend largement du nombre d'élèves et n'a donc pas à entrer dans ce calcul. Mais ils comprennent aussi le salaire des ATSEM et l'entretien des locaux, qui augmentent avec la dispersion.

Deux lectures peuvent être conduites sur ce rapport. La plus globale met en évidence que, sur un tel terrain, différentes cartes scolaires sont envisageables. Elle **ébranle donc le conviction que la seule démarche rationnelle consiste à établir un système centripète.** Une lecture plus précise a porté, dès 1994, sur l'évaluation des coûts et sur les gains dans les apprentissages. L'éventail des organisations territoriales qui engendrent des dépenses du même ordre, est, d'après cette analyse, largement ouvert. Cependant, les surcoûts qui accompagneraient l'ouverture de plus de quarante écoles sont notables (cf. Fig. 72), alors que ces calculs ne prennent pas en compte l'entretien des bâtiments, ni les salaires des employés municipaux que la dispersion multiplie. En ce qui concerne les apprentissages, les travaux de l'IREDU ont mis en évidence des gains nets au niveau du CE2 dans des classes à cours multiples, tout en soulignant qu'il n'y a pas de relations mécaniques entre le mode de groupement et les résultats, et que les compositions des classes et les cursus dans les petites structures sont fort divers. Nul n'a évalué, jusqu'alors, les effets des profils « ébréchés » des classes uniques hors RPI, comme il en existe dans le Puy-de-Dôme, où tous les cours ne sont pas représentés. La publication des évaluations de l'IREDU « *a donné du grain à moudre aux partisans des petites structures* » selon l'expression du journaliste du *Monde* qui les a fait connaître au public[69]. Elle permettait même de proposer, pour le terrain étudié, des réouvertures d'école qui ne mettraient pas en cause le budget global ; plus sérieusement, elle montre que des choix sont possibles, en tenant compte des spécificités du terrain.

Etude de cas : la société scolaire d'une micro-commune de l'Artense

Dans le département du Puy-de-Dôme, de telles éventualités méritent d'être précisées. Le recours à l'étude de cas permet de dépasser la simplicité que les analyses de données chiffrées imposent, et de retrouver la complexité du système : quelles sont les caractéristiques d'une société scolaire qui vit autour d'une petite école, dans un contexte de vieillissement

	Noms et prénoms	Date et lieu de naissance	Date de la nomination dans la commune	Titulaire ou stagiaire	Titres de capacité (indiquer la nature de chacun des diplômes et la date à laquelle ils ont été délivrés)		Date à laquelle le fonctionnaire a cessé ses fonctions dans la commune et poste où il a été envoyé
Dernier couple nommé dans les 2 classes de l'école	Pierre...	26/6/41 Chabreloche	1966	Titulaire	CAP	1964	
	Monique...	10/3/38 Clermont	1966	Titulaire	CAP	1961	
Passage à la classe unique	Renée...	22/3/38 Messeix	1972	Titulaire	CAP	1960	Juin 1983 St-Sauves
	Bernadette...	29/8/58 Clermont	1983	Stagiaire	CAP	1982	
	Yves...	16/5/60 Clermont	1987	Stagiaire	1987		Juin 1988 Les Roches-St-Ours
	Pascal...	18/6/61 Clermont	1988	Titulaire	1987		Juin 1992 Singles
	Véronique...	22/9/70 Clermont	1992	Stagiaire			Juin 1993 Clermont
Nomination de professeurs des écoles	Nicole...	02/11/67 Ste-Colombe (69)	1993		Diplôme de professeur des écoles 1993		
	Sandrine...	14/4/72 Clermont	1994		Diplôme de professeur des écoles - 1994		
	Laurence...	07/10/66 Reims	1995		Diplôme de professeur des écoles - juin 1995		

Tab. 37 - Etude de cas : la société scolaire d'une micro-commune de l'Artense

Doc. A - Extrait du registre matricule[70] de l'école d'une commune de 258 habitants Inscription du personnel enseignant

Doc. B - Extrait du registre matricule de la même école
Inscriptions des élèves

Nom et prénom des élèves	Date et lieu de naissance	Noms et prénoms des parents ou tuteurs	Profession et domicile des parents ou tuteurs	Date de l'entrée à l'école	Date de l'obtention du certificat d'études primaires	Date de la sortie définitive de l'élève	
H. Anouck	27/01/81	H. Thierry / H. Sophie	VRP	10/09/92		07/07/93	
R. Romain	17/07/88 Beaumont	R. François / R. Martine	Caissier / Employée PME	10/09/92			
M. Aurore	1/10/89	M. Raymond / M. Pascale	Employé laiterie / Agricultrice	7/09??			
B. Jacques	06/09/86 Reims	B. Isabelle / B. Jean-Philippe	Sans / Sans	07/09/93		23/02/96	Sorties des élèves de «la famille d'accueil»
B. Virginie	29/06/88 Reims	B. Isabelle / B. Jean-Philippe	Sans / Sans	07/09/93		23/02/96	
B. Frédérick	09/08/89 Reims	B. Isabelle / B. Jean-Philippe	Sans / Sans	07/09/93		23/02/96	
M. Anthony	06/02/88 Beaumont	M. Pascale / M. Gérard	Saisonnier / Pensionné	08/10/93		10/02/95	Sortie de l'élève inscrit en 93
S. P.-Olivier	10/09/91 Clermont	S. Laurence / S. Gérard	Sans / Agriculteur	09/95			
P. Jennifer	20/01/84	P. Roland / P. Fabienne	Sans / Sans	03/09/96			
P. Mélanie	26/01/85	P. Roland / P. Fabienne	Sans / Sans	03/09/96			
P. Nancy	27/08/87	P. Roland / P. Fabienne	Sans / Sans	03/09/96			
P. Marguerite	06/01/89	P. Roland / P. Fabienne	Sans / Sans	03/09/96			
S. Audrey	22/12/88 Beaumont		Artisan	03/09/96			

1993 - 1 enfant qui poursuit sa scolarité

1993 - 3 enfants de «famille d'accueil»

1993 - 1 enfant inscrit deux ans

1994 - 0 inscription
1995 - 1 inscription

1996 - Recours à une autre «famille d'accueil» avec 4 enfants

1 élève revenue de l'école privée de Tauves

démographique ? Les sources utilisées ici sont les « registres matricules » de l'école d'A..., dans le canton de Tauves. On discerne dans ce document la crise d'une société scolaire qui se rétracte, organise sa défense et en fait se transforme.

La mutation du corps enseignant est considérable (doc. A, Tab. 37). Jusqu'en 1972, l'école avait deux classes, dirigées par un couple d'instituteurs. Le dernier, nommé en 1966, y a enseigné durant six années. A partir de 1972, la vie scolaire du village s'est organisée sur un autre régime, avec des enseignants solitaires, de plus en plus mobiles et de plus en plus diplômés. Dans les deux décennies qui ont suivi la fermeture de la seconde classe, quatre instituteurs ou institutrices se sont succédés. L'institutrice nommée en 1972 s'est coulée dans la tradition du temps long du village : elle lui a été fidèle pendant onze ans ; la seconde pendant quatre ans ; après un court passage d'un troisième enseignant, le quatrième a aussi enseigné à A... pendant quatre ans. Deux sur les quatre étaient stagiaires, ce qui était fort incommode pour la poursuite de leur formation, car ce village est à soixante-dix kilomètres de Clermont-Fd. Depuis 1992, les nominations placent à A... des jeunes femmes titulaires d'une licence et du CAPE (Certificat d'Aptitude de Professeur des Ecoles), à leur sortie de l'IUFM de Clermont. Qu'elles soient célibataires ou qu'elles vivent en couple, avec des enfants, celles-ci ne résident plus sur place. Le logement de fonction ne leur revient plus de droit et la municipalité l'a attribué à une famille nombreuse, dont l'installation permet de maintenir les effectifs scolaires à un niveau acceptable. On nomme, sur ces hautes terres, « famille d'accueil » ces familles nouvellement résidentes.

Le maire a en effet choisi de pratiquer l'accueil de couples dont les enfants sont d'âge scolaire. L'extrait du même « registre matricule » (doc. B, Tab. 37) montre comment, à l'inscription progressive des enfants d'une même famille au fur et à mesure qu'ils atteignent l'âge scolarisable, se substitue un régime beaucoup plus brutal d'inscriptions par fratries entières en une seule rentrée scolaire. Le mode de fonctionnement actuel contraint donc les petites écoles à s'ouvrir sur l'extérieur, et cette évolution se traduit dans la vie scolaire et parascolaire.

Les professeurs d'école qui ont fait des trajets quotidiens depuis Clermont-Ferrand ou une autre localité ne se sont évidemment pas impliqués de façon continue dans la vie associative locale. Celle-ci est d'ailleurs tenue par des personnes âgées, dont le « club » occupe la seconde salle du bâtiment scolaire. L'enseignant peut disposer à certaines heures du même local, pour y faire pratiquer des activités motrices. A côté de ces relations qui ne dépassent guère le simple voisinage, le professeur d'école a noué des contacts avec les quelques personnes qui sont impliquées dans le déroulement de la vie scolaire : le maire, bien évidemment, et les fonctionnaires territoriaux ou le personnel de service qui intervient dans le déroulement de la vie scolaire quotidienne. Dans une collectivité minuscule comme celle-ci, ils sont peu nombreux : le conducteur du bus de ramassage scolaire, l'agent territorial de service des écoles maternelles (ATSEM) et l'employée qui surveille les enfants à la garderie constituent le triptyque de base de toute société scolaire. Ces fonctions ne sont pas exercées à temps plein, mais selon les habitudes de la vie locale, soigneusement agencées pour que plusieurs services soient rendus par un même agent. L'employée qui assure la garderie (et remplit un rôle essentiel dans une école à classe unique où l'enseignant ne réside pas, puisque c'est elle qui ouvre les locaux chaque matin) est aussi dans ce village technicienne chargée de l'entretien et du fleurissement de la place ; la personne qui fait fonction d'ATSEM à temps partiel remplit la tâche des « cantinières » traditionnelles en préparant et servant, à son domicile, le déjeuner de trois élèves venus des hameaux. Ces imbrications astucieuses de fonctions publiques et privées, municipales et scolaires confortent la présence de ces petites écoles.

Elles ne suffisent cependant pas à leur assurer une bonne marche pédagogique. Une part considérable de l'activité de l'enseignant est consacrée à l'intégration des élèves et à l'aide pour ceux qui sont en difficulté. Quand les enfants « de familles d'accueil » ont suivi des scolarités chaotiques en fonction des conditions de vie précaire de leurs parents, et quand ils ont perdu pied, le professeur de la très petite école est dans l'incapacité de leur fournir l'assistance qui permettrait de dépasser les handicaps, en même temps qu'il organise les progressions pour les autres élèves, et qu'il s'emploie à construire une vie collective avec des enfants d'âges divers. Les mêmes difficultés se produisent si une famille en place inscrit un ou deux enfants difficiles à intégrer. En dépit d'effectifs réduits, le professeur d'école doit donc faire appel à ses collègues en poste dans un réseau d'aide à l'intégration scolaire. Ces contradictions n'étonnent pas les acteurs de terrain : la réussite du projet de la petite structure est considérée comme une affaire de survie par tous et l'appel à d'autres intervenants paraît normal. Tel qu'il a fonctionné dans cette petite commune, le projet a semblé faire ses preuves aux yeux des habitants, puisque les inscriptions de l'automne 1996 révèlent même le retour d'une élève qui avait été scolarisée au chef-lieu de canton. Il n'empêche qu'un avenir construit sur des effectifs aussi faibles est un pari renouvelé à l'arrivée de chaque enseignant et de chaque « famille d'accueil » destinée à pourvoir l'école en élèves.

La **société villageoise**, dans les localités les plus affectées par l'abandon démographique, **s'est ainsi ouverte** en recevant chaque jour un jeune enseignant qui vient y exercer ses fonctions et en installant sur place une famille qui n'a pas d'emploi. Les chiffres des inscriptions dans ces petites structures ne correspondent plus au croît naturel local qui assurait traditionnellement le renouvellement des cohortes. Ils résultent d'une active politique de recrutement familial destinée à justifier l'implantation d'un service scolaire : ce mode de fonctionnement a permis aux villages de préserver leurs écoles, fort modestes mais bien à eux. Les effectifs se maintiennent ainsi au-dessus du seuil[71] où l'Education Nationale entame les négociations avec la municipalité pour envisager le transport des élèves sur une commune voisine. Cette stratégie a jusqu'alors évité à nombre de classes uniques de figurer parmi les cas « ciblés » lors des enquêtes préparatoires à la carte scolaire.

D - LES LIMITES DES MESURES DE CARTE

Le critère des effectifs reste retenu comme gage d'équité pour arbitrer les conflits que créent les fermetures et les créations de classes. L'administration départementale décide donc chaque année des seuils en fonction desquels les mesures sont prises.

Tab. 38 - Seuils de fermeture adopté pour l'établissement de la carte

Type de structure	Effectifs prévus	
	Carte scolaire 1994-1995	Carte scolaire 1995-1996
Classe unique	fermeture à 7 élèves	fermeture à 4 élèves (1 fermeture)
2 classes	fermeture d'une classe à 20 élèves	fermeture d'une classe à 21 élèves
3 classes	fermeture d'une classe à 47 élèves	fermeture d'une classe à 46 élèves
4 classes	fermeture d'une classe à 72 élèves	fermeture d'une classe à 73 élèves
5 classes et +	fermeture à 26 élèves par classe après fermeture	fermeture à 26, 83 élèves par classe après fermeture

Ainsi, à la rentrée 1994, Pulvérières a fermé sa seconde classe pour passer aussitôt en RPI et garder une classe de quinze élèves. Condat-en-Combraille a fermé sa troisième classe et inscrit trente-cinq élèves, alors que les communes voisines de Combrailles et Saint-Avit gardaient chacune une école avec sept et douze inscrits. La solution qui se préparait, pour ne pas démanteler la structure de Condat ni faire régresser les conditions de scolarisation, était évidemment celle d'un RPI. Il a pu se réaliser, à la rentrée 1995, entre Condat et Saint-Avit. Ainsi, la carte scolaire a procédé jusqu'alors par points, école par école : il reste ensuite à effectuer au moyen des RPI les réajustements qui permettent de mieux répartir les élèves dans les zones où les effectifs fluctuent, quelques fois à la hausse, majoritairement à la baisse.

La carte ci-après (Fig. 73) permet de localiser les fluctuations de la demande scolaire, et les réponses ponctuelles qui leur sont associées, à la rentrée 1994. **Les créations de classes** ont été des phénomènes isolés : elles ont bénéficié à des petites villes (Courpière, Saint-Eloy-les-Mines), à des bourgs et villages-centres qui connaissaient des moments exceptionnels : Saint-Dier-d'Auvergne recueillait les effets d'une politique volontariste d'accueil des enfants des communes voisines ; Gelles, ceux de la fermeture de la très petite école privée locale et de la forte demande de préscolarisation. D'autres ouvertures répondaient aux demandes de populations installées aux marges des aires urbaines : La Font-de-l'Arbre, Champeix, Saint-Rémy-sur-Durolle ont conforté leur capacité en offrant chacune plus de cinq classes. Ainsi, cinq de ces créations, sur les sept réalisées, tendaient à développer le modèle urbain, en zone de montagne ; les deux autres répondaient à une demande de scolarisation précoce et renforçaient les fonctions de deux villages-centres isolés, dans des zones où les écoles des communes limitrophes voyaient leurs inscriptions stagner ou fléchir. **Les diminutions d'effectifs ont été de deux types**. Les communes qui offraient des possibilités de résidence pour les couples avec enfants, à proximité des villes ou des pôles industriels (Courpière, La Monnerie) ne parvenaient plus à renouveler leur population jeune : le canton de Manzat lui-même, qui avait une meilleure tenue démographique que les autres jusqu'en 1990, accusait en 1994 une nette baisse de son recrutement. Cependant, la plupart des reculs enregistrés sur cette carte se localisent dans le « rural profond » des montagnes isolées, au sud du Livradois, et des plateaux de Haute Combraille.

Dans ce dernier secteur, la baisse des inscriptions et le maintien des classes uniques précaires caractérisent une plage d'une quarantaine de communes (cf. Fig. 73), dont vingt-six seulement ont gardé une école. Parmi ces dernières, douze ont enregistré une nette baisse d'effectifs à la rentrée 1994 ; à Messeix, la dernière école de carreau de mine a été supprimée ; deux villages (La Goutelle et Condat-en-Combraille) ont perdu leur troisième classe, ce qui est une régression considérable car ce faisant, ces sites perdent la possibilité d'accueillir spécifiquement les enfants de moins de six ans. Ce sont les écoles à cursus par cycles qui s'effacent. Or, dans le même temps, les écoles de villages-centres ont subi un sort incertain : Gelles a obtenu une classe, mais Messeix, en proie à une crise

Fig. 73 - Evolution des effectifs et de la carte scolaire dans les montagnes du Puy-de-Dôme entre septembre 1993 et septembre 1994

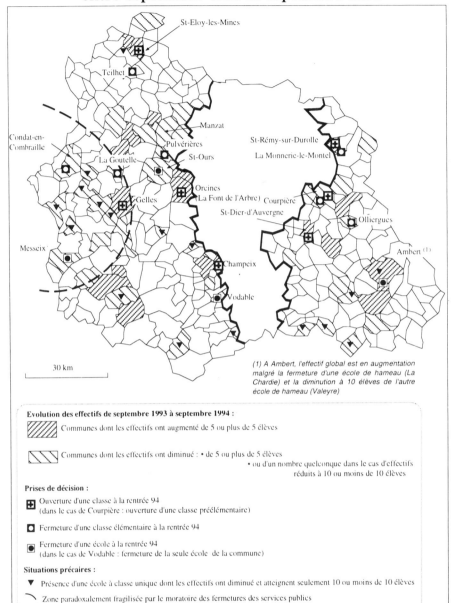

(1) A Ambert, l'effectif global est en augmentation malgré la fermeture d'une école de hameau (La Chardie) et la diminution à 10 élèves de l'autre école de hameau (Valeyre)

30 km

Evolution des effectifs de septembre 1993 à septembre 1994 :

Communes dont les effectifs ont augmenté de 5 ou plus de 5 élèves

Communes dont les effectifs ont diminué : • de 5 ou plus de 5 élèves

• ou d'un nombre quelconque dans le cas d'effectifs réduits à 10 ou moins de 10 élèves

Prises de décision :

Ouverture d'une classe à la rentrée 94
(dans le cas de Courpière : ouverture d'une classe préélémentaire)

Fermeture d'une classe élémentaire à la rentrée 94

Fermeture d'une école à la rentrée 94
(dans le cas de Vodable : fermeture de la seule école de la commune)

Situations précaires :

▼ Présence d'une école à classe unique dont les effectifs ont diminué et atteignent seulement 10 ou moins de 10 élèves

Zone paradoxalement fragilisée par le moratoire des fermetures des services publics

CERAMAC

économique et démographique grave, n'a pu récupérer au chef-lieu qu'un des deux postes retirés à la commune. L'année suivante, en 1995, ce sont Herment, Giat, Tauves et même Pontaumur et Gelles qui se sont essoufflés : c'est l'annonce d'une crise de fonctions scolaires des villages-centres, que seul un patient travail débouchant sur l'association avec une petite école voisine pourrait juguler. Les cartes scolaires préparatoires des rentrées 1995 et 1996 montrent combien les choix ont été difficiles. Ce domaine des Combrailles où les inscriptions ont fléchi, et où se maintiennent côte à côte des microstructures, des petites écoles et quelques écoles moyennes offre un vrai laboratoire des combinaisons possibles pour envisager une restructuration du réseau scolaire loin des villes, et un champ exceptionnel pour observer les effets du moratoire sur la distribution des classes. Le tableau et les cartes qui suivent précisent quelle fut l'évolution de la rentrée scolaire 1994-95 à la rentrée 1996-97 (Tab. 39 et Fig. 74 A , B, C).

La déperdition des effectifs scolaires aux rentrées de septembre 1995 et 1996 a été telle dans la Haute Combraille que, malgré le moratoire, trois écoles ont été fermées : Heume-l'Eglise, Lastic et Puy-Saint-Gulmier. Pour elles, le moratoire, qui permettait au maire de préserver le service public local, n'a fait que retarder une issue inéluctable. Ces écoles se situent à l'intérieur d'un quadrilatère de vingt kilomètres de côté, entre Giat, Pontaumur, Gelles et Bourg-Lastic : sur ces quatre cents kilomètres carrés, en dehors des trois qui sont fermées, deux écoles ont perdu plus de cinq inscriptions, quatre autres ont au maximum dix élèves et six avaient fermé avant 1974 ! (Fig. 75 A). La crise est parvenue ici à un point extrême. Nul ne peut dire quel est l'avenir des écoles qui recrutent une dizaine d'enfants. Elles se maintiennent ici sur des lieux où la cohésion sociale est forte, où les liens personnels entre les enseignants en place et la population locale sont réels, et, sinon, où l'image de la classe unique est admise par tous depuis longtemps. Des micro-structures qui bénéficient de telles conditions, résistent mieux que celles qui résultent du retrait récent du second poste d'une école à deux classes. Briffons, qui est dans ce cas là, a vu

Tab. 39 - L'offre et la demande scolaires en Haute-Combraille (rentrées de 1994, 1995, 1996)

	Rentrée 1994		Rentrée 1995		Rentrée 1996		
	Effectifs	Nb de classes	Effectifs	Nb de classes	Effectifs prévus	Effectifs constatés	Nb classes
Avèze	12	1	12	1	13	11	1
Bourg-Lastic	107	5		5	111	116	
Briffons	19	2		1	13	13	1
Cisternes							
•bourg	11	1	9	1	9	9	1
•la Vergne	23	2	29	2	24	23	2
Combrailles	7	1	9	1	10	9	1
Condat-en-C	35	2		2	40	33	2
Gelles	109	5	105	5	104	107	5
Giat	79	4	75	4	71	75	4
Herment	45	3	37	3	39	39	3
Heume-l'E.	6	1	0	fermeture			
Laqueuille	38	2	31	2	30	32	2
Lastic	7		4	1	4	fermeture	
Messeix							
•bourg	66	4		3	64	59	3
• Bialon	13	1	11	1	10	10	1
• les Gannes	0	fermeture					
Montel-de-G	48	3	39	2	39	48	2
Perpezat	30	2	28	2	27	28	
Pontaumur élémentaire	81	4	77	4	80	84	4
Prondines	10	1	12	1	12	13	1
Puy-St-Gul.	9	1	4	1	4	fermeture	
St-Avit	12	1	18	1	18	15	1
St-Hilaire-les Monges	10	1	12	1	9	13	1
St-Julien-Puy Lavèze	24	2	22	2	22	29	2
St-Julien (Laqueuille gare)	13	1	12	1	11	10	1
St-Sauves d'Auvergne	52	3	56	3	60	51	3
Singles	11	1	11	1	12	12	1
Tauves	52	3	52	3	44	48	3
Verneugheol	10	1	11	1	10	7	1
Villosanges	35	2	35	2	36	34	2
Pontaumur maternelle	67	3	62	3	61	63	3

Source : Division de l'Organisation Scolaire et des Statistiques

Fig. 74 - Croquis A - Évolution de l'offre et de la demande scolaires aux rentrées de septembre 1995 et septembre 1996

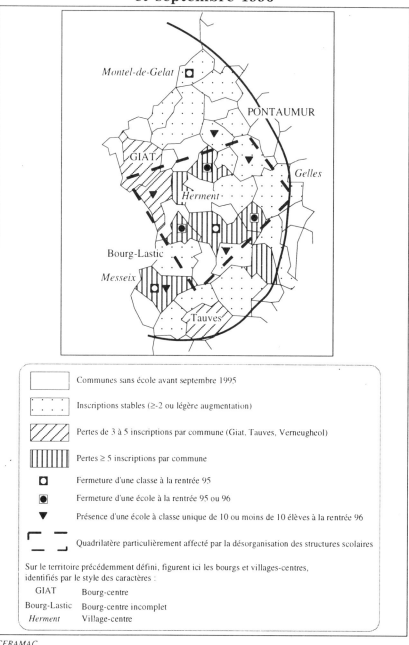

Communes sans école avant septembre 1995

Inscriptions stables (≥-2 ou légère augmentation)

Pertes de 3 à 5 inscriptions par commune (Giat, Tauves, Verneugheol)

Pertes ≥ 5 inscriptions par commune

Fermeture d'une classe à la rentrée 95

Fermeture d'une école à la rentrée 95 ou 96

Présence d'une école à classe unique de 10 ou moins de 10 élèves à la rentrée 96

Quadrilatère particulièrement affecté par la désorganisation des structures scolaires

Sur le territoire précédemment défini, figurent ici les bourgs et villages-centres, identifiés par le style des caractères :

GIAT	Bourg-centre
Bourg-Lastic	Bourg-centre incomplet
Herment	Village-centre

CERAMAC

Fig. 74' - Evolution des effectifs et de la carte scolaire de la rentrée 1994 à la rentrée 1996 (poursuite de l'application du moratoire des fermetures de services publics)

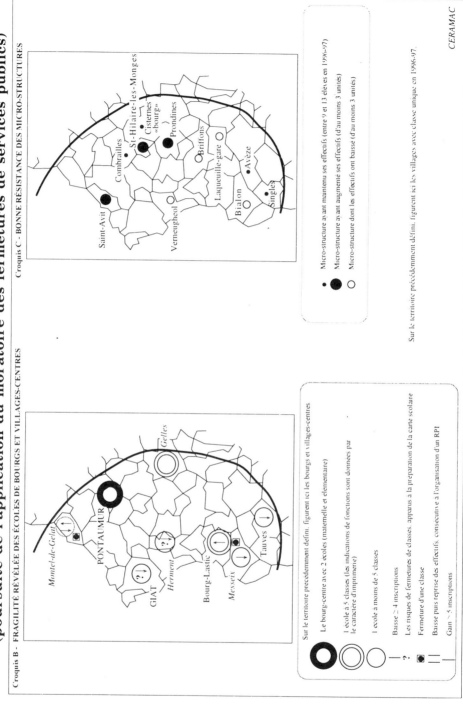

Croquis B - FRAGILITÉ RÉVÉLÉE DES ÉCOLES DE BOURGS ET VILLAGES-CENTRES

Croquis C - BONNE RÉSISTANCE DES MICRO-STRUCTURES

CERAMAC

ses effectifs fondre dans les deux ans qui ont suivi la fermeture, et passer de dix-neuf à treize élèves. La décision a déclenché une spirale descendante : la petite collectivité ne cherche plus à se défendre en installant des « familles d'accueil », ni à convaincre les jeunes parents de laisser les enfants au village. Le cas de Briffons révèle la fragilité des structures à deux classes, ce qui conduit à protéger, autant que faire se peut, les écoles à trois classes.

Ces structures essaient donc de redéfinir leurs aires de recrutement ou leur organisation pédagogique. Herment - le seul chef-lieu de canton - situé dans le quadrilatère mentionné plus haut, a vu ses inscriptions baisser de quarante-cinq à trente-sept élèves, et réussi à les maintenir à trente-neuf en 1996-97. Il est vital, pour cette localité, de préserver un recrutement que sa propre population ne lui assure plus. Sur les six communes limitrophes, cinq n'ont plus d'écoles. Le sort d'Herment dépend donc des possibilités d'association avec la sixième, Verneugheol, à condition que le rapprochement s'effectue avant que celle-ci, qui n'a pas dix élèves, soit elle-même exsangue, ou que les élèves ne soient pas partis s'inscrire dans un village apparemment mieux équipé, celui de Giat. Le chef-lieu de canton se heurte ainsi à une périphérie tantôt rebelle, tantôt exténuée, qui réduit à peu de chose son rôle de village-centre.

Le problème du maintien d'une fonction scolaire forte est largement partagé par les autres villages et bourgs-centres de Haute-Combraille. Parmi eux, le bourg de Pontaumur a une nette prééminence scolaire, avec la seule école maternelle de toute la zone et une école élémentaire à cinq classes. Les enseignants disent y exercer dans des conditions optimales, avec une vingtaine d'élèves par classe (cf. Tab. 39). Rien à voir avec le recrutement difficile d'Herment : les effectifs se sont renouvelés ici, entre 1994 et 1996, à une unité près. Cependant, le déficit de quatre élèves sur deux ans à l'école maternelle a inquiété, même si le nombre paraît infime : il laisse à penser que la population jeune du bourg se renouvelle à peine et que les familles des environs, bien qu'elles ne disposent pas de services semblables, se satisfont, pour la petite enfance, des crèches locales ou du gardiennage familial : ainsi, même le point fort de la vie scolaire des Combrailles donne des signes de faiblesse, et se heurte aux résistances que lui opposent les petites écoles voisines. Les croquis B et C (Fig. 74') analysent les éléments de ces phénomènes fondamentaux dans l'histoire scolaire des territoires montagnards : **la force de survie des microstructures, qui ne sont pas incluses dans l'espace polarisé des petits centres, et les difficultés pour ceux-ci de conserver, au sein du service public, des équipements scolaires qui leur soient spécifiques, en particulier les classes destinées à l'accueil préélémentaire.** Le critère des effectifs, sur lequel se construit la carte scolaire du service public, est plus menaçant pour les centres montagnards qui ne peuvent pas étendre leurs aires de recrutement que pour les microstructures, arc-boutées sur leurs défenses locales et préservées par le moratoire pendant quelques années.

Le maintien des structures scolaires qui se sont aménagées dans les bourgs et villages-centres pose, à la fin des années quatre-vingt-dix, des problèmes réels, mais qui ne sont pas propres à l'enseignement du premier degré. On les retrouve, sous d'autres formes, au niveau des collèges et, s'ils n'ont pas fermé, dans les établissements de l'enseignement privé. Ils se manifestent dans les secteurs montagnards ou semi-montagnards les plus éloignés des aires urbaines : Combrailles, Artense, Cézallier, Livradois et Forez méridional. Ils s'inscrivent, où qu'ils soient, dans la crise plus vaste qui affecte les localités dont les services et l'équipement commercial exercent une attraction médiocre sur les villages environnants : « *dans de nombreux cas, le bourg-centre polarise quelques communes mais contrôle de façon plus limitée une périphérie qui semble rebelle ou réticente. Les exemples abondent dans le Puy-de-Dôme* »[72]. Les écoles à classe unique et les Regroupements Pédagogiques qui renouvellent le mode de fonctionnement des très petites écoles, se situent dans ces « périphéries réticentes » que les décisions de carte scolaire ont faiblement restructurées.

CONCLUSION

Les pratiques récentes de la carte scolaire ont assumé de façon inégale, trois missions difficilement conciliables : maintenir dans la mesure du possible le réseau en place, l'adapter aux fluctuations d'effectifs dans le respect des règles d'un service public, et consolider, cependant, les points susceptibles de garder un aménagement scolaire à moyen terme. La première mission a primé : la transmission du patrimoine des petites écoles est devenue une fin en soi. « *J'ai été ici en classe, et tant que je serai maire, cette école ne fermera pas* ». C'est en ces termes qu'un édile a présenté à l'enseignant fraîchement nommé son école haut perchée dans un site superbe, mais ouverte pour dix élèves. On peut lire dans ce propos la fidélité à la première enveloppe de l'enfance, mais aussi le respect à la fois d'un acquis de la petite collectivité locale et du « pacte républicain ». Les décisions de carte scolaire ont largement pris en compte cette attitude. Ce fait n'est pas propre aux montagnes du Puy-de-Dôme ; il y a pris une place cependant exceptionnelle. La discontinuité du territoire, coupé de vallées ou de plaques forestières, et, plus encore, le fractionnement de la société en très petites cellules avaient contribué au morcellement scolaire. La « peur du vide » qui ne cesse de progresser dans le rural profond, l'a maintenu. Le moratoire des services publics a évité qu'on le remette en question. D'année en année, l'écart se creuse entre le filet scolaire et la réalité démographique. Tôt ou tard, la sortie du moratoire sera rude.

La baisse démographique, dont les effets avaient été masqués un temps par les inscriptions préélémentaires pose inéluctablement le problème des fermetures de classes et d'écoles. La solution la plus brutale a été donnée par l'abandon, dans le Cézallier, de tout un semis de micro-structures au profit d'un site. Le même phénomène s'est produit dans les Monts du Forez et paraît actuellement en cours autour de Pionsat, dans les Combrailles. Ailleurs, le processus a été ralenti par les distances : les vastes communes montagnardes ont mieux préservé leur service scolaire que celles des « pays coupés », aux surfaces exiguës. Les très petites écoles isolées ont résisté de façon surprenante, réussissant à préserver la dizaine d'inscriptions salvatrice. Les seuils au-dessous desquels les décisions sont prises étant très bas, les plus petits lieux de la scolarité ont pu se maintenir grâce à l'installation de quelques familles.

Les problèmes majeurs des cartes scolaires montagnardes se localisent actuellement dans les villages-centres, où l'action prospective, engagée pour reconstruire le réseau, se trouve en porte-à-faux. En deux décennies, bourgs et villages se sont équipés pour accueillir, dès l'âge préélémentaire, les enfants des néoruraux qui s'installaient. La progéniture des infirmiers, kinésithérapeutes, employés de banque, etc., s'est substituée aux rejetons des couples qui assuraient les services traditionnels. Quand elles ont été inscrites au collège, ces cohortes d'élèves n'ont pas été remplacées, car les services traditionnels se sont mal renouvelés et n'ont pas attiré de nouvelles familles. Le recrutement des petits bourgs a fléchi, et leurs écoles ont perdu des postes : dans les montagnes périphériques, les acteurs se sont débattus pour éviter que s'affaiblisse un modèle urbain, transposé dans les bourgs montagnards. En même temps, sur le plateau des Dômes et dans les vallées des Couzes, les classes uniques recrutaient la quinzaine voire la vingtaine d'élèves nécessaires pour proposer l'image d'une « micro-société » scolaire dynamique : elles ont édifié un « contre-modèle » face aux groupes scolaires à gros effectifs de banlieue. A Chanat, à Aydat, à Saurier, une nouvelle représentation de la très petite école s'est reconstruite, alors qu'en Livradois et dans les Combrailles occidentales, l'image nouvelle se créait à partir des écoles à plusieurs classes des bourgs. Ce sont actuellement les montagnes périurbaines qui présentent **la petite école comme un modèle d'avenir, alors que les montagnes plus lointaines revendiquent un modèle plus proche d'une logique urbaine, en distribuant les enfants dans les classes par tranches d'âge. On assiste ainsi à une curieuse inversion des sites et des acteurs.**

Issue de ces débats et de ces contradictions, la carte scolaire s'est modifiée, et a adapté le réseau en fonction de la démographie et des exigences scolaires de chaque rentrée. Cependant, dans de telles conditions, aucune organisation territoriale à moyen terme n'a été envisageable. Le moratoire des fermetures de services publics a aggravé les déséquilibres en gelant une partie du dispositif. Les **tensions spatiales** qui se manifestent à travers les problèmes de carte scolaire portent en germe de **nouvelles pratiques du territoire** : celles-ci se révèlent à l'analyse du réseau que les écoliers tracent en se déplaçant, chaque jour, d'une commune à une autre.

Chapitre III

LES PRATIQUES QUOTIDIENNES : LES MIGRATIONS INTERCOMMUNALES DES ÉCOLIERS

L'analyse des migrations scolaires part d'un constat. En 1970, les trajets quotidiens d'élèves en direction d'écoles situées hors de leur commune étaient exceptionnels. Seuls les enfants de quelques hameaux mal reliés au réseau communal transgressaient les « limites » et procédaient de fait à des corrections marginales du maillage scolaire, dont ils ne changeaient guère le dispositif, et absolument pas la nature. *« Les gens de ce village viennent toujours à l'école ici »* disait-on sur le site gagnant, comme si l'on avait procédé à une extension territoriale définitive, de l'ordre du kilomètre. Depuis vingt ans, les limites et les domaines sont devenus flous. Les fermetures d'écoles ne sont pas seules en cause. Des cohortes d'écoliers du même âge se déplacent d'une commune à l'autre, dans le cadre des Regroupements Pédagogiques, « dispersés »[73] pour trouver la classe ou le cycle dans lequel ils sont inscrits. Des parents cherchent des structures capables de recevoir des enfants de plus en plus jeunes, ce dont ils ne disposent pas près de leur domicile. Celui-ci, d'ailleurs, n'indique plus le lieu de scolarité : parents et enfants sont souvent entraînés dans un même mouvement entre le lieu de résidence et le lieu de travail ; dans ce cas, les parents déposent les enfants sur leur trajet dans un site qui leur paraît convenable, ou les conduisent dans celui qui est le plus près de leur emploi, si les horaires sont compatibles. Enfin, le désir de « choisir son école » qui s'est développé avec un comportement consumériste[74] vis-à-vis du service éducatif a contribué à la remise en question du lien entre résidence et scolarisation. En 1992, seules trois clairières du Haut-Livradois et une localité de l'Artense ne recevaient aucun enfant d'une autre commune et ne confiaient aucun des leurs à l'extérieur[75]. Ces rares territoires bouclés sur eux-mêmes exceptés, la mobilisation des écoliers a été générale, mais très inégale. Dans les tissus scolaires les plus denses, les phénomènes d'évasion et d'appel se sont multipliés ; en revanche dans les tissus plus lâches, les effets de polarisation sont très variables. Une typologie des pratiques territoriales scolaires permet de dresser un inventaire de ces processus, à partir de deux critères : **la nature du tissu scolaire et l'ampleur des migrations quotidiennes**. Elle se traduit par un jeu de cartes, qui correspondent à cinq dynamiques spatiales : mouvements intercommunaux d'envergure dans des tissus scolaires pourtant denses ; mouvements intercommunaux forts dans des tissus scolaires lâches ; cas exceptionnels de stabilité dans des tissus denses ; mouvements de polarisations incertaines dans les tissus les plus fragiles et occupation immobile des zones les plus vides. L'objectif de cet « atlas raisonné » des migrations des écoliers porte donc sur les rapports entre les ruptures du réseau scolaire et celles du tissu social, liées à la fragilité de l'économie montagnarde.

I - PREMIER TYPE DE PRATIQUE DE L'ESPACE SCOLAIRE : FORTE MOBILITÉ DANS UN TISSU DENSE

Dans les réseaux scolaires qui desservent sans grande lacune plus de la moitié des montagnes du Puy-de-Dôme, les parents peuvent inscrire leurs enfants à une école proche de leur domicile, et la majorité d'entre eux s'en accommode. Des flux d'écoliers se sont cependant développés, en direction des grands groupes scolaires qui ont exercé un véritable effet d'appel et attiré des dizaines, parfois près d'une centaine d'élèves non résidents. Ces flux, qui se dirigent sur les points forts de la montagne ou descendent sur les agglomérations de la plaine, ne sont jamais seuls. Ils voisinent avec des trajectoires multiples et variées, qui desservent les sites mineurs ; elles sont de quelques kilomètres s'il s'agit de déplacements collectifs organisés pour un Regroupement Pédagogique « Dispersé », mais beaucoup plus longues si les écoliers suivent leurs parents dans les migrations quotidiennes du travail. Les cartes montrent donc trois strates : celle du monde scolaire immobile, retenu dans le filet communal ; celle de multiples déplacements qui couvrent tout le réseau ; celle des forts phénomènes de polarisation. Si ceux-ci se manifestent au profit des villes intra-montagnardes, les cartes les signalent par les figures « en pelote d'épingles » : on les repère dans les bassins de Saint-Eloy-les-Mines, d'Ambert et de Courpière, et dans la vallée de la Durolle (voir Fig. 76, 77 et 78).

A - LE « MODÈLE » SAINT-ÉLOY-LES-MINES

Le bassin de Saint-Eloy-les-Mines est parfaitement représentatif de cette pratique territoriale en trois strates et, à ce titre, mérite une analyse précise. Les autres seront l'objet de considérations plus rapides, reposant sur des comparaisons. La zone découpée ici (Fig. 75') autour de Saint-Eloy a été définie par l'état du tissu scolaire. Elle coïncide avec le canton de Montaigut-en-Combraille, à l'exception de la petite commune de Virlet. Celle-ci, sans école, fait partie de l'auréole fragile qui entoure Pionsat, où elle envoie d'ailleurs ses élèves. Par sa vie scolaire, malgré le découpage administratif, Virlet n'appartient pas au bassin de Saint-Eloy. Dans la zone des huit communes retenues, le nombre d'enfants reste élevé, en raison de la présence de la ville, qui dépasse quatre mille habitants, du bourg déchu de Montaigut, qui en a gardé mille deux cents, et de la commune de Youx, qui dépasse encore mille habitants malgré la fermeture de la mine et un vieillissement très rapide.

Fig. 75 - Légende commune
aux croquis des flux scolaires

Sites scolaires (enseignement public)

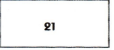

Effectifs réunis sur ce site
(Si le site comprend une école maternelle et une école élémentaire,
les effectifs sont globalisés)

Ces flux concernent exclusivement l'enseignement public.

• **Volume et nature**

	Pré-élémentaire	Elémentaire
1 élève	————	————
5 élèves	– – – –|	– – – –|
10 élèves	——————|	——————|

• **Orientation**

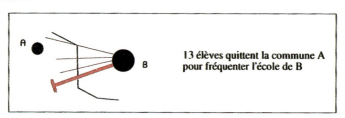

13 élèves quittent la commune A
pour fréquenter l'école de B

Rmq : Le lieu de départ est celui du domicile de l'enfant.
Les familles non originaires d'une commune, mais installées à l'initiative des mairies pour consolider des situations
démographiques chancelantes, sont domiciliées dans les communes d'accueil et donc leurs enfants ne figurent pas
dans ces flux.

Fig. 75' - Effectifs et flux d'élèves
Bassin de Saint-Eloy-les-Mines : Forte mise en mouvement des effectifs scolaires, en particulier des élèves d'âge préélémentaire

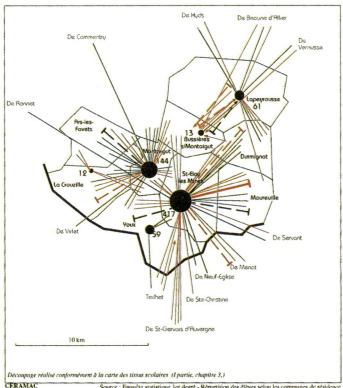

CERAMAC   Source : Enquête statistique 1er degré - Répartition des élèves selon les communes de résidence
et de scolarisation - Enquête du 11-03-93 - IA du Puy-de-Dôme

Fig. 76 - Effectifs et flux d'élèves
Monts du Forez et vallée moyenne de la Dore : Contraste entre les écoles isolées des montagnes et d'étonnants phénomènes de polarisation dans les bassins de la Dore

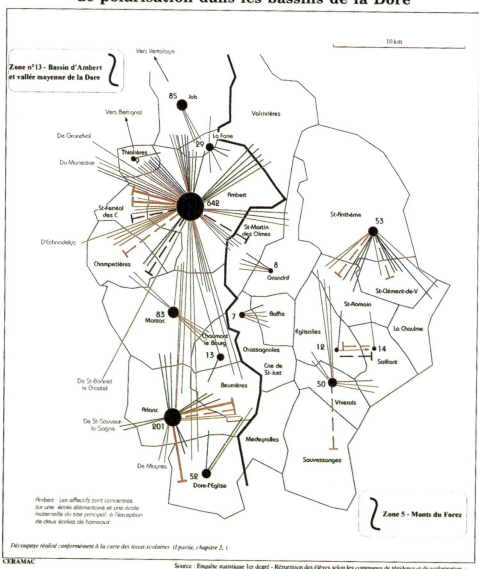

10 km

Zone n°13 - Bassin d'Ambert et vallée moyenne de la Dore

Vers Vertolaye

85 Job

Vers Bertignat

Valcivières

De Grandval

La Forie

29

Thiolières

Du Monestier

9

St-Ferréol des C.

642 Ambert

St-Anthème   53

D'Echandelys

St-Martin des Olmes

Champétières

8 Grandrif

St-Clément-de-V

83 Marsac

7   Baffie

St-Romain

Chaumont le Bourg

Égisolles

La Chaulme

13

Chassagnoles

12   • 14
Saillant

Cne de St-Just

De St-Bonnet le Chastel

Beurrières

50

Viverois

De St-Sauveur-la-Sagne

Arlanc

201

Medeyrolles

Sauvessanges

De Moyres

52
Dore-l'Église

Ambert : Les effectifs sont concentrés sur une école élémentaire et une école maternelle du site principal, à l'exception de deux écoles de hameaux

Zone 5 - Monts du Forez

Découpage réalisé conformément à la carte des tissus scolaires (I partie, chapitre 3,)

CÉRAMAC

Source : Enquête statistique 1er degré - Répartition des élèves selon les communes de résidence et de scolarisation - Enquête du 11-03-93 - 1A du Puy-de-Dôme

Sur l'ensemble, la chute démographique a été sévère : les huit communes ont régressé de douze mille cinq cents habitants environ en 1968 à huit mille sept cents en 1990, sous l'effet de déficits migratoires et naturels. Les cohortes d'écoliers ne se renouvellent pas, ni sur les marges où l'économie est dominée par l'agriculture, ni sur les carreaux des mines de Saint-Eloy et Youx-Montjoie, où l'extraction est arrêtée, ni à Saint-Eloy où la reconversion partielle ne suffit pas à fixer les jeunes couples. Les sites scolaires sont tous surdimensionnés, et chaque école peut accepter sans difficultés des élèves venus des communes voisines. Dans la toile très confuse que tissent les trajets des écoliers, une vigoureuse hiérarchie scolaire s'est cependant établie en fonction de la démographie et des inscriptions d'enfants non-résidents.

A la tête du réseau, les **trois écoles urbaines** de Saint-Eloy accueillent, en 1992, quatre cent dix-sept élèves, dont soixante-deux venus d'autres communes. Ce contingent d'élèves « forains » a trois origines : les deux communes limitrophes de Durmignat et Moureuille, qui n'ont plus d'école ; d'autres communes voisines qui ont gardé un service scolaire, mais ne retiennent pas tous leurs élèves ; des communes situées à plus d'une dizaine de kilomètres, aux marges du bassin d'emploi de Saint-Eloy, dans les Combrailles rurales : ces recrutements à longue distance sont spécifiques des petites villes.

Seconde localité dans la hiérarchie scolaire, Montaigut a bien préservé sa fonction éducative grâce au renfort d'élèves venus des communes voisines, qu'elles soient pourvues ou non d'une école, et plus particulièrement grâce à l'inscription de vingt enfants d'âge préscolaire en 1992. Par cet accueil spécifique, Montaigut se comporte comme un **bourg-centre**, alors que la concurrence de Saint-Eloy a étouffé la plupart de ses services : Montaigut **relaie** ainsi l'effet d'attraction de Saint-Eloy pour l'angle nord-ouest du bassin, et bien que le chiffre de sa population soit comparable à celui de Youx, sa fonction scolaire est d'une tout autre importance.

Youx, qui a onze cents habitants, et Lapeyrouse, qui en a moitié moins, scolarisent l'un et l'autre une soixante d'enfants. Le premier perd des élèves, le second en gagne. L'analyse des deux situations est intéressante car **les mêmes effectifs se situent dans des dynamiques inverses**. Youx dispose d'une école de village, perchée au chef-lieu de la commune, et, au creux du sillon houiller, à Montjoie, d'une école maternelle réduite à une classe, et d'une école élémentaire où les habitants « du haut » ne veulent pas « faire descendre » leurs enfants. Par le jeu des inscriptions, la commune perd plus d'élèves qu'elle n'en reçoit, et la cartographie des flux révèle ces tentatives d'évasion. C'est l'exemple même de l'équipement parcellisé qui s'est maintenu obstinément et **occupe le terrain sans être attractif** pour autant. Tout aussi obstiné à Lapeyrouse, le maintien en l'état de la structure mise sur une active politique d'appel : c'est que, ici, on a décidé de combler les défaillances du renouvellement local, que la société paysanne n'assure plus. A défaut de fils d'agriculteurs, l'école vit littéralement sous perfusion. L'association en RPI a ramené sur le village la fonction d'accueil préélémentaire. L'aire de recrutement s'est élargie (cf. Fig. 76) aux villages du département de l'Allier, au Nord, et elle rentre, au Sud, en concurrence avec Saint-Eloy pour scolariser les enfants de Buxières et de Durmignat. La stratégie volontariste de la municipalité, très attentive à son école, essaie d'ancrer un point de polarisation dans un paysage scolaire incertain, entre les écoles des villages du Bourbonnais et les points majeurs que sont les chefs-lieux de canton et la petite ville. Le regroupement pédagogique sauvegarde la structure dans la mesure où les inscriptions la confortent. L'installation, pour tenir le « multiple rural », d'un couple avec plusieurs enfants, venu de Clermont-Ferrand, est symbolique de la reprise des fonctions, y compris scolaires. **Ce pôle éducatif en formation** se maintient-il ? Les enseignants et le maire s'activent pour entretenir les flux favorables. La réponse reste dans les mains de familles en situation précaire qui se sont installées dans les hameaux et sont domiciliées (pour combien de temps ?) dans la commune.

La plus petite maille du système visible sur cette carte (Fig. 75') est celle de La Crouzille. L'effectif, douze élèves en 1992, correspond à celui de plusieurs microstructures de ce département. L'aire de recrutement est limitée à trois communes mais l'école n'est pas à l'écart du système des flux : en laissant s'évader une dizaine d'élèves, la commune conforte le recrutement de Montaigut : en en recevant quatre de l'extérieur, elle peut annoncer un effectif considéré comme convenable. Les départs concernent des enfants d'âge préélémentaire : ils portent en germe le risque de les voir prolonger ailleurs leur scolarité, quand ces écoliers atteindront six ans. Seuls des arrangements locaux, d'autant plus envisageables que l'école est située sur une route nationale, permettent de maintenir les effectifs : les enfants y reviennent d'autant mieux que la stabilité de l'enseignant en poste est un élément de confiance. **La très petite école n'ignore pas les migrations quotidiennes** d'écoliers. Bien au contraire, **elle joue sur ce clavier** pour maintenir une situation viable, que l'isolement ne lui assure plus.

Conclusion

L'analyse de ces migrations intercommunales, conduite ici à l'échelle kilométrique, permet de faire émerger trois traits majeurs, que l'on vérifiera plus loin à l'échelle départementale. Il y a un modèle d'aire de recrutement de petite ville qui se dessine autour de Saint-Eloy-les-Mines : ses écoles sont capables de recevoir en bloc les effectifs d'une commune voisine, mais aussi recrutent fort loin des élèves, qui se déplacent avec leurs parents. Le bourg, comme Montaigut, exerce son attraction sur une maille plus étroite où il entre en concurrence avec des communes dynamiques. Il engendre néanmoins de nouveaux effets de polarisation ; le déplacement des enfants d'âge préélémentaire paraît être une des clefs du système : les écoles élémentaires qui s'affirment créent, comme Lapeyrouse, un effet d'appel par l'intermédiaire des classes enfantines. **La densité du réseau** scolaire, par le fait même qu'elle multiplie les lieux d'accueil à quelques kilomètres les uns des autres, **ne stabilise plus** les populations d'élèves. Bien au contraire, elle multiplie les occasions de migrations. Les parents s'en emparent d'autant plus volontiers que les réseaux scolaires denses correspondent à des bassins d'emploi traversés par de nombreux déplacements quotidiens.

B - LES FLUX SCOLAIRES DES VALLÉES DE LA DORE ET DE LA DUROLLE

Cette mobilité spatiale et cette hiérarchie des points se retrouvent, avec des déclinaisons locales spécifiques, dans les pays de la Dore et de la Durolle . Dans les vallées, où se succèdent des pôles d'emplois industriels de toutes tailles, les écoles échangent des élèves et captent ceux qui descendent des premières pentes : sur les cartes, les migrations intercommunales se repèrent aux figures en « pelotes d'épingles » qui se succèdent et s'entremêlent, alors que sur les hauteurs, où les effectifs scolaires sont très faibles, les migrations intercommunales sont maigres, et s'organisent par espaces cloisonnés. Sur ces vallées et leurs abords voisinent ainsi deux types de tissus scolaires (Tab. 40).

Tab. 40 - Mobilisation des écoliers dans le Sud-Est du Puy-de-Dôme (relevé des effectifs de 1992-93)

	Ruban scolaire continu dans la vallée de la Dore	Tissu lâche du Haut-Forez
Nombre de communes ayant au moins une école publique	8	6
Nombre de communes sans école publique	3	8
Effectifs scolarisés	1 144 élèves	144 élèves
Effectifs scolarisés hors de la commune de résidence	181 élèves	56 élèves
Communes les plus attractives	• Ambert (96 élèves « forains » sur 942 inscrits) • Arlanc (41 élèves sur 201)	• Saint-Anthème (21) • Viverols (13)
Communes laissant partir le plus grand nombre d'écoliers	• St-Ferréol (29 élèves) • Beurrières (25 élèves)	• St-Romain (15 élèves) • St-Clément-de-Vallorgue (9 élèves)

Le poids effectif des élèves venus d'autres communes oscille entre la moitié et un quart des effectifs dans les petites écoles des tissus lâches. Cela paraît beaucoup en valeur relative, mais c'est peu en chiffres absolus. Ces élèves ne représentent qu'un cinquième environ des inscriptions dans les groupes scolaires majeurs des tissus continus : en chiffres absolus, les effectifs qui se dirigent sur ces points d'ancrage forts sont importants et correspondent au recrutement de plusieurs classes pour l'école d'accueil. Quelques communes de départ ont gardé un nombre d'enfants qui pourrait justifier la présence d'une école. Dans ce cas (Beurrières, Saint-Ferréol-des-Côtes et même le petit Saint-

Romain au sud de St-Anthème), le critère de proximité n'a pas suffi à retenir l'école et les municipalités, pour des raisons diverses, ont préféré opter pour une politique de « points forts ».

Que l'on se situe dans les montagnes de l'ouest ou dans celles de l'est du département, il y a, dans chaque tissu scolaire dense une similitude entre les points d'ancrage des mouvements quotidiens : Ambert est le miroir de Saint-Eloy, comme Arlanc est celui de Montaigut-en-Combraille et Sermentizon celui de Lapeyrouse (Tab. 41).

Tab. 41 - Typologie des points d'ancrage des flux en tissu scolaire dense

Hiérarchie des points d'ancrage	Localités situées dans le « modèle St-Eloy-les-Mines »	Localités exerçant un rôle semblable dans la Montagne thiernoise et la vallée de la Dore
1 - Ville exerçant un important effet d'appel	Saint-Eloy-les-Mines	Courpière et Ambert qui aspirent : • les effectifs des communes voisines avec ou sans école • et des inscriptions venues de tout le bassin d'emploi
2 - Attraction exercée par les petits centres en particulier sur les effectifs préélémentaires	Montaigut-en-Combraille	Arlanc. En revanche ce rôle est mal assuré par d'autres chefs-lieux de canton (Olliergues, par ex.)
3 - Polarisation en cours, autour de villages dynamiques	Lapeyrouse (en RPI)	Sermontizon (en RPI) Augerolles (qui, l'un et l'autre, résistent à l'attraction de Courpière)
4 - Intégration de très petites écoles dans le réseau des échanges avec un bilan incertain	La Crouzille	Thiollières et Chaumont-le-B, communes qui perdent plus d'élèves qu'elles n'en gagnent en 1992 et dont l'avenir paraît fragile, sauf si l'aire de recrutement est modifié, ce que Chaumont tente avec un RPI

L'organisation territoriale ainsi constituée autour de points hiérarchisés s'interrompt dans deux cas. Dans le haut-pays thiernois, il n'y a pas d'école majeure comme celle d'Ambert : le rôle polarisant est éclaté entre quatre écoles de taille semblable, celles de Saint-Rémy, Chabreloche, La Monnerie et celle du bourg de Celle. Entre elles, s'est établi un système de flux croisés qui s'inscrit dans le genre de vie mobile de la société industrielle montagnarde. Bien qu'ils disposent dans chacune de leur commune d'une école qui accueille cent, voire cent cinquante élèves, les parents, habitués à circuler dans la vallée, ont choisi d'inscrire en 1992-93, quatre-vingts enfants environ dans une commune voisine ; La Monnerie reçoit sept enfants de Celles, mais lui en envoie huit et en envoie six à St-Rémy, qui en envoie neuf à Thiers, etc. : les oursins des flux s'entrecroisent. La seconde exception porte, au contraire, sur un territoire scolaire qui s'est bouclé sur lui-même dans la vallée de La Dore, et comprend les deux communes de Vertolaye et de Marat, aux portes d'une grosses usine chimique qui offre huit cents emplois. Ces écoles reçoivent cent quarante élèves, fils d'ouvriers ou d'employés, qui résident sur place, mais n'attirent que... quatre élèves des communes voisines.

La tendance lourde qui conduit au rassemblement des effectifs publics sur les points forts se manifeste avec une vigueur encore plus soutenue dans l'enseignement privé. Ce sont les mêmes points qui exercent un effet d'appel, qu'il s'agisse des pôles majeurs, comme Saint-Eloy, Courpière et Ambert, ou des pôles éclatés, comme dans la vallée de la Durolle, où les effectifs privées se répartissent sur Saint-Rémy, La Celle et Arconsat[76]. Ces écoles privées recrutent relativement peu d'élèves sur place, mais reçoivent des enfants des communes voisines. En 1993, l'école publique d'Ambert inscrit un peu plus de six cents élèves, dont 13 % viennent de l'extérieur. Les inscriptions à l'école privée s'élèvent la même année à un peu plus de deux cents, dont 25 % de l'extérieur.

La coïncidence entre les aires de recrutement du service public et du service privé est frappante, même si, dans le détail, l'école privée recrute moins dans la plupart des communes qui ont fermé leur école (ex. : Champetières, Saint-Martin), un peu plus dans les communes qui ont gardé leur école publique (ex. : La Forie). Dans ce cas, le désir de s'évader du territoire communal se combine avec le choix du cursus privé. Les écoles privées et publiques majeures opèrent donc deux ponctions simultanées sur les effectifs des villages voisins. Leurs effets se cumulent et déstabilisent le réseau (Fig. 77) : la commune de La Forie envoie à Ambert une cohorte qui suffirait à justifier une classe (14 élèves dans le privé et 4 dans le public) ; l'école privée de Marsac reçoit quatre élèves de la micro-commune de Saint-Just-de-Baffie, qui peut, elle, maintenir un service scolaire par le renfort de cinq enfants descendus du village voisin ; quant à la commune de Beurrières, elle offre un cas extrême de dénuement : elle est littéralement vidée par un double flux que la municipalité n'a pas cherché à retenir ; vingt-trois élèves partent sur l'école privée d'Arlanc, vingt et un sur l'école publique. La politique locale a joué sur les migrations quotidiennes et renforcé l'effet d'appel du bourg-centre.

Conclusion

Dans les tissus relativement denses, loin de l'aire clermontoise, l'évolution de ces vingt dernières années se résume à deux faits : **mobilité et polarisation**. Quels que soient les problèmes locaux, les choix de sociétés, l'impact des personnalités impliquées dans la vie scolaire et collective, les réseaux ont évolué en fonction d'une mise en mouvement générale, sur laquelle se sont greffés des phénomènes d'attractivité de localités. Les écoles sont restées relativement nombreuses, car elles ont bénéficié du recrutement d'enfants dont les parents travaillent dans l'industrie locale ou les services. **Les flux scolaires accompagnent les migrations pendulaires dans les bassins d'emplois : convergents** sur quelques points (Saint-Eloy-les-Mines) ou **étirés** le long des vallées (d'Arlanc à Courpière et d'Arconsat à La Monnerie) et **descendants** des versants sur les points forts des bassins (Ambert et Courpière). Cette descente sur le bas-pays voit ses effets multipliés au droit de la zone urbaine de la Limagne : le rebord montagneux présente un système de migrations exceptionnellement fourni, qui crée un modèle original d'espace scolaire.

C - TISSUS SCOLAIRES DENSES ET FLUX À DESTINATION EXTRA-MONTAGNARDE

Les migrations scolaires les plus importantes des montagnes du Puy-de-Dôme concernent, en 1992, deux cent cinquante élèves qui descendent vers les aires urbaines de la Limagne.

Les deux cartes qui suivent donnent de ce phénomène l'image d'un **ruissellement en nappe** qui franchit l'escarpement bordier sur toute sa longueur. Ce flot est capté au nord par Combronde, Châtel-Guyon, Volvic et Riom ; au centre par Clermont-Ferrand et sa proche banlieue occidentale ; plus au sud par Saint-Amand-Tallende, Issoire et quelques villages des environs. Ce phénomène bordier concerne les cinq communes qui occupent le socle des Dômes (Fig. 77). Sur les plateaux situés plus à l'ouest, les migrations sont au contraire peu puissantes : la mise en mouvement que l'on constate à Loubeyrat ou à Charbonnières-les-Varennes contraste avec la stabilité des élèves de Pulvérières ou de Queuille. L'immobilité est maximale dans l'arrière-pays de la montagne riomoise : l'école des Ancizes n'attire que trois élèves d'une autre commune sur deux cent quatorze inscrits. On retrouve là le phénomène de non attractivité de la grande école située sur un fort site industriel, tel qu'il est apparu à Vertolaye dans la vallée de La Dore, et qui renforce ici la stabilité des populations scolaires du plateau. Au sud, dans la montagne d'Issoire, quelques trajectoires indiquent les points où l'accueil des élèves s'est réorganisé (RPI de Saurier-Cotteuges, école maternelle de Murol, RPI de Saint-Floret). La majorité des déplacements part des communes bordières et se dirige vers la plaine, mais les élèves sont, ici, mieux « **retenus** » par les montagnes qu'au droit de Riom et de Clermont-Ferrand (Tab. 42).

Tab. 42 - Migrations scolaires sur l'escarpement limagnais

Communes bordières		Migrations descendantes issues de ces communes		Migrations remontantes vers ces communes	
Situation	Effectifs inscrits	Effectifs préélémentaires	Effectifs élémentaires	Effectifs préélémentaires	Effectifs élémentaires
Communes du socle des Puys	590	47	85	2	4
Communes du bord du plateau riomois	301	32	34	1	9 (RIP de Champ-St-Agoulin)
Communes du pays des Couzes	168	11	15	0	6
Total	*1 059*	*90*	*134*	*3*	*19*

Fig. 77 - Effectifs et flux d'élèves
Chaîne des Puys : Grande mobilité des populations scolaires, mais réorganisation des écoles du plateau

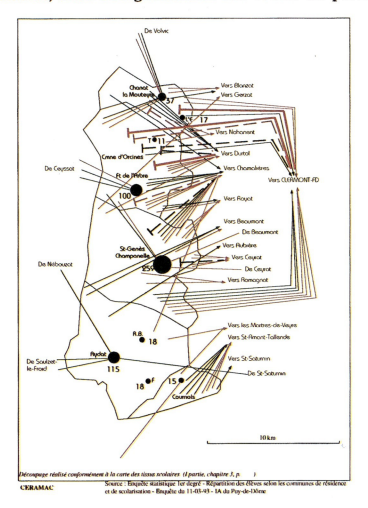

Source : Enquête statistique 1er degré - Répartition des élèves selon les communes de résidence et de scolarisation - Enquête du 11-03-93 - 1A du Puy-de-Dôme

Les cinq communes du plateau des Dômes retenues sont touchées massivement par la périurbanisation clermontoise. L'augmentation de la population se chiffre par centaines d'habitants : cinq mille cents habitants ont été recensés en 1975 ; sept mille six cent cinquante en 1990. Le leader, Saint-Genès-Champanelle, en a gagné neuf cents ! La fonction résidentielle a été renforcée ici par le développement du gros pôle d'emplois que constitue l'Institut de Recherche Agronomique. Le gain démographique a été plus précoce à Orcines ; il a gonflé entre 1975 et 1990 les populations de Chanat-la-Mouteyre, St-Genès-Champanelle et Aydat ; il réveille depuis 1982 la petite commune de Cournols. Partout, même à Saint-Genès, les relations de travail avec l'agglomération clermontoise sont intenses, les emplois sont pour la plupart dans des services qui offrent des horaires compatibles avec ceux des écoliers : un enfant sur quatre qui habitent ces communes descend, en 1993, sur la ville.

Ces migrations scolaires sont plus marquées au Nord. A travers l'escarpement très raide, les relations entre montagne et plaine sont courtes et rapides. Les « néo-résidents » n'ont d'ailleurs pas choisi leur emplacement en fonction des villages ; ils ont souvent préféré le rebord même du plateau, pour la facilité de l'accès et les qualités esthétiques du site naturel. De niveau de vie aisé, et souvent attachés par leur propre souvenir d'enfance aux écoles urbaines, ils descendent volontiers leurs enfants à Chamalières, Royat et Clermont. Ce flux concerne quatre-vingts élèves à partir des deux communes du Nord, avec une forte proportion d'enfants d'âge élémentaire. Au Sud, l'effet d'appel de l'agglomération clermontoise est moins entendu : les distances sont plus longues, et les deux grandes communes de Saint-Genès et Aydat disposent d'écoles maternelles qui contribuent à stabiliser la demande. Toutes ces communes bordières, de Chanat à Aydat, ont réorganisé leur offre scolaire pour s'adapter au nouveau public et, alors que la vague de construction faiblit, stabiliser autant que faire se peut leurs fonctions scolaires. Regroupements pédagogiques à Chanat-la-Mouteyre et Aydat, restructurations sur un seul site à La Font-de-l'Arbre et Saint-Genès réussissent à maintenir six cents

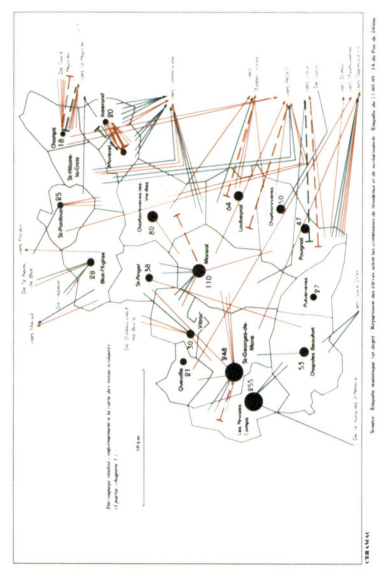

Fig. 78 - Effectifs et flux d'élèves - Plateau des Ancizes et bordure de la Limagne : Dans un tissu scolaire encore serré, faible attraction des écoles des sites industriels et descente des néoruraux sur la zone urbaine

élèves sur le rebord du plateau. Ces communes participent désormais à des espaces scolaires à **deux échelles** : celle du gros village montagnard à population jeune, et celle de l'agglomération clermontoise : **dans le premier cas**, l'école reste un **élément d'un fort lien local ; dans le second, elle est choisie** par les parents en fonction de leurs professions, de leur appartenance sociale et de leur projet.

Plus au nord, les nouveaux habitants sont très nombreux au droit de Riom (ils forment 35 % de la population de Charbonnières-les-Varennes et de Loubeyrat), puis se font de plus en plus rares au-delà de Combronde : villages et écoles s'amenuisent progressivement et le maillage des écoles se réduit à des classes uniques. Le flot descendant de la montagne riomoise est, évidemment, en chiffres absolus, inférieur au précédent. Il concerne cependant près de soixante-dix élèves, et donc, par rapport à la population scolarisée sur le plateau, il est du même ordre. Ce sont les petites villes et les bourgs de le plaine qui sont attractifs, en particulier Combronde, où s'inscrivent onze élèves d'âge préélémentaire. Les collectivités du plateau essaient d'enrayer ce mouvement par l'organisation de RPI au Nord, et par l'ouverture d'une crèche à Paugnat[77]. La vie scolaire hésite, en 1993, entre trois dimensions : celle du **hameau**, celle de la **commune**, isolée ou regroupée pour mieux s'équiper, et celle d'un **pays de vie** assez flou, qui associe une résidence en hauteur, pas forcément au village, un ou des lieux de travail, dans la zone urbaine, et une école sur le lieu de travail ou sur le trajet (Fig. 78).

Au sud, les très petites communes qui découpent selon un maillage serré le rebord de la Limagne et atteignent tout juste deux ou trois cents habitants tentent de limiter le flot descendant et, dans une certaine mesure, y parviennent. C'est que la ville d'Issoire n'est pas au pied même du plateau, et offre surtout des emplois masculins dont les horaires ne sont pas compatibles avec les rythmes des écoliers. Elle a donc peu de poids dans l'organisation de ces flux, exceptée, en 1992-93, sa domination sur Vodable. Ce village - qui est d'ailleurs dans le canton d'Issoire - a vu sa population scolaire happée par la ville. Le mouvement, engagé en 1992, s'est conclu par la fermeture de l'école. Ailleurs, les migrations scolaires sont écartelées entre le bourg de Champeix et les dynamiques des micro-structures voisines. Surchargées il y a quinze ans, les classes maternelles de Champeix sont moins sollicitées actuellement : les flux se détournent du vieux chef-lieu de canton. En tissu scolaire dense, s'ils ne choisissent pas l'école de proximité, les parents peuvent demander l'inscription de leurs enfants dans l'école du « bourg » et les écoles extramontagnardes.

II - SECOND TYPE DE PRATIQUE DE L'ESPACE SCOLAIRE : FORTE MOBILITÉ EN TISSU DÉGRADÉ

Alors que les fortes polarisations scolaires s'inscrivent dans des milieux où les densités dépassent trente habitants au kilomètre carré, et souvent cinquante, c'est sur le plateau du Cézallier, dans une zone d'herbage qui ne compte pas dix habitants au kilomètre carré, que se situe une des écoles les plus attractives de la montagne : **la moitié des effectifs d'Ardes-sur-Couze provient des communes voisines**. Le caractère exceptionnel de cette mobilisation scolaire suffirait à en commander l'étude. Celle-ci est d'autant plus nécessaire qu'une telle pratique de l'espace s'annonce dans plusieurs vacuoles fragiles : le « modèle Cézallier » se dispose en amphithéâtre, à l'échelle d'un petit « pays » (cf. Fig. 79). Sur le gradin supérieur, dans les parties sommitales du Cézallier, subsistent quelques micro-structures, qui suscitent peu de mouvements d'élèves. Les communes des gradins inférieurs n'ont pas d'école et envoient leurs enfants à Ardes-sur-Couze, au cœur du dispositif. Au-delà, le « mur de scène » est rompu, et les départs s'organisent, commune par commune, en direction de la plaine.

Les microstructures du gradin supérieur fonctionnent dans des contextes relationnels sensiblement différents. L'**isolement** est absolu à Boutaresse (commune de Saint-Alyre-ès-Montagne) et Anzat-le-Luguet : l'école est située à 1 200 m d'altitude, l'autre à 1 100. Une dizaine de kilomètres les séparent, et à mi-parcours, dans le cirque de Parrot, le temps d'hiver a la

Fig. 79 - Effectifs et flux d'élèves - Cézallier : Dans un contexte de très faible densité, rassemblement des effectifs scolaires sur un village-centre

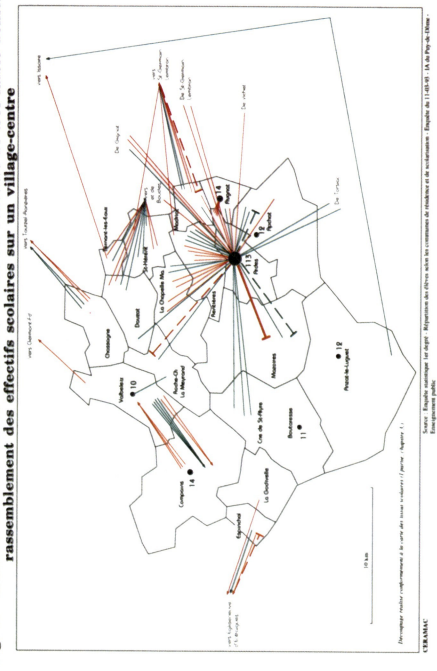

Source : Enquête statistique 1er degré - Répartition des élèves selon les communes de résidence et de scolarisation - Enquête du 11-03-93 - IA du Puy-de-Dôme - Enseignement public.

CERAMAC

réputation d'être particulièrement rude. Ce sont les arguments que les deux collectivités ont avancés pour justifier l'impossibilité de réunir leurs maigres effectifs, même par RPI. Les échanges sont limités à des projets scolaires communs et à quelques rencontres, au printemps. En fait, des deux côtés, la volonté d'autonomie a limité toute velléité de rapprochement ou de fusion. « *L'institutrice, il n'y a pas si longtemps, était mariée à quelqu'un du pays* », nous dit-on à Boutaresse, comme si cette alliance était un gage pour l'avenir, et somme toute justifiait la présence d'un service public pour recevoir les enfants du hameau. Encore plus isolée que sa voisine par le relief et la limite départementale, la commune d'Anzat-le-Luguet a évité de justesse la fermeture de son école, et la tient ouverte pour recevoir exclusivement ses propres enfants. Il a fallu renforcer les effectifs à l'évidence trop maigres : la municipalité a eu recours à l'installation de jeunes couples. L'inscription de leurs enfants à l'école est une nécessité absolue pour cet isolat qui ne peut caresser l'espoir de recevoir un seul élève d'une commune voisine. Plus au nord, aux confins du Cézallier et des Monts Dore, dans des conditions assez semblables, les écoles de Compains et Valbeleix s'échangent leurs élèves dans le cadre d'un RPI. La qualité des installations, un attachement certain des acteurs locaux pour une école publique moderne[78] et l'axe de circulation que représente la vallée de La Couze ont contribué à cette organisation qui élargit de quelques kilomètres la cellule locale. Avec une vie relationnelle plus riche, on reste cependant ici dans les systèmes fermés qui caractérisent le haut Cézallier : d'une autarcie étroite on est passé à une « **autarcie partagée** ».

A l'aval du Cézallier, les communes sont moins étendues mais tout aussi pauvres en enfants. Sur le plan scolaire, elles constituent une marge qui tend à se détacher du plateau (cf. Fig. 79). Les départs s'organisent en direction de la plaine, au profit d'un village proche et dynamique, Boudes et d'un bourg, Saint-Germain-Lembron. Ce flux descendant évoque celui qui part du plateau des Dômes, à une différence près : sur le rebord montagnard, il n'y a ici **aucun indice de restructuration** des écoles. Toutes ont fermé, sauf celle d'Augnat qui essayait, en

1993, de contenir la descente sur le bas-pays sans pouvoir exercer d'attraction véritable.

La situation d'Ardes-sur-Couze (cf. Fig. 79 et 80) lui assure une centralité évidente, accrue par la confluence des ruisseaux et le tracé des routes. Les services, cependant, ont peu à peu abandonné ce chef-lieu de canton de ... cinq cents habitants ! L'éventail des fonctions est très incomplet, et, dans un beau décor ancien aux volets fermés, le petit centre n'est pas attractif : fait significatif, aucune des trois institutrices n'y réside en 1993 ! Les effectifs préélémentaires sont pourtant relativement fournis. La commune d'Apchat, qui a su paradoxalement préserver jusqu'en 1999 une école à quelques kilomètres de là, confiait à la classe maternelle d'Ardes ses enfants de moins de six ans, pour les retirer quand ils atteignaient l'âge de la scolarité obligatoire. Les autres micro-communes lui envoient, qui un enfant (Roche-Charles), qui deux ou quatre (La Chapelle Marcousse, Rentières). Les distances parcourues par ces élèves de moins de six ans pour se rendre de leurs fermes isolées à l'école peuvent atteindre une douzaine de kilomètres. La petite fille de quatre ans qui quitte chaque matin le hameau du Fromental perché au-dessus de la gorge de Rentières passe une heure dans le car de ramassage scolaire. Sur ce plateau marqué par l'extrême dispersion de l'habitat, les chefs-lieux de communes sont réduits à quelques maisons, n'offrent pas de service, et sont incapables de capter les élèves dispersés dans la myriade de lieux-dits. **La polarisation sur Ardes est le reflet de cette impuissance** (cf. Fig. 80).

N'étant pas soutenue à Ardes même par une population jeune, l'organisation actuelle reste très fragile (cf. Fig. 80). A l'aval, les parents sont tentés par les localités de la plaine, et inscrivent leurs enfants dans les classes de la petite commune dynamique de Boudes, ou dans celles du bourg, Saint-Germain-Lembron. A l'amont, les microstructures fonctionnent en milieu clos. La hiérarchie des sites scolaires est simplifiée à l'extrême, et **le dispositif « en pelote d'épingles » est bien différent, dans son fonctionnement, de celui qui s'est constitué autour de Saint-Eloy-les-Mines**, dans un milieu plus densément peuplé. Malgré sa centralité, Ardes ne dispose que d'une petite école et

Fig. 80 - Modèle de polarisation consécutive à une forte crise démographique
Le «modèle» du CÉZALLIER

Forts déplacements dans une hiérarchie scolaire réduite à sa plus simple expression :
une petite école et un «fer à cheval» de micro-cellules scolaires

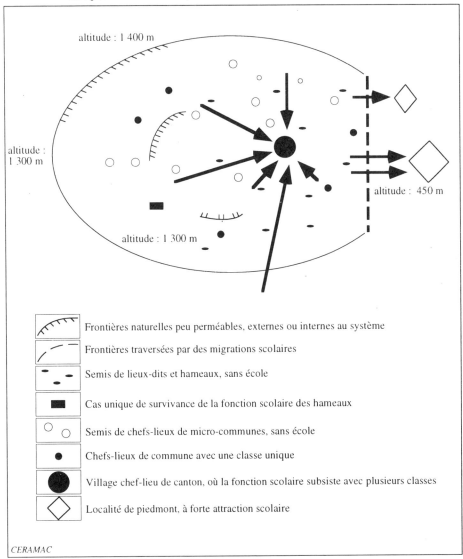

	Frontières naturelles peu perméables, externes ou internes au système
	Frontières traversées par des migrations scolaires
	Semis de lieux-dits et hameaux, sans école
	Cas unique de survivance de la fonction scolaire des hameaux
	Semis de chefs-lieux de micro-communes, sans école
	Chefs-lieux de commune avec une classe unique
	Village chef-lieu de canton, où la fonction scolaire subsiste avec plusieurs classes
	Localité de piedmont, à forte attraction scolaire

CERAMAC

n'a guère l'espoir de renforcer son attractivité. La faiblesse scolaire de ce centre de pays vient de sa propre crise, mais va aussi de pair avec la résistance dont font preuve quelques communes de l'amont, et l'ignorance que les communes d'aval manifestent pour leur chef-lieu de canton. Réduits à quelques points et à quelques flux ténus, que des communes de moins de cent habitants ne peuvent pas alimenter régulièrement, l'espace scolaire actuel est inadapté à ce vaste territoire, qui l'enveloppe en flottant, comme un vêtement trop large.

III - TROISIÈME PRATIQUE DE L'ESPACE SCOLAIRE : MOINDRE MOBILITÉ DANS UN TISSU SCOLAIRE DENSE

Cette pratique se repère dans les deux domaines contigus qui occupent le versant septentrional des Monts Dore et la vallée de la Haute Dordogne et présentent des caractéristiques scolaires communes. Leur maillage scolaire s'est bien maintenu, en évoluant selon un processus lent : les fermetures des écoles de hameaux ont pris deux décennies, émaillées de rivalités locales multiples. Elles ont conduit au repli du service sur les chefs-lieux de communes (Ceyssat, Gelles ou Saint-Sauves, par exemple), sauf si les collectivités locales sont réduites à une centaine d'habitants, comme à Saint-Sulpice[79] ou Montfermy[80], ou si les conflits ont laissé exsangues les parties adverses, ce qui fut le cas à Saint-Pierre-Roche et Massajettes[81]. Le filet communal, ces exceptions mises à part, n'est guère déchiré ; l'offre scolaire est répartie régulièrement sur le territoire, mais les écoles sont de tailles très différentes. L'activité agricole, qui est fondamentale dans cette zone d'élevage et de fabrication du fromage à la ferme, s'accommode d'un chiffre de population qui suffit tout juste à préserver un service scolaire à l'échelle de la commune : Saulzet-le-Froid a deux cent vingt-huit habitants, seize élèves en classe, Vernines respectivement trois cent vingt-six habitants et vingt-neuf élèves. L'exploitation minière pendant un temps, le tourisme et l'arrivée de la vague périurbaine sur le plateau des Dômes plus récemment, **ont**

Fig. 81 - Effectifs et Flux - Marges septentrionales des Monts Dore et occidentales de la Chaîne des Puys : Importance de deux bourgs, mais maintien de nombreux sites scolaires de villages et de hameaux

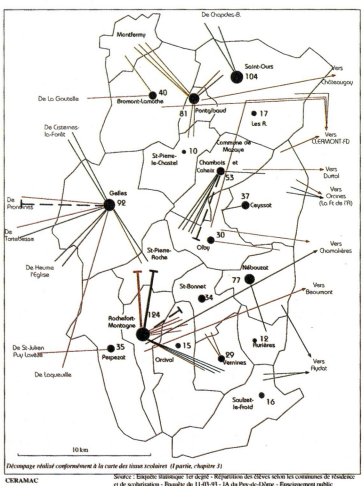

Découpage réalisé conformément à la carte des tissus scolaires (I partie, chapitre 3)

CERAMAC

Source : Enquête statistique 1er degré - Répartition des élèves selon les communes de résidence et de scolarisation - Enquête du 11-03-93 - IA du Puy-de-Dôme - Enseignement public

renforcé le tissu scolaire communal, sans créer d'effet d'appel considérable sur quelques points plus forts.

Pourquoi une telle stabilité ici, alors que, dans toutes les autres cartes scolaires denses, la multiplicité des sites est apparue propice aux migrations d'écoliers ? **Quatre facteurs ont limité les échanges scolaires intercommunaux** sur les marges du Mont Dore et aux abords de la Dordogne. Les communes y sont souvent vastes : Saint-Ours-les-Roches s'étend sur 4 800 hectares, Gelles 4 700, Bourg-Lastic 4 000. Le relief renforce le cloisonnement : l'aire de recrutement du Mont Dore est réduite au secteur amont de l'auge glaciaire ; la chaîne des Dômes, qui n'empêche pas les migrations quotidiennes du travail en direction de Clermont-Ferrand, est cependant une frontière sur le plan scolaire ; l'espace scolaire de Bourg-Lastic est doublement verrouillé, à l'ouest, par la gorge de Chavanon et par la frontière départementale. Troisième facteur d'autonomie scolaire, qu'ils soient nettement individualisés par le relief, ou que leurs limites physiques soient plus floues, les territoires communaux de l'ouest ont été porteurs d'une forte vie collective. Elle s'exprime encore dans les villages d'éleveurs (Aurières, Vernines, Perpezat) : le village voit son reflet dans le groupe des « gamins », ceux qui fréquentent les classes de l'école locale ; la sociologue Deborah Reed-Danahay[82] a montré l'importance dans la vie locale des « petits » et des adolescents qui sont inscrits au collège. Dans un contexte radicalement différent, le bassin minier de Messeix, qui a gardé une identité propre malgré les fermetures des puits, a trouvé dans l'école publique de l'entre-deux-guerres une référence commune aux populations immigrées d'origine polonaise et à celles qui habitaient ces lieux depuis des générations (photographie planche 2) ; chaque localité est restée très attachée à sa fonction scolaire et a tenté, autant que faire se pouvait, de la préserver.

Dernier élément de stabilité, et non le moindre dans ces montagnes herbagères, les familles d'agriculteurs se sont accommodées d'un service très local, d'autant mieux que les femmes effectuent des tâches contraignantes à la ferme. Ainsi, telle agricultrice de Perpezat, qui a hésité entre le chef-lieu de canton et le village pour scolariser son fils, a choisi la proximité

« *pour ne pas devoir interrompre son travail* » ; elle n'inscrit donc pas son enfant au bourg, et pense s'en tenir à cette décision, du moins « *tant qu'il reste deux classes à Perpezat, et tant que Monsieur et Madame XXX* (les instituteurs actuellement sur ce poste) *seront là* ». Sinon, le sentiment d'appartenance locale s'effacerait devant le désir de choisir son école. Dans un tel cas, le départ pour une autre école paraît envisageable, même si jusqu'alors l'attachement à la tradition, le sentiment d'appartenance à la collectivité dont les acteurs sont connus, et l'aspect pratique des choses l'ont emporté.

Quand les migrations intercommunales d'écoliers se sont multipliées, c'est l'attraction des classes enfantines qui les a suscitées. Sur les marges des Monts Dore et au flanc de la chaîne des Puys, les enfants d'âge préélémentaire qui se déplacent sont plus nombreux que leurs aînés (45 contre 35 pour les 18 communes concernées, cf. Fig. 81). Ainsi, la classe enfantine de Coheix (commune de Mazayes) reçoit-elle les plus jeunes élèves de la commune voisine d'Olby, qui, avec deux classes seulement, répond mal à la demande de préscolarisation que formulent les familles jeunes, récemment installées. Les migrations préélémentaires renforcent aussi les effectifs des petits centres locaux (Rochefort-Montagne et Gelles) et plus récemment (ce qui n'est pas visible sur le relevé datant de 1993) ceux du dynamique village de Saint-Bonnet près d'Orcival, qui tente de renforcer sa fonction scolaire. Le même phénomène bénéficie à La Bourboule mais il a ici une signification différente : l'école maternelle de la station thermale reçoit les enfants de familles installées aux portes de la localité, sur le territoire de la commune voisine, dans le cadre des classiques échanges polarisés sur le centre-ville ; ils sont ici étirés le long de la vallée, du Mont-Dore à Saint-Sauves-d'Auvergne. **La préscolarisation a donc conduit à une mobilisation partielle** des écoliers des massifs occidentaux, au profit de localités de tailles diverses en fonction des initiatives locales. La carte reflète ces réussites qui ébranlent une société où, jusqu'alors, en particulier **dans le monde agricole, la relation entre l'école publique et la commune s'est bien préservée.**

Sur cette plage de vingt-sept communes où le tissu scolaire public est relativement fourni, on ne compte que **quatre écoles privées**. Celle du Mont Dore, logée dans la tête de la vallée, reçoit un recrutement local. La présence des trois autres, à La Bourboule, Pontaumur et à Gelles jusqu'en 1994, a exercé, sur la mise en mouvement des écoliers, des effets paradoxaux. Ces établissements ont attiré des élèves des petites communes voisines, et contribué ainsi à hiérarchiser le territoire en renforçant les flux sur les points majeurs. Face à cet appel, villages et hameaux qui voyaient leurs effectifs s'amenuiser ont cherché à préserver leur fonction et leur identité grâce aux enfants de leurs territoires ; dans ceux-ci les écoles publiques restent ouvertes, pour éviter les départs sur l'enseignement privé. De telles pratiques, à la fois complémentaires et contradictoires, ont préservé un équilibre très fragile dans la commune de Gelles : la fermeture de l'école du hameau de Monges a été suivie de peu par celle de l'établissement privé de Gelles, et celle-ci, qui a renforcé le service public au bourg, et a été suivie par la fermeture d'une classe unique de micro-commune (Heume-l'Eglise, en 1995). Service public et service privé ont pratiqué dans l'ouest deux stratégies qui relèvent de lectures différentes de l'espace. Le service public a gardé des structures de proximité immédiate, alors que les établissements privés, maintenus ouverts dans quelques bourgs, ont puisé une partie de leurs propres effectifs dans les populations desservies par des écoles à classe unique. **Les deux pratiques ont contribué à maintenir un équipement scolaire relativement dense**. Dans des sociétés rurales à dominante agricole, où les enfants sont de moins en moins nombreux, les déchirures de la trame, inévitablement, se multiplient, entraînant une mobilisation plus forte des cohortes d'écoliers. Dans la commune de Messeix, où l'école publique est depuis longtemps installée dans les locaux d'une ancienne école privée, la situation est sensiblement différente. Les populations des carreaux de mines ont maintenu leurs écoles ouvertes, après même la fermeture des puits. La crise de l'emploi les condamnait inexorablement, mais c'est avec le sentiment de vivre dans un pays blessé que les parents ont accepté de rassembler les écoliers du chef-lieu. Nous sommes là face à un tissu scolaire qui fut longtemps serré, et s'est brutalement appauvri.

IV - L'INÉGALE MOBILISATION DES ÉLÈVES DANS DES TISSUS SCOLAIRES TRÈS APPAUVRIS

Dans les vastes ensembles des Combrailles et du Livradois, le délestage démographique se traduit par des densités extrêmement basses, toujours inférieures à trente habitants au kilomètre carré, descendant même au-dessous de dix dans le Haut Livradois et près d'Herment, aux confins du Puy-de-Dôme et de la Creuse. Le tissu scolaire a été déchiré par les fermetures d'écoles, et plus fréquemment s'est appauvri dans les écoles qui restaient, au fur et à mesure que les classes ont fermé. Les migrations scolaires ont été récemment régulées par le développement des RPI, qui les limitent à des échanges d'enfants entre deux ou trois communes contiguës. Ces regroupements n'empêchent pas la scolarisation sur place de quelques enfants dans des écoles isolées, situées dans les angles morts du système, ni les migrations quotidiennes que l'on a observées ailleurs : descente vers les écoles de la plaine, ou forte polarisation sur des villages centres.

L'extrême sud du Livradois (Tab. 43) reflète parfaitement cette pluralité des pratiques. De La Chapelle-sur-Usson à Saint-Bonnet-le-Chastel et Mayres, sur le territoire d'une vingtaine de communes proches du département de la Haute-Loire, aucun système territorial n'est parvenu à s'imposer (Fig. 82). L'extrême variété des tailles, des dynamismes locaux (Le Vernet-la-Varenne est bien plus actif que Saint-Germain-l'Herm), des mentalités (Fayet-Ronaye est très isolé, Doranges et Saint-Alyre plus ouverts à une vie de relations) ont conduit les écoles à organiser de façon très diverses leur recrutement : celles des micro communes bordières n'ont pas résisté ; celles des villages sont inégalement attractives, et de minuscules structures tentent de préserver une dizaine d'inscriptions, soit en jouant sur leur isolement, soit en échangeant leurs enfants. L' « incertitude » dans laquelle se trouvait St-Germain-l'Herm au milieu des années quatre-vingt-dix est significative des territoires très fragilisés par la crise montagnarde. Ce village, chef-lieu de canton, garde un collège, ce qui devrait consolider son rôle scolaire. Mais le recrutement est mal soutenu par le faible renfort que lui ont apporté les six élèves qui vivent dans la commune d'Aix-Lafayette. Si le délestage démographique continue, l'école ne pourra plus justifier sa troisième classe. A quelques kilomètres de là, dans la forêt, la commune de Fayet-Ronaye a préservé sa classe unique. Tout laisse penser qu'on va vers une mobilisation de la petite cohorte de Fayet, soit que ses enfants s'inscrivent à Saint-Germain, soit que Fayet-Ronaye réussisse à négocier la création d'un échange d'enfants par le biais d'un RPI. Cela suppose que la micro commune ne soit pas épuisée par la crise démographique et ne renonce pas à installer les quelques familles nouvelles qui inscrivent leurs enfants à l'école : c'est, en fait, la solution du RPIqui l'a emporté et, en 1999, Fayet-Ronaye, qui a dix enfants, en scolarise dans son cours élémentaire dix-neuf, issus des deux communes regroupées.

Tab. 43 - Extrême variété des pratiques territoriales aux confins du Puy-de-Dôme et de la Haute-Loire

Localisation	Mouvements d'élèves	Exemple
Rebord occidental du Livradois	Descente sur les écoles du bassin de Brassac	Départ des enfants de St-Jean-St-Gervais qui « tourne le dos » à la commune montagnarde voisine : St-Martin-d'Ollières
Plateau intermédiaire	Flux en « pelote d'épingles »	Rôle majeur du Vernet-la-Varenne dont 1/3 des effectifs provient de communes voisines sans école
Plateau supérieur	Isolat et début de polarisation	Rôle incertain de St-Germain-l'Herm, dont les communes voisines ont gardé leur école
Vallées qui découpent le rebord méridional et oriental	Va-et-vient d'élèves sur des distances pouvant atteindre une quinzaine de kilomètres	RIP associant des petites communes (St-Bonnet-le-B., Doranges-Novacelles) et pour un cas, dépassant la limite départementale (St-Martin-St-Hilaire)
Confins du bassin d'Arlanc	Modestes descentes à partir de communes bien « pauvres en enfants »	Mayrès

Fig. 82 - Effectifs et flux d'élèves - Livradois : micro communes et fréquents échanges inter-communaux

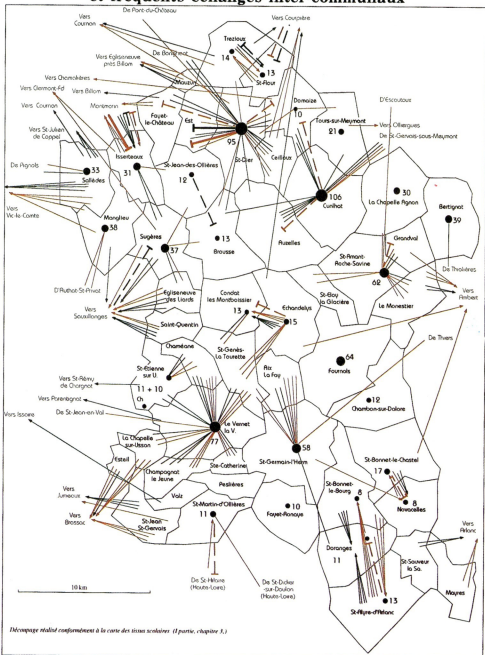

Découpage réalisé conformément à la carte des tissus scolaires (I partie, chapitre 3.)

CERAMAC

Source : Enquête statistique 1er degré - Répartition des élèves selon les communes de résidence et de scolarisation - Enquête du 11-03-93 - IA du Puy-de-Dôme - Enseignement public

Tab. 44 - Répertoire des flux d'élèves dans des vacuoles fragiles

Identification de la vacuole	Migrations convergentes sur un village central	Isolats des bordures (ex)	Descente vers des écoles de la ville ou vers les bourgs de la plaine (ex)	Elément local original
Le modèle « Cézallier »	Ardes	Boutaresse, navette entre Compains et Valbeleix	Madriat →St-Germain-Lembron	Fragilité démograhique extrême des isolats
Haut-Livradois	St-Amant-Roche-Savine	Navette entre Echandelys et Condat	Le Monestier →Ambert	Maintien de quelques écoles pour des élèves qui se déplacent peu (Fournols, La Chapelle-Agnon)
Bas Livradois	St-Dier-d'Auvergne	Navette entre Brousse et St-Jean-des-Ol.	Mauzun → Billom St-Flour-l'E. → Courpière	
Combrailles du nord	Menat	Navette entre St-Quentin et Marcillat	Déplacements d'ampleur inégale vers St-Eloy-les-Mines	Déplacements d'ampleur inégale vers St-Eloy-les-Mines
	Pionsat	Le Quartier (fermée en 98) St-Maurice		
	St-Gervais-d'Auvergne	Entre Biollet et Charensat		Maintien de plusieurs écoles avec une trentaine d'élèves en zones rurales
Combrailles du Sud	Giat	Verneugheol		
	Pontaumur	St-Hilaire-les-M et Puy-St-Gulmier (fermées en 96 et 96)		Maintien sur place de cohortes d'une dizaine d'élèves, voire une trentaine d'élèves dans une douzaine d'écoles

Ces très petites structures qui essaient de capter par un Regroupement Pédagogique entre écoles de taille inégale les quelques inscriptions salvatrices, sont un phénomène très récent. Jusqu'alors, dans les zones de faibles densités des Combrailles et du Livradois, la plupart des communes de très petite taille avait renoncé à leur fonction scolaire : ces lacunes du réseau ont contraint les familles restantes à se tourner vers les villages centres. Le tracé en « pelote d'épingles » des migrations quotidiennes est manifeste en Combrailles autour de

Pionsat, autour de Menat, autour de Saint-Gervais-d'Auvergne et autour des villages du Livradois (Saint-Dier-d'Auvergne, Cunlhat, Saint-Amant-Roche-Savine). Ce dispositif territorial se rapproche, avec des variantes locales, du « modèle » que la crise démographique a conduit à l'état d'épure autour d'Ardes-sur-Couze : polarisation par carence sur le village, résistance de quelques écoles isolées sur les marges, où on repère quelques navettes internes aux RPI, et, éventuellement, à l'aval, si la plaine est proche, migrations des écoliers en direction d'écoles urbaines ou périurbaines (Tab. 44). Quand on s'éloigne des aires urbaines et qu'on atteint les marges du département de la Creuse, les pratiques territoriales se figent : les écoles polarisatrices (Pontaumur, Giat) laissent entre elles de vastes espaces où les chefs-lieux de micro communes ont préservé jusqu'à la fin des années quatre-vingt-dix leur service de proximité. La plupart des communes avaient encore leur école en 1995, et les recrutements s'opéraient de façon locale, comme immobilisés dans le filet communal. Ce mode d'occupation, où les polarisations sont plus incomplètes qu'ailleurs, annonce le système très immobile de l'Artense.

V - UNE PRATIQUE EXTREME : VILLAGES ET ÉCOLES IMMOBILES DE L'ARTENSE

Le tissu scolaire fragile de l'Artense et des ses abords offre encore, à la fin des années quatre-vingt-dix, l'exemple extrême d'une population scolaire rare, retenue par **un semis de très petites structures localisées dans un maillage communal pourtant large**. Aucune école n'atteint quatre-vingts inscriptions. La plupart reçoivent une dizaine ou une vingtaine d'élèves. Dans ce milieu autrefois prolifique, l'effondrement démographique a emporté les écoles de hameaux, et celles de trois petites communes (Labessette, Trémouille-St-Loup, Cros) qui dominent le barrage de la Dordogne, et appartiennent déjà au pays de Bort-les-Orgues. La situation est celle d'un triple **isolat** : isolat de fermes très dispersées, des cellules communales sur le plateau, et du plateau lui-même dans l'angle sud-ouest du département.

Fig. 83 - Effectifs et flux d'élèves - Artense et marges sud des Monts Dore : dans un contexte de faible densité, une population scolaire immobile retenue dans un réseau de petites écoles

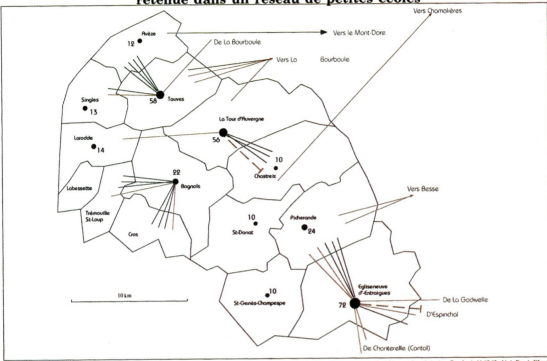

CERAMAC

Source : Enquête statistique 1er degré - Répartition des élèves selon les communes de résidence et de scolarisation - Enquête du 11-03-93 - IA du Puy-de-Dôme
Enseignement public

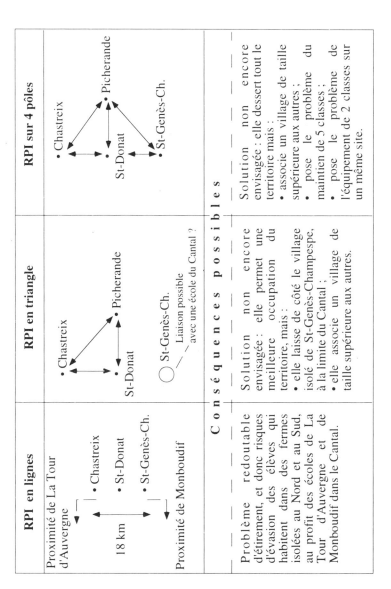

RPI en lignes	RPI en triangle	RPI sur 4 pôles
Proximité de La Tour d'Auvergne • Chastreix • St-Donat • St-Genès-Ch. 18 km Proximité de Monboudif	Chastreix • Picherande St-Donat ◯ St-Genès-Ch. Liaison possible avec une école du Cantal ?	Chastreix • Picherande St-Donat • St-Genès-Ch.

Conséquences possibles

Problème redoutable d'étirement, et donc risques d'évasion des élèves qui habitent dans des fermes isolées au Nord et au Sud, au profit des écoles de La Tour d'Auvergne et de Monboudif dans le Cantal.	Solution non encore envisagée : elle permet une meilleure occupation du territoire, mais : • elle laisse de côté le village isolé de St-Genès-Champespe, à la limite du Cantal ; • elle associe un village de taille supérieure aux autres.	Solution non encore envisagée : elle dessert tout le territoire mais : • associe un village de taille supérieure aux autres ; • pose le problème du maintien de 5 classes ; • pose le problème de l'équipement de 2 classes sur un même site.

Fig. 84 - Modèles de réorganisations scolaires dans les tissus très lâches de l'Artense

Le bouclage de la vie scolaire sur chaque territoire communal est resté, ici, beaucoup plus fort que partout ailleurs (cf. Fig. 83). En 1992, Singles ne laissait partir que deux élèves, et n'en recevait aucun ; à Larodde, les échanges étaient limités à un départ et une inscription, celle de l'unique enfant de Labessette en âge scolaire ; Saint-Donat, à quelques kilomètres de là, ne scolarisait que ses propres enfants.... de même que St-Genès-Champespe (3e partie, 1er chapitre, Fig. 87). Trois causes contribuent à l'atomisation de la vie scolaire dans les immenses bâtisses de ces vastes territoires où il ne reste qu'une dizaine d'enfants. Les distances entre les résidences des enfants situées aux marges extrêmes de deux communes voisines sont longues, le découpage administratif est tel qu'il a paru jusqu'alors impossible d'envisager des transports intercommunaux, privés ou collectifs. L'attachement à la vie municipale est manifeste. Il se lit dans le paysage : on voit encore flotter les drapeaux tricolores aux mâts de cocagne qui signalent les demeures des élus locaux. Les parents hésitent à transgresser l'avis du maire, s'il n'est pas favorable au départ d'un élève ; à Saint-Genès-Champespe, en 1991, les familles ont demandé très respectueusement à l'institutrice si elles pouvaient inscrire leurs enfants en classe maternelle à Monboudif, « dans le Cantal », qui plus est ! Les maires de Bagnols et Egliseneuve-d'Entraigues sont des instituteurs. Bref, l'image de l'école communale est restée particulièrement forte, même si une école privée est ouverte pour une vingtaine d'élèves, à Bagnols. Dans ces larges espaces, où la vie se disperse par points, l'école est **le lieu où se maintient une forme de vie commune**, et cette fonction l'a préservée jusqu'alors.

Un troisième facteur qui contribue à freiner les migrations intercommunales vient de la faible attraction des principales localités. Importantes pour le collège, les inscriptions à Bort-les-Orgues ne concernent pas le premier degré. Les quelques parents qui « descendent travailler » n'entraînent pas leurs enfants avec eux. Les jeunes couples d'agriculteurs, qui composent l'essentiel de la population active, ne trouvent pas d'intérêt à inscrire leurs enfants dans les villages-centres de Tauves et de La Tour d'Auvergne, qui offrent, par ailleurs, des services bien incomplets. Les phénomènes de polarisation sont donc très médiocres sur ces chefs-lieux de canton, mais plus vigoureux sur deux villages, Egliseneuve et surtout Bagnols, qui reçoit huit élèves venus d'ailleurs sur les vingt-deux inscrits à l'école publique.

Quel élément pourrait créer un mouvement dans ce monde scolaire singulièrement immobile ? Ici comme ailleurs, la clef de l'innovation a paru récemment provenir de demandes d'inscriptions préélémentaires. Une vingtaine d'enfants de moins de six ans transgressent les limites communales ; c'est, selon l'expression d'un enseignant local, l'occasion d'un « frémissement » qui conduit les parents à rechercher d'autres pratiques territoriales et à conduire une réflexion sur les possibilités d'un RPI. L'initiative paraît émerger en 1997, mais se heurte, en première lecture, au problème redoutable des distances, qui conduit à mettre en question la solution apparemment la plus simple (Fig. 84).

Dans son paysage scolaire immobile, l'Artense n'offre pas l'image d'un passé désuet que l'on croit discerner de prime abord. Elle présente, malgré son originalité, ou plutôt à travers son originalité, le problème fondamental exprimé ici dans une clarté absolue : les migrations quotidiennes des écoliers ne relèvent pas d'un simple problème de transports, mais de l'émergence d'une difficile dynamique locale : fermer une école ici ce n'est pas fermer un service, mais remettre en cause un espace.

CONCLUSION

La cartographie des migrations quotidiennes permet de préciser un fait, d'aborder une notion, et de poser un problème. Le fait porte sur l'amplitude des mouvements scolaires ; la notion sur l'attractivité des centres locaux ; le problème sur le devenir des espaces ainsi éclatés.

Les **mouvements scolaires intercommunaux prennent une certaine ampleur dans les tissus denses**, s'ils répondent à l'appel d'écoles situées dans des villes et des bourgs attractifs, parfois internes à la montagne, plus souvent situés en piedmont. Ils correspondent à des migrations quotidiennes d'adultes. Leur carte s'inscrit dans celles des couloirs industriels et des auréoles péri urbaines.

Les mouvements intercommunaux se déclenchent dans la plupart des **tissus fragiles**, si l'offre locale a fondu, les enfants devant se diriger sur des **écoles « refuges »**. Les lieux de convergence correspondent souvent à des points privilégiés par les activités des adultes, mais l'activité scolaire **peut rester importante dans des petits centres dont la plupart des services sont en crise** : ceux-ci deviennent des sites scolaires développés par carence.

Les mouvements intercommunaux des écoliers s'organisent indépendamment des migrations parentales quand ils correspondent à des **réorganisations pédagogiques** par regroupements. Ces derniers se sont mis en place tantôt sous l'effet d'exigences pédagogiques, tantôt en fonction d'initiatives locales visant à maintenir des services ouverts dans des espaces fragilisés. Ils traduisent le projet de petites collectivités, plus qu'une logique de restructuration territoriale.

De telles dynamiques s'organisent par plages, en fonction de l'éloignement des villes. Une synthèse des migrations scolaires sur les plateaux occidentaux et dans la chaîne des Puys montre trois bandes méridiennes, définies par l'intensité des flux et l'importance (Fig. 85) des points attractifs.

Quelle signification peut-on donc donner à la notion d'attraction scolaire, alors qu'elle renvoie ainsi à des systèmes de flux très variés, adaptés à des espaces inégalement touchés par la crise démographique ? Le tableau 45 dresse la liste des villes, bourgs et villages en fonction de **l'attractivité du service scolaire public**. On a retenu comme indicateur le rapport entre le nombre d'enfants scolarisés non-résidents et le nombre total d'inscriptions. Le coefficient varie entre 0,54 (plus de la moitié des inscriptions est exogène) et 0,05 (un élève sur vingt vient d'ailleurs). Le critère conduit à un classement surprenant, qui ne reflète ni la vitalité des fonctions tertiaires locales, ni le chiffre des inscriptions, mais que l'étude des flux laissait pressentir : les meilleurs scores se situent dans des

Fig. 85 - Modèles d'occupation territoriale en fonction de l'éloignement par rapport à l'agglomération clermontoise

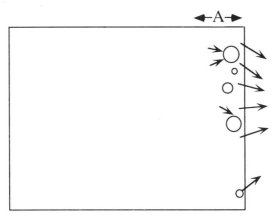

A - *Les déplacements qui mobilisent le plus grand nombre d'élèves sont dus aux migrations alternantes auxquelles les enfants participent **avec leurs parents**. Particulièrement importantes en direction de l'agglomération clermontoise, elles laissent cependant la majorité des élèves scolarisés dans les écoles du plateau des Dômes.*

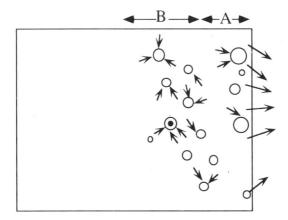

B - *Sur les franges de l'auréole périurbaine, les jeunes couples récemment installés entraînent rarement leurs enfants dans leurs migrations quotidiennes. Ils les confient aux **écoles locales, et renforcent le réseau ancien**. Ils ne leur font guère transgresser les limites communales, sauf pour chercher un accueil préélémentaire. La mobilité scolaire est inférieure à celle des deux autres zones.*

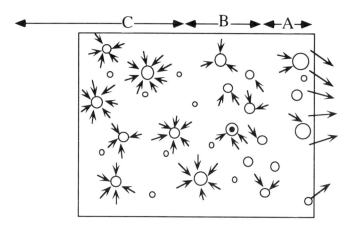

⊙ Cas original d'une école de hameau à effectif exclusivement pré-élémentaire

C - Au-delà, et jusqu'à la limite départementale, la demande scolaire va en s'affaiblissant. Au fur et à mesure que l'on se dirige vers l'ouest, le nombre de communes qui scolarisent moins de vingt élèves augmente. Elles fonctionnent en isolat et tentent des regroupements pédagogiques. Dans des zones marginales, beaucoup d'écoles ont fermé. Les élèves franchissent donc les limites communales et se dirigent sur des bourgs et des villages dont le dynamisme est très inégal. Ces cohortes sont peu fournies, et leur renouvellement incertain.

espaces très fragiles. Les localités les plus attractives reçoivent les élèves en fonction non pas de leur rayonnement local, mais du **vide** qui s'est créé autour d'elles. Les deux leaders, Ardes et Saint-Dier-d'Auvergne présentent les archétypes de ce fonctionnement - avec une nuance pour Saint-Dier qui bénéficie de l'apport démographique d'un village voisin, récemment « rajeuni ». Saint-Anthème, Murol ou Menat, bien que situés dans des milieux fort différents, offrent le même type de polarisation. Tous révèlent un déséquilibre difficile à gérer. Ces localités ont revêtu une dimension scolaire intercommunale alors même que les autres fonctions se sont étiolées. Ici, les notions d'attraction scolaire et marchande ne se recouvrent pas. On constate, dans ces territoires, les seuls effets d'une **translation du service scolaire** : le village-centre reçoit les fonctions scolaires que les chefs-lieux de communes ne parviennent pas à maintenir, et l'aire de recrutement tend à recouvrir toute la vacuole fragile qui l'entoure.

Tab. 45 - L'attraction scolaire
(effectifs de l'enseignement public du 1er degré)

On a retenu comme indicateur le rapport entre le nombre d'enfants scolarisés ne résidant pas dans la commune et le nombre total d'enfants scolarisés

Commune	Inscriptions exogènes Effectif total	Classe
Ardes-sur-Couze	0,54	Les inscriptions exogènes font plus
Saint-Dier-d'Auvergne	0,54	de la moitié des effectifs
Murol	0,47	
Pontaumur	0,47	
Pionsat	0,41	
Menat	0,39	A - Les inscriptions exogènes
Saint-Anthème	0,39	couvrent 1/3 à 1/2 des effectifs
Châteldon	0,37	
Vernet-la-Varenne	0,36	
Augerolles	0,29	
St-Amant-Roche-Savine	0,27	
Montaigut-en-Combraille	0,26	
Rochefort-Montagne	0,26	
Viverols	0,26	B - Centres moyennement
La Bourboule	0,25	attractifs
Giat	0,25	
Arlanc	0,21	
Cunlhat	0,21	
Egliseneuve-d'Entraigues	0,20	
Courpière	0,17	C - Situations très proches pour
Ambert	0,15	les trois communes de plus de
St-Eloy-les-Mines	0,15	4 000 hab., qui exercent une attraction forte, en nombre absolu
Herment	0,17	
St-Germain-l'Herm	0,17	
Bourg-Lastic	0,16	
La Tour d'Auvergne	0,16	Les inscriptions
Gelles	0,16	exogènes se situent
Champeix	0,15	entre 1/10 et 1/5
Chabreloche	0,13	des effectifs
St-Gervais-d'Auvergne	0,13	D - Centres
Celle-sur-Durolle	0,12	faiblement
Olliergues	0,12	attractifs
Tauves	0,12	
Manzat	0,10	
St-Rémy-sur-Durolle	0,10	
Besse-en-Chandesse	0,08	Les inscriptions
Pontgibaud	0,08	exogènes ne
La Monnerie-Le-Montel	0,06	concernent
St-Georges-de-Mons	0,05	pas un élève sur dix

Le moratoire des fermetures de services publics a eu l'effet, dans ce processus de translation, d'un arrêt sur image - en fait sur quatre images que le taux d'attractivité scolaire distingue (cf. Tab. 45). Quand les flux migratoires fournissent à une localité un tiers ou plus des effectifs scolaires (type A du tableau), on est dans une situation très proche de celle d'Ardes-sur-Couze ou Saint-Dier-d'Auvergne. Dans tous les cas, la structure d'accueil y gagne une classe, et, par là, le village accède à une fonction scolaire nettement plus importante que celle qu'il aurait exercée dans son propre territoire. L'élargissement de son secteur de recrutement à plusieurs communes lui permet **d'enrichir son offre scolaire**. A l'inverse, quand le coefficient d'attractivité est inférieur à 0,17, la translation n'est pas assez vigoureuse pour transformer l'école de la commune, qu'elle soit importante (Saint-Gervais-d'Auvergne et Champeix ont même deux écoles, l'une préélémentaire, l'autre élémentaire) ou réduite, une petite structure de trois classes (Herment, Tauves). Sans assise territoriale, **ces écoles ne vivent que par l'activité de leur localité**. Si les jeunes couples actifs ne s'y installent plus, il ne reste plus qu'à compter sur l'aménagement de quelques logements sociaux pour maintenir le recrutement (ex. : St-Georges-de-Mons, en 1997).

Entre ces deux extrêmes, la proportion des inscriptions exogènes dans la population scolarisée est de l'ordre de 15 à 30 %. Ambert, Courpière et Saint-Eloy-les-Mines, qui sont les exemples mêmes de fortes polarisations, obtiennent des scores d'attractivité relativement bas, et étonnamment semblables. Avec 15 et 17 % d'élèves « venus d'ailleurs », **leurs écoles restent, avant tout, celles de leur ville** : il n'y a pas à proprement parler de translation territoriale, d'autant moins que les aires de recrutement se sont agrandies de façon très irrégulière, en contournant des communes proches qui ont gardé leurs propres écoles, et en avançant des tentacules démesurés quand des parents, venus de fort loin, entraînent avec eux leurs enfants dans les migrations quotidiennes. Un système de relations complexes, où coexistent mouvements et résidences, s'est mis en place, et la polarisation scolaire

Tab. 46 - Distribution dans l'espace montagnard des quatre types de migrations scolaires

Localisation	Direction des flux et situation des écoles	Problèmes
Secteurs amont : écoles ou RPI isolés	(1)	Maintenir l'école comme élément de **la vie locale** à la limite de l'habitat permanent
Secteurs médians : écoles de bourgs et de villages inégalement attractifs	(2)	Choisir entre le repli sur des «écoles-refuges» (éventuellement en associant des écoles isolées) ou le maintien du service de proximité
Secteurs médians atteints par la périurbanisation : écoles de villages et hameaux	(3)	**Renouveler le service local,** en écoles isolées, ou RPI réanimant les écoles des «sections» et celles des chefs-lieux
Secteurs aval intégrés dans la périurbanisation, et chapelets de localités industrielles : écoles de toutes tailles dont les grosses structurés urbaines	(4)	Maîtriser la mobilité : • organiser les échanges entre les écoles • maîtriser les flux à destination extramontagnarde
Destinations extramontagnardes		

- 395 -

s'effectue sans réorganisation de l'espace. Quand le coefficient d'attraction se situe entre 20 et 30 %, le phénomène de translation, bien qu'il soit partiel, est manifeste. Il s'effectue au profit de bourgs ou de villages (Cunlhat, Augerolles dans le Livradois-Forez, par exemple), qui paraissent **hésiter entre leur fonction éducative communale et son élargissement à l'échelle de la dizaine de kilomètres**. Le processus est ralenti par le fait que les jeunes couples qui vivent alentour sont peu nombreux (c'est le cas du bocage autour de Giat, des forêts autour de Saint-Amant-Roche-Savine) et que certains sont suffisamment attachés au service de proximité pour envisager sa rénovation et son maintien, dans le cadre de RPI ou d'écoles isolées, en Livradois ou en Combrailles. Tout dépend, dans des situations aussi fragiles, des représentations que les acteurs locaux se font de la déprise démographique, de la vie scolaire et, in fine, du choix des municipalités.

La similitude des situations relevées dans les divers massifs montagneux permet de poser de façon globale le problème de l'aménagement du territoire scolaire. Seules quelques rares écoles d'isolats à l'amont des massifs montagneux fonctionnent dans leur cadre proprement communal, tandis que, à l'aval, sur le rebord des hautes terres et dans les principales vallées, les migrations scolaires se sont multipliées, en fonction de la mobilité parentale. Dans les secteurs intermédiaires, les écoles de petits centres font figure de refuges pour une fonction scolaire que nombre de communes ne parviennent plus à retenir, sauf dans les auréoles périurbaines où le service s'est rénové à l'échelle communale.

Il est bien évident qu'entre ces quatre dispositifs, il y a des liens et des... captures : « l'école-refuge » est tentée de se conforter en recevant des inscriptions issues de la structure isolée à l'amont, ou, à défaut, de négocier avec elle un Regroupement Pédagogique qu'elle souhaiterait « concentré » ; les communes des secteurs périurbains essaient chacune de développer leur offre scolaire, mais tentent de limiter les départs sur les écoles extramontagnardes. On pourrait multiplier les exemples de ces conflits territoriaux, qui ont favorisé tel ou tel dispositif. Sur les hautes terres de l'est, en

Livradois-Forez, c'est autour des « écoles-refuges » que la majeure partie de l'espace se réorganise, alors que les vallées de la Dore et de la Durolle sont desservies par des écoles de toute taille qui reçoivent les élèves résidant sur les versants, et s'échangent ceux qui vivent dans leur propre territoire communal. Les deux autres systèmes territoriaux (école en isolat, et école rénovée à proximité d'Ambert, de Thiers ou de Courpière) ne sont pas ignorés du Livradois-Forez, mais sont assez peu représentés. A la rentrée 1998, il ne restera plus que deux classes uniques véritables - c'est-à-dire non regroupées - dans la circonscription d'Ambert ! Dans l'ouest du département, les flux en direction de Clermont-Ferrand, Riom, Issoire et Saint-Eloy soulignent, en 1993, les migrations majeures, même si les municipalités tentent de les contenir ; sur les hautes terres occidentales, le système éducatif fonctionne avec des déplacements à très courtes distances, qui conduisent les élèves sur une nébuleuse de petites structures. Les systèmes représentés sur le tableau en 4, 1 et 3 sont jusqu'alors plus représentatifs de l'ouest que le repli du service sur les bourgs (type 2 du tableau 46).

Les migrations scolaires tracent ainsi de nouveaux espaces. Elles ne créent pas de nouveaux territoires : elles posent le problème de **l'invention d'un territoire.**

Notes de la IIe partie

1 - Division de l'organisation scolaire et des statistiques, *Enquête annuelle de rentrée*, dite enquête lourde « identifiée » n°19. Les rubriques de cette enquête ont été présentées dans les « sources » au 1er chapitre de la 1ère partie.
2 - Ministère de l'Education nationale, *Tableau de bord de l'inspection académique*, Extraits de l'enquêtes de rentrée n°19. Sources chiffrées destinées à la gestion du 1er degré. Archives de l'Inspection Académique.
3 - Ministère de l'Education nationale. Direction de l'Evaluation et de la Prospective, *L'état de l'école*. Directeur de la publication : Claude Thélot ; rédacteur en chef : Denis Meuret. Numéros 3, 4 et 5, oct. 1993, 1994 et 1995. Ces publications rassemblent 30 indicateurs conçus pour rendre compte de l'état et de l'évolution du système éducatif français, en termes de coûts, d'activités et de résultats. 92170 Vanves. Publication annuelle. 77 pages.

4 - Source : *L'état de l'école*, n°5, p. 38, 1995, op. cit.

5 - *L'état de l'école*, ibid.

6 - J.C. CHAMBORDON et J. PRÉVOT, « Le métier d'enfant : définition de la prime enfance et fonctions différentielles de l'école maternelle », in *Revue Française de Sociologie*, p. 295 à 335, 1973.

7 - Le parc scolaire de Cournon-d'Auvergne s'est enrichi au fur et à mesure du développement de la ville, qui était le pôle dynamique de l'agglomération dans les années soixante, et s'organise par auréoles :

1 école élémentaire : • F. Thonat - Centre du village	3 écoles élémentaires **et** 3 écoles maternelles formant 3 groupes scolaires : • Le stade. périphérie proche • L. Dhermain. auréole externe • Pointilloux. auréole externe	3 écoles maternelles seules : • La Nef. périphérie proche • Les Toulaits. périphérie proche • Lac Ouest. auréole externe

Aucune ville de montagne n'a connu une telle progression.

8 - Vincent VALLES, « De moins en moins d'enfants », in *Le Point Economique de l'Auvergne*, n°39, p. 10 à 12, août 1992, Clermont-Ferrand.

9 - La réflexion sur la préscolarisation précoce est l'objet d'un stage destiné aux instituteurs et professeurs d'école, stage ouvert sur l'initiative de l'Inspecteur de l'Education nationale d'Issoire. *Inspection Académique du Puy-de-Dôme*, Plan départemental de formation continue, année scolaire 1996-1997, stage C 36 : Accueil des « 2 ans » dans le cadre d'une politique de la petite enfance. Le plan départemental a été élaboré après consultation du Conseil départemental de Formation en tenant compte des priorités nationales et des attentes exprimées par les enseignants début 1995 en réponse à un questionnaire adressé par l'Inspection académique. Document en consultation à la Division départementale des personnels.

10 - La fidélité au lieu de la première inscription est largement constatée dans les enquêtes. Les maires souhaitent donc inscrire les enfants de deux ans, pour préserver l'avenir de leur école.

11 - L'établissement de la mixité n'a eu évidemment aucune incidence sur les effectifs nationaux et départementaux, mais est importante pour comprendre la répartition des effectifs locaux.

12 - Enquête au hameau de Ferréol, commune de la Chaulme, canton de Saint-Anthème.

13 - Paule HERITIER, notes manuscrites, recensement des garçons et des filles scolarisées en 1965, documents préparatoires aux visites médicales, effectuées par la médecine scolaire. Ces notes ont l'intérêt de recenser séparément filles et garçons, ce que ne proposent pas les sources communément sollicitées (archives privées).

14 - Marie-Hélène BAZELOUX, Marie-Noelle JEMINET, Anne-Marie LAFRIQUE-ATLAN, rapport d'un groupe de réflexion sur le « Collège en milieu rural », Actes de l'Université d'été à Saugues (43), 23-27 août 1993, « Ecole et ruralité : le service scolaire en milieu rural fragile », CRDP, Académie de Clermont-Ferrand, 1994. Le compte rendu précise les interrogations sur les rapports entre les petits collèges et les besoins de leurs « pays ».

15 - Pierre ALBERTINI, « L'Ecole en France XIXe-XXe siècle de la maternelle à l'Université » ; Antoine PROST, op. cit., p. 420 et suivantes.

16 - Les textes qui ont, par mesures successives, fondé le collège unique et le cursus par cycles sont :

• La RÉFORME BERTHOIN, 6 janvier 1959 : ordonnance prolongeant la scolarité obligatoire jusqu'à 16 ans ; décret créant le cycle d'observation et les CEG.

• La RÉFORME FOUCHET, 3 août 1963. Création des CES : établissements polyvalents qui rassemblent 3 filières distinctes (enseignement général long, enseignement général court, cycle terminal se substituant aux classes de fin d'études).

• La LOI HABY, 10 juillet 1975. Unification des CEG et CES sous le nom de COLLÈGE et suppression des filières en 6e et 5e.

• La LOI D'ORIENTATION, juillet 1989. Etablissement des règles de fonctionnement par cycles, de la maternelle à la terminale.

17- Charles MORACCHINI, op. cit., Chapitre II, « Les tentatives égalitaires : les degrés du système scolaire », p. 59.

18- Enquête à Briffons, juillet 1993.

19 - Les très petites écoles privées ont été fermées avant 1970.

20 - Charles MORACCHINI, « Classes uniques et regroupements pédagogiques : essai d'herméneutique de l'aménagement scolaire », in Actes de l'Université d'été : *Ecole et ruralité, le service scolaire en milieu rural fragile*, Université d'été de Saugues (43), 1992, Académie de Clermont-Ferrand, Actes publiés par le CRDP de Clermont-Ferrand, 1992.

21 - La première source disponible à l'Inspection Académique donnant précisément les effectifs de l'enseignement privé par localité remonte à 1974. On a préféré garder cette unité des sources, quitte à ne pas présenter les effectifs de 1972, de crainte d'utiliser des chiffres qui ne comptabiliseraient pas sur les mêmes critères les élèves de plus de 12 ans (dernières classes de fin d'études) et des enfants scolarisés dans les classes de perfectionnement.

22 - IA du Puy-de-Dôme, archives, service de l'organisation scolaire et des statistiques.

23 - Avec 57 élèves qui ne résident pas dans la commune sur 118 inscrits, l'école privée de Saint-Rémy-sur-Durolle remplit un rôle de recours, aux dépens des écoles urbaines de la vallée : 26 élèves viennent de La Monnerie, 18 de Thiers. On retrouvera plus loin une fonction semblable, dans le recrutement des écoles privées de taille moyenne, à Celles-sur-Durolle.

24 - Journal *La Montagne*, édition de Clermont-Ferrand, numéro du 13 août, page 8. « Educatif : le livre-couteau des écoliers est dédié au « Thiers » ».

25 - Les programmes de 1995 prévoient à l'école élémentaire des « activités simples mais réelles de recherche », in *Programme de l'école primaire*, Ministère de l'Education Nationale, Direction des Ecoles, Editions CNDP-Savoir livre, 1995, Paris, p. 67.

26 - cf. supra Fig. 50 et 51.

27 - Les cantons sont figurés en grisé dans le schéma fléché, Fig. 55.

28 - Avec respectivement 36 élèves et 46 élèves en 1974, les écoles privées de Bourg-Lastic et Vollore-ville ne figurent pas sur le schéma fléché.

29 - *La Montagne*, édition de Clermont-Ferrand, mercredi 31 janvier 1996, page 3, « Le collège de Saint-Anthème face à son avenir ». L'article cite une initiative qui rassemble périodiquement 15 élèves de CM2 issus de différentes communes dans les locaux du collège de Saint-Anthème. A travers ce cas, on repère les problèmes de dynamiques de très petites sociétés scolaires, problèmes communs au premier et second degrés.

« La Montagne », édition de Clermont-Ferrand, mardi 10 septembre 1996 page 3, « Saint-Anthème dans l'expectative, Tauves sans grande illusion ». L'article tire les conclusions du regroupement pédagogique des élèves de CM2 à Saint-Anthème : cette familiarité nouvelle avec les lieux et la pratique d'activités intéressantes n'ont rien changé aux inscriptions : les vieilles rivalités territoriales jouent encore.

30 - Fohet est un hameau de la commune d'Aydat, situé à une vingtaine de kilomètres de Clermont-Ferrand.

31 - Jacques HALLAK, « La mise en place des politiques éducatives : rôle et méthodologie de la carte scolaire », *Education 2000*, Editions Labor/Fernand Nathan/Les Presses de l'UNESCO, Bruxelles-Paris, 1976.

32 - Le rapport de l'IIPE ne concerne pas la France. Il offre une réflexion générale et propose un détour par des cas très différents ; leur analyse, cependant, permet de mieux comprendre l'originalité du réseau français. Dans les pays en voie de développement, les cartes scolaires visent à répartir les établissements pour répondre à la fois à l'accroissement du public et aux migrations. En France, la scolarisation de masse, c'est-à-dire concernant plusieurs millions d'enfants, a été effectuée au XIXe siècle, grâce à un réseau à la fois rural et urbain. Comme tous les pays à longue tradition scolaire, la France connaît actuellement une phase de reconversion des structures, qui suscite des interrogations sur l'intégration de la carte scolaire dans le réseau actuel des services. Le rapport de l'IIPE cite un rapport du Comité de Procédure du Plan des Pays-Bas qui proposait, en 1990, un découpage en régions selon un critère nodal en fonction des migrations quotidiennes des parents ; dans les mêmes années, au Kansas, l'Université a conduit une recherche sur les relations sociales dans la réussite des élèves, remettant en cause le regroupement des petites écoles dans le Middle West. La carte scolaire montagnarde n'échappe pas, dans le Puy-de-Dôme, à ce choix entre espaces ouverts et espaces de la vie immobile.

33 - « L'Etat en Puy-de-Dôme », *Lettre d'information interministérielle sur l'action des services de l'Etat* publiée par la préfecture du Puy-de-Dôme, n°13, octobre 1995. La carte scolaire du 1er degré.

34 - Cf. supra, Première partie, chapitre 2, « La force des relations entre écoles et municipalités montagnardes ».

35 - Cf. supra, Deuxième partie, chapitre 1.

36 - La procédure de régulation locale sera précisée, en fonction de l'étude des enjeux sur le terrain et des partenaires avec les problèmes actuels, Troisième partie, chapitre 2.

37 - 27 178 communes étaient pourvues d'une école publique en 1988. Source : Inventaire Communal, 1988.

38 - Joseph SOLEIL, *Le Livre des Instituteurs*, Administration, Législation et

Jurisprudence ou l'Enseignement primaire public et privé à tous les degrés, 5e édition, Librairies H. Le Soudrer, Paris, 1932, 334 p., article 185, p. 117.

39- Propos recueillis en 1993 au hameau du Rozet, par l'institutrice de Briffons. Une partie du territoire de cette commune est occupée par le camp militaire de Lastic.

40 - Versements récents aux archives du Puy-de-Dôme, série T, classement provisoire T0583.

41 - • Correspondance concernant l'école de Legal (commune de La Bourboule), fermée en 1932.

• Réponse à « La pétition très respectueuse » des habitants des villages du Pranal et de Chalunet, commune de Bromont-Lamothe.

Les deux documents sont consultables en série T des archives départementales, cote T0583.

42 - Enquête à Cisternes-la-Forêt, canton de Pontgibaud. Informations recueillies dans un entretien qui portait sur la résistance des « sections » dans ce territoire communal. Sur la définition juridique de la section : P. Couturier, *Sections et biens sectionaux dans le Massif central*, CERAMAC 12, Presses Universitaires Blaise Pascal, Clermont-Fd, 2000.

43 - Archives départementales du Puy-de-Dôme. Chronique historique du conseil régional, p. 265. Pour l'année scolaire 1935-36, on dénombrait 42 584 élèves dans le Puy-de-Dôme, dont 1 054 en cours complémentaire et 1 302 en école maternelle.

44 - Archives départementales, série T, liasse T0583.

45 - Archives départementales, série T, liasse 0583. La liaison entre l'école et quelques familles n'étonnait personne dans les hameaux montagnards de structure très familiale. A la fin du XIXe siècle, une école de hameau a été ouverte près de Besse-en-Chandesse pour une seule famille ! L'appel à une famille nombreuse pour maintenir le service public ouvert est actuellement encore fréquemment pratiqué.

46 - Ordonnance du 6 janvier 1959.

47 - Archives départementales, série T, versement de l'Inspection académique, 2e division, 3e bureau, cote T05201 (Valcivières), T05099 (Ceilloux).

48 - id. T05803 (Saint-Gervais-d'Auvergne), T02207 (Villosanges), T05962 (Auzelles), T05683 (Briffons), T057220 ((Montfermy).

49 - Archives départementales du Puy-de-Dôme : procès-verbal des délibérations du conseil général - Séance du 14 janvier 1966. Intervention du conseiller général Vacant (élu des Combrailles) sur le mode de financement des petites constructions scolaires neuves, auquel l'Etat ne participait plus.

50 - Paul et Berthe FOURT, documents privés.

51 - En 1996-97, cette école est l'une des plus petites du département.

52 - La photographie de ce bâtiment ne figure pas dans l'étude des sites (3e partie) car la qualité et la force de ce témoignage viennent autant du silence des lieux que de leur aspect.

53 - *Le Figaro*, 13 mars 1970, p. 12.

54 - On s'est limité, ici, à 15 réponses du Ministre de l'Education Nationale à des questions orales ou écrites des parlementaires, répertoriées au fichier de l'INRP (cote OEG 6), dont les principales figurent ci-après, JO n°71

(25 octobre 1960) et question n°6832 (3 septembre 1963) sur les modalités de suppression des écoles de villages et hameaux. JO n°3 (11 février 1961) sur la répartition des écoles fermées. RLR (Recueil des Lois et des Règlements) 511.0 sur les rapports avec les municipalités (6 octobre 1965). JO n°7 (2 mai 1961) sur l'élaboration de la carte. RLR 510.1 sur le processus et le bilan des ouvertures et fermetures. JO du 27 février 1965 sur l'utilisation des locaux vacants. JO du 30 avril 1965 sur l'avis du Conseil municipal. RLR 511.0 sur l'état actuel des diverses mesures prises en faveur de la scolarisation des enfants dont l'école a été fermée (débats parlementaires - 9 novembre 1966). JO 30 avril 1965 sur la consultation des élus. JO n°15 (14 avril 1966) sur les regroupements intercommunaux. JO n°23 (22 octobre 1970) sur la mixité et les secteurs scolaires. Les indications portent sur le JO ou le RLR.

55 - L'ordonnance du 6 janvier 1959 prolongeait de deux ans l'obligation scolaire, et la portait à 16 ans pour les enfants ayant 5 ans à partir du 1er janvier 1959.

56 - Georges LAUVERGNAT, rapport présenté aux journées d'études en milieu rural du 15 février 1962 sous le titre « Le centre scolaire intercommunal », in *L'école libératrice*, n°29, 13 avril 1962.

57 - Il est intéressant de noter que les acteurs des années soixante envisageaient encore le monde rural comme le cadre de vie d'une société composée d'agriculteurs.

58 - *L'école libératrice*, n°3, 26-09-1975, Dossier : « L'école rurale », Elie JOUEN et alii, p. 101 à 124.

59 - Points de vue de jeunes agriculteurs, recueilli par Elie JOUEN pour le Syndicat national des Instituteurs (op. cit.). Camille Monteillet, originaire de l'Aveyron, était chargé du service « Espace rural » au CNJA.

60 - Cet abandon en « plaque » est bien visible sur la carte « L'effet territorial des fermetures successives ».

61 - Fermeture de l'école de St-Pierre-Roche en 1988, de celle de Massajettes en 1991.

62 - L'école du Chambon-sur-Dolore (14 élèves) est située à 7 kilomètres de celle de St-Bonnet-le-Chastel (13 élèves d'âge préélémentaire), elle-même à 2 kilomètres de Novacelles (8 élèves). L'école de St-Bonnet-le-Bourg (fermée en 1996) était située à 4 kilomètres de celle de Doranges (10 élèves), elle-même à 6 kilomètres de celle de St-Alyre-d'Arlanc (11 élèves) (chiffres de 1996-97 ; enquête 19 IA du Puy-de-Dôme).

63 - Ces exigences portent en particulier sur les conditions d'accueil en maternelle, et l'aide à l'intégration scolaire : elles ne peuvent pas être prises en compte avec les mêmes moyens dans les aires urbaines et dans les secteurs peu peuplés. Elles portent aussi sur l'amélioration du fonctionnement, postes de remplacement des titulaires en stage et fraction de postes pour assurer les décharges de direction.

64 - *L'ETAT en Puy-de-Dôme*, n°13 octobre 1995, lettre d'information interministérielle sur l'action des services de l'Etat, publiée par la préfecture du Puy-de-Dôme, p. 4.

65 - Jean FERRIER, Pierre VANDEVOORDE, op. cit., 2e partie, *Les conditions actuelles de la scolarisation en milieu rural*.

66 - Le moratoire des fermetures des services publics en milieu rural a été décidé par une circulaire du Premier Ministre, le 10 mai 1993, pour 6 mois. Il a été reconduit et les dispositions visant à ne pas fermer la dernière école d'une commune rurale sont incluses dans la loi d'orientation pour l'aménagement et le développement du territoire (4 février 1995).

67 - Alain MINGAT et Cédric OGIER, *Eléments pour une réflexion nouvelle sur l'école primaire en milieu rural*, Savoir, n°1, 1994.

68 - Les cinq cantons concernés, dans le département de la Nièvre, sont Brinon-sur-Beuvron, Corbigny, Lormes, Premery et Varzy. Ils disposaient, dans 28 communes, de 34 écoles pour 1 624 élèves à scolariser en 1992-1993.

69 - Jean-Michel DUMAY, « Mauvais calcul pour l'école rurale », *Le Monde Education-Campus*, 27 janvier 1994..

70 - Ce registre, en usage dans toutes les écoles contient le nom et les états de service des personnels affectés à l'école. Dans cette petite école, il est joint au « registre matricule » des élèves.

71 - En 1997, ce seuil a été fixé à 10 élèves (groupe de travail des 09 et 30/01/97 préparatoire au Comité Technique Paritaire du 13 février 1997).

72 - CERAMAC, op. cit., octobre 1993.

73 - Cf. ci-dessus, 1ère partie, 1er chapitre.

74 - Marie DURU-BELLAT d'après Henriot-Van Zanten, « Sociologie de l'école », Armand Colin, 1992, 256 pages.

75 - Il s'agissait des clairières de Fayet-Ronaye, Fournols et du Chambon-sur-Dolore dans le Livradois, du village de Saint-Donat isolé dans les prairies et les pâtures de l'Artense (année scolaire 1992-93).

76 - Arconsat a maintenu avec détermination une petite école publique et une petite école privée.

77 - Supra, 1ère partie, chapitre 2.

78 - L'instituteur, qui avait fait rénover l'école dans les années soixante (cf. 3e partie, 1er chapitre, photographie planche 4), demeure la figure de référence.

79 - Saint-Sulpice 109 habitants.

80 - Montfermy 146 habitants.

81 - Cf. la chronologie des fermetures dans le canton de Rochefort-Montagne, deuxième partie, chapitre II.

82 - Deborah REED-DANAHAY, « Persistance et adaptation d'un site de passage. La fête communale et les « inscrits » dans une commune du Puy-de-Dôme », in « L'œil de l'anthropologue », *Revue d'Auvergne*, tome 111, n°2, p. 130-136, Clermont-Fd, 1996, et *Education and identity in rural France : the politics of schooling*, Cambridge University Press, 1996.

Troisième partie

LA RECONSTRUCTION

DES TERRITOIRES

Premier chapitre

L'EXTRÊME VARIÉTÉ DES SITES

Dans l'analyse du dispositif scolaire et des mouvements qui l'ont ébranlé, la notion de site a été sollicitée dans son acception la plus simple, purement quantitative, pour distinguer du lot banal les « micro-sites » qui font l'originalité des montagnes du Puy-de-Dôme, et les quelques sites majeurs qui émergent. Or, tout site, parce qu'il résulte de la **combinaison plus ou moins heureuse d'un lieu et d'une fonction**, s'apprécie aussi sur un mode qualitatif et c'est à ce titre que cette notion figure largement dans les travaux que les géographes conduisent sur les villes, l'industrie ou le tourisme. Cette acception, qui comporte toujours un jugement, explicite ou implicite sur « *un emplacement approprié, défini en fonction d'un usage* » et « *recherché… pour ses qualités* »[1] est transférable au domaine scolaire. Les sites scolaires sont donc ici l'objet d'une approche qui porte sur l'adéquation entre les lieux et l'usage qui en est fait.

Ces sites ne s'assimilent évidemment pas à ceux des villages et des bourgs dans lesquels ils sont inclus. Ils sont construits à l'intérieur des sites des localités, n'ont pas les mêmes qualités et sont à une autre échelle. Ils tiennent sur deux ou trois parcelles qui portent le bâtiment principal, le préau, les cours « de récréation », souvent le reste de ce qui fut « le jardin de l'instituteur », parfois un terrain de sport et des abords équipés pour le stationnement des véhicules de transports scolaires. La

Planche 4 - Commune de Compains

Cliché avril 1996 - M. Lacouture

Réussirait-on à donner au village les meilleurs outils dont l'Education Nationale disposait en ville ? En quelque sorte, allait-on le « policer » ? Le projet était bien dans l'esprit de l'école républicaine. La construction de cet édifice, qui n'a rien à envier à la meilleure architecture clermontoise des années soixante, dans une petite commune réputée isolée et pauvre du haut Cézallier (1 000 m d'altitude) va dans ce sens. Elle a été possible grâce à la politique volontariste de l'instituteur-secrétaire de mairie à un moment de dynamisme local. Les plans ont été dessinés par le cabinet d'architecture Vigneron, auteur des grands édifices réalisés alors dans la métropole régionale. En fait, la démographie a sapé le projet. L'école a été menacée de fermeture et fonctionne dans un RPI fragile avec sa voisine à l'aval, l'école du Valbeleix. C'est le dernier exemple, dans les montagnes du Puy-de-Dôme, de construction scolaire à caractère monumental symbolique.

Planche 5 - Commune de Saint-Just-de-Baffie
Ecole du hameau de Chassagnols

Cliché juin 1997 - M. Lacouture

Modèle étonnant d'architecture montagnarde, à gros blocs de granit et à petites ouvertures, édifié à 800 m d'altitude, l'école de Chassagnols est née de la volonté des habitants d'une « section » de la commune de Saint-Just-de-Baffie. Elle a survécu à l'école du chef-lieu de commune ; elle accueillait huit élèves en 1993, mais en reçoit seize en 1997. Sauvée par son isolement sur les pentes du Forez, elle fonctionne en 1997 en RPI avec une petite structure du bassin d'Ambert, l'école de Chaumont-le-Bourg, bien rénovée mais trop à l'étroit pour accueillir les néo-ruraux qui s'installent. Bien qu'elle soit isolée dans sa clairière, la petite école de Chassagnols a reçu ce nouveau public dans un cadre rustique, mais son transfert est envisagé au chef-lieu de commune sur un site plus conforme à sa fonction (rentrée 1998).

taille et les équipements correspondent à la représentation que les aménageurs se font de la fonction éducative et aux moyens dont ils disposent : sur la majorité des hautes terres, l'état actuel de l'école renvoie à l'histoire de plusieurs générations qui ont conduit, entretenu et équipé le lieu. L'appréciation que l'on porte prend en compte les caractéristiques du territoire et la qualité des aménagements successifs. Que le rapport entre les lieux et la fonction soit déséquilibré au profit de l'un ou de l'autre, et le site paraît étrange aux yeux de l'observateur. Il peut devenir l'expression d'un projet impossible voire d'un rêve d'école comme à Compains (Cézallier), où on a construit un édifice - modèle de la pédagogie des années soixante sur un lieu qui n'a plus trente habitants et dans une commune qui ne compte pas dix enfants (cf. planche 4) ! Par un déséquilibre inverse, c'est l'originalité du lieu qui est manifeste sur le site scolaire de Chassagnols, aux dépens de l'organisation fonctionnelle. Interrogée sur ce document, une conseillère pédagogique traduit ce déséquilibre en ces termes : « *C'est tout ce qu'on veut, sauf une école ! Ce pourrait être aussi bien une ancienne ferme occupée par des paysans retraités, une résidence secondaire, ou même « la petite-maison-à-l'orée-du-bois » qui figure dans les contes !* » (planche 5).

Tab. 48 - Démarche retenue pour l'étude des sites scolaires

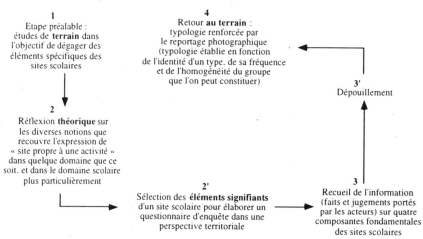

1
Etape préalable :
études de **terrain** dans
l'objectif de dégager des
éléments spécifiques des
sites scolaires

2
Réflexion **théorique** sur
les diverses notions que
recouvre l'expression de
« site propre à une activité »
dans quelque domaine que ce
soit. et dans le domaine scolaire
plus particulièrement

2'
Sélection des **éléments signifiants**
d'un site scolaire pour élaborer un
questionnaire d'enquête dans une
perspective territoriale

4
Retour **au terrain** :
typologie renforcée par
le reportage photographique
(typologie établie en fonction
de l'identité d'un type. de sa fréquence
et de l'homogénéité du groupe
que l'on peut constituer)

3'
Dépouillement

3
Recueil de l'information
(faits et jugements portés
par les acteurs) sur quatre
composantes fondamentales
des sites scolaires

L'approche des sites scolaires ne peut ni ne doit éviter cette **dimension subjective**. Elle est présente dans les deux moyens mis en œuvre de cette étape de la recherche : une enquête rassemblant les jugements des directeurs et un reportage photographique conçu sur le thème du rapport entre l'espace et la fonction. La préparation de cette double documentation repose sur l'hypothèse que la translation de la notion de site au domaine scolaire en enrichit l'approche, à condition de préciser les notions qui se greffent sur l'acception fondamentale, celle de lieu dont les qualités spécifiques ont été mises en valeur pour une activité (Tab. 48).

Les phases initiale et terminale sont propres au terrain ; les phases 2 et 2' concernent un domaine plus général et plus théorique ; celles qui suivent (3 et 3') ont pour objet de faire émerger les significations dont se sont chargés les sites scolaires montagnards. La notion de site, telle que les enseignants la perçoivent, n'a pas grand-chose de naturel : il s'agit avant tout d'une construction - au sens concret du terme - et d'une construction scolaire - qui exprime un projet collectif. Cependant, en s'exprimant sur ces bâtiments qui sont érigés dans les cadres singuliers que leur offrent les villages et la montagne, les enseignants se déclarent sensibles à une qualité des lieux qui s'ajoute à celle des aménagements.

I - LA RICHESSE SÉMANTIQUE DE LA NOTION DE SITE SCOLAIRE

A - DÉFINITIONS

Sur la définition de base (cf. Tab. 49) qui prend largement en compte les qualités naturelles du lieu (1), les géographes ont greffé des acceptions différentes, qu'ils utilisent dans des domaines variés, et qui offrent des possibilités inégales pour l'analyse du dispositif scolaire. L'usage le plus fréquent prend en compte la qualité (négative ou positive) des aménagements, et éventuellement, leur variété (colonne 3) qui confère aux sites une dimension plurifonctionnelle. Il n'en reste pas moins que la perception du site valorise fréquemment une activité plus que les autres, et que des emblèmes bien identifiables le signalent au public (colonne 4). Chaque site évolue en fonction des conditions économiques et sociales et se présente comme un lieu chargé d'histoire, avec des aménagements nouveaux, d'autres obsolètes, et des emblèmes dont certains ont perdu leur sens (5). L'intérêt de certains ne se comprend d'ailleurs plus par leurs qualités objectives, qui ne répondent pas aux demandes des acteurs actuels, mais par le prestige que des portions de territoires ont acquis dans le passé et dont le souvenir s'est transmis, de génération en génération (6). Il y a ainsi une certaine inertie sociale des lieux, en particulier des places publiques en milieu rural, qui sont autant d'espaces de représentation[2] où les collectivités cherchent littéralement à se mettre en scène, en utilisant les mairies, les monuments et les édifices scolaires. Cette « valeur héritée » d'un lieu a compté donc pour beaucoup dans la géographie des écoles, alors que d'autres composantes des sites ont moins d'intérêt.

Les sites scolaires ont relativement peu d'exigences (1') sur les conditions naturelles, encore que les constructeurs du XIXe siècle aient souvent privilégié des expositions ensoleillées, par souci d'hygiène et d'économie de chauffage. La qualité des **aménagements** prime sur celle du cadre. Toutefois, cette notion peut s'entendre de façon fort différente (2') selon que l'on porte le regard sur l'adéquation du bâtiment aux activités, la réussite esthétique ou la modernité et que l'on s'intéresse au bâti original, aux extensions, ou à l'entretien. La perspective **historique** (5') est discriminante, puisque certains sites sont plus que séculaires, d'autres aménagés intégralement à une date récente, alors que la plupart ont accumulé héritages et rajouts. Chacun sait que dans les communes (mais non dans les chefs-lieux de canton), institutions scolaires et municipalités ont été jumelées par la Troisième République. Cette bi-fonctionnalité originale s'est accompagnée d'une profusion de messages **emblématiques** (4') dans la grande majorité des cas. L'association des deux fonctions n'est plus systématique. La place dévolue à l'Education Nationale et aux projets locaux se modifie et dans les situations de crise, on assiste à une

Quelles significations accorder au terme de site ?

Dans les locutions de :	SITE : lieu offrant des QUALITÉS NATURELLES propres à une fonction / la localisation d'une fonction	SITE : lieu ayant ACQUIS des QUALITÉS grâce à des AMÉNAGEMENTS en vue d'une fonction	SITE : lieu attractif PLURIFONCTIONNEL	SITE : lieu EMBLÉMATIQUE dans lequel se reconnaît une société	SITE : lieu qui enregistre une INADÉQUATION entre aménagements et fonctions	SITE : lieu offrant des « QUALITÉS SOCIALES » propres à la localisation d'une fonction	SITE : lieu dont on peut QUANTIFIER l'importance dans la réalisation d'une fonction
	1	2	3	4	5	6	7
« sites urbains » ou « site industriel » ou « site touristique »	Acception très utilisé, au sens de : lieu qui a fixé des fonctions urbaines (site de pont) artisanales ou industrielles (chute d'eau, carreau de mine) ou touristiques (sources thermales, plages...)	Acception très utilisé pour l'industrie (ex. : les sites de zones industrielles) et pour le tourisme (où la qualité des aménagements peut être un facteur attractif primordial : ex. les ports de ski, les pistes de plaisance)	Acception banalement utilisé pour décrire l'accumulation des activités sur des sites urbains ou touristiques	Site dont les composantes naturelles ou architecturales sont à l'image d'une société (ex. : « grandes cheminées » pour les sites de la révolution industrielle, « city » des métropoles actuelles)	Acception très riche qui recouvre les notions de : abandons de site, glissement, reconversion, réhabilitation	acception peu utilisée sauf dans quelques cas où la représentation mentale que la société véhicule à propos d'une fonction est extrêmement importante (ex. sites de prestige politique ou touristique, site religieux)	Acception qui renvoie aux notions de sites mineurs et majeurs, dont l'importance est mesurée par des chiffres (volumes de l'emploi, capacité de production, capacité d'accueil, production, fréquentation, etc.)
et celle de :	1'	2'	3'	4'	5'	6'	7'
SITE SCOLAIRE	Acception peu significatif pour la géographie scolaire. Les bâtiments scolaires partagent les qualités de site de leur localité (par ex., en montagne, la recherche de l'ensoleillement), mais, pour leur site propre, ont dû parfois se satisfaire de lieux fort incommodes (ex. : cours de récréation en terrasse, parcelle de « bas de village », etc.). Il n'empêche que les enseignants apprécient pour eux et leurs élèves une certaine qualité paysagère	Acception qui recouvre différents aspects matériels : • la qualité des locaux originaux et leurs potentialités en fonction des exigences pédagogiques actuelles ; • la qualité des aménagements qui accompagnent les locaux scolaires (salle d'accueil, gymnase...) ; • la qualité des ravalements et de l'entretien quotidien	Acception très riche qui renvoie à quatre faits : a - la « bifonctionnalité » originelle de la majorité des sites « mairies-écoles » ; b - l'élargissement des fonctions dans le scolaire (ex. : couplage avec un collège) ou parascolaire (garderie, clubs pour enfants) c - accueil d'activités collectives destinées aux adultes (ex. : Club du 3e âge) d - privatisation d'une partie du site	Le site est perçu ici comme proposant deux images : • celle de la fonction éducative telle qu'une société veut la présenter • et la propre image de la collectivité (hameau, commune rurale ou ville) qui en a la responsabilité	Même acception très riche que ci-dessus qui situe les sites dans une perspective historique, avec : • dysfonctionnement : sites surdimensionnés, sous-équipés ou sous-équipés • regroupements • et, très importantes dans les montagnes du Puy-de-Dôme, de longues phases d'agonie où la fonction scolaire recule inéluctablement	Acception riche de significations. Les parcelles choisies pour la construction de l'école révèlent sa place dans la société villageoise qui peut être valorisante ou non. Étant traditionnellement valorisantes dans les montagnes du Puy-de-Dôme certaines parties des terres collectives du centre du village, ou les parcelles dites « d'entrée du bourg ». Il y a inversement des sites qui expriment le rejet de la fonction scolaire	Cette approche statistique des sites scolaires recense les moyens disponibles sur un site et les effectifs. Elle est l'objet d'une enquête réalisée chaque année par les services départementaux, et utilisée précédemment (première partie, Fig. 10 et 9)

Tab. 49 - Les différentes acceptions du terme de site adapté à la géographie scolaire
Grille préparatoire à l'enquête de terrain

paradoxale **déscolarisation** du bâtiment (5') si la municipalité étend ses propres services, ou assigne au bâtiment d'autres fonctions : les besoins et les arrangements locaux ont même permis l'installation d'un cabinet de soins dentaires dans la petite école à deux classes de Saint-Priest-des-Champs (Combrailles) ! A l'extrême, on assiste au glissement de la fonction scolaire, contrainte à quitter le site « noble » - trop vaste, trop vétuste, ou accaparé par d'autres - et à s'établir sur des sites banaux de carrefours, de terrains plats...

B - THÈMES RETENUS EN VUE D'UNE ENQUÊTE AUPRÈS DES DIRECTEURS D'ÉCOLE

L'objectif de l'enquête, qui a été adressée, au cours des années 1993 et 1994, aux deux cent vingt-deux directeurs d'école et a reçu cent cinquante-trois réponses, n'était pas de traquer des situations surprenantes, mais de réunir des constats et des appréciations afin de mesurer l'écart éventuel entre la taille et la qualité et de procéder à une typologie qui ne soit pas déterminée par les seuls effectifs. Les six thèmes majeurs de la géographie des sites (caractéristiques naturelles, aménagement des lieux, perspective historique, etc.) ont été regroupés en quatre rubriques, que précise la maquette ci-après. Les deux premières sont purement descriptives, alors que les deux suivantes prennent en compte l'évolution du site et, surtout, l'appréciation que l'enseignant porte sur ses qualités. Bref, on cherche ici à cerner comment l'enseignant perçoit son lieu d'exercice (Tab. 50).

Sur les cent cinquante-trois questionnaires qui ont été retournés, cent quarante-cinq, soit la quasi totalité, sont exploitables. Leur analyse, cependant, exige quelques précautions préalables, car les enseignants ont porté leurs appréciations en fonction de leurs expériences, qui sont très diverses, sur des sites qui ont été très inégalement bouleversés par la déprise et le reflux démographique. Il n'y a rien de commun - si ce n'est la contrainte imposée par la grille de l'enquête - entre les déclarations d'un professeur d'école de passage, qui porte un regard extérieur sur un lieu, et celles d'un instituteur qui en a suivi les transformations comme celles de son propre logis, ou entre le récit d'un maître qui participe au repli du service éducatif et celui qui reçoit les inscriptions des nouvelles populations périurbaines. Avant d'analyser les résultats rubrique par rubrique, il a donc paru intéressant de saisir, dans leur globalité, les messages que des acteurs du terrain ont voulu transmettre, et donc de citer largement quelques enseignants choisis parmi ceux qui se sont particulièrement impliqués dans leurs réponses et les ont traitées avec des problématiques différentes.

Tab. 50 - Maquette du questionnaire d'enquête destiné à élaborer une typologie des sites scolaires

Identification des rubriques de l'enquête		
Rubriques	**Attente**	**Traitement en vue d'une typologie**
I - Les qualités du site où est édifiée l'école	Certaines réponses sont de l'ordre du simple constat : ex. s'agit-il ou non d'une mairie-école ?	→ Recueillir des éléments, décrire
	D'autres doivent informer sur des éléments qui valorisent ou dévalorisent le site	→ Transcrire des éléments, par un barème chiffré pour comparer les sites
II - La valeur emblématique du site scolaire	Recensement de signes perçus par les enseignants en place	→ idem
III - Les aménagements destinés à des fonctions scolaires	Description de l'état actuel	Prévoir une transcription chiffrée avec un barème qui limite les effets des plus gros effectifs :
IV - Les aménagements destinés à des fonctions non scolaires	Description	ex. 20 points par classe, jusqu'à 5 classes ; barème limité à 100
Bilan	Appréciation	→ Rassembler les résultats globaux par ordre de grandeur

La description du site scolaire de Montaigut-en-Combrailles, chef-lieu de canton proche de St-Eloy-les-Mines, privilégie le thème de la prise en compte de besoins nouveaux, dans un bâtiment déjà bien plein, qui reçoit les enfants de la maternelle et de l'école élémentaire. Dans celle-ci, on sent la nécessité d'ouvrir des salles spécialisées, pour mieux accueillir les soixante-dix-sept élèves inscrits, en 1993-94, du cours préparatoire au cours moyen : « *Il manque une salle informatique ; la BCD deviendrait un lieu plus attractif si le local était dans l'école proprement dite* » (et non dans un ancien appartement de fonction- ... elle est quand même : « *l'aménagement le plus réussi (en attendant mieux) car nous réussissons notamment par la lecture-plaisir à donner le goût de la lecture aux élèves...* ». Le manque le plus gênant pour la pratique de la classe est celui « *d'une salle de gym* », chauffée, proche pour l'hiver... L'aménagement le plus prisé par la population est « *l'assainissement de la cour* », mais, dans l'ensemble, « *il faudrait plus d'espace pour créer, aménager un atelier de peinture et autres arts plastiques, permanent... Cela dit, les municipalités ont toujours réfléchi et répondu au mieux à nos demandes, malgré les difficultés économiques qui s'aggravent chaque année* ». **Le thème de l'évolution du site est le fil conducteur de la réponse,** où l'on découvre, du sous-sol jusqu'à second étage, les réalisations, les projets et les contraintes, et les interventions extérieures qui ont permis les améliorations (municipalité, amicale laïque), ainsi que celles qui paraîtraient souhaitables pour développer l'accueil hors du temps scolaire (l'enseignante formule des vœux pour le développement de la vie associative locale).

Dans la petite école de Marcillat (11 élèves), isolée au-dessus des gorges de la Sioule, entre Ebreuil et Riom, il y a beaucoup moins à dire sur le site, limité à deux salles, si ce n'est que ce dispositif modeste, peut, à la différence du précédent, accueillir les activités de la collectivité locale : « *Club du troisième âge, cuisine pour mariages, baptêmes, fêtes du foot...* ». L'absence d'une salle pour l'éducation physique ne suffit pas à mettre une ombre au tableau. Cette réponse, qui se conclut sur un jugement très favorable : « *simple, campagnard, agréable* », est, en quelque sorte, **un hymne à la ruralité.**

Il n'en est pas de même dans le tableau que l'on nous brosse du site scolaire d'une micro-commune, près de Thiers. La société locale était encore forte quand s'est édifiée l'école ; le site porte la date de 1884, et même le nom de quatre acteurs « maire et architecte, adjoint et entrepreneur » (cités dans l'ordre très protocolaire de l'inscription). Il reste encore une vingtaine d'élèves, mais le thème directeur est celui du **renoncement** de la collectivité locale. Le seul aménagement récent réside dans le matériel d'EPS (les « praticables ») que le Parc Régional du Livradois Forez a installé ici, comme dans toutes les communes de son territoire. Les initiatives endogènes font complètement défaut, et malgré son ampleur et une certaine qualité architecturale que signale la réponse[3], le site est à peine fonctionnel : « *dégradations + fermeture de (la deuxième) classe ont conduit à une perte d'entretien voire une détérioration progressive* ». Les suggestions portent, modestement, sur « *des travaux de rénovation, mais surtout d'entretien* » car « *le délabrement (est) avancé pour certaines parties du bâtiment* ». Le maintien du site dans un état ancien est ressenti comme dramatique et le poids du patrimoine scolaire est considéré comme un élément fort de la crise par cette enseignante qui faisait travailler dans ce cadre une petite cohorte de vingt élèves. Cette agonie s'est achevée quatre ans plus tard, en 1998, quand l'enseignante suivante et les élèves ont quitté les lieux pour se retrouver dans la commune voisine.

II - DÉPOUILLEMENT DE L'ENQUÊTE

L'impact des personnalités et des carrières a évidemment marqué les réponses : les enseignants ne se sont pas bornés à renvoyer en miroir l'image projetée par le questionnaire, mais ont développé plus ou moins les rubriques, révélant ainsi les acceptions de la notion de site qui prenaient sens à leurs yeux. Pour tenir compte de leurs choix, tout en traitant cent cinquante enquêtes, il a paru nécessaire d'accorder aux rubriques l'importance que les acteurs de terrain leur ont donnée. Une fiche a donc été jointe à une centaine de questionnaires, demandant de faire émerger les volets de l'enquête qui ont suscité le plus d'intérêt. Le dépouillement des quatre-vingt-sept réponses exploitables a placé en tête le volet consacré aux aménagements fonctionnels scolaires, ce qui paraît aller de soi et traduit le professionnalisme des personnes interrogées. Les plus âgés ont saisi l'occasion de montrer les améliorations auxquelles ils ont contribué, ou les difficultés rencontrées pour élaborer un projet avec la municipalité ; ceux qui sont récemment arrivés dans leur poste ont procédé à un état des lieux et des outils de travail en fonction de leur projet. Les enseignants ont placé la première rubrique, portant sur les qualités originelles du site en seconde position puis, ensuite, celle qui traite des aménagements plurifonctionnels. Enfin, seules deux institutrices exerçant dans des écoles à classe unique ont placé en tête la rubrique concernant la valeur emblématique du site, alors que soixante-sept enseignants sur quatre-vingt-six l'ont repoussée en troisième ou quatrième position ! C'est donc par les aménagements fonctionnels que l'on va entreprendre la lecture des questionnaires, en tenant compte que, dans ceux-ci, l'espace destiné à l'enseignement a beaucoup mieux concentré l'intérêt que l'espace destiné à l'accueil (cf. Fig. 86).

A - LES AMÉNAGEMENTS SCOLAIRES

Les enseignants ont présenté les aménagements scolaires (volet 3) en se référant implicitement à deux notions, celle d'espace destiné spécifiquement aux apprentissages et celle d'espace de vie. Le temps où le maître utilisait sa salle de classe, et seulement celle-ci, est révolu ou presque. Cinquante et une écoles, seulement, n'ont pas de salle spécialisée et sont réduites à une ou deux salles de classe. Les maîtres le déplorent ! Ils en cherchent la cause dans l'architecture du bâtiment (« *ce bâtiment est à la fois sous-dimensionné - manque d'une salle à usage multiples, BCD et audiovisuel, etc. - et surdimensionné - couloirs et escaliers immenses, plafonds hauts* »[4]) ou dans le peu d'empressement manifesté par la municipalité : une jeune professeur d'école a conclu par ce propos accablant : « *inertie municipale tendant à gâcher ce bâtiment qui est en soi splendide, mais à refaire complètement à l'intérieur* ». Dans les plus petites écoles où on ne compte guère sur d'éventuelles rénovations, les acteurs locaux ont trouvé des subterfuges étonnants, mais non dénués d'intérêt : à St-Martin-d'Ollières, une dizaine d'élèves dans une clairière à la limite sud du département, comme à Briffons (sur le haut plateau occidental, où une vingtaine d'élèves étaient inscrits l'année de cette enquête), la bibliothèque se situe... dans la « cantine » ! La jeune enseignante qui exerçait à Saint-Martin-d'Ollières trouvait cette situation lamentable, tandis que l'institutrice, qui termine sa carrière à Briffons, voyait là l'occasion de susciter des lectures pendant « l'interclasse », les jours de froid. Plus souvent, des arrangements locaux mettent à la disposition des enseignants des salles que d'autres utilisent hors du temps scolaire, et jouent donc sur la plurifonctionnalité des petits sites.

Les maîtres qui disposent de salles spécifiques citent des bibliothèques, des espaces équipés pour recevoir le matériel informatique, des salles d'évolution pour les enfants d'âge préélémentaire. Plus rarement, on voit apparaître une salle de musique et, exceptionnellement, un atelier d'arts plastiques. Seuls, les grands groupes scolaires disposent d'espaces aussi variés. L'école très moderne d'Ambert est conçue autour d'une vaste BCD, mais comprend aussi une petite salle d'éducation physique, une autre équipée pour l'informatique et un atelier. A La Bourboule, la bibliothèque réalisée en 1994 et la salle informatique sont considérées comme les aménagements les plus réussis ; l'école dispose aussi d'une salle de musique, mais les enseignants souhaiteraient une salle pour les travaux manuels et la danse. On note des réalisations et des exigences semblables à Saint-Eloy-les-Mines et dans tous les groupes scolaires majeurs, avec parfois des obstacles : à Courpière où le vaste bâtiment hébergeait à l'origine le collège, la BCD et la salle audiovisuelle n'ont pu être installées que dans de vieux locaux préfabriqués : « *l'isolation et la réfection du chauffage les ont rendues acceptables* », signale l'enquête. A Saint-Genès-Champanelle, la situation est identique, bien qu'elle soit issue d'une histoire fort différente : dans ce bâtiment très récent, une salle avait été initialement conçue comme bibliothèque, et a été effectivement affectée à cette fonction jusqu'au jour où la vague périurbaine a gonflé les effectifs ; on a eu recours à un vieux bâtiment préfabriqué, hors des murs de l'école, rénové mais mal accessible.

Fig. 86- Réception par les enseignants des rubriques de l'enquête sur les sites scolaires

Réponses à la question : « Pouvez-vous classer les quatre grandes rubriques (qualité originelle du site, valeur emblématique, aménagements fonctionnels scolaires, aménagements destinés à des fonctions non scolaires) en distribuant les lettre A - B - C - D (A pour la rubrique qui vous paraît le plus intéressante, B pour celle qui arrive en seconde position... D pour celle qui vous intéresse le moins) ? Les 87 fiches dépouillées ont compris des rangements ex-æquo, et des questions sont restées sans réponses.

1 - Qualités « originelles » du site - 63 réponses accordent un intérêt certain à cette rubrique (B + A)

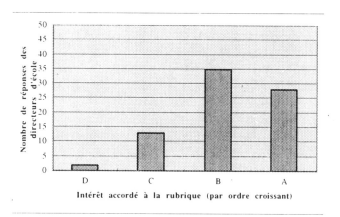

2 - Valeur emblématique - 67 réponses accordent peu d'intérêt à cette rubrique (D + C)

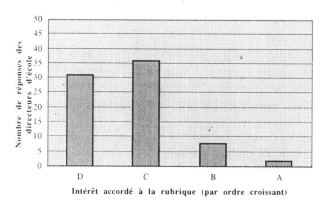

3 - Aménagements scolaires - 72 réponses placent cette rubrique professionnelle en tête (B + A)

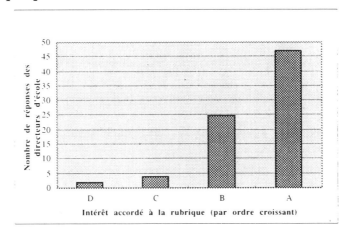

4 - Aménagements destinés à des fonctions non scolaires - Seules 12 réponses accordent un intérêt à cette rubrique, sans que ce soit un intérêt majeur (B)

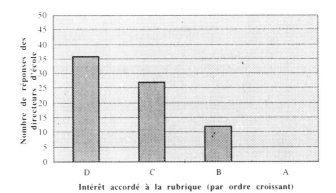

Tab. 51 - Réception par les enseignants de la collecte d'informations sur les aménagements proprement scolaires

(consigne : distribuer les lettres A, B, C, D, E selon l'intérêt que vous portez aux rubriques)

Sous rubriques de l'enquête	E moindre intérêt	D	C	B	A sujet le plus intéressant
3.1 - Espace destiné à l'enseignement	0	5	5	21	48 réponses
3.2 - Améliorations des installations scolaires	2	2	13	29	31
3.3 - Espace destiné à l'accueil	3	19	34	12	9
3.4 - Améliorations récentes de l'accueil	6	38	16	12	5
3.5 - Bilan	56	3	8	5	3

On n'a pas besoin de locaux complémentaires en milieu montagnard isolé, car les effectifs n'exercent plus de pression et des volumes vides s'offrent aux installations spécifiques : c'est le cas au Mont-Dore, à Messeix, à Condat-en-Combrailles et même dans le petit Saint-Maurice-de-Pionsat où on signale trois salles spécialisées pour vingt élèves ! Ces redéploiements, cependant, sont loin d'être généralisés. Quarante-quatre réponses sur cent quarante-cinq n'annoncent qu'une seule salle spécialisée et cinquante aucune ! On déplore de façon quasi générale de ne pas avoir de salle chauffée pour les pratiques sportives et quelques enseignants demandent des salles de réunion. Ces derniers sont fort peu nombreux : on objecterait, avec un bon sens d'un autre âge, que cet équipement ne s'impose pas dans des établissements où travaillent deux ou trois maîtres. Il n'empêche que les intervenants extérieurs se multiplient, que le travail en réseau fait l'objet de nouveaux projets et que les contrats passés avec divers partenaires exigent des réunions préparatoires dans de bonnes conditions. Les quelques directeurs d'école, qui disposent en montagne d'un local où les enseignants se rencontrent et laissent des dossiers communs, l'annoncent avec satisfaction[5]. Les trois quarts d'entre eux attachent un intérêt majeur aux installations de classe, et s'intéressent peu aux installations réservées à l'accueil (voir Tab. 51).

Plus modestement, les maîtres constatent que les améliorations concernent l'espace minimal nécessaire à une petite collectivité scolaire : la ou les classes, la cantine et leurs abords. Toutes les réponses signalent peu ou prou des travaux d'entretien. Dans les sites incertains, on réclame des travaux de première nécessité. A Saint-Martin-d'Ollières (déjà cité), le professeur d'école indique comme « *suggestions : réfection des plinthes et des murs de la classe. Installation du chauffage central* ». Très souvent, les maîtres ont mentionné la réfection des fenêtres, avec vitrage isolant, comme un élément de confort considérable ; certains d'entre eux, contraints à se contenter de peu, mentionnent comme « *aménagement le plus réussi, destiné aux scolaires* », ou « *le plus prisé par la population* »..., tout simplement l'installation de toilettes intérieures, révélant ainsi, par ce rattrapage dérisoire, la médiocrité de quelques bâtiments et un relatif désintérêt pour l'accueil. L'information la plus surprenante tient dans le fait qu'avec un entretien minime et des structures simples, certains sites montagnards satisfont pleinement les enseignants qui y exercent. Une cinquantaine d'appréciations concluent sur un « *site agréable* », « *un site où il est agréable d'exercer* ». Le questionnaire retourné par l'école de Marcillat est un bon exemple : pourtant le maître ne dispose que d'une salle, et la cantine reçoit les mariages et les fêtes de footballeurs ! A Saint-Maurice-de-Pionsat, où l'aménagement le plus prisé par la population est celui des « *toilettes intérieures pour les enfants et la réfection de la cantine* », le maître consigne comme opinion « *petite école agréable* » ; à Saint-Julien, dans la commune de Montaigut-le-Blanc, la formule est semblable : « *petite école rurale bien agréable mais entretenue... a gardé le charme des écoles de 1920* » ; aux Roches de Saint-Ours, sur le plateau des Dômes, avec une seule classe, le site est « *agréable, adapté... mais... la proximité de la route nationale casse son charme* ». Sans concertation, les mêmes considérations positives reviennent : « *je m'y sens très bien, nous dit-on de l'école de Saint-Nectaire, même si quelques améliorations pourraient être apportées : le bâtiment de l'école est médiocre, mais face à un paysage splendide : église romane, collines boisées, chaîne des Dore* ». De même, Tours-sur-Meymont, dans le Livradois, est

« *un lieu agréable à vivre, sûrement l'une des plus belles écoles* *du Livradois, pimpante, confortable, dans un cadre qui permet* *de voir loin - chaîne des Puys et Forez* ». On conclura avec l'école de Singles, aux confins de la Corrèze (une classe, une dizaine d'élèves et peu d'installations), mais pourtant « *lieu de vie très* *agréable* ».

B - LES QUALITÉS DES LIEUX OÙ EST ÉDIFIÉE L'ÉCOLE

Il n'est donc pas étonnant que l'intérêt des enseignants se soit ensuite porté sur la première rubrique, qui leur permet de décrire ces lieux, et plus précisément de situer l'école sur le plan du village ou du bourg et dans le voisinage d'édifices importants.

Il s'agit de mettre en place **l'assiette de chaque** **établissement** dans sa localité, et d'en approcher la valeur que les occupants lui accordent. Les sites simples, les plus nombreux, se composent d'une seule parcelle, elle-même divisée en trois : en bord de voie, elle porte le bâti ; à l'arrière, elle est occupée par la cour, qui donne sur le jardin où, jusque vers 1950, l'instituteur cultivait ses légumes et illustrait ses « leçons de choses ». Poursuivant cette tradition en l'adaptant aux exigences actuelles de l'initiation à la biologie, un instituteur des Combrailles retient « le potager » comme l'exemple de réalisation pédagogique réussie[6]. Ailleurs, ce terrain est en friche, ou reconverti en cour herbeuse pour recevoir les enfants d'âge préélémentaire. Le résultat n'est pas sans charme : à Gouttières dans les Combrailles ou à Eglisolles, dans les Monts du Forez (cf. la photographie planche 10), l'agrément de ces espaces verts improvisés, héritiers des savoir-faire horticoles des maîtres de la IIIe République, corrige la rudesse des façades.

A côté de cette trilogie - **bâtiment, cour et jardin** - qui est largement majoritaire dans le parc scolaire montagnard - quelques localités offrent des exemples de sites doubles, avec deux constructions sur des parcelles jointives ou très proches. Cette disposition est peu fréquente, car elle suppose que le terrain ait été assez vaste, soit pour recevoir deux bâtiments, soit pour adjoindre au vieil édifice un second, destiné à la préscolarisation. Ces aménagements sont complexes, et souvent peu commodes (Saint-Georges-de-Mons, Pontaumur par exemple, comme la photographie planche 21 le laisse penser). La construction des collèges, qui a accompagné la prolongation de la scolarité jusqu'à seize ans, a fait naître une autre génération de sites doubles (Saint-Amand-Roche-Savine, Tauves, Cunlhat) offrant des enseignements du premier et second degrés, voire de sites triples, quand le même toit recouvre collège, école élémentaire et maternelle qui ont leur trois directions respectives (Saint-Gervais-d'Auvergne, Arlanc). Le hasard des constructions et des héritages a conduit plus souvent à la séparation des sites d'une même localité. A Olliergues, la maternelle est restée dans les vieux bâtiments, au sein du village, alors que l'école élémentaire et le collège sont réunis à l'extérieur. A Champeix, les écoles maternelle et élémentaire voisinent sur des sites incommodes avec la caserne des pompiers et la salle des fêtes, à l'extrémité de la place centrale, mais la restauration scolaire est au collège, sur le plateau qui domine le village. Il advient même qu'une seule école soit éclatée sur deux parcelles, « *les grands sont à la mairie, les petits au fond du village* », dit-on à Vernines, village de trois cent vingt-six habitants sur la plateau des Dômes, rappelant ainsi la hiérarchie traditionnelle, qui a souvent privilégié la mairie-école de garçons aux dépens des locaux destinés à recevoir les filles. L'institution scolaire est alors écartelée entre deux emplacements de qualité bien différente. Il en est ainsi à Manglieu, et, pour d'autres raisons, à Viscomtat, Saurier. Sans même prendre en compte ces cas extrêmes, la seule identification des sites scolaires a posé bien des problèmes, et les réponses à l'enquête, dans leurs hésitations, révèlent la complexité des agencements locaux : tous les sites ne sont pas aisément cernables ; la lecture des rubriques sur le site original, la valeur emblématique et la plurifonctionnalité des aménagements montre des enseignants soucieux de la définition de « l'enceinte scolaire » : sa place, son identité dans le village, et les partages que la sociabilité villageoise a imposés ne sont pas de minces affaires.

Dans les localités montagnardes, les écoles occupent trois types d'emplacements. Les maîtres sont rarement satisfaits quand les bâtiments sont l'héritage d'un édifice bâti au cœur de la localité, dans **un tissu dense** : l'étroitesse des cours, la multiplication des escaliers intérieurs ou extérieurs, les faibles possibilités d'extension sont signalées comme des handicaps ; le fait que l'école se distingue mal dans le volume bâti est ressenti comme un manque de reconnaissance sociale. A Dore-l'Eglise, au sud du Livradois, l'école, située dans la partie dense du vieux village, a été remise à neuf, sans possibilité de parking, avec des cours en terrasse, des classes sur deux niveaux. La population apprécie « *l'hygiène de ces bâtiments propres* », mais la rénovation a entraîné beaucoup de frais pour préserver des « *bâtiments inadaptés* » ; « *il aurait fallu un site différent, il n'y a pas d'espaces verts alors que nous sommes à la campagne* ». Ces cas se comptent sur les doigts de la main.

La fonction scolaire a évidemment pu se développer plus largement dans les écoles situées sur la **place** des villages, ou à proximité d'elle. Si la localité est très petite, et que le plan reflète les traditions paysannes, l'école de montagne se situe sur la parcelle collective, le « **coudert** » où les troupeaux se réunissaient devant la fontaine prolongée d'un abreuvoir et où ont été érigés la chapelle ou l'église, la croix et, dans les localités de quelque importance, le monument aux Morts. Une trentaine d'enquêtes mentionnent ces édifices, sans ajouter de commentaires. **Quelle perception des lieux peuvent avoir les jeunes enseignantes urbaines qui ouvrent leurs volets sur ces places centrales ?** Leurs regards découvrent un environnement très sévère dans les localités de premier niveau qui ont perdu leurs services d'approvisionnement, où les églises ne sont plus desservies quotidiennement, et où il y a trop peu d'habitants pour animer les lieux. Tout juste voit-on un rideau se soulever, puis retomber au passage d'un piéton. Quelques réponses - très peu - notent les améliorations que les collectivités ont réalisées pour valoriser leur image, comme le fleurissement de l'école et de ses environs, auquel participent parfois les enfants.

Dans les localités qui ont préservé quelques services, la position centrale garde son intérêt. A cinq kilomètres de l'école de Sainte-Agathe, où l'école s'élève « *dans une localité très vide, près de l'église, du monument aux morts et de la fontaine* », celle de Vollore-Ville donne l'exemple inverse d'un lieu central certes très petit, mais où le décor s'anime. La mairie-école est voisine de la poste et d'un mât de Cocagne dressé en « *bienvenue aux nouveaux Vollorois* »[7], le café voisin sort ses tables en terrasse. Le monument aux Morts a, certes, rogné sur l'espace de la cour, mais il est accompagné d'un décor abondamment fleuri, et sur les grilles voisines, trois affichages annoncent les activités locales, l'un pour la municipalité, l'autre pour l'école, le troisième pour l'amicale laïque. Tout cela reste de petite dimension, mais ici, la vie continue son cours, et le contraste entre les deux sites est flagrant. L'image que donnent ces deux centres de villages, un dimanche matin, corrobore l'enquête. Dans le premier, une dizaine d'habitants qui se séparent lentement à la sortie de l'office ne suffisent pas à remplir la scène ; dans le second, l'école est elle-même un élément fort **d'un décor plus soigné, plus structuré, plus changeant,** et une vingtaine d'habitants réunis sur la place suffisent à l'animer. Le questionnaire de l'enquête privilégiait l'héritage monumental, laissant une possibilité de réponses sur l'évolution dans une question ouverte. Quelques descriptions de sites se sont ainsi étoffées, en faisant référence aux salles des fêtes ou aux salles polyvalentes. Une, mais une seule, a noté avec satisfaction que l'école bénéficie du voisinage du ... Crédit Agricole : remarque fort bien adaptée au propos, car elle évoque à la fois une fonction et une transformation du cadre : c'est par ces petits établissements que l'architecture contemporaine a pénétré au village, sur les hautes terres du Puy-de-Dôme.

Ce voisinage reste cependant exceptionnel : si le village ou le bourg ont développé leurs services, la fonction scolaire se trouve rejetée dans la **périphérie.** Cette situation, aux marges des villages, est, de loin, la plus fréquente. Dès le XIXe siècle, on voit des municipalités indifférentes à l'école y construire, pour profiter de terrains peu convoités et peu chers, parfois même simplement découpés dans les pâtures communales ; à l'inverse, d'autres collectivités ont cherché des emplacements d'entrée de village, bien en vue, comme pour affirmer leur rôle scolaire et éviter l'environnement insalubre et bruyant des fermes voisines. Après 1950, les constructions ont été systématiquement réalisées en périphérie, où elles ont été rejointes dans les années quatre-vingts par les salles polyvalentes destinées à diverses activités culturelles, sportives ou associatives. Un seul enseignant déplore la coupure avec la place du village, « *site agréable, mais fermé sur lui-même* », note-t-il avec regret à Perpezat, « *est-ce l'effet de la voie sans issue sur laquelle est située l'école ?* ». Tous les autres apprécient les marges, où l'espace est vaste, où ils échappent à la surveillance villageoise, et où l'enceinte scolaire est nettement délimitée. L'école y perd cependant le rôle de représentation de la vie collective qu'elle avait assumé sur les places publiques. Cette fonction était soulignée par des inscriptions et des symboles. Qu'en reste-t-il actuellement sur les hautes terres du Puy-de-Dôme ?

C - LA VALEUR EMBLÉMATIQUE DES SITES SCOLAIRES

Deux enseignantes (cf. Fig. 93) ont considéré que la rubrique sur la valeur emblématique était la plus intéressante ; huit autres l'ont placée en seconde position, ce qui est peu. Qui plus est, les enseignants ont préféré s'exprimer sur l'évolution du décor spécifique aux écoles, en particulier sur les fresques réalisées sous leur direction par les élèves, plutôt que sur les inscriptions et les sculptures symboliques (cf. Tab. 52) : leur regard, en 1993-1994, s'est porté plus volontiers sur les témoignages de leur projet propre, réalisé sur un temps relativement court, que sur l'inscription de leurs tâches dans le projet civique et républicain.

Il convient d'examiner de près les lacunes des réponses, dans la mesure où elles peuvent être significatives du regard porté sur le site. Ce sont parfois, tout simplement, des inscriptions peu visibles qui ont été omises, comme la devise républicaine qui court en bandeau sous le rebord du toit de l'école du Mont-Dore (photo planche 12). Ont été oubliées aussi des inscriptions courtes et très souvent vues comme « mairie » ou le sigle de la République Française, mais aussi, par deux fois, des plaques commémoratives de la Seconde Guerre mondiale[8]. Encore plus surprenant, un instituteur n'a pas jugé bon de signaler dans cette rubrique, la présence sur la cheminée de l'école... du coq de l'église, « *placé ici parce qu'il tenait très mal sur le clocher !* », lui a-t-on dit ultérieurement. Une dizaine de lacunes repérées dans les réponses qui sont par ailleurs scrupuleusement remplies, ne suffiraient pas à soutenir l'hypothèse que le message symbolique est victime d'un **certain désintérêt**, si on n'observait pas, simultanément, un net recul dans l'écriture des symboles.

Tab. 52 - Réception par les enseignants de la collecte d'informations sur la « valeur emblématique » de sites scolaires

Rangement des cinq rubriques par intérêt croissant

Rubriques	Nombre de réponses rangeant la rubrique en :				
	5e position	4e position	3e position	2e position	1ère position rubrique estimée la plus intéressante
Inscriptions figurant sur les bâtiments et les clôtures	27	25	12	5	8
Affiches	26	18	20	11	2
Détails architecturaux qui confèrent à l'édifice un décor hors du commun	12	13	26	11	13
Agencement de la cour	3	4	5	21	45
Evolution du décor	8	8	20	31	10

Traditionnellement, les inscriptions ont privilégié le thème de la vie **collective locale et du service public républicain**. Les formules sont souvent laconiques (R.F. un tel Maire, date). Elles sont parfois développées en fonction des chroniques villageoises : on peut lire la composition, in extenso, du conseil municipal de Saint-Angel en 1898, la célébration de la

Planche 6 - Inscription de façade -
Ecole de Bromont-Lamothe

Le village de Bromont-Lamothe, sur le plateau des Dômes, venait de passer par son maximum démographique quand il a construit ses écoles (1876 : 1 883 hab. ; 1881 : 1 850 hab. ; 1990 : 779 hab.). Gravée dans un bloc de lave, l'inscription symbolise **l'alliance solide de la République et du village**, et proclame le projet scolaire qui en est l'expression. Elle est intéressante par :

• **Sa date**, très précoce : 1881.

• **Le couplage avec la fonction municipale** (évoquée à deux reprises : « Mairie », « communales » : le maire est responsable de **ses** écoles).

• **Le traitement égalitaire** pour filles et garçons (les deux écoles sont réunies ici).

• **L'attachement à la République française**, dont les initiales « RF » répétées encadrent le projet local.

• **Le sens donné au projet : les termes « Instruction » et « Progrès »** sont gravés dans les couronnes tressées de lauriers et de chênes. S'agit-il de lauriers des distributions des prix des grands établissements, que l'on attribue aux enfants d'un village réputé pauvre au XIXe siècle ? Ou des chênes de la gloire républicaine ?

Planche 7 - Evolution des messages portés par les façades
1889-1989

1 - A l'occasion du centenaire de la Révolution : inscription sur une belle façade dans un chef-lieu de canton : **le projet de construction se situe dans le cadre de la République** (Besse-en-Chandesse, 1 777 hab. en 1891). Les plaques voisines précisent « école laïque des filles », « école laïque des garçons »

1

2 - Quatre-vingts ans plus tard, **le souvenir républicain** se cristallise sur un nom, celui de l'instituteur public. **L'hommage et l'émotion priment sur le projet** (Espinasse en Combrailles, 1891 : 1 220 hab. ; 1868 : 507 hab. ;1990 : 274 hab.).

2

3

3 - A l'occasion du bi-centenaire, l'expression du projet est remplacée par un **clin d'œil à l'histoire sociale**, pour ce canton soucieux cependant de garder un **jalon** dans la mémoire collective (Menat : 640 hab. en 1990).

République dans sa filiation révolutionnaire à Besse-en-Chandesse (planche 7), le projet d'instruction de la Troisième République à Bromont-Lamothe (planche 6). La pratique de ces proclamations sur les façades s'est maintenue jusque dans les années soixante. La plus prolixe, mais aussi la dernière de ce type, figure sur l'école d'Espinasse, dans les Combrailles occidentales les plus isolées (cf. cliché B, planche 7). La nostalgie y prend le pas sur le projet, et l'évocation du passé s'accompagne de celle d'un enseignant attaché à ces lieux. Il est extrêmement rare qu'un instituteur soit ainsi honoré, alors que les noms de maîtres fidèles aux lieux occupent une place importante dans la mémoire orale des villages[9].

Les inscriptions contemporaines sont peu nombreuses, et réduites à quelques indications de service : « école maternelle », « école primaire », par exemple. Les premières sont en général bien annoncées ; les secondes le sont de façon inégale. Bon nombre fonctionnent avec le seul panneau de signalisation routière comme indicateur ! Quant aux RPI, ils n'ont, jusqu'alors, jamais été identifiés comme tels, alors que leurs créations se sont souvent accompagnées de ravalements de façade qui auraient aisément permis d'inscrire le nouveau mode de fonctionnement. Ces institutions pluricommunales, dont la création a été lente et laborieuse dans les montagnes du Puy-de-Dôme, y restent donc sans identité affichée. Les plaques gravées sont d'ailleurs actuellement rares. L'expression a maintenant trouvé son support favori dans les fresques, réalisées par les enfants, dans le cadre de PAE[10]. La trentaine de fresques recensées traitent de la nature, de l'enfance, de l'imaginaire et, très exceptionnellement, du cadre de la vie collective : la Révolution Française est évoquée une fois (cf. la fresque de l'école de Menat), la construction européenne, deux ou trois fois.

Les enseignants d'aujourd'hui se révèlent, dans leurs réponses, très sensibles à la qualité architecturale et au décor végétal de leur lieu d'exercice. Trois d'entre eux signalent qu'ils ont effectué des plantations symboliques d'arbres de la liberté en 1989, et quelques-uns précisent qu'ils bénéficient du « fleurissement » du village entrepris par la municipalité. Mais

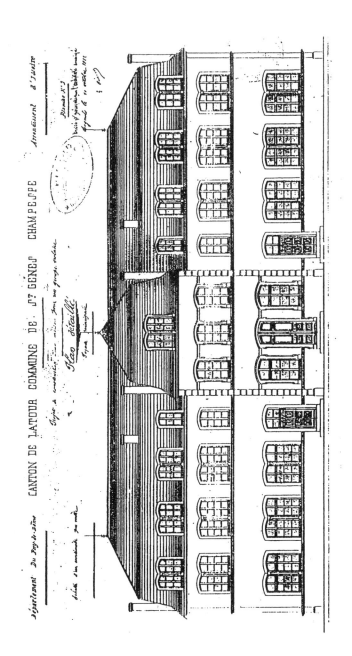

Fig. 87 - Façade de l'école de St-Genès-Champespe

Source : Archives départementales du Puy-de-Dôme, série 20/365, carton 1

ce qui fait l'originalité de l'école, c'est l'importance d'**un héritage, parfois centenaire, de tilleuls et marronniers, de frênes ou de lilas**... Les plantations se sont enrichies au gré des initiatives des maîtres qui devaient, dans le programme propre au certificat d'études, faire connaître aux garçons les techniques de cultures arbustives. On signale ainsi à Sallèdes, au bord du Livradois, que l'entrée de la cour est marquée par une aubépine rose... greffée il y a un demi-siècle ! Les plus petites cours d'école ont préservé des associations végétales surprenantes que les réponses à l'enquête décrivent avec la plus grande attention : un noyer et un châtaignier à Combraille, ou, par exemple, à Charensat, un érable, un poirier, et un bouleau qui accompagnent le traditionnel tilleul. Au fur et à mesure que l'on s'élève dans la hiérarchie des hameaux et des villages, l'espace se normalise et la cour est plantée de rangées régulières de tilleuls ou de marronniers, qui précèdent les façades néo-classiques.

Le bâti scolaire montagnard est extrêmement varié. La filiation avec les **modes de construction locaux** est manifeste : on retrouve donc, à l'ouest, les grands toits pentus qui furent recouverts de lauzes, puis d'ardoises, et en Livradois-Forez, les hauts murs de granit et les couvertures de tuiles. Il est assez rare que des demeures familiales aient été réutilisées[11]. Les collectivités locales ont construit des bâtiments auxquels elles ont conféré l'ampleur que les normes nationales exigeaient pour accueillir les cohortes très nombreuses, séparer les sexes, donner aux salles la hauteur sous plafond que la lutte contre la tuberculose au XIXe siècle rendait indispensable. Certaines maisons d'école sont de simples bâtisses paysannes dont l'élévation a été corrigée. D'autres dérivent d'autres modèles : le bâtiment qui abrite les deux classes et la mairie d'Egliseneuve-d'Entraigues, commune qui avait mille neuf cent dix habitants en 1900, et en garde tout juste sept cents, porte encore l'inscription « hôtel de ville » sur son gros pavillon central (flanqué de deux ailes qui superposent chacune trois rangées de 7 fenêtres) et domine le village d'une masse énorme qui, de par ses dimensions, renforce le caractère sévère et puissant de cette architecture. La volonté d'implanter une République forte et laïque dans les sociétés rurales des Monts Dore et de l'Artense se manifeste par des constructions monumentales à l'entrée des plus petites localités : à Bagnols, à Saint-Donat, à Saint-Genès-Champespe (Fig. 87). Ces bâtiments, qui affirment la puissance d'un ordre, d'une culture, et de l'éducation, n'ont rien à voir avec l'architecture traditionnelle paysanne, et empruntent leur ordonnance et leur décor au **répertoire des édifices administratifs ou religieux des villes**.

Il y a un siècle, les montagnards n'ignoraient pas l'architecture urbaine. Ils en avaient vu les effets dans les stations thermales toutes proches, où on construisait beaucoup, et dans leurs déplacements temporaires. Mais, alors que les villes thermales se développaient dans un style éclectique, les écoles de villages et de chefs-lieux de canton ont beaucoup emprunté au style **néoclassique** : « *entrée monumentale et fronton... immeuble en soi splendide* » dit-on de l'école, maintenant en piètre état, qui domine Sainte-Agathe. Frontons, escaliers à larges marches, pavillon central monumental, horloge sont souvent mentionnés comme des signes qui confèrent encore une distinction aux bâtiments scolaires. Les enseignants d'Ambert s'estiment satisfaits que leur école, avec passerelles métalliques et panneaux colorés, expose, dans sa façade, le fronton et les pieds-droits de l'ancienne porte, récupérés dans la démolition de l'édifice précédent. Les derniers modèles urbains importés sur les hautes terres relèvent de l'architecture fonctionnelle des années cinquante et soixante qui aligne des façades à larges baies, avec des vastes préaux. Rares sont les inscriptions ou les symboles qui rappellent la « mission scolaire ». Quand ils existent, ils sont cependant très soignés (Villosanges, Compains). En fait, depuis les années 1920, a prédominé en montagne un style qui n'offre pas de point d'ancrage à la mémoire collective : maisonnettes à grandes vitres pour les écoles de hameaux, construites enfin vers 1920, ou longues « barres » de classes très lumineuses, desservies à l'arrière par un long couloir. Aucun détail architectural n'est, dans ces cas, signalé par les réponses : les bâtiments sont adaptés à la fonction scolaire et construits pour la permettre sans faire office de lieu de mémoire, alors que les édifices des générations précédentes en offraient d'autant plus qu'ils associaient les fonctions municipales à celles de l'école.

D - LES AMÉNAGEMENTS DESTINÉS A DES FONCTIONS NON SCOLAIRES

Une école sur trois partage les mêmes bâtiments que la **mairie**. Cette disposition est relativement rare à l'est (14 mairies-écoles pour 46 communes), mais touche plus d'une école sur deux à **l'ouest** (45 sur 84). La première explication est d'ordre politique : les Combrailles ont été, dès le XIXe siècle, très attachées à la laïcité républicaine, et l'association de l'école publique et de la mairie sous le même toit expriment une opinion qui était et reste favorable à la tradition socialiste. La seconde explication est très matérielle : dans la quasi totalité des cas, il s'agit d'écoles à classe unique ou à deux classes, occupant peu de volume dans le bâtiment qui héberge les fonctions municipales.

Cette situation au sein de la vie collective a longtemps été perçue comme valorisante pour le service éducatif. Rien de tel ne transparaît aujourd'hui dans les réponses. La séparation qui est en cours à Champs (commune de 236 habitants), s'effectue dans la sérénité en laissant la salle du conseil municipal à la disposition du maître pour la BCD et les travaux manuels. Dans une autre commune, où l'école à deux classes et la mairie sont sous un même toit, l'instituteur suggère la « *construction d'une autre mairie et la récupération par l'école de la salle de réunion actuelle et du secrétariat* ». Le fait qu'il y ait eu, dans le passé, deux écoles publiques, une de garçons et une de filles, dans deux locaux différents, a facilité la dissociation, par exemple au Brugeron ou à Charensat. Pour cette dernière commune, l'enseignant précise : « *à la réfection de la mairie - postérieure à 1985 -, la nouvelle mairie a été installée dans une école publique, et le local où se tenait l'ancienne... a été transformé en cantine* ». Quand l'édifice commun est maintenu, mais que les cohortes scolaires se sont raréfiées, le partage tend à devenir inégal : ici, c'est la façade côté mairie qui est restaurée, alors que l'entrée des enfants, sur la cour, ne l'est pas ; ailleurs, c'est le bâtiment qui a été ravalé et apparaît comme un bel édifice néoclassique prolongé d'une aile basse sans prétention, où sont logées la classe et la cantine. **L'incertitude du couple « mairie-école »** se lit sur une dizaine de façades, où la fonction scolaire ne partage pas le prestige modeste mais bien réel des lieux, alors que partout ailleurs elle en bénéficie.

Dans les cinquante-neuf écoles sur les cent quarante-cinq qui ont répondu à l'enquête, où les enseignants partagent le site avec la municipalité, l'éducation nationale occupe une ou deux salles pour la classe ; la mairie dispose du secrétariat, de la salle de réunion, et, assez fréquemment, d'un local pour la consultation du cadastre. S'ajoute, souvent, dans cette distribution, un espace que la mairie met à la disposition des élèves pour la cantine et l'interclasse de milieu de journée et un autre où se réunissent les personnes âgées. Faute de place ou faute d'investissements, les usages alternés se sont multipliés : le professeur d'école a la clef du secrétariat pour y photocopier des fiches de travail ; le « club du troisième âge » se réunit dans la cantine de Marcillat, les bibliothèques scolaires et publiques occupent les mêmes rayons à Brousse ou à Saint-Donat : on pourrait multiplier les constats de ces associations, nées au gré des accords ou issues des conflits locaux pour répondre aux besoins des enseignants, des élèves et des habitants malgré le manque d'installation.

Dans cet intime voisinage, les municipalités ont profité de salles inoccupées pour procéder à des partages. Dans les communes de quelque importance, elles disposent de quatre types de locaux : les salles qui ont été prévues, dès leur construction, pour l'accueil des enfants hors temps scolaire, celles que les baisses d'effectifs ont rendues vacantes, et, à proximité du site scolaire proprement dit, des salles municipales, gymnases ou salles polyvalentes. S'ajoutent, à ce parc disponible, quelques presbytères inoccupés : à Chaynat, le jardin du presbytère est devenu cours de récréation, mais la force symbolique des lieux a rendu partout ailleurs impossible un usage scolaire ; toute juste entend-on parfois signaler que ces bâtiments, de dimensions modestes et de position centrale ne seraient pas inintéressants ! Ce sont des fonctions non scolaires, installées dans les bâtiments de l'école, que l'on envisage parfois de faire glisser sur les presbytères, de façon à libérer des pièces très convoitées.

Cinq types de demandes non scolaires convergent en effet sur les écoles. Les municipalités elles-mêmes ont besoin de salles dans les bâtiments pour organiser l'accueil des enfants hors du temps scolaire, et pour mettre des espaces à la disposition d'associations qui proposent des activités aux enfants ou aux adultes. La Bibliothèque Départementale du Prêt (BDP) y a installé ses dépôts depuis 1970, soit, pour les hautes terres, environ cent cinquante. La majorité d'entre eux y sont encore, même si la tendance actuelle pousse à ancrer la lecture publique dans d'autres lieux, plus accessibles aux adultes. Interviennent aussi dans les bâtiments scolaires les associations locales, dont les foyers ruraux et amicales laïques ; les premiers ont construit, dans les années cinquante, des salles qui ont agrandi le volume disponible (au Brugeron et à Vollore-Montagne dans le Forez, à Fournols et à Saint-Bonnet-le-Bourg en Livradois par exemple). Ces espaces aux vastes proportions sont d'autant plus intéressants actuellement que l'enseignement moderne exige des pièces spécifiques, mais que les effectifs ne justifient plus de construction : « *le fait d'avoir la salle des fêtes du foyer rural dans le même bâtiment (que l'école) permet d'avoir une belle salle de motricité* » , constate-t-on au Brugeron. Quant aux Amicales laïques, elles sont signalées, dans les réponses des enseignants, pour les améliorations qu'elles sont apportées récemment en aidant les installations de matériel audiovisuel, informatique, voire de laboratoire de photographie, et elles-mêmes ont certaines de leurs propres activités sur les lieux de l'école. Cependant, l'occupant omniprésent est, toutes tailles d'écoles confondues, le « **club du troisième âge** », signalé dans quatre-vingts cas sur les cent quarante-cinq décrits ici. Les modes de voisinage sont variés : tantôt le club s'est installé dans une salle déscolarisée mais la prête à l'école, tantôt il se réunit à la cantine, tantôt il a reçu son propre local dans une aile vide du bâtiment. Enfin, le souci de mieux utiliser les installations a conduit à des alternances bien montagnardes, en distinguant des usages saisonniers : le temps n'est plus aux colonies de vacances improvisées dans les locaux scolaires mais aux « centres aérés » ; les écoles reçoivent chaque jour des enfants qui « remontent » de la ville, comme les Clermontois qui viennent passer leur journée à Chambois, au flanc des Dômes, ou plus souvent les enfants de leur propre environnement (ainsi Saint-Georges-de-Mons, St-Dier-d'Auvergne ouvrent leurs locaux pour répondre aux besoins des familles résidant sur place, l'école du SIVOM de la Vallée Verte à Murols a même été spécialement conçue pour un tel double usage : enseignement pendant l'année scolaire, accueil des enfants des touristes et des employés de la vallée, l'été).

La dévolution d'une partie du bâtiment à des activités non scolaires a eu donc des effets très inégaux sur les sites. Sur quelques-uns, l'école s'inscrit dans un véritable pôle d'accueil. Elle y trouve sa place si la demande scolaire est bien soutenue par le nombre d'enfants et les initiatives locales. L'école d'Ambert annonce que dans ses murs on peut aussi pratiquer un sport de combat, participer à une chorale, faire du théâtre, s'initier à la philatélie. A La Bourboule, se réunissent les clubs d'informatique, de géologie, l'amicale laïque et le club du 3e âge. L'école préserve son identité dans ces espaces « pluriactifs », si elle a elle-même un projet fort et... des effectifs assurés ! Dans les sites où la conjoncture démographique ne soutient pas les activités scolaires, les enseignants se trouvent acculés sur des positions défensives : « nuisances », « empiétements » signalent dans leurs réponses ces cohabitations. Ils doivent les assumer sans pouvoir faire référence à un passé commun avec les autres acteurs, s'il s'agit de poste à fort « turn-over », et sans perspective : « le maire attend patiemment, en accusant la fatalité, la fermeture prochaine de l'école pour y faire la salle des fêtes », précise une réponse venue d'une petite structure du Livradois, « déjà le comité des Fêtes utilise la classe pour l'organisation du loto ».

Dans les écoles de deux ou trois classes, où l'institution scolaire reste forte bien que les effectifs aient été divisés par trois ou quatre, chaque fragment de parcelle, chaque mètre carré de plancher ou de mur bien exposé, devient un enjeu, dont un couple d'enseignants des Combrailles[12] analyse ainsi les données : « *l'école est située en contrebas de la* « *place du bourg* » *à côté de la salle polyvalente, construite sur le terrain faisant partie autrefois du périmètre scolaire... mais l'accueil s'est amélioré en cas de mauvaises conditions météorologiques avec l'utilisation de la cantine scolaire* ». Les locaux sont en bon état « *depuis 1985, les enseignants de l'école proposent, chaque année, à la municipalité, des améliorations concernant les locaux scolaires et l'espace extérieur (périmètre scolaire). Certaines de ces améliorations figurent au projet d'école et sont réalisées avec la participation des élèves... deux fresques ont été réalisées... Les suggestions d'amélioration s'inscrivent dans cette logique* ». Comme par le passé, les enseignants veilleront à améliorer progressivement (souligné dans le texte), en collaboration avec les partenaires de l'école, les locaux et les espaces extérieurs, sur le plan fonctionnel et sur le plan esthétique. L'aménagement le plus réussi est « *la réfection de deux classes, réalisée en 1989* » ; le plus prisé par la population : « *la fresque de 5 m x 2,75 m réalisée par un PAE en 1990-91* ». L'enrichissement de l'image du site est sans doute d'autant plus important qu'il s'inscrit dans une longue histoire, où tout a bougé dans ce village calme : « *la nouvelle mairie a été installée (depuis 1985) dans une ancienne école publique, et le local où se trouvait l'ancienne mairie (donc dans le périmètre scolaire) a été transformé en cantine... la salle polyvalente construite un peu avant comprend une grande et une petite salle de réunion... elle est utilisée rarement pour les activités d'EPS - en cas de mauvais temps. Il a été prévu la réfection de l'ancienne cure où plusieurs salles seront réservées à l'usage des associations communales, bibliothèque municipale... L'école actuelle se trouve* « *à l'écart* »*... ce qui assure plus de sécurité pour le ramassage des élèves, mais la proximité de la salle polyvalente (bals publics fréquents qui sont à l'origine de certaines nuisances) est un inconvénient* » ; avec ces améliorations, « *c'est indiscutablement un bon site* », conclut cet enseignant. Le problème ne se pose pas ici, comme dans le cas précédent, où l'enseignant prévoyait une issue fatale à l'école du village, en terme de déscolarisation,

Fig. 88 - Dissociation des lieux d'exercice et de résidence
Mouvement pendulaire de 43 enseignants sur les 78 qui exercent dans les cantons de St-Dier-d'Auvergne, Olliergues, Ambert etArlanc

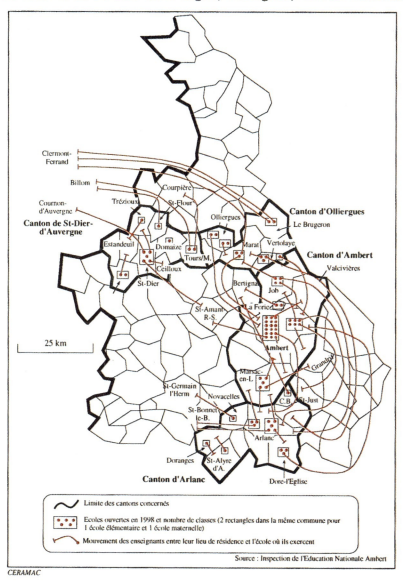

CERAMAC

mais porte sur la reconnaissance de l'enceinte scolaire - de son image et de son périmètre. Ces deux thèmes sont récurrents dans les réponses ; l'image actuelle se construit en fonction de l'aménagement de la cour. Le temps où l'école portait sur sa façade, en miroir de la collectivité, le nom du maire et la liste du conseil municipal est loin. Dans les sites qui ont été l'objet d'aménagements systématiques, les fresques développent des thèmes en contrepoint du local : la mer, le rêve, l'abstrait. Quant au périmètre, les réponses insistent sur la nécessité de disposer d'un espace indépendant, bien repérable dans le village, et si possible clôturé. Ce resserrement sur un territoire bien défini et spécifiquement scolaire, va à l'encontre d'une tendance longue, qui s'est manifestée depuis une génération : l'attribution de logements à des locataires qui n'exercent pas dans l'Education Nationale. Il convient donc de prendre la mesure de ce phénomène dans les montagnes du Puy-de-Dôme.

Cette évolution concerne tout le corps enseignant français du premier degré. La loi de 1886, qui avait imposé aux municipalités de loger les enseignants du premier degré ou de leur verser une indemnité, s'applique encore aux instituteurs, mais pas aux professeurs d'école. Ceux-ci doivent donc, s'ils veulent résider sur place, passer un bail avec la municipalité pour occuper un éventuel logement resté vacant. Ces nouvelles dispositions ont été inégalement utilisées, en fonction des possibilités de logement sur place hors de l'école. Les instituteurs, attachés à leurs postes et sédentaires ont largement bénéficié des conditions intéressantes de construction que les lotissements communaux offraient dans les années quatre-vingts et ont accédé à la propriété. Les plus jeunes, eux, ont été tentés par la restauration des bâtisses paysannes, même si elles étaient situées à quelques dizaines de kilomètres de leurs postes. Les capacités locales de logement ont cependant vite atteint leurs limites. La vague de construction s'est essoufflée, et les maisons rurales aménageables sont peu nombreuses : après deux générations d'abandon, bon nombre sont à l'état de ruines, et il n'est pas facile de se loger correctement ni en Livradois (l'enseignante de Tours-sur-Meymont, par exemple, souhaiterait que la municipalité répare un second appartement)[13] ni dans les Combrailles. L'opinion locale s'en soucie peu, car elle est convaincue que les enseignants sont désormais voués aux migrations quotidiennes (cf. Fig. 88). Quelques-uns vont de leur poste à leur fermette restaurée, d'autres de leur école de hameau au bourg-centre, la plupart de leur école à la ville.

**Tab. 53 - Gestion du parc locatif situé
dans les écoles et des appartements de fonction**

Destination des logements	Nombre d'écoles concernées			
Logements occupés par des enseignants ou des employés municipaux	par 1 logement		par 2 logements ou plus	
	46 écoles		18 écoles	
Logements occupés par d'autres locataires	par 1 logement		par 2 logements ou plus	
	25 écoles		11 écoles	
Coexistence des deux types de logement	1 fonctionnaire et 1 autre locataire	2 fonctionnaires et 1 autre locataire	1 fonctionnaire et 2 autres locataires	2 fonctionnaires et 2 autres locataires
	10 écoles	6 écoles	2 écoles	1 école
Aucun logement dans l'école	26 écoles			

Source : Enquête M. Lacouture portant sur 145 sites des montagnes du Puy-de-Dôme

Les municipalités se sont ainsi trouvées à la tête d'un parc immobilier auquel elles ont cherché des locataires : employés des collectivités locales (mais ils sont souvent « du pays » et déjà logés), résidents logés trop à l'étroit, plus souvent cousins ou alliés des résidents devant quitter la ville et bien accueillis par le réseau de solidarité familiale et, enfin, des urbains, sans attache particulière avec les lieux[14]. Certaines municipalités profitent de la désaffection récente pour les logements collectifs des villes voisines, comme celle d'Arconsat qui a mis aux normes les logements du vieux centre (école, poste et presbytère), pour accueillir des familles qui quittent Thiers. D'autres bénéficient, malgré leur éloignement, de situation à mi-distance entre des pôles d'emploi : la petite école de Saint-Flour-l'Etang a trouvé pour preneur un couple ; l'époux travaille à Clermont-Ferrand (40 kilomètres) et l'épouse à Ambert (30 kilomètres). Elle a offert un second logement à deux célibataires qui travaillent à Courpière (15 kilomètres), alors que le professeur d'école vient de Billom. Le bilan dressé d'après l'enquête permet de prendre la mesure des choses (Tab. 53).

La fonction résidentielle des sites scolaires n'a donc en montagne, enregistrée qu'un **faible recul** : seule une école sur cinq (26 sur 145) ne loge plus personne. Les fonctionnaires de l'Education Nationale et des collectivités territoriales sont largement majoritaires. Un dépouillement plus précis indique leur poids réel : les quatre-vingt-trois écoles qui les logent leur ont accordé cent vingt appartements. Pour les cent quarante-cinq sites analysés ici, la déscolarisation du parc de logement est un phénomène limité qui concerne surtout les petites communes de l'angle sud-est du département (cf. Fig. 88).

Cette conclusion n'est pas conforme à l'opinion courante qui se réfère au temps où les postes d'instituteurs étaient beaucoup plus nombreux en montagne et où les enseignants étaient perçus comme des acteurs majeurs de la vie collective. Elle n'est pas conforme non plus aux projets des futurs professeurs d'école (cf. chapitre 3, première partie) qui envisagent de dissocier leur vie privée et leur vie professionnelle, mais elle correspond à une réalité quotidienne qu'ils découvrent une fois en poste : les trajets sur Clermont-Fd sont longs, les logements ruraux sont rares, et soit pour des raisons pécuniaires, soit parce qu'il n'y a pas d'offre meilleure, les nouveaux enseignants se rabattent sur ces appartements convenables, même s'ils sont souvent dans des édifices trop vastes et incommodes. Enfin, pour une bonne part du personnel en place, cette pérennité du logement scolaire se comprend en fonction de l'attachement aux sites comme des « lieux de vie » - locution qui englobe le cadre offert aux élèves comme aux enseignants et qui porte une forte charge émotionnelle.

Les réponses à l'enquête, même si elles décrivent précisément les lieux, ne peuvent qu'être très subjectives, et l'interprétation de leur dépouillement doit en tenir compte pour proposer une typologie.

III - ESSAI DE TYPOLOGIE DES SITES SCOLAIRES

A - L'APPRÉCIATION DES ENSEIGNANTS

Un dépouillement global des réponses a donc été entrepris, en relevant les indicateurs des différentes qualités que les enseignants ont prêtées aux sites. Pour faciliter les comparaisons, on a proposé une transcription chiffrée des rubriques de l'enquête, tout en corrigeant les effets dus simplement à la taille des écoles. On n'a pas tenu compte de plus de cinq salles de classe, estimant, d'après les explications des maîtres, que ce nombre donne des conditions de travail correctes, permet divers choix dans la distribution des cohortes, et que la situation ne s'améliore pas sensiblement au-delà. On a limité le nombre de salles spécialisées à quatre, bien que quelques écoles en aient plus : salle de repos pour le préélémentaire, BCD, salle informatique, atelier d'arts plastiques, laboratoire photographique dans trois ou quatre cas, salle de réunions, salle d'évolution, d'EPS, de musique, etc. Il n'est pas nécessaire, aux yeux des enseignants, de disposer de toutes ces installations, et les chantiers récemment ouverts en prévoient trois ou quatre pour couvrir normalement les besoins. La présence d'appartements a été encore plus délicate à évaluer. A la lecture des réponses, il semble bien que l'installation sur place d'un ou deux enseignants ou fonctionnaires des collectivités territoriales soit ressentie comme valorisante sur le plan symbolique, et bénéfique sur le plan pratique, car elle attache aux lieux un acteur privilégié ou tout simplement un gardien. Il n'a pas paru souhaitable de compter un plus grand nombre d'appartements, ni de retenir les locations remises à n'importe quel preneur, qui contribuent à déscolariser certains sites, et non à enrichir leurs fonctions originelles. Inversement, on a estimé que le site était déprécié par l'absence d'éléments de confort élémentaire (téléphone, toilettes intérieures) ou par la présence d'indicateurs d'inconfort : pas de participation de la municipalité à l'entretien, présence de salles vides qui rendent les volumes inhospitaliers (et glacés l'hiver), recours à des bâtiments préfabriqués.

Le décompte auquel on a procédé est fondé sur une collecte de représentations et ne peut prétendre à un rangement sur un barème, qui n'aurait pas de sens car, sur les points précis, les interprétations sont très personnelles, liées aux exigences des uns, à la bonne volonté des pragmatiques, ou à la passion de ceux qui désirent embellir les lieux où ils « se sentent bien », expression qui est souvent revenue dans le retour de l'enquête. Il n'empêche que ce codage de réponses fait distinguer des catégories extrêmes, et permet d'établir des correspondances avec les types de structures et la qualité du réseau scolaire environnant : la bonne ou la mauvaise perception des lieux ne va pas de pair avec sa taille et encore moins avec son appartenance à un tissu lâche ou serré (cf. Tab. 54).

Une quinzaine de sites ne bénéficient pas d'une bonne image, soit parce qu'ils ont peu d'aménagements fonctionnels récents, soit parce qu'ils ont reçu du passé un piètre héritage. Dans ce lot, trois écoles (La Chardie, Bialon, Ste-Agathe) ont fermé avant 1999, une autre a fait l'objet d'une réhabilitation qui permet de recevoir correctement une petite cohorte (Chaumont-le-Bourg) et une quatrième (Coheix) se situe dans une commune qui a un vaste plan d'aménagement scolaire. Les autres sites sont dans l'attente et fonctionnent avec des moyens réduits : une classe parfois doublée par une salle dont l'usage est partagé avec la société « du 3e âge », et une cantine qui fait office de bibliothèque. Ce sont des lieux où la coutume et les marchandages régulent les usages. Le passage en RPI a sauvé bien des situations, en permettant de répartir les demandes des enseignants sur deux collectivités qui se partagent les frais. Encore faudrait-il que deux petites structures faibles soient assez proches pour réunir leur dénuement. Or, paradoxalement ces sites mineurs dont l'image est péjorée, se localisent en majorité dans les tissus les plus solides (9 sites sur 16, cf. Tab. 54). Ils s'y maintiennent comme des services sommaires de première proximité, et sont acceptés comme tels. Ceux qui sont en tissus fragiles sont les moins bien perçus. La rudesse des lieux et l'isolement aggravent les perceptions négatives. L'impression dominante est celle d'une réelle désaffection, voire d'indignation. Sauf revirement et forte consolidation par un

RPI, ces sites paraissent en extrême difficulté pour s'adapter aux exigences pédagogiques actuelles ou être de véritables lieux de vie, et ont commencé un lent repli.

Tab. 54 - Perception de la qualité des sites scolaires en 1994

Identification des sites e t · décodage c hiffré (entre parenthèse)	Situation dans réseau scolaire Nombre d'écoles		Types de structures Nombre d'écoles	
	en tissu fragile*	en tissu serré*	classes uniques	plusieurs classes
SITES LES MIEUX PERÇUS (plus de 450 points) : 27				
Ambert élem. (700), Ardes (465), Arlanc (480), Besse élém. (460), La Bourboule élém. (660), La Bourboule mater. (555), Chabreloche (505), Charensat (420), Courpière (500), Fournols (520), Gelles (620), Herment (545), Job (565), Marat (505), Menat (505), Montaigut-en-C. élém. (590), Pontaumur élém. (455), St-Dier-d'A. (550), St-Eloy-les-M. élém. (600), St-Eloy-les-M. mater. (595), St-Genès-C. élém. (455), St-Genès-C. mater. (495), St-Georges-de-M. élém. (630), St-Georges-de-M. mater. (610), St-Maurice-de-P. (505), Servant (495), Tours-sur-M. (475)	10	17	0	27
SITES PERÇUS DANS LA MOYENNE (de 220 à 450 points) : 102				
Exemples : Ambert Valeyre (285), Aydat élém. (400), Bertignat (355), Celles/Durolle (435), Champeix (385), Courpière élém. (430), Giat (270), Gouttières (403), La Tour d'Auvergne (435), Messeix (390), La Monnerie-le-M. élém. (385), Palladuc (420), etc.	50	52	39	63
SITES LES MOINS BIEN PERÇUS (moins de 220 points) : 16				
Ambert La Chardie (25), Anzat-le-Luguet (125), Aurière (160), Chaumont-le-B. (125), Ludesse Chaynat (105), Mazaye Coheix (150), Messeix Bialon (135), St-Martin-d'O. (195), St-Nectaire (175), Ste-Agathe (200), St-Pierre-Colamine (85), St-Victor-Montvianeix Pitelet (125), Echandelys (200), Boutaresse (210), Pouzol (203)	07	09	15	1

* sur la localisation de ces tissus, voir le 3e chapitre de la 1ère partie.
Source : Enquête M. Lacouture, 1993-94.

Inversement, la fonction de lieu de vie est présente dans les sites les plus appréciés, qui offrent un accueil et des activités à l'intention des enfants ou des adultes, hors du temps scolaire. Ils disposent toujours d'un bon équipement scolaire, avec une bibliothèque et souvent une autre salle spécialisée ; enfin, à des titres différents, soit parce que les bâtiments sont neufs, soit parce que l'héritage du passé est relativement riche et bien préservé, ils font, dans leur localité, figure d'édifice remarquable. La taille, ici, importe peu, et apparaissent dans

Fig. 89 - L'inégale perception des sites scolaires
Année 1993-94

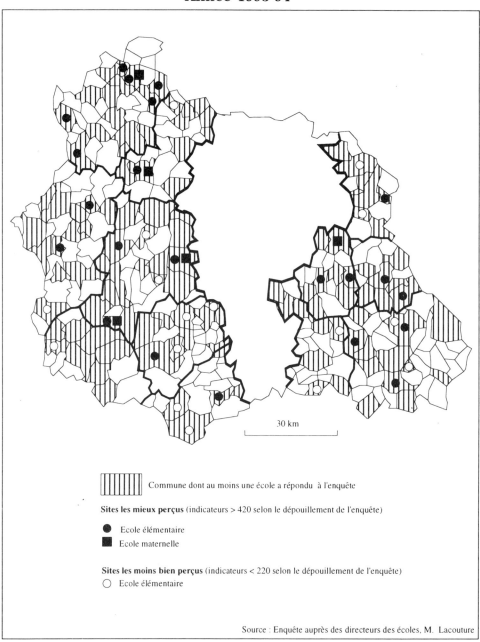

30 km

Commune dont au moins une école a répondu à l'enquête

Sites les mieux perçus (indicateurs > 420 selon le dépouillement de l'enquête)

⬤ Ecole élémentaire

⬛ Ecole maternelle

Sites les moins bien perçus (indicateurs < 220 selon le dépouillement de l'enquête)

○ Ecole élémentaire

Source : Enquête auprès des directeurs des écoles, M. Lacouture

CERAMAC

- 448 -

ces sites dont l'image est bonne les grands groupes scolaires (excepté Courpière, qui a hérité d'une structure incommode de collège), des établissements de bourgs et de villages-centres, et même quelques structures à deux classes. Celles-ci sont au cœur de petites localités qui ont perdu la plupart de leurs services, mais qui ont exceptionnellement entretenu leurs écoles et dont les enseignants, très impliqués dans les réalisations, présentent la meilleure image. On comprend que la majorité de ces sites se localisent dans les tissus scolaires les plus serrés, où les investissements scolaires se justifient aisément par le maintien des effectifs, mais dix d'entre eux, situés dans les tissus lâches et fragiles, parviennent à donner une image dynamique de l'école, dans des milieux où le réseau est déstructuré, et où la demande scolaire est faible (cf. Fig. 89).

B - CLICHÉS REPRÉSENTATIFS DES MODALITÉS DE LA RESTRUCTURATION

Tab. 55 - Sélection des sites scolaires représentatifs des diverses modalités de reconstruction

Perception du site en fonction des résultats de l'enquête	Types d'aménagement	Localisation retenue
Sites menacés d'obsolescence	« Pièges » dans des collectivités petites et isolées	St-Martin-d'Ollières Boutaresse, commune de Saint-Alvre-es-Montagne
	Fonctionnent en regroupement intercommunal	Eglisolles Saint-Avit
Sites appréciés comme « moyens » mais jamais banalement perçus	• Fonction liée au cadre civique traditionnel	Chef-lieu de commune Augnat Chef-lieu de canton Pionsat
	• Fonction développée sur des points forts du tourisme montagnards à deux générations différentes	Le Mont Dore Super-Besse
	• Fonction « couplée » avec celle d'un collège	Saint-Amant-Roche-Savine
Sites très bien perçus quoique localisés en tissu scolaire fragile	• Quatre petites structures	Montel-de-Gelat Tours-sur-Meymont Condat-en-Combraille Fournols
	• Deux structures moyennes de générations différentes	Pontaumur Cunlhat (chantier de l'école 1998)

Ce sont évidemment les photographies qui permettent le mieux de saisir le rapport entre les installations, l'esthétique du bâtiment et les menaces du vide social ou les effets de dynamismes locaux, que des indicateurs discrets, mais toujours présents, font apparaître. Les clichés ont été choisis en fonction des appréciations données sur les sites, pour identifier les aménagements auxquels sont accolées des images médiocres, simplement convenables ou très favorables. La sélection des sites les mieux perçus n'a pas porté que sur les tissus scolaires les plus fragiles, de façon à mettre en valeur les contradictions et à repérer les lieux auxquels les acteurs locaux donnent un rôle singulier dans le règlement de la crise. Triées sur ces critères, quinze photographies ont paru suffire pour distinguer les modes d'évolution (cf. Fig. 90 et Tab. 55).

Fig. 90 - Localisation des clichés portant sur l'évolution des sites scolaires

CONCLUSION

On est très loin, sur les hautes terres du Puy-de-Dôme, d'une distribution d'écoles banales créées par la IIIe République, mais cette variété extrême n'a pas, jusqu'alors, nui à l'image de l'école. En 1995, le corps enseignant a donné une représentation très largement positive de l'ensemble des sites. Les fonctions scolaires sont implantées sur des lieux qui n'ont pas jusqu'alors été remis en question, tantôt parce qu'ils s'inscrivent dans la tradition locale, tantôt parce qu'ils ont été l'objet de réaménagements successifs dont certains sont appréciés, ou, tout simplement, parce qu'on se contente de peu dans certaines collectivités usées par la crise montagnarde. On ne peut donc pas s'étonner d'avoir trouvé, malgré les mouvements de populations et les migrations d'écoliers, une carte scolaire qui est solidement accrochée au territoire, et qui a été l'objet de simples retouches.

Cependant, alors que certaines écoles sont soutenues par des budgets municipaux importants, ou par des petites collectivités qui rassemblent leurs efforts et leurs initiatives pour valoriser le site scolaire, dans d'autres cas, les municipalités ne peuvent ni maintenir leurs locaux en l'état, ni envisager leur fermeture. Au cours de la dernière décennie, où les cohortes scolaires, les méthodes éducatives et les enseignants eux-mêmes ont fortement changé, une distinction nette s'est établie entre les sites qui ont bénéficié de vies municipales fortes, et ceux qui sont associés à une impuissance municipale, génératrice de rivalités sans fin et de ressentiments.

Planche 8 - SAINT-MARTIN-D'OLLIÈRES

Population communale :   **169 hab. (RGP 1990)**
Altitude : 720 mètres   **160 hab. (RGP 1999)**

Cliché : M. Lacouture, août 1998

Le bâtiment est sur la grande place du village. La mairie s'annonce en lettres d'or sur la façade ; la poste s'affiche sur le pignon (non visible ici), mais rien n'attire l'attention sur l'école. Il y a pourtant ici une classe, d'un RPI qui en comprend deux, associant les communes de Saint-Martin-d'Ollières et Saint-Hilaire (Haute-Loire) situées dans deux clairières du Livradois. L'école de Saint-Martin recevait treize élèves en 1993, huit en 1997. Aspect extérieur, effectifs et aménagement sont autant d'indicateurs de **déscolarisation**. Le professeur d'école réclame des réparations élémentaires pour la salle de classes (parquet, murs, chauffage central) qui occupe la partie gauche du rez-de-chaussée. La bibliothèque et la cantine occupent une autre pièce. Le site fonctionne dans des conditions minimales. Le dépôt de la Bibliothèque Centrale de Prêt est le seul aménagement qui valorise quelque peu ce lieu où la fonction scolaire est faible.

Planche 9 - HAMEAU DE BOUTARESSE, COMMUNE DE SAINT-ALYRE-ES-MONTAGNE

Population communale : 203 hab. (RGP 1990)
Altitude : 1 200 m   180 hab. (RGP 1999)

Cliché : M. Lacouture, mai 1995

Second exemple d'école en situation délicate, celle de Boutaresse. Dans une prairie, à la sortie du hameau en direction des hauts pâturages du Cézallier, elle occupe un site superbe, et émouvant, de dernier lieu de vie face aux vastes solitudes des plateaux. Les touristes louent l'appartement l'été. Un panneau accroché au linteau indique le « gîte », mais pas l'école. Le bâtiment retrouve sa fonction scolaire à chaque rentrée. Malgré les apparences, le projet scolaire reste fort. La salle a été réaménagée, un confort minimal installé, mais il faut, dans un volume réduit, recevoir les enfants de tous les niveaux avec l'aide d'une employée municipale. Même pour dix élèves (chiffre de 1997-98), le site reste étriqué et **freine le développement d'activités scolaires** que la démographie locale ne soutient plus : en 1999-2000, il n'y a plus qu'un enfant d'âge préélémentaire dans cette très petite cohorte !

Planche 10 - EGLISOLLES

Population communale : 255 hab. (RGP 1990)
Altitude : 923 m   236 hab. (RGP 1999)

Cliché : M. Lacouture, juin 1996

L'apparence du bâtiment d'Eglisolles n'a rien de scolaire, si ce n'est la longue rangée de hautes fenêtres qui rythment la façade et la présence à l'extérieur d'un gros matériel en bois destiné à l'Education physique, que le Parc Livradois-Forez a installé dans chaque école. La cour herbeuse et les beaux arbres ont cependant trouvé une finalité nouvelle avec la création d'un RPI. L'école d'Eglisolles scolarise, en 1997-98, douze enfants de deux ans, quatre de trois ans ; leurs treize aînés d'âge préélémentaire sont dans la petite structure voisine, à Saillant, et une cinquantaine d'élèves dans les trois classes du chef-lieu de canton Viverols. Cette division des tâches donne une **fonction nouvelle à ce lieu**, qui bénéficie de son isolement : il est extrêmement rare que les jeunes enfants soient dirigés sur des écoles de hameaux où ils n'habitent pas, mais ce site a la **spécificité de l'accueil des enfants de deux ans** du canton de Viverols. Neuf classes uniques préélémentaires de ce type fonctionnent sur les hautes terres du Puy-de-Dôme.

Planche 11 - SAINT-AVIT

Population communale : 292 hab. (RGP 1990)
Altitude : 650 m   269 hab. (RGP 1999)

Cliché : M. Lacouture, août 1998

Ce vaste bâtiment d'apparence négligée a longtemps abrité un site bien chétif : une dizaine d'élèves de tous niveaux, alors qu'on est à quelques kilomètres de Pontaumur. Cette médiocre fonction scolaire paraissait s'effacer, tout comme l'inscription centrale qui l'avait autrefois annoncée. En 1995, la déscolarisation des bâtiments était évidente, au profit des associations du village. Tout a changé en 1996, avec la création d'un RPI avec le village voisin, Condat-en-Combrailles : il permet de répartir la cohorte commune sur trois classes donc trois cycles. L'école reçoit dix-neuf élèves d'âge préélémentaire (1997-98) et aménage des salles pour cet accueil spécifique. Il s'agit, comme à Eglisolles, d'un site qui **cherche un second souffle** par l'accueil d'enfants très jeunes, dont ceux de deux ans, pour lesquels on transforme les locaux. L'école est classée depuis 1997 et, **malgré son apparence**, dans les écoles maternelles.

Planche 12 - AUGNAT

Population communale : 111 hab. (RGP 1990)
Altitude : 600 m   133 hab. (RGP 1999)

Cliché : M. Lacouture, août 1998

La lecture de la façade suffit, à elle seule, à démontrer l'ancrage solide de ce minuscule site dans la tradition villageoise et républicaine. Menacé de fermeture, l'école a été vigoureusement défendue. La vie scolaire est bien préservée : l'appartement disponible n'est loué que pendant les vacances, les réparations, y compris la réfection des fenêtres en double vitrage ont été effectuées, le dépôt de la Bibliothèque Départementale de Prêt enrichit le site et l'ouvre sur la population adulte. Ce projet peut-il suffir à la survie d'une école qui, en 1997-98, n'accueille plus que six élèves ? Malgré la qualité des lieux et une exceptionnelle situation en « miroir du village », la fonction scolaire a récemment régressé et le site, pris entre les pôles de Saint-Germain-Lembron à l'aval et d'Ardes, à l'amont, ne peut sans doute pas dépasser cette **dimension villageoise** qui est sa spécificité même et n'assure plus son avenir, malgré une certaine reprise démographique.

Planche 13 - PIONSAT, chef-lieu de canton

Pop. cantonale : 2 788 hab. (RGP 90); 2 514 (RGP 99)
Pop. communale : 1 046 hab. (RGP 90) ; 1 013 (RGP 99)
Altitude : 535 m

Cliché : M. Lacouture, septembre 1997

Les trois classes élémentaires sont logées dans ce bâtiment néo-classique qui fut l'école de filles, et qui était exceptionnellement beau : les fonctions de marché étaient importantes dans ce chef-lieu d'un canton surpeuplé qui s'enorgueillit d'avoir eu un collège dès le XVIe siècle. La IIIe République a ouvert deux écoles publiques. Les enjeux de la vie politique locale avaient conduit à la fermeture de l'école privée de filles dès 1903. Un autre bâtiment a été édifié pour recevoir une, puis deux classes enfantines (photo en haut de page). L'ouverture d'un centre de rééducation fonctionnelle a créé des emplois pour de jeunes parents. **L'école compte parmi les initiatives dont ce petit bourg a fait preuve pour sortir de la crise**. Les effectifs sont certes peu fournis : 121 élèves pour le chef-lieu d'un canton qui n'a qu'une autre école, mais ils vont en se renforçant. Le site reflète cette bonne tenue exceptionnelle pour un petit centre.

Planche 14 - LE MONT-DORE

Population communale : 1 975 hab. (RGP 1990)
Altitude : 1 050 m   1 679 hab. (RGP 1999)

Cliché : M. Lacouture, mars 1997

Le patrimoine bâti monumental est ici difficile à gérer. Le bâtiment, curieusement polychrome, n'est pas sans évoquer l'esthétique lourde du hall des sources, dans le grand établissement thermal. Les enseignants trouvent de quoi s'y loger - ce qui n'est pas négligeable - mais les **cinq salles de classes sont « perdues » dans ce grand ensemble, qui a été un collège**. L'école élémentaire reçoit cinquante-huit élèves, l'école maternelle trente-cinq. *« L'école vieillotte occupe la moitié du rez-de-chaussée... mais l'aile inoccupée est très délabrée... cela fait un ensemble bien triste au grand regret des enseignants et des parents dont les enfants y vivent au moins six heures par jour »*. Le volume permet d'aménager des salles spécifiques et de travailler avec des moyens corrects, mais la collectivité scolaire à des difficultés pour y placer ses repères, et a d'ailleurs installé une plaque à son nom, sur sa porte pour ne pas disparaître dans cet immense édifice.

Planche 15 - STATION DE SUPER-BESSE, COMMUNE DE BESSE-EN-CHANDESSE

Population communale : 1 799 hab. (RGP 1990)
Altitude : 1 300 m   1 672 hab. (RGP 1999)

Cliché : M. Lacouture, avril 1997

Vingt-neuf élèves en 1997 (16 préélémentaires et seulement 13 élémentaires) fréquentent cette **école de proximité** qui accueille les enfants à partir de trois ans jusqu'au CM2. Construit en 1984, le bâtiment « *se remarque au milieu des chalets de bois avec son habillage en tôle* ». C'est peu pour indiquer une fonction scolaire ! Correctement proportionné, avec deux salles de classe au sud, un restaurant scolaire, un hall d'accueil, une salle supplémentaire, et un logement occupé par la directrice, il est pratique, sans être confortable. Il est mal insonorisé et difficile à bien chauffer et **n'a rien gardé de l'image de l'école, ni rien inventé**, comme si le projet éducatif n'avait pas à s'exprimer dans la station vouée aux sports de pleine nature. La meilleure qualité du site n'est-elle pas « *d'être au bord du lac artificiel* » ?

Planche 16 - SAINT-AMANT-ROCHE-SAVINE,
chef-lieu de canton

Pop.cantonale : 1 420 hab. (RGP 90) ; 1 376 (RGP 99)
Pop. communale : 500 hab. (RGP 90) ; 531 (RGP 99)
Altitude : 865 m

Cliché : M. Lacouture, septembre 1994

Edifié en 1954, ce vaste établissement scolaire, situé entre la forêt et le village, réunit le collège et l'école. Le bâtiment est évidemment typique des banlieues - où il passe inaperçu - et des chefs-lieux de cantons des années cinquante. A l'écart du vieux village, il paraît ici particulièrement disgracieux et les enseignants le considèrent pour ce qu'il est : « ancien », « difficilement aménageable ». L'école y a cependant fait sa place, avec trois salles, une cour spécifiquement réservée à la classe enfantine, une bibliothèque et une salle de repos. Les plus petits sont moins à l'aise que les autres dans ce vaste local, où il leur manque d'ailleurs une salle d'évolution, alors que les plus grands bénéficient des installations du collège (salle d'EPS, informatique) et des animations que celui-ci permet (activités entre 12 et 14 heures). C'est, comme au Mont-Dore, un site où la **vie scolaire s'est correctement équipée**, mais le cadre bâti nuit à son image. En développant les activités autour de la lecture scolaire et publique, la municipalité tente d'en faire un **point d'ancrage** fort dans le paysage culturel du Haut Livradois.

Planche 17 - LE MONTEL-DE-GELAT

Population communale : 503 hab. (RGP 1990)
Altitude : 650 m   522 hab. (RGP 1999)

Cliché : M. Lacouture, 1995

L'école du Montel-de-Gelat a été construite en 1965-66 sur un modèle relativement fréquent dans les montagnes du Puy-de-Dôme. Elle a longtemps abrité trois classes, une cantine dans un ancien préau, et deux appartements destinés aux enseignants. La baisse des effectifs a lentement miné ce bel équilibre. La fermeture de la troisième classe a entraîné une restructuration dans le cadre d'un RPI avec la commune voisine de Villosanges (cf. 1ère partie, 2e chapitre). Le site a pu préserver **la qualité de sa fonction scolaire** : la classe libérée est devenue une salle de jeux et de motricité pour les enfants d'âge préélémentaire (petite et moyenne sections) ; les salles des classes proprement dites sont au nombre de deux : une pour le préélémentaire (21 élèves), une pour le cours moyen (19 élèves en 1997-98). Les deux classes partagent la même bibliothèque, où les maîtres organisent périodiquement des activités communes avec lecture par les plus grands à l'attention des plus petits. Le matériel informatique, nécessaire aux deux enseignantes, est en BCD et dans la salle du cours moyen. Le site a été **réaménagé sans repli scolaire**. Bien au contraire, un des deux appartements loués a pu être repris par un professeur d'école de la commune associée en RPI.

Planche 18 - TOURS-SUR-MEYMONT

Population communale : 511 hab. (RGP 1990)
Altitude : 625 m   522 hab. (RGP 1999)

Cliché : M. Lacouture, septembre 1998

L'école à deux classes (33 élèves en 1997-98) de Tours-sur-Meymont illustre le type des très petites structures qui bénéficient d'une excellente image et souhaitent la maintenir comme le prouvent la qualité des locaux et le soin qui leur est apporté. Déjà cité parmi les lieux de vie agréables, le site présente les indicateurs d'un fonctionnement scolaire bien actualisé : les enfants ont décoré la cour d'une fresque, les salles libérées ont été équipées pour le repos des enfants d'âge préélémentaire, l'audiovisuel et en alternance la garderie. La municipalité participe aux activités par l'accueil, l'ouverture d'une étude surveillée hebdomadaire et par la mise à la disposition, une heure par semaine, de la bibliothèque municipale. **Plusieurs sites de proximité qui ont évolué** figurent ainsi malgré leur petite taille, dans les lieux que certains enseignants **apprécient particulièrement et défendent avec vigueur**. L'activité du Parc Livradois-Forez qui tente de corriger l'image très défectueuse dont souffrait cette zone a contribué au renouveau de cette petite structure qui régressait.

Planche 19 - CONDAT-EN-COMBRAILLE

Population communale : 593 hab. (RGP 1990)
Altitude : 650 m   520 hab. (RGP 1999)

Clichés : M. Lacouture, septembre 1998

« Les habitants de la commune sont profondément attachés au gouvernement de la République » (délibération du Conseil Municipal du 28 septembre 1896, sur le projet d'école à 4 classes).

La mairie-école de Condat-en-Combraille a préservé son inscription d'origine « école communale 1898 ». Ce bel édifice a été construit quand la commune avait 1 200 hab., et relève de la **tradition laïque et républicaine des Combrailles**. Il est entretenu par une municipalité active, bien décidée à créer ici un point d'ancrage pour la restructuration du réseau, bien que la chute des effectifs ait entraîné la fermeture de la troisième classe en 1995. L'école fonctionne en RPI avec celle de Saint-Avit (pl. 11). La municipalité a équipé deux salles spécialisées, aménage la cour, loge un enseignant... qui exerce à une quinzaine de kilomètres ! Le bâtiment abrite la mairie, le club du 3e âge, un cours de musique pour les enfants. L'école est bien intégrée dans sa **coquille communale**, mais ne s'est rénovée qu'en s'inscrivant dans les **migrations quotidiennes** qui sont le lot commun des enfants et des enseignants.

Planche 20 - FOURNOLS

Population communale : **546 hab. (RGP 1990)**
Altitude : 980 m   **480 hab. (RGP 1999)**

Cliché : M. Lacouture

Le bâtiment traditionnel à deux classes et deux logements a été complété par d'autres classes, bien utiles pour recevoir les élèves des hameaux à la fermeture de leur école, par une colonie de vacances et une salle des fêtes visible ici en contrebas. L'école se déploie dans cet ensemble hétéroclite. Deux salles sont ouvertes dans le corps central ; la classe enfantine dans l'aile gauche a été prolongée par la salle de repos prise sur la salle des fêtes : les trois classes reçoivent quarante-six élèves (1997).

A l'image de bien des fermes du Livradois, le site s'est constitué par **adjonctions successives et paraît de bric et de broc, mais l'espace scolaire s'y redéploie** et c'est un lieu apprécié tant que les inscriptions peuvent justifier les trois classes.

Planche 21 - PONTAUMUR, chef-lieu de canton

Pop. cantonale : 5 491 hab. (RGP 90) ; 4 946 (RGP 99)
Pop. communale : 859 hab. (RGP 90) ; 770 (RGP 99)
Altitude : 538 m

A

B

Cliché : M. Lacouture, août 1997

L'école élémentaire de Pontaumur doit sa bonne image à plusieurs facteurs : le **caractère monumental** du premier édifice inauguré en 1914, les **réaménagements** (dont la création d'une bibliothèque) et la richesse de la **vie associative** qui l'accompagne : la halte-garderie et l'accueil des enfants pendant les congés se situent dans le bâtiment moderne qui ne dépare pas avec le précédent. Une aile, qui prolonge la première construction, abrite la salle des fêtes. A l'image de cette architecture sévère mais solide, on a ici un bon point d'ancrage de la vie scolaire : 61 élèves en maternelle, 94 en élémentaire avec cinq classes dont une d'adaptation.

Planche 22 - CUNLHAT, chef-lieu de canton

Pop. cantonale : 2 463 hab. (RGP 90) ; 2 424 (RGP 99)
Pop. communale : 1 411 hab. (RGP 90) ; 1 350 (RGP 99)
Altitude : 700 m

Cliché : M. Lacouture, septembre 1998

Le souci de l'image de l'école est allé de pair avec celui de la restauration du cœur (bien dégradé) du village, et l'affirmation de ses fonctions. L'école située sur l'artère principale a pris une apparence coquette, et gardera à l'avenir deux classes de **maternelle**. Des locaux joints au **collège** accueillaient une partie du CE et le CM. Le collège ne gardera que les infrastructures lourdes (cantine et salle d'EPS). Le **chantier** (coût de l'opération : 3 547 000 F) qui se termine en septembre 1998, à la sortie du village, crée une nouvelle école élémentaire. Celle-ci aura quatre classes et quatre salles spécialisées : bibliothèque, salle informatique, pièce à la disposition du réseau d'aide aux enfants en difficulté, et même laboratoire photographique en liaison avec des projets d'éducation à l'entretien du paysage, destinés à valoriser le **milieu de vie** car nous sommes ici dans le Parc Livradois-Forez !

Chapitre 2

INERTIE DES STRUCTURES
OU RECONSTRUCTION ?

Dans les conjonctures locales qui ont renforcé ou desservi les sites scolaires, il y eut une grande part d'aléatoire. Les modes actuels de fonctionnement se sont préparés sans qu'on y prenne garde, alors qu'on procédait à de constants réajustements des structures anciennes. Sous l'effet d'initiatives ponctuelles qui ont profité de coïncidences inattendues, entre les difficultés d'une école et la bonne tenue de sa voisine, bien des crises ont trouvé des dénouements imprévisibles. Aucun observateur sensé n'aurait envisagé sérieusement, il n'y a pas cinq ans, que la fermette endormie au milieu des genêts près du hameau de Chassagnols (commune de Saint-Just-de-Baffie) où une dizaine d'enfants étaient scolarisés, en recevrait le double trois ans[15] plus tard et que son transfert serait envisagé sur la mairie de la commune. A l'inverse, qui pourrait comprendre pourquoi les habitants de Sainte-Agathe[16], dans la montagne de Thiers, n'ont pas vu s'installer la crise scolaire : un matin de septembre 1997, constatant qu'aucun élève ne se présentait dans « leur » école, ils sont subi un choc tel qu'ils vouent aux gémonies un an après encore, la municipalité voisine (« *ils nous ont piqué nos enfants* » (sic)), l'enseignante et les parents d'élèves ! Les situations des écoles de Chassagnols et de Sainte-Agathe, dans deux microcommunes dominant le sillon mieux équipé de La Dore, n'étaient pas fondamentalement différentes. Un observateur aurait même estimé, il y a dix ans, que Sainte-Agathe, avec son vaste bâtiment et un logement correct pour l'enseignant, avait plus d'atouts pour maintenir son service scolaire. Les élèves ont pourtant glissé vers l'aval ; alors que les effectifs de Chassagnols ont bénéficié de la remontée d'une partie de la cohorte voisine[17]. Les destinées locales se jouent sur des possibilités qui apparaissent sur un lieu, plutôt que sur un autre, et que des acteurs du terrain « saisissent au vol ». A l'échelle de chaque école, tout n'est pas logiquement explicable. Les pronostics portant sur des lieux précis courent le risque d'être déjoués par des conflits ancestraux ou des alliances inattendues, mais les problèmes sont identifiables par plages, ainsi que les solutions qui émergent. Trois critères principaux sont à prendre en compte pour comprendre les types de solutions qui, actuellement, se font jour : le nombre d'enfants rassemblés, dont la présence justifie l'école, les moyens qui la permettent, et la volonté qui la fait.

I - OÙ SONT LES ENFANTS ?

L'actualité scolaire montagnarde ne se présente pas , au début de l'année scolaire 1998-99, sous un jour particulièrement dramatique. Certes, on retrouve la vingtaine de sites précédemment repérés, où le désengagement de la collectivité locale est manifeste ; le système y fonctionne avec un « surinvestissement » de la part de l'enseignant et d'autres membres de l'Education Nationale (conseillers pédagogiques ou membres de l'Equipe Mobile Académique de Liaison et d'Animation par exemple) pour recevoir quelques enfants que des familles, paradoxalement, sont parfois prêtes à inscrire ailleurs ! Cependant, dans l'ensemble, les petites cohortes paraissent bien stabilisées. Elles sont accueillies dans des locaux quelque peu réaménagés, parfois vraiment rénovés, dans des bâtiments situés aux entrées des villages ou sur des places « proprettes » : quelques maisons fleuries, un parterre entretenu par l'employé municipal, et un ou deux enfants faisant du vélo dans ces localités tranquilles suffiraient presque à rassurer le promeneur du dimanche. Mais des ébauches de dialogues engagés avec les enfants ont vite dévoilé l'état réel de la vie collective. « *Je ne connais pas l'école d'ici... je suis chez ma grand-mère... je suis en week-end* », avons-nous entendu à plusieurs reprises. On ne saurait mieux caractériser la précarité démographique des zones à faible densité. Les enfants disent dans leur langage que l'évolution récente a conduit de nouveaux retraités (qui étaient de « vieux urbains ») à venir s'installer au village, alors que les « jeunes urbains » - et leurs enfants - vivent ailleurs.

A - LES PROJECTIONS DÉMOGRAPHIQUES

Prendre la mesure de ce déséquilibre, en fin de période intercensitaire, n'est pas chose aisée. Dans l'attente du Recensement Général de Population de 1999, on ne dispose que de sources partielles, ou d'estimations, et de projections pour le proche avenir. L'INSEE a procédé à des estimations du chiffre de la population par département en prenant en compte le solde naturel, calculé d'après les relevés annuels de naissances et décès domiciliés, et en évaluant les mouvements migratoires à partir d'un corpus de données permettant d'approcher les lieux de résidence (taxes d'habitation, abonnements EDF, information sur les prestations familiales versées par la CAF et la MSA, effectifs scolaires). La tendance à la baisse, que le recensement de 1990 avait signalée en Auvergne, s'est poursuivie au rythme de 0,1 % par an entre 1990 et 1995, alors que la population française métropolitaine augmentait dans le même temps, au rythme de 0,5 % par an. La région, cependant, retrouve le modèle national en ce qui concerne la répartition des hommes et ses dynamiques spatiales. Les zones les plus urbanisées se renforcent, alors que **celles qui sont démographiquement les plus déprimées continuent à s'affaiblir**. L'importance de l'aire urbaine centrale vaut au département du Puy-de-Dôme un bilan démographique légèrement positif, avec un gain de 2 800 habitants en cinq ans (estimation de 1995 à 601 123 hab., alors que la population s'élevait à 598 311 hab. en 1990). Ce bilan résulte de soldes migratoire et naturel l'un et l'autre positifs, bien que le nombre de naissances soit en baisse. En fait, la dynamique locale, en deux temps, à l'image d'une « pompe aspirante et refoulante », s'est interrompue. La classe des moins de vingt ans est désormais trop affaiblie en montagne pour nourrir une émigration en direction de la ville. L'agglomération de Clermont-Ferrand n'aspire plus la population montagnarde pour la renvoyer sur les marges de l'aire urbaine, où les lotissements accueillaient les familles désireuses d'accéder à la propriété de leur logement. Les études achevées, une partie des classes jeunes a quitté la région entre 1990 et 1995, alors que de nouveaux retraités sont venus s'y installer. Peu nombreuse en montagne, amputée dans l'aire urbaine par les départs pour d'autres régions, la population des jeunes parents se renouvelle mal ; ce déficit menace de s'amplifier car arrivent à l'âge de fonder un foyer les classes moins nombreuses nées après 1975.

On ne s'étonnera donc pas que les projections effectuées par l'INSEE présentent plusieurs scenarii de baisse du nombre des naissances. « *Jamais le nombre de naissances n'a été aussi faible en Auvergne. Qu'en sera-t-il d'ici 2005 ? Un renversement de tendance semble peu probable* »[18]. Les calculs prennent en compte trois faits. Le nombre de jeunes femmes sur un territoire donné, l'évolution de ce nombre sous l'effet de migrations et l'évolution du taux de fécondité de ces jeunes femmes. En prenant comme hypothèse le maintien du taux de fécondité à 1,55 (chiffre de 1990) et les mouvements migratoires négatifs enregistrés entre 1982 et 1990, les naissances diminueraient partout, dans le Puy-de-Dôme, sauf dans le « bassin de naissances »[19] de Riom, dont le chiffre se maintiendrait grâce à l'installation de jeunes couples. Si le calcul prend en compte les mouvements de population depuis 1975, le « bassin de Riom » gagnerait une cinquantaine de naissances (+9 % par rapport à la moyenne de celles-ci dans les années 1990-94, et celui de Clermont, de loin le plus important, en gagnerait environ deux cents (+1 %)[20]. Partout ailleurs, le nombre de naissances en 2005 serait inférieur à ce qu'il était douze ans plus tôt. Dans le « bassin de naissances » d'Ambert, il passerait de deux cent quarante-neuf à cent soixante-deux, donc afficherait une perte de -35 %, la plus forte de toute l'Auvergne ! Enfin, si l'on fait rentrer dans le calcul le taux de fécondité estimé en 1995 (1,4) à la place du taux constaté en 1990 (1,55), il y aurait 19 % de naissances en moins en 2005 sur l'ensemble de l'Auvergne (13 169 naissances en moyenne de 1990 à 1994 ; 10 596 selon cette projection en 2005) et il faut réviser peu ou prou, à la baisse, les chiffres de la totalité des bassins. C'est pour le bassin d'Ambert que ce calcul donne le résultat le plus pessimiste avec cent quarante-quatre naissances contre deux cent quarante-neuf, soit une perte de -42 %. Ces projections ne sont évidemment pas des prédictions. La réalité ne se conformera sans doute pas à ces calculs mathématiques effectués en fonction des hypothèses de départ retenues, mais, sauf renversement considérable des courants migratoires, elle enregistrera à n'en pas douter un recul des naissances. Les écoles voient actuellement une des sources qui alimentent leurs cohortes nettement faillir, et le mouvement prévu a débuté.

Le nombre de naissances est toujours en dents de scie dans les plus petites collectivités, mais, avec la baisse de la natalité, les « années creuses » ont pris le pas sur les autres. On est passé à deux ou trois naissances annuelles pour trois à quatre cents habitants, voire aucune (cf. Tab. 56).

Le relevé des naissances domiciliées permet de faire le point, dans cette crise de la natalité, sans accorder cependant à un bref épisode (2 ans) plus de valeur que celle d'un indicateur. Quatre-vingt-trois communes montagnardes n'ont pas eu plus de quatre nouveau-nés sur les deux années 1995 et 1996. Elles se situent sur les hautes terres du sud du département et sur les marges occidentales (cf. Fig. 91). Les plages qu'elles occupent correspondent souvent à celles des communes de moins de deux cent cinquante habitants, sans qu'il y ait une coïncidence exacte. Ce sont les exceptions qui sont intéressantes, car elles révèlent les dysfonctionnements récents, ou des restructurations supra-communales étonnantes. Les écarts sont de deux types. D'une part dix-sept communes, qui avaient moins de deux cent cinquante habitants en 1990, ont vu

Tab - 56 - Nombre de naissances domiciliées au cours des deux années 1995 et 1996 dans les communes montagnardes de 300 à 400 hab. au RGP de 1990

Commune	Population (nombre d'hab.)	Nombre de naissances en deux ans	dont aucune en :
Auzelles	325	5	
Beurières	336	7	
Biollet	376	7	
Blot-l'Eglise	392	2	1995
Briffons	369	7	
Le Brugeron	359	2	1996
Chambon/Lac	372	7	
Chastreix	359	1	1995
Châteauneuf-les-Bains	330	5	
La Forie	396	4	1995
Gouttières	381	6	
Herment	350	7	.
Isserteaux	303	9	
Louqueuille	382	6	
Ludesse	301	4	
Miremont	370	1	1996
Montcel	302	3	
Perpezat	377	9	
Prondines	349	1	1995
Pulvérières	307	4	
Saint-Angel	369	3	1995
Saint-Diéry	323	9	
Saint-Donat	334	5	
St-Genès-Champespe	317	3	
St-Jacques-d'Amb??	315	3	1996
St-Julien-Puy-Lavèze	342	5	
St-Pardoux	363	6	
St-Pierre-le-Chastel	326	3	1995
St-Pierre-Roche	385	6	
Teilhet	339	1	1995
Trezioux	309	5	
Verneugheol	304	6	
Vernines	326	5	
Vitrac	307	7	
Vollore-Montagne	397	7	
Total 35 communes		171 naissances	
Moyenne 1 commune		4,88 naissances en deux ans 2,44 naissances par an	

naître au moins cinq enfants au cours des années 1995 et 1996. Ce sont des communes qui se « **redressent** » depuis peu : sept sont à l'est à proximité de la vallée de la Dore (Chaumont-le-Bourg, Valcivières...), dix à l'ouest, sur le rebord du plateau, non loin des zones urbaines (Champs, Olloix...). Dans la majorité des cas, ces microcommunes ont connu une crise démographique terrible et n'ont plus d'écoles. Pour elles, **trois nouveau-nés en un an paraissent annoncer une résurrection**. D'autre part, trente-sept communes offrent le cas inverse de collectivités qui avaient plus de deux cent cinquante habitants en 1990, mais qui n'enregistrent pas cinq naissances du 1er janvier 1995 au 31 décembre 1996. Elles sont seulement au nombre de huit à l'est (ex. Le Brugeron : 359 habitants en 1990, mais deux naissances seulement en deux ans pour 1995 et 1996). Elles représentent un véritable phénomène de société sur les hautes terres de l'ouest : vingt-neuf communes sont dans ce cas : elles ne se situent pas dans le Cézallier, où la crise a fait son œuvre depuis longtemps (passage au-dessous de la barre de deux cent cinquante habitants par commune et fermeture de la dernière école), mais à sa périphérie (Egliseneuve-d'Entraigues), sur les pentes des Monts Dore (Chastreix, Orcival) et surtout dans les Combrailles. Cet effondrement des naissances traduit une crise des sociétés montagnardes qui n'ont pas d'activités industrielles, ne parviennent pas à développer une fonction touristique et sont loin des aires urbaines. Une commune, sur le versant occidental des Monts Dore, offre un exemple extrême : trois cent cinquante-neuf habitants en 1990, une naissance en deux années en 1995-96, mais encore une école ! **Nombre de ces communes, en effet, ont préservé leur équipement scolaire** offrant une ou deux classes. Si les effectifs scolaires **n'ont pas été renforcés** par l'installation de quelques familles, ou par des inscriptions venues des communes voisines, les écoles se trouvent manifestement en **porte-à-faux** (cf. Tab. 57).

Tab. 57 - Structures scolaires des communes n'ayant pas cinq naissances en deux ans (années 1995 et 1996)

	Montagnes de l'ouest du Puy-de-Dôme	Montagnes de l'est du Puy-de-Dôme
1 classe unique maternelle	1	4
1 classe unique élémentaire	26	12
2 classes uniques élémentaires	2	1
1 école à 2 classes	10	3
1 école à 3 classes	1	0

B - DES COURS D'ÉCOLES ANIMÉES DANS DES COMMUNES VIDES ?

Ces chiffres suscitent une interrogation : il y a une certaine déconnexion du service scolaire par rapport au vivier local ; assisterait-on à l'éclosion d'écoles « anaérobies », capables de prospérer sans enfant, comme certaines cellules sans oxygène ? Cinq communes qui n'ont pas eu plus de quatre naissances en deux ans entretiennent des écoles... maternelles ! Quatorze communes, dans une conjoncture démographique semblable réussissent à tenir deux classes ouvertes - l'une d'elles en a même trois ! Pour surprenante qu'elles soient, ces situations ne sont pas illogiques et certaines peuvent parfaitement perdurer. Les structures les plus menacées sont celles qui cumulent trois handicaps : l'effondrement des naissances dû au fait que les jeunes femmes sont peu nombreuses et ont peu d'enfants ; le faible nombre des installations de jeunes couples, car il y a peu d'emplois, ni sur place, ni à proximité ; l'impossibilité de recruter des élèves dans les communes voisines. La municipalité d'Egliseneuve-d'Entraigues est ainsi littéralement cernée par la limite départementale, les communes d'Espinchal et la Godivelle qui ont été vidées de leur population, et la station de Besse-en-Chandesse (qui dispose de quatre écoles), a

Fig. 91 - Localisation des communes du Puy-de-Dôme ayant eu quatre ou moins de quatre naissances en deux ans (1995 et 1996)

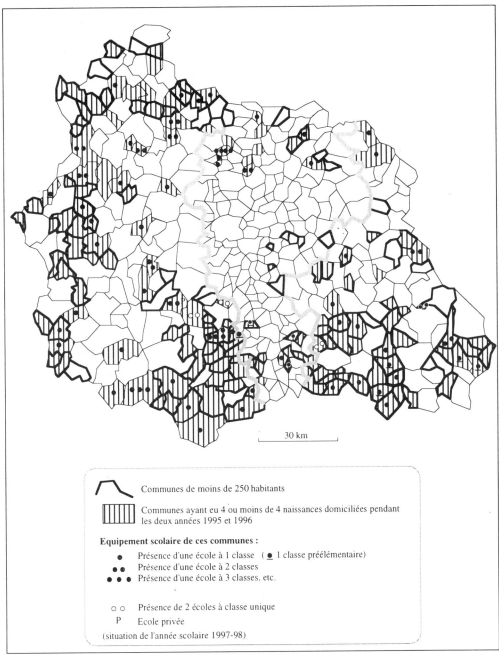

30 km

Communes de moins de 250 habitants

Communes ayant eu 4 ou moins de 4 naissances domiciliées pendant les deux années 1995 et 1996

Equipement scolaire de ces communes :

● Présence d'une école à 1 classe   (● 1 classe préélémentaire)
●● Présence d'une école à 2 classes
●●● Présence d'une école à 3 classes, etc.

○ ○ Présence de 2 écoles à classe unique
P Ecole privée
(situation de l'année scolaire 1997-98)

CERAMAC

dû ainsi renoncer, en septembre 1998, à sa troisième classe, victime de l'érosion démographique. A l'inverse, des structures à deux classes se sont maintenues dans des collectivités qui n'ont pas deux naissances par an, si des jeunes ménages, qui ont eu leurs enfants alors qu'ils résidaient en ville, viennent s'y installer. Le sauvetage d'une classe unique s'est avéré partout possible (cf. 2e partie, chapitre 2) par l'accueil d'une ou deux familles à la recherche d'un logement peu onéreux. La présence de vingt-six classes uniques des communes occidentales à la natalité faible, et de douze sur les hautes terres de l'est s'explique donc aisément. En revanche, le maintien d'une école à deux classes dans un terrain démographiquement fragile est beaucoup plus délicat. Il a fallu que les treize communes qui sont dans ce cas renforcent les inscriptions des enfants nés sur leur territoire par celles d'élèves venus de l'extérieur. Dans un proche avenir, pour que ces équipements se maintiennent, il faudrait que ces communes, qui n'ont pas cinq nouveau-nés par an, préservent au moins deux naissances annuelles - ce qui est peu probable ! - pour n'avoir à récupérer qu'une demi-douzaine d'élèves à l'extérieur - ce qui est déjà beaucoup ! On voit donc les maires soit se lancer dans une politique de rénovation des logements - bien difficile dans de si petits maillages -, soit élargir leurs aires de recrutement.

Les cohortes scolaires des communes où il y a peu de naissances sont ainsi issues de politiques variées. A Tourzel-Ronzières (164 hab. au RGP DE 1990), la situation à proximité d'Issoire et la restauration des villages ont suffi à attirer des familles, si bien que la municipalité n'a pas cherché à créer un RPI dont les communes voisines auraient été bien volontiers partenaires. Au Brugeron, l'école fonctionne pour trois communes dans les hauts bassins du Forez septentrional. Quant aux RPI conçus dans un tel climat démographique, ils se révèlent chacun comme un cas d'espèce : un RPI constitue l'essentiel de l'armature scolaire de tout un canton[21] dans le Forez méridional : il associe depuis 1997 l'école du chef-lieu de canton, Viverols, et deux classes uniques maternelles (ce qui est original en soi) logées dans des communes minuscules : Eglisolles (255 habitants, 4 naissances en 1995-96, mais

19 élèves en 1998), et Saillant (268 habitants, une seule naissance en 1995-96, mais 14 élèves). Les deux écoles maternelles se répartissent les enfants d'âge préélémentaire par niveaux : l'une accueille la très petite et la petite sections, l'autre la moyenne et la grande (ce qui est un cas unique dans le département du Puy-de-Dôme). Inversement, le découpage cantonal n'est pas du tout pris en compte dans le RP interne à la commune de Saint-Nectaire, qui répartit sur deux sites de son territoire sa cohorte communale d'âge élémentaire, mais envoie ses enfants d'âge préélémentaire à l'école intercommunale de Murols, située dans le canton voisin. On pourrait multiplier les exemples d'adaptation fine, parfois étrange aux lieux, comme si la crise montagnarde avait décuplé les **capacités locales d'invention**. Toutes concourent au même but : éviter que la baisse de la natalité ne conduise très prochainement à concentrer les effectifs, ce que les acteurs locaux refusent d'entendre.

Les premiers résultats du Recensement Général de 1999 permettent de localiser les zones qui continuent à perdre des habitants et celles qui enregistrent les effets d'une reprise, sans pour autant donner des assurances sur le devenir du tissu scolaire. Le déficit démographique perdure (cf. Fig. 92) en Haute Combraille, Artense, Cézallier et sur l'extrémité méridionale du Livradois-Forez. Dans ces territoires vieillis, la forte mortalité, cependant, peut masquer dans le bilan global l'arrivée de quelques jeunes couples ou les naissances de quelques enfants ; ce sont autant d'arguments pour les maires qui maintiennent leurs écoles. Cependant, la correspondance entre ces plages de déclin démographique et la carte des communes qui n'ont pas enregistré cinq naissances en deux ans (superposition des Fig. 91 et 92) confirme la gravité de la crise des inscriptions ; si l'école est ouverte, le risque de déséquilibre entre la structure en place et le recrutement local doit perdurer. Plus surprenants sont les apports du RGP concernant les communes dont le bilan démographique est positif : elles couvrent une plage qui s'insinue en se fragmentant très loin vers l'Ouest (Fig. 92) et remonte largement sur les pentes du Livradois. Faut-il y voir un gage de développement des très petites écoles ? Dans la mesure

Fig. 92 - Evolution démographique des communes (1990-1999)
Données provisoires sur la base de la population sans doubles comptes

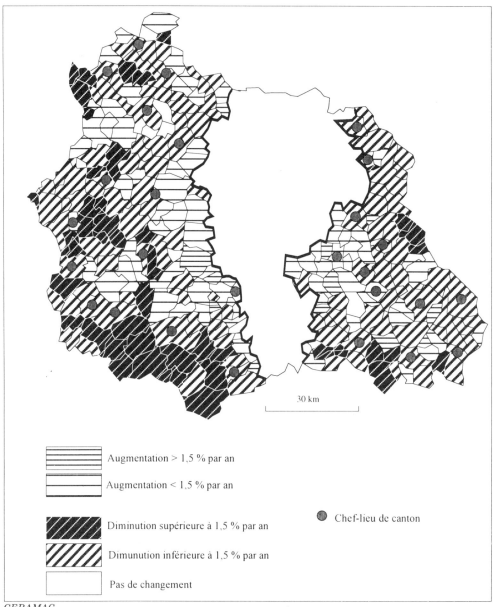

30 km

Augmentation > 1,5 % par an

Augmentation < 1,5 % par an

Diminution supérieure à 1,5 % par an

Dimunution inférieure à 1,5 % par an

Pas de changement

Chef-lieu de canton

CERAMAC

où l'augmentation est due à l'arrivée de personnes âgées ou à celle de jeunes couples qui s'installent avec leurs enfants mais n'agrandissent plus leur famille, cette apparente bonne tenue démographique n'assure pas le renouvellement des cohortes scolaires de chaque commune.

A la question « où sont les élèves », on pourrait répondre dans les montagnes du Puy-de-Dôme : « nulle part et partout ». « Nulle part » parce que, indiscutablement, malgré un certain modernisme qui a très récemment transformé la vie montagnarde, **le déficit des naissances aggrave le vide** que l'émigration avait créé. « Partout » parce que les échanges intercommunaux, soutenus par une toile très fine des transports scolaires, qui se sont développés en fonction de dispositions prises en 1973 et en 1982[22] ont donné une **nouvelle vitalité aux cohortes scolaires les plus petites**. Par la multiplication de ces échanges et par le jeu des mouvements démographiques, les parents d'élèves locaux (nés dans la commune) seront de moins en moins nombreux face aux parents d'élèves exogènes, nés dans les communes voisines, ou néoruraux venus s'installer près d'une petite école. Il y a fort à parier que ce nouveau public, moins habitué au fonctionnement local du système scolaire aura une exigence plus consumériste et portera un jugement différent sur les conditions locales. Cette évolution de la demande scolaire pose le problème de l'adaptation de l'offre. Les réponses à l'enquête sur les sites ont souvent mentionné comme transformation récente l'installation d'une « BCD » (Bibliothèque Centre Documentaire). On retiendra donc cet aménagement comme un indicateur de la capacité du réseau scolaire à se rénover, voire à se restructurer.

II - OÙ SONT LES LIVRES ?

Selon les normes actuelles, les plus petites bibliothèques scolaires devraient compter pas moins de deux ou trois cents ouvrages - trois quarts sur « support-papier » et un quart sur support audiovisuel ou informatique, y compris des CD-Rom - et les accompagner de deux fichiers, l'un sur papier et le second informatisé pour initier les élèves aux pratiques de la recherche autonome. Sans être lourds, ces équipements sont relativement complexes, et doivent être entretenus et renouvelés. Dans les montagnes du Puy-de-Dôme, leur mise en place a été lente, et ne couvre pas tout le territoire. Parmi les deux cents sites de la « nébuleuse scolaire », se distinguent quelques points mieux équipés, qui sont parfois capables d'exercer des fonctions de relais. Par là, l'aménagement de bibliothèques conduit à remettre en cause l'extrême dispersion du service éducatif montagnard et crée **des conditions favorables à une restructuration dont les projets s'ébauchent.**

Cette redistribution territoriale prend en compte le fait que les bibliothèques scolaires des hautes terres ne répondent pas qu'au seul besoin des écoliers. Elles ont, peu ou prou, deux autres usages. Les maîtres y puisent leur documentation sur la classe, et y cherchent - mais trouvent rarement - une aide didactique. Cette fonction avait été remplie, bien avant l'émergence des sciences de l'éducation, par les collections d'ouvrages réunies au bureau de chaque circonscription. Les conseillers pédagogiques utilisent ce fond, limité mais renouvelé, et en distribuent quelques éléments aux enseignants en poste, en fonction des besoins qu'ils ont repérés. Les demandes professionnelles trouvent aussi des réponses auprès des Unités Mobiles du CRDP, du moins sur les territoires qu'elles desservent[23]. Cependant, dans la majorité des cas, les maîtres ont créé leur propre fond documentaire. Si les conseils de cycle qui les regroupent sur trois ou quatre communes fonctionnent bien, les enseignants échangent les ouvrages dont ils ont fait l'acquisition en même temps qu'ils élaborent leurs projets[24]. Curieusement, dans bien des écoles montagnardes, « *il est plus difficile d'emprunter une publication récente des sciences sociales qu'un best-seller ou un documentaire sur la chasse à la bécasse* »[25] : la consultation pédagogique est moins bien traitée que la lecture publique. Celle-ci a une histoire ancienne. La tradition laïque et républicaine avait encouragé le prêt de livres destinés à l'éducation post-scolaire des adultes. Cette offre a été maintenue par quelques municipalités, mais, pour l'ensemble du territoire, elle a été prise en charge par le

Conseil Général : celui-ci gère la Bibliothèque Départementale de Prêt, qui dans un premier temps a largement sollicité les écoles et les enseignants pour installer ses dépôts et atteindre les populations dispersées.

Tab. 58 - Localisation des BCD

Circonscriptions	Nombre d'écoles en zone de montagne	Nombre de BCD situées dans une salle spécifique	Nombre de BCD situées dans un coin bien aménagé s'il s'agit de classe unique	Total des installations pour la lecture
Ambert	55	12	3	15
Riom Combrailles	52	13	4	17
Chamalières	49	13	4	17
Thiers	15	6		6
Issoire (zone de montagne)	17	1	2	3

Source : Enquête auprès des IEN 1996

Il y a ainsi, en montagne, **deux réseaux de lecture**, l'un qui relève de l'institution scolaire et l'autre des collectivités locales, communes et département, pour répondre aux besoins de **trois lectorats** potentiels : les enfants au sein de l'école, les enseignants et les résidents de tout âge. Les aires dans lesquelles les livres circulent ne coïncident pas : une même collection d'ouvrages didactiques sert à quelques dizaines d'enseignants et donc est utilisée à l'échelle de plusieurs communes. Les documentaires, les romans, les cassettes destinées au public, doivent parvenir jusque dans les plus petites localités : à Fournols, dans le Livradois, où résident des populations vieillies et peu autonomes, une bibliothécaire bénévole les dépose même à domicile, au sein des hameaux. Les ouvrages destinés aux « scolaires » sont évidemment dans les classes, encore que l'équipement soit loin d'être complet. Cinquante-trois réponses sur cent cinquante-six retournées dans l'enquête sur les sites signalent qu'une bibliothèque-centre documentaire a été installée dans une salle spécifique. Pour localiser la crise, un questionnaire complémentaire portant exclusivement sur la lecture scolaire a été adressé aux inspections de l'Education Nationale. Les résultats soulignent l'ampleur des lacunes dans les deux zones les plus isolées (Tab. 58).

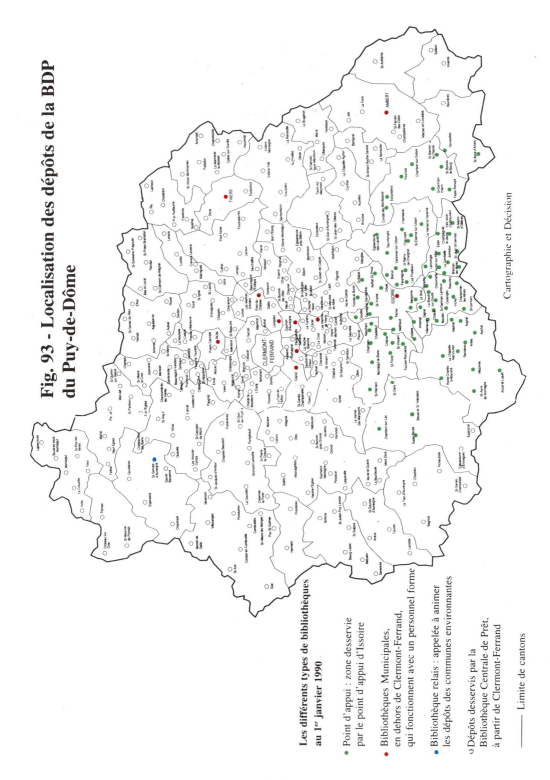

Fig. 93 - Localisation des dépôts de la BDP du Puy-de-Dôme

Cartographie et Décision

Les différents types de bibliothèques au 1er janvier 1990

- Point d'appui : zone desservie par le point d'appui d'Issoire
- Bibliothèques Municipales, en dehors de Clermont-Ferrand, qui fonctionnent avec un personnel forme
- Bibliothèque relais : appelée à animer les dépôts des communes environnantes
- Dépôts desservis par la Bibliothèque Centrale de Prêt, à partir de Clermont-Ferrand

— Limite de cantons

Les chiffres, qui sont du même ordre que ceux de l'enquête sur les sites, péjorent encore l'image de la lecture scolaire. Il y a à cela deux explications : d'une part, les Inspecteurs ont pris en compte tout le parc scolaire, y compris les écoles qui n'ont pas retourné de réponses au questionnaire sur les sites, et s'avèrent, majoritairement, être les plus mal équipées ; d'autre part, ils ont une conception de la BCD plus exigeante que bien des instituteurs du terrain, habitués à fonctionner avec peu de moyens : ils n'ont donc pas pris en compte les salles peu équipées, que les élèves ne fréquentent pas régulièrement avec une certaine autonomie. Beaucoup de situations sont en fait très confuses et les bibliothèques s'avèrent être des « objets incertains », qui se définissent moins par la taille ou la place dans l'école que par les usages, et qui sont en constante évolution.

L'équipement s'est installé en trois actes : le premier, qui n'est pas achevé, est celui de la séparation entre lectures scolaires et publiques ; le second, qui s'est joué dans une école sur trois ou quatre, selon les circonscriptions, est celui de la mise en place des BCD en référence à des textes nationaux ; le troisième, qui a déjà commencé, est celui de retrouvailles entre les offres des écoles et celles des collectivités : le projet concerne moins la mise en place de fonds que les échanges dans lesquels l'EMALA avait depuis vingt ans un rôle. Le CRDP y joue sa mission tout en essayant de faire émerger une nouvelle conception de l'aménagement culturel du territoire.

A - LA SÉPARATION DE LA LECTURE SCOLAIRE ET DE LA LECTURE PUBLIQUE

Le dernier épisode où la lecture publique a eu sa place dans les activités « périscolaires » se situe au lendemain de la Seconde Guerre mondiale. Une recherche sur l'enrichissement des vieilles collections issues de la politique de Jean Macé, et sur la réorganisation des prêts serait nécessaire, mais elle dépasse le cadre de cette étude. On s'est donc limité à quelques sondages auprès d'instituteurs retraités, témoins et acteurs de cet ultime effort dans les campagnes encore « pleines » de la circonscription d'Ambert, au milieu des années cinquante. Pour l'école aujourd'hui fermée du petit village de Beurières (490 hab. en 1954, 336 en 1990), la municipalité finançait l'achat de livres, et même de disques, ce qui était alors très en avance sur les usages scolaires et privés ; au Brugeron (village déjà cité : Tab. 32, 676 hab. en 1954 ; 359 en 1990) le foyer rural laïque, présidé par le receveur des postes et animé par les instituteurs finançait le renouvellement des livres pour enfants et adultes, sortait la collection du traditionnel placard et l'installait, en la complétant et en y adjoignant l'abonnement à des périodiques pour enfants, dans un local spécifique, hors de la classe. Cependant, il n'y avait guère de lecteurs. La situation culturelle de la montagne était alors paradoxale : d'une part, les instituteurs encore nombreux s'engageaient dans des actions novatrices accompagnant l'évolution culturelle de leur temps, d'autre part, le lectorat potentiel jeune émigrait, et, ne revenant au village que le week-end, ne pouvait pas disposer du temps nécessaire pour lire de façon suivie. Après l'essoufflement de ces initiatives locales et militantes autour de l'école, la lecture publique n'a plus été assurée que par quelques bibliothèques municipales. Une génération plus tard, la petite ville d'Ambert est la seule collectivité montagnarde qui emploie, dans sa bibliothèque, un personnel formé, mais une dizaine de communes ont entretenu une collection importante, avec un budget qui permet d'acheter plus que les best-sellers de l'année (Saint-Gervais-d'Auvergne, La Bourboule, Fournols, etc.) et bénéficient de l'implication d'un personnel bénévole.

Depuis 1970, la diffusion des livres passe par un autre canal, celui de la Bibliothèque Centrale de Prêt, devenue la Bibliothèque Départementale (BDP) en 1986. Service du Conseil Général du Puy-de-Dôme, cette institution approvisionne en livres et en cassettes audiovisuelles les communes dont le maire le demande (cf. Fig. 93). A partir de Clermont et du « point d'appui » installé à la médiathèque d'Issoire, quatre bibliobus desservent chaque trimestre trois cent trente-sept dépôts dont cent quatre-vingt-quatre situés en montagne[26]. Cette nébuleuse est comparable par sa densité à celle du réseau scolaire public, bien que plus inégalement répartie. Très présent à l'ouest, ou sur le rebord limagnais, où il s'inscrit assez fidèlement dans le maillage communal, le service est moins bien implanté en Livradois-Forez (un seul dépôt dans le canton de Saint-Anthème, deux dans celui de Viverols) et aux marges extrêmes des Combrailles (trois dépôts dans le canton de Pionsat, deux dans celui d'Herment). Placés sous la responsabilité des maires, les dépôts sont gérés par des associations ou des particuliers ; leur local doit se situer dans un bâtiment public. Dans un premier temps, les instituteurs ont été très largement sollicités, et livres et cassettes ont été stockés dans les salles de classes désaffectées, voire dans les classes elles-mêmes, ce qui n'était guère conforme à l'objectif de la BDP, qui souhaite s'adresser à l'ensemble de la population : on voit donc, peu à peu, les dépôts sortir des écoles : les maires les installent dans les secrétariats[27], dans les bibliothèques municipales s'ils en ont une (et les animatrices se chargent de la gestion des deux fonds), dans les presbytères désaffectés. Même s'ils sont de moins en moins impliqués dans le prêt, les instituteurs empruntent pour leur école ces ouvrages qui se renouvellent tous les trois mois. Chaque passage du bibliobus enrichit la bibliothèque scolaire, et dans quelques cas, les caisses de livres font office de BCD. Cette solution de fortune permet de suivre les innovations des éditeurs et arrive au secours des collectivités qui ne se posent pas le problème du renouvellement des moyens éducatifs.

B - LES PROBLÈMES DU DÉVELOPPEMENT DES BIBLIOTHÈQUES-CENTRES-DOCUMENTAIRES DANS LES ÉCOLES MONTAGNARDES (BCD)

Les chercheurs en didactique et les bibliothécaires ont élaboré le « concept de BCD » dans les années 1970. Aucune école ne se construit aujourd'hui dans les montagnes sans prévoir cette installation : dernier chantier des années quatre-vingt-dix, l'école de Cunlhat[28], par exemple, n'a pas de salle d'éducation physique propre, ni de cantine, qui sont maintenues hors de ses murs, mais aura une BCD et une salle informatique. L'enquête sur les sites scolaires a pourtant montré des directeurs d'école plutôt perplexes, puisque un sur trois seulement (16 sur 53) considèrent que cet aménagement est le plus réussi, et les parents sont franchement ignorants ou indifférents (dans les réponses à la question : « Quel est, selon vous, l'aménagement le plus prisé par la population de la commune », les bibliothèques ne figurent que six fois !). A l'évidence, malgré des initiatives isolées et les actions de l'Inspection Académique[29], le projet national se réalise lentement.

C'est l'ADACES, Association pour le Développement des Activités Culturelles dans les Etablissements Scolaires, regroupant des chercheurs de l'INRP et des bibliothécaires, qui a défini les objectifs et les moyens tout en suivant les toutes premières expériences, visant à « *modifier réellement la pédagogie de la lecture en même temps que le fonctionnement global des classes* »[30]. Ces objectifs figurent dans un texte de référence, qui est une circulaire conjointe émanant des ministères de l'Education Nationale et de la Culture en octobre 1984. « *Il s'agit... d'inciter les collectivités territoriales à définir des politiques locales de développement de la lecture* »[31]. Le modèle national était conçu avec une certaine taille (un groupe de maîtres, cinq cents à mille ouvrages pour les BCD moyennement dotées, plus de mille pour les autres, une ouverture permanente permettant un accès libre des élèves, un projet de lecture). « *L'ADACES inventa une structure qui se devait de modifier les termes de l'apprentissage de la lecture, d'amener les enseignants à travailler en équipe... d'ouvrir l'école sur la vie, de la réconcilier avec ses partenaires et son environnement... Formidable programme ! Ainsi naquit la BCD* »[32]. L'enthousiasme a bien gagné le Puy-de-Dôme, où les stages sur l'organisation des BCD et l'apprentissage de la lecture se sont multipliés dans le plan départemental de formation au début des années 1990, alors qu'une librairie spécialisée dans la lecture enfantine s'était ouverte à Clermont-Ferrand en 1984. Restaient à trouver des lieux où de telles synergies pourraient se développer. Il fallait de surcroît les accompagner d'un projet pédagogique : ces procédures n'étaient pas pratique courante dans les années quatre-vingt-dix[33] !

Les réponses sont venues des milieux urbains ou suburbains. A Saint-Eloy-les-Mines, et à Montaigut-en-Combrailles, l'enthousiasme et la conviction l'ont emporté sur les difficultés matérielles : le père de la directrice de la première école, menuisier, réalise gratuitement les présentoirs. La municipalité aménage les lieux dans le second cas. Ailleurs, la taille des structures a facilité les choses. Le groupe scolaire Henri Pourrat, à Ambert, a enrichi un fond très important, qui atteint deux mille ouvrages en 1996 ; il dispose pour la maintenance de bénévoles et d'un demi-poste d'enseignant, reçoit des intervenants de la bibliothèque municipale pour des animations et peut ouvrir les lieux, avec une employée municipale, tôt le matin et tard le soir pour accueillir les élèves qui descendent des versants de la vallée. Somme toute, la structure qui s'est mise en place a bénéficié de trois éléments favorables : l'appui d'une bibliothèque municipale, le besoin de prolonger l'hiver une qualité de vie culturelle qui se développe l'été avec des animations de rue et un festival de marionnettes et le fait que la ville, fort isolée dans le département, ne peut guère compter que sur ses propres services. Dans des conditions radicalement opposées, l'école de Saint-Genès-Champanelle a pu aussi s'approprier le projet de BCD, au point de réussir l'écriture d'un recueil de contes locaux[34], à partir de collecte de récits transmis dans la mémoire orale. Nous sommes ici dans un milieu exceptionnellement dynamique : le semis de hameaux à forte vie collective a été réanimé par l'afflux d'une population jeune ; l'emploi local s'est développé dans un centre de recherche de l'INRA ; l'école a été reconstruite, et fonctionne en école d'application. Ce monde périurbain où les directeurs des écoles élémentaires et maternelles, eux-mêmes maîtres formateurs, ont un grand rôle et où la population suit avec attention la rénovation scolaire, ne reflète pas la situation habituelle des montagnes du Puy-de-Dôme. Le problème qui s'est posé à Saint-Genès-Champanelle a été celui de la hausse des effectifs et la BCD a dû libérer sa salle originelle pour être refoulée sur une motte herbeuse, dans un local préfabriqué : celui-ci avait reçu les élèves dans l'attente de la construction actuelle, et il a retrouvé une nouvelle fonction, en masquant sa vétusté par une splendide fresque qui vante les joies... de l'évasion par la lecture, sur fond de paysage montagnard. On a pu, ici, comme dans les autres cas précédemment évoqués, inventer une déclinaison locale originale du projet national. Dans la cinquantaine d'écoles qui ont des BCD de petite taille, et a fortiori dans celles qui ne disposent que d'un présentoir dans un « coin de lecture », les réalisations ont été plus difficiles et ont conduit à admettre la nécessité de rechercher systématiquement un partenariat.

C - LE RENOUVEAU DES PARTENARIATS ENTRE LECTURES SCOLAIRES ET PUBLIQUES

C'est seulement en 1995 que le Puy-de-Dôme a bénéficié du plan national des bibliothèques-centres documentaires qui avait commencé dix ans plus tôt à titre expérimental à Corbeil, et dans quelques agglomérations de province. A l'évidence, le discours originel concernait le renouveau de la lecture dans les groupes scolaires des quartiers neufs des villes et la réalisation sur de très petits sites n'était pas aisée. Les choses ont cependant beaucoup bougé : l'EMALA vient de s'enrichir de deux unités[35] ; outre les prêts de la BDP, toutes les écoles ont reçu des fonds de bibliothèques, distribués dans le cadre d'une opération nationale, qui s'est terminée en 1994 ; les subventions accordées dans le cadre des Projets d'Action Educative, puis des Actions Innovantes, ont permis d'adapter les achats aux besoins locaux. Des outils de travail, de dimension modeste, se sont ainsi mis en place, au gré des initiatives des maîtres. Le problème est de les maintenir, voire de les généraliser : comment gérer ces structures quand les acteurs qui les ont créées s'en vont, que les crédits initiaux n'ont plus de raison d'être, et que le développement de l'informatique dans la bibliothèque ou à proximité ajoute un nouveau problème de maintenance et d'acquisition de matériel ? On retrouve dans cette affaire professionnelle une question classique de la géographie, celle du développement de germes d'innovation, semés par quelques pionniers énergiques dans des environnements inégalement réceptifs.

La première réponse consiste à renforcer le réseau distributif et l'opinion commune admet volontiers que le recours au

« Web », en se superposant aux camionnettes, et aux voitures du CRDP, ainsi qu'aux bibliobus de la BDP, va enrichir le système. Dans cet empilement des dessertes, Internet a l'avantage de proposer un service immédiat, alors que les rotations du CRDP et de la BDP sont à l'échelle de quelques semaines, ou du trimestre. Les jeunes professeurs d'école et une partie des enseignants sont très friands des apports d'Internet et des CD-Rom qui, vus de l'IUFM ou de chaque ordinateur personnel, permettent d'obtenir d'excellents tirages de documents pour la classe. Il n'empêche que les connexions sont rares et concernent - ce qui est un comble - des écoles qui ne sont pas particulière-ment isolées. Les premiers sites ouverts sur Internet pour des écoles montagnardes ont été ceux du Mont-Dore, de La Bourboule et de Saint-Sauves qui voulaient par ce canal établir un fichier commun de leurs bibliothèques (1997). Sur les hautes terres de l'est, l'école de La Monnerie a été la pionnière, dans le cadre d'un projet éducatif européen sur la citoyenneté (1996). En 1998, alors que tous les collèges viennent d'être connectés au réseau, les écoles sont encore peu desservies, et le système distributif n'a pas, jusqu'alors, été amélioré de façon considérable par la consultation des sites d'Internet.

La réorganisation en cours favorise la mise en place de points forts plus proches du terrain que ne l'étaient le CRDP et la BDP. Ils se situent dans des localités où ces services ont des relais et peuvent éventuellement établir des interconnexions. La BDP a ainsi un point d'appui à Issoire, qui dessert les dépôts communaux du sud du Livradois, de l'est des Monts Dore et du Cézallier, et auquel s'adresse, si besoin est, l'animateur de l'EMALA dont le siège est au collège d'Ardes-sur-Couze. A Saint-Gervais-d'Auvergne, la bibliothèque municipale a une taille et une organisation suffisante pour que la BDP formule le projet de lui confier les dépôts des communes de Combrailles[36], alors que, simultanément, le CRDP a installé au collège la base de la nouvelle unité ; un point fort paraît se préparer ici, dans un lieu qui vient d'acquérir une réelle identité culturelle, grâce au Syndicat Mixte pour l'Aménagement et le Développement des Combrailles, lui-même éditeur d'ouvrages sur l'environnement local. La mise en route puis l'animation de BCD du Livradois-

Forez ont été effectuées avec la participation des EMALA de la Monnerie-le-Montel, et disposent des services du Parc Livradois-Forez. « *Créées il y a vingt ans, ces équipes mobiles ont tout gardé de leur agilité, et, sur la question des BCD/CDI aident à relier projets et partenaires scolaires et culturels* »[37]. On voit ainsi émerger des embryons de « **carrefours d'échanges** » d'où s'organisent les services destinés aux écoles dispersées.

Dans les espaces les plus démunis, où les institutions n'offrent pas de telles possibilités, c'est au niveau de l'organisation de la demande que des initiatives se manifestent : elles sont parfois surprenantes : n'a-t-on pas vu à Giat, le collège-école recevoir une classe verte de lecture, venue de la ZEP clermontoise - où il y a la bibliothèque départementale - pour lire en toute quiétude dans ce pays désert ? Ailleurs, on s'en tient aux besoins locaux. A Saint-Amant-Roche-Savine, où la clairière n'abrite plus que mille quatre cent vingt habitants, toutes les demandes du canton en matière d'écriture et de lecture ont été rassemblées, de façon à souligner la possibilité d'équiper en livres et en matériel informatique un « Service tout public d'Accueil et de Ressources STARS » (1994). Y viendraient les scolaires du collège et des écoles environnantes pour emprunter des livres, des personnes âgés en quête d'un « écrivain public », des jeunes qui ont besoin de rédiger un curriculum vitae ou un rapport, et des adultes de tout âge pour une formation continue. Cette politique volontariste, en recensant tous les besoins d'écriture et en les traitant globalement, a pour objectif un « *point public - centre de ressources... polyvalent, au plus près de la population, qui n'accompagne pas la disparition de services publics ou n'affaiblit pas des services existants. Bien au contraire, il s'agit d'une stratégie de reconquête et de développement local, menée à l'échelle d'un canton* »[38]. D'autres cantons - celui de Besse par exemple - essaient de rassembler les besoins en formation continue, les lectures pour les scolaires et des projets culturels. **C'est en fédérant les demandes diverses que ces acteurs locaux cherchent une solution** à la différence des premiers exemples présentés qui avaient porté sur la mise en relation des offres.

Ces initiatives rassemblent les demandes, pour tenter de rénover les offres. « *Les établissements scolaires notamment en milieu rural... devront pouvoir être des pôles culturels ouverts et attractifs pour la population* »[39]. Retrouve-t-on les vieux projets d'ouverture au public, sans leur donner l'aspect d'éducation populaire qu'ils avaient au XIXe siècle ? Ou les centres scolaires polyvalents, qui étaient apparus au lendemain de la fermeture des classes de fin d'étude ? Ou un projet de rénovation du territoire quotidien, en lui donnant les moyens informatiques que cherche le jeune public ? Dans cette hypothèse, les **décisions concernant la distribution de l'ingiénérie informatique, qui accompagne les bibliothèques scolaires, auront un rôle fondamental** pour déterminer les futurs espaces de vie. Le problème est moins celui de la taille de chaque cellule équipée, que celui des rapports entre elles. Va-t-on tenter de généraliser les BCD, implanter les écrans et les ordinateurs dans les mailles les plus fines du filet scolaire ? Ou celles-ci vont-elles entrer dans un système hiérarchisé où des localités recevront une fonction logistique ?

A la question « où sont les livres ? », on ne peut donc répondre qu'avec beaucoup d'hésitations : livres et cassettes sont bien-sûr dans les écoles, mais aussi ... sur les routes avec les livraisons de la BDP et des EMALA, et dans de nouveaux « lieux-ressources ». Dans cette recomposition, on s'attendrait à voir émerger les cantons ou d'autres villages-centres. En fait, leur rôle n'est pas certain et l'étude de cas locaux révèle des initiatives qui sont indifférentes aux découpages administratifs, alors que d'autres ont bien du mal à se développer dans ce cadre désuet. On rencontre donc des politiques volontaristes qui rassemblent les élèves et qui équipent les sites, soit à partir de localités qui n'émergeaient pas dans la hiérarchie territoriale traditionnelle, mais qui peuvent capter des flux de nouveaux ruraux, soit à partir de vieux chefs-lieux de canton, qui tentent de construire des points forts dans des bassins isolés. Milieux montagnards ouverts et mondes immobiles se prêtent à deux types de reconstruction territoriale scolaire sensiblement différents.

III - LA RECONSTITUTION DU RÉSEAU SCOLAIRE DANS UN MILIEU MONTAGNARD « OUVERT »

Le domaine retenu est constitué par un ensemble de « serres » découpées dans le versant oriental des Monts Dore par trois torrents, la « couze » du Valbeleix, et les Couze Pavin et Chambon, du nom des lacs dont elles sont les émissaires. Au nord, ce secteur se limite à l'incision de la vallée de La Monne, au-delà de laquelle l'influence clermontoise s'affirme plus fortement. Au sud, il est limité par les hauts plateaux du Cézallier.

Ainsi délimité, le « pays des Couzes » est caractérisé par des handicaps montagnards (altitude, émiettement des lieux de vie, déprise démographique) mais aussi par la double ouverture que lui donnent le développement de l'aire urbaine d'Issoire, à l'aval et celui de la station de sports d'hiver de Besse, à l'amont (cf. Fig. 94).

Le pays des Couzes est dominé à l'ouest par les sommets du puy de l'Angle (1 738 m) et du puy de Sancy (1 885 m). Les trois grandes communes sommitales (Compains, Besse et Le Chambon-sur-Lac) n'intéressent notre propos que par leur zone d'habitat permanent. Les localités les plus hautes où résident des enfants se situent aux environs de 1 200 m, pour les hameaux traditionnels (cf. Fig. 94), mais l'ouverture de la station de ski a rehaussé la limite de l'espace scolaire jusqu'à 1 400 m d'altitude. Les altitudes décroissent vers l'est jusqu'au bourg qui commande l'accès de la montagne, Champeix ; cependant, ce paysage, même au-dessous de 500 m d'altitude, offre un aspect montagnard par la vigueur des pentes, la discontinuité des terroirs et la multiplicité des lieux d'habitat. Dans la commune de Saint-Floret, par exemple, le site primitif n'a préservé que l'église, dite « du Chastel » et le cimetière ; le village lui-même est au fond de la vallée, près du pont, entre des pentes raides, autour du second château médiéval et de la seconde église ; plus haut, un troisième lieu, Chazeras, est encore habité. La commune de Tourzel-Ronzières porte le nom des deux noyaux qu'elle réunit, celle de Saint-Diéry en compte trois : Saint-Diéry haut, et bas, et Cotteuges. Le territoire est

Fig. 94 - L'offre scolaire dans le pays des Couzes en 1970

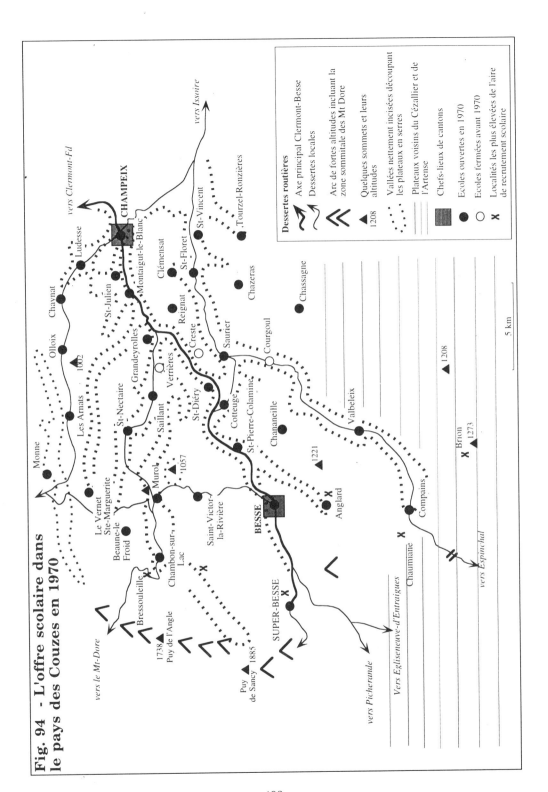

Dessertes routières

⌇ Axe principal Clermont-Besse

⌇ Dessertes locales

≪ Arc de fortes altitudes incluant la zone sommitale des Mt Dore

▲ 1208 Quelques sommets et leurs altitudes

⫶ Vallées nettement incisées découpant les plateaux en serres

⋯ Plateaux voisins du Cézallier et de l'Artense

▦ Chefs-lieux de cantons

● Ecoles ouvertes en 1970

○ Ecoles fermées avant 1970

✗ Localités les plus élevées de l'aire de recrutement scolaire

5 km

ainsi fractionné en petites unités de vie, où les sites scolaires se sont logés.

Ce découpage s'est effectué selon trois modules : dans la partie la plus pentue, les mailles sont minuscules. Entre sept petites communes en chapelet, les relations sont très difficiles : Creste domine Saurier, mais n'est pas accessible par ce versant ; Grandeyrolles est isolé sur un appendice de plateau, etc. Dans les secteurs moins abrupts, les localités se dédoublent, ou se détriplent, pour occuper chaque conque de la vallée ou chaque replat (Montaigut et, sur le même territoire communal, St-Julien sont situés chacun dans son unité topographique et se sont longtemps ignorés). Aux altitudes supérieures, chaque plateau a son village (plateau de Compains au sud, plateaux d'Anglard et de St-Victor-la-Rivière de part et d'autre de Besse). L'offre scolaire s'est dispersée dans ces petites unités de vie. En 1970, trente-trois sites disposaient encore d'une école, pour un effectif scolaire de 730 élèves[40] environ. Le réseau est systématiquement dédoublé, entre sites des hauteurs et sites des vallées qui créaient des doublons à l'intérieur même des territoires communaux : l'organisation se faisait sur **des lignes transversales aux vallées** (cf. Fig. 95). La crise démographique a été catastrophique pour les petites localités des hauteurs : Chassagne n'a que quatre enfants d'âge scolaire en 1992-93, Creste aucun, Grandeyrolles, un seul. Seul Olloix garde une cohorte qui serait presque scolarisable sur place : onze élèves en 1992 !

Les vallées qui descendent de la zone touristique sont cependant actuellement considérées comme des milieux de vie intéressants : l'ouverture de la station de ski a mis en terme en 1950 à la chute de la population de Besse ; la reprise a permis de gagner sept cents habitants en vingt-cinq ans. Depuis, la population a légèrement baissé mais reste supérieure à mille six cents habitants ;la commune dispose d'une qualité certaine des équipements (piscine, patinoire, point d'appui de l'EMALA au collège). Prisée des enseignants et des parents d'élèves, elle offre à l'école un environnement apprécié. C'est cependant à l'aval que l'accroissement a été le plus net entre 1982 et 1990 : en huit ans, Saint-Diéry a gagné cinquante-quatre habitants,

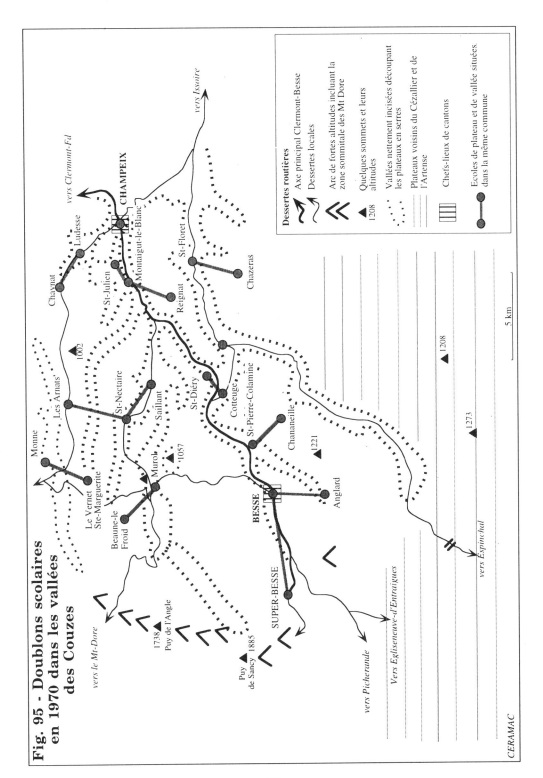

Fig. 95 - Doublons scolaires en 1970 dans les vallées des Couzes

Dessertes routières

- Axe principal Clermont-Besse
- Dessertes locales
- Arc de fortes altitudes incluant la zone sommitale des Mt Dore
- ▲ 1208 Quelques sommets et leurs altitudes
- Vallées nettement incisées découpant les plateaux en serres
- Plateaux voisins du Cézallier et de l'Artense
- Chefs-lieux de cantons
- Ecoles de plateau et de vallée situées dans la même commune

5 km

vers Issoire

vers Clermont-Fd

CHAMPEIX

Ludesse

Chaynat

St-Julien

Montaigut-le-Blanc

St-Floret

Reignat

Chazeras

▲ 1002

Les Arnats

Monne

St-Nectaire

Saillant

St-Diéry

Cotteuge

St-Pierre-Colamine

▲ 1057

Murol

Le Vernet Ste-Marguerite

Beaune-le Froid

Chananeille

▲ 1221

Anglard

BESSE

▲ 1208

▲ 1273

vers Espinchal

SUPER-BESSE

Vers Egliseneuve-d'Entraigues

Vers Pichérande

▲ 1738 Puy de l'Angle

Puy de Sancy ▲ 1885

vers le Mt-Dore

CERAMAC

soit une hausse de 35 %, grâce à un solde migratoire positif. De jeunes familles se sont installées et l'effet sur les inscriptions scolaires a été immédiat ! Cependant, les équipements intéressants (bibliothèques, installations sportives) sont plus à l'aval, dans la ville d'Issoire où les jeunes parents travaillent. Il était tentant d'y inscrire les enfants, même si les horaires à l'usine ne correspondent pas à ceux des entrées et sorties des écoles. Ces villages, où les traces du passé sont superbes (Saurier, St-Floret) mais où les ruines sont omniprésentes, allaient-ils retenir les écoliers ?

Les inscriptions ont effectivement connu un solde négatif (cf. Tab. 58) : moins quarante élèves de 1973 à 1980 ; moins soixante-quinze de 1980 à 1992. Encore faut-il tenir compte du fait que les effectifs de 1992, qui s'élèvent à six cent seize enfants, comptent deux cents élèves (30 %) scolarisés dans des classes entièrement préélémentaires. Le renouvellement des cohortes élémentaires ne s'est donc pas fait : l'école de Besse a perdu 60 élèves (qui n'ont pas augmenté d'autant les inscriptions de l'école privée qui s'est fermée), les effectifs stagnent autour de cent à Besse et à Champeix alors que ceux des très petites écoles se sont « envolés » de 1973 à 1992 ; et plus particulièrement celle de Saurier, dont l'école n'inscrivait plus que onze élèves en 1980, mais quarante-deux en 1992 ; Montaigut-le-Blanc, après une chute de vingt-quatre à treize, a connu à son tour une forte reprise (Tab. 59).

En deux décennies, on a assisté à la mobilisation progressive du système. En 1980, chaque école recrutait en circuit fermé sa propre cohorte ; mis à part Champeix et Besse, les deux bourgs, et Murol, qui a eu une politique scolaire originale, la carte de recrutement montrait un dispositif en « boucles » juxtaposées, dans des cellules aussi petites qu'étanches. Dix ans plus tard, le système avait éclaté, et la carte montre des **flux intenses d'écoliers le long de chaque vallée**. En une décennie, on a assisté à la rupture des doublons. Qu'elles fussent communales ou écoles de hameaux, la quasi totalité des structures des hauteurs se sont fermées, alors que celles des vallées se sont, dans l'ensemble de la zone, bien maintenues (cf. Fig. 96).

Tab. 59 - Evolution des effectifs des écoles primaires : l'exemple du pays des Couzes

Communes	1973-74		1980-81		1992-93	
	Cl.	Effectif	Cl.	Effectif	Cl.	Effectif
Besse	6	173	6	156	5	114
B. Anglard	1	10	1	7	ferm. en 83	
B. Super Besse	1	22	2	33	2	33
Chambon/Lac	2	35	1	11	1	14
Champeix	5	120	7	141	5	97
Chassagne	1	13	1	10	fermeture en 85	
Clémensat	fermeture en 72					
Compains	1	21	1	13	1	14
Courgoul	fermeture en 70					
Creste	fermeture en 70					
Grandeyrolles	1	6	fermeture en 74			
Ludesse	1	18	1	29	1	10
Ludesse Chaynat	1	05	1		1	13
Montaigut le B	1	24	1	13	2	38
Montaigut Reignat	1	08	1	8	ferm. en 85	
Montaigut -St-J	1	11	1	8	1	17
Murol	2	37	4	87	4	70
Murol-Beaune	1	13	1	17	ferm. en 90	
Olloix	1	13	1	10	fermeture en 90	
St-Diéry	1	17	1	9	ferm. en 84	
St-Diéry-Cotteuges	1	17	1	12	1	23
St-Floret	1	15	1	17	2	38
St-Floret-Chazerat	1	10	ferm. en 76			
St-Nectaire	1	12	1	12	1	16
St-Nect. les Arnats	1	07	ferm. en 74			
St-Nect. Saillant	1	10	1	13	1	14
St-Pierre Colamine	1	22	1	15	1	13
St-P. Chananeille	ferm. 73					
St-Victor-la-R.	1	11	1	10	fermeture en 85	
St-Vincent	1	20	1	12	1	20
Saurier	1	20		11	2	42
Tourzel-Ronzières	1	14		16	1	20
Valbeleix	1	16		17	1	10
Le Vernet-St-M Le V. Monne	1	11		04	fermeture en 84	
Verrières	fermeture en 70					
Effectif total		731		691		616
				Ces nombres incluent une proportion croissante de préélémentaire		

Le réseau s'est réorganisé le long des axes de communication. C'est une initiative partie de l'amont qui a sonné le glas du dispositif statique. Sur la couze Chambon, le Syndicat Intercommunal à Vocation Multiple « de la vallée verte » a fondé, en 1977, dans des locaux neufs, une école maternelle pour accueillir les enfants de Murols, St-Nectaire et du Chambon, et, depuis, ceux de Saint-Victor-la-Rivière. C'était entreprendre, en fait, une remise en question bien difficile pour les écoles les plus petites, qui perdaient le recrutement des enfants de quatre ou cinq ans, accueillis tant bien que mal dans les classes à cours multiples. Elles n'ont pu se maintenir qu'en réorganisant leurs classes et sont devenues depuis des leaders de l'intercommunalité scolaire.

Douze ans plus tard (Fig. 96), le paysage est bouleversé, l'intercommunalité s'est généralisée, pour des raisons diverses. Il y a une intercommunalité de nécessité pour la commune de Chassagne, qui, faute de service sur place, envoie ses quatre enfants à Tourzel-Ronzière. A cela, on pourrait opposer une intercommunalité de commodité quand les enfants « glissent » vers les communes périurbaines ou urbaines où travaillent leurs enfants. Le poids des écoles leur ont aussi conféré une dimension intercommunale : les groupes scolaires d'une centaine d'élèves reçoivent de l'extérieur une dizaine, voire une quinzaine d'élèves. Mais **le vrai moteur des mouvements reste l'appel des écoles ou classes maternelles**. L'exemple de Murol a fait des émules dans les toutes petites communes, qui pouvaient tout juste libérer une classe et l'équiper et ont essayé de convaincre les municipalités voisines de participer à un RPI - « *qui a les enfants de maternelle a le succès* » nous disait, en 1993, un instituteur passionné par la réorganisation des petites structures.

L'exemple de Saurier est parfaitement significatif de cette stratégie offensive. En 1982, avec 185 habitants, beaucoup de ruines, une classe unique dans une immense bâtisse datant de 1883, le village paraissait renoncer à sa fonction scolaire. La population était stable depuis 1975 (elle est restée à 190 hab. en 1990). Le seul atout était une **situation de confluence** dans la vallée, qui permettait, avec beaucoup d'audace, d'espérer recevoir les enfants d'âge préélémentaire des communes voisines (cf. Fig. 96). L'initiative et la débrouillardise font le reste. En 1988 et 1989, la municipalité de Saurier tente de créer un syndicat de communes pour ouvrir une classe enfantine, avec St-Floret à l'aval, le Valbeleix et Courgoul dans la vallée affluente et St-Diéry à l'amont, bien qu'il soit déjà lié à Besse par sa restauration scolaire.

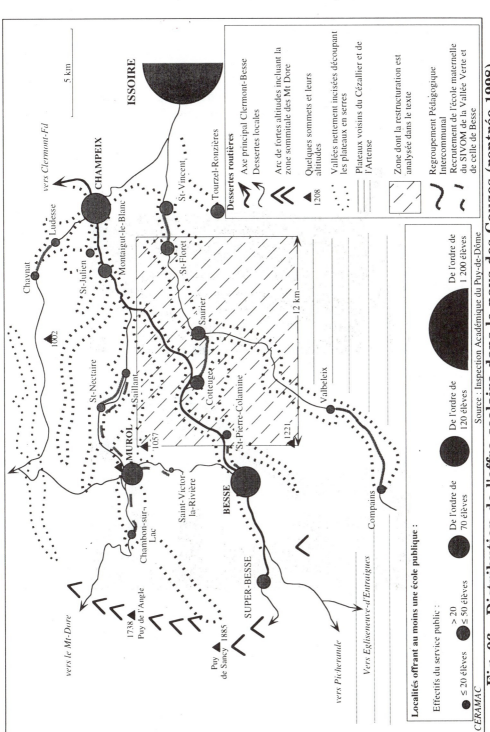

Fig. 96 - Distribution de l'offre scolaire dans le pays des Couzes (rentrée 1998)

Source : Inspection Académique du Puy-de-Dôme

CERAMAC

Localités offrant au moins une école publique :

Effectifs du service public :

● ≤ 20 élèves   ● > 20   ● ≤ 50 élèves

● De l'ordre de 70 élèves

● De l'ordre de 120 élèves

De l'ordre de 1 200 élèves

Desservites routières

Axe principal Clermont-Besse
Dessertes locales

Arc de fortes altitudes incluant la zone sommitale des Mt Dore

▲ 1208   Quelques sommets et leurs altitudes

Vallées nettement incisées découpant les plateaux en serres

Plateaux voisins du Cézallier et de l'Artense

Zone dont la restructuration est analysée dans le texte

Regroupement Pédagogique Intercommunal

Recrutement de l'école maternelle du SIVOM de la Vallée Verte et de celle de Besse

Geographisches Institut der Universität Kiel

Planche 23 - Images d'un sauvetage local : improvisations réussies et tiraillements dans une vallée des Monts Dore

• Devant un versant en friche, près d'un pont médiéval et de vieux édifices que leurs propriétaires restaurent, la grande bâtisse à pigeonnier a pu recevoir la classe de CE2, CM1, CM2. Le local est repérable aux grandes fenêtres situées sous le toit en tuiles creuses, selon le mode traditionnel de construction.

• La mairie-école centenaire était, elle, un bel exemple d'édifice public néoclassique : elle a accueilli la classe maternelle mais la seconde grande salle au rez-de-chaussée est occupée par la club de troisième âge. Les appartements logent deux artisans installés au village.

L'entente marche mal : les petites localités du Valbeleix s'unissent entre elles, St-Floret prépare un projet sur l'aval et s'entend avec sa voisine, St-Vincent ; Clémensat, dont la participation pourrait être intéressante, est trop loin ; il ne reste que la petite commune de St-Diéry (323 hab. en 1990), qui dispose d'une classe unique au hameau de Cotteuges, et dont la population vient de gagner cinquante habitants entre les deux derniers recensements. C'est donc avec St-Diéry que s'est fait l'union : restait à obtenir la création de la classe maternelle, pour deux collectivités somme toute bien réduites et dans des lieux mal équipés. Circonstance aggravante : les deux écoles éventuellement partenaires **n'étaient pas dans le même canton, ni dans la même circonscription de l'Education Nationale** !

L'affaire avait été préparée, à partir d'octobre 1987, par l'initiative d'une association locale, qui a créé une garderie : « *six mères de famille s'y relaient, à tour de rôle, deux par deux, pour en assurer l'animation* »... Le maire avait prêté une salle, les bonnes volontés firent le reste : « *les pères et les grands-pères... se montrèrent on ne peut plus solidaires de l'opération en empoignant scies et marteaux pour fabriquer eux-mêmes le mobilier destiné à la garderie de Saurier. Des prêts et des dons complétèrent le tout* »[41]. Cet extrait du quotidien local *La Montagne* donne bien le ton de la campagne d'informations auprès des parents. Il s'agissait de faire naître un besoin, d'en prendre les mesures, et de préparer le dossier de demande de création de poste, ce que résume le titre de l'article : *Champeix : De jeunes enfants mais pas de maternelle à Saurier. La garderie intercommunale comble ce manque.* Les conditions de réalisations étaient cependant surprenantes : le bâtiment qui avait été construit en 1883, avait été partiellement déscolarisé. La seule salle disponible qui hébergeait la classe unique, pouvait se convertir en classe maternelle : les plus petits y ont été logés, alors que le directeur, bien décidé à conduire l'opération jusqu'au bout, proposait d'installer les grands élèves dans la seule maison du village qui disposait d'une grande pièce en état correct. Dans le cadre du RPI, les enfants du CP et CE1 restaient dans le hameau de Cottenges, où le bâtiment avait été entretenu par la commune partenaire, elle-même située dans l'autre canton.

Dix ans plus tard, la photographie (planche 23) témoigne encore de cet étonnant transfert du service public hors des lieux symboliques. C'est une autre forme d'attachement à la structure villageoise qui s'est exprimée ici, et qui est sans doute le fin mot de cette histoire : Saurier est le plus petit village qui ait ouvert une structure à deux classes dans les montagnes du Puy-de-Dôme.

A la marge des territoires des cantons, à cheval sur les secteurs de recrutement des deux collèges, ancré sur une localité minuscule avant même qu'elle n'entreprenne sa rénovation, ce petit RPI avait peu de chance de voir le jour. Il ne doit guère sa naissance à la démographie locale, mais plutôt au fait que la **vie de relations** - l'axe qui unit Besse et Issoire - a « réveillé » cette vallée montagnarde. Reste à savoir si la démographie et l'équipement ultérieurs conforteront cette initiative.

IV - RECONSTITUTION D'UN RÉSEAU SCOLAIRE DANS UN MILIEU MONTAGNARD MARGINAL : L'EXEMPLE DU BAS-LIVRADOIS

A la différence du domaine précédent, qui bénéficie d'une situation valorisante entre la zone touristique des Monts Dore et le pôle urbain d'Issoire, le territoire retenu pour cette seconde étude de cas souffre d'une certaine marginalité (cf. Fig. 97). Il comprend seize communes, situées entre l'auréole externe de périurbanisation des agglomérations d'Issoire, Clermont-Fd et Thiers, d'une part, et, d'autre part, la masse compacte des sapinières du Haut-Livradois. Ce plateau, qui s'élève progressivement du nord au sud, a acquis au cours de l'histoire une identité certaine : il reste marqué par le souvenir de la surcharge démographique du XIXe siècle ; les deux bourgs ont préservé tout juste les fonctions minimales : Cunlhat a gardé mille quatre cents habitants, mais St-Dier-d'Auvergne n'en a que cinq cent trente (RGP de 1990). La petite ville de Courpière, elle, offre un éventail de services satisfaisants aux yeux de la

Fig. 97 - Localisation du domaine retenu
pour l'étude du paysage scolaire du Bas-Livradois

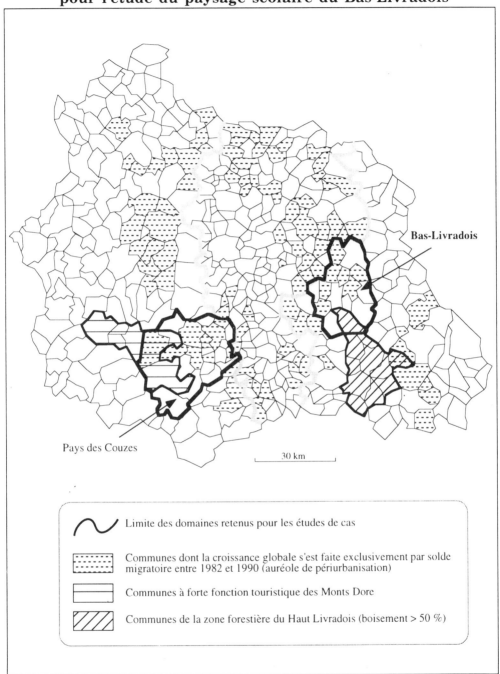

Bas-Livradois

Pays des Couzes

30 km

〜 Limite des domaines retenus pour les études de cas

Communes dont la croissance globale s'est faite exclusivement par solde migratoire entre 1982 et 1990 (auréole de périurbanisation)

Communes à forte fonction touristique des Monts Dore

Communes de la zone forestière du Haut Livradois (boisement > 50 %)

CERAMAC

population : elle a longtemps été le seul point qui paraissait attractif, alors que, partout ailleurs, du plus petit hameau jusqu'au bourg, on déplorait les effets de la crise démographique. Les initiatives du Parc Régional du Livradois-Forez ont donné aux habitants les plus jeunes conscience d'une qualité paysagère de leur cadre de vie, et de la valeur de leur patrimoine, ce qui enrichit l'environnement de l'école. On est cependant, ici, dans un des espaces que les jeunes enseignants connaissent fort mal (cf. Ière partie, Fig. 30 et 31, etc.). Une route sinueuse (qui fut importante... au XVIIIe siècle !) monte en suivant la médiane du plateau. Bien qu'elle ait été rénovée récemment, elle est peu empruntée. On lui préfère l'axe de la vallée de la Dore, qui permet de gagner Ambert, à l'amont, et constitue la limite orientale du terrain sélectionné pour cette étude de cas.

Privé ainsi d'axe majeur, le Bas Livradois est organisé autour des lieux de convergence que la topographie a dessinés : les cuvettes de Cunlhat et de Saint-Dier et le bassin de Courpière, largement ouvert sur la plaine. L'originalité de l'organisation de l'espace tient au fait que cuvettes et bordures sont découpées par un réseau hydrographique très dense en un dédale de croupes convexes. Chaque « dos de pays » porte un hameau en partie abandonné, souvent vieilli, mais où résident aussi une ou deux familles jeunes : exploitants agricoles, fonctionnaires de l'Etat ou des collectivités territoriales, employés de différents services ou d'entreprises artisanales et industrielles de la vallée de la Dore, auxquels s'ajoutent quelques suburbains migrants sur Clermont-Fd ou Issoire, etc. Les élèves vivent donc dans une infinité d'écarts et, de tout temps, mais avec des modalités évidemment bien différentes, s'est posé le problème du lieu de l'école.

En deux générations, il y a eu une remise en cause complète de la distribution de l'offre scolaire : l'espace scolaire du milieu du XIXe siècle est homogène, au point que sa représentation est parfaitement géométrisable (cf. Fig. 98). A l'inverse, les particularités locales - qui ont pourtant toujours existé - se manifestent à la fin du XXe siècle, en fragilisant ou en évacuant certains équipements et, inversement, en maintenant des écoles ouvertes dans des lieux que la démographie ne justifie pas.

Fig. 98 - Sites scolaires de la tradition rurale en Bas-Livradois 1ère moitié du XXe siècle

Distribution régulière et dense, qui s'inscrit dans un carroyage de 3,5 km X 4,5 km !
Espace scolaire d'une moyenne montagne encore très peuplée

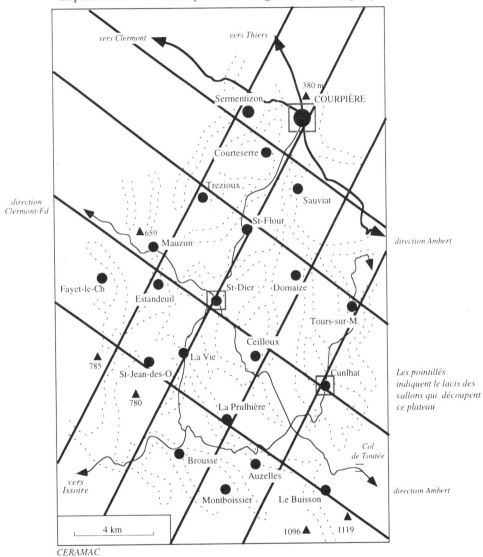

CERAMAC

● Site d'école primaire

▣ Site associant école primaire et cours complémentaire

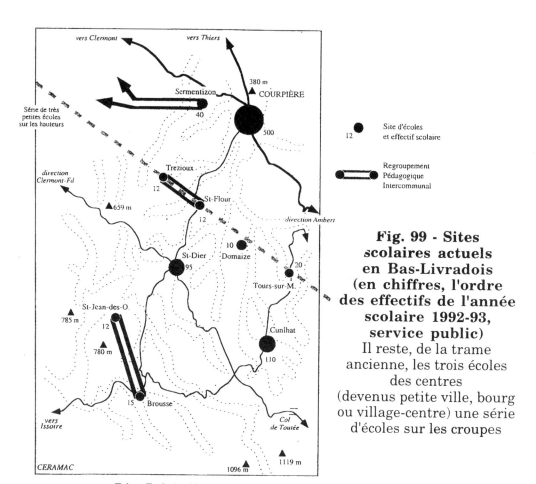

Fig. 99 - Sites scolaires actuels en Bas-Livradois (en chiffres, l'ordre des effectifs de l'année scolaire 1992-93, service public)

Il reste, de la trame ancienne, les trois écoles des centres (devenus petite ville, bourg ou village-centre) une série d'écoles sur les croupes

Tab a - Evolution démographique et scolaire 1990-1999

Exemples	Population communale		Effectifs scolaires		Remarques
	RGP 90	RGP 99	1992-93	1998-99	
Auzelles	325	333	0	0	
Brousse	278	324	15	16	RPI avec St-Jean
Ceilloux	145	151	0	0	
Domaize	298	324	10	18	Ebauche de
St-Dier-d'Auv.	531	548	95	94	RPI
St-Jean-des-O.	363	401	12	34	Création d'1 classe préélémentaire

Problèmes posés par la construction des croquis

• **Le fond de carte** a été bâti sur un relevé topographique réalisé d'après la carte IGN au 1/100 000, puis réduit à 50 % pour la mise en page. Ce relevé porte sur les versants et les bassins qui découpent le plateau. Les trois bassins qui sont les lieux de convergence hydrographique offrent les trois seuls sites d'habitat notable (Courpière, Cunlhat, St-Dier-d'Auvergne). A l'amont et à l'aval des bassins, les vallées sont peu accessibles et l'habitat traditionnel est à la dimension de chaque « dos de pays » ou de « haut de versant » qu'il occupe (cf. Trézioux, Domaize, Tours-sur-Meymont). Sur ce fond topographique ont été tracées les dessertes majeures, dont les deux axes Clermont-Ambert, et les routes transversales. Les vingt localités indiquées sont les chefs-lieux de canton ou de communes et les hameaux qui ont disposé d'une école dans la première moitié du XXe siècle : on a, au cours d'une première phase, situé les écoles ouvertes en 1970, puis placé la grille et, par enquête orale auprès des personnes âgées, vérifié quelle fut la situation des points d'intersection de la grille pour lesquels on ne disposait d'aucune indication écrite : on a ainsi retrouvé - sur ces lieux où il paraissait fort possible qu'il y ait eu des écoles - la trace de trois écoles de hameau fermées avant 1970 : Le Buisson et La Prulhière d'Auzelles, et La Vie de Saint-Jean. La grille a donc eu un rôle important pour achever la représentation cartographique.

• **Cette grille** a été bâtie après de multiples essais. Les premières tentatives ont porté sur des tracés de polygones, à partir de la carte des sites ouverts en 1970. Cette schématisation s'est avérée infructueuse car elle s'adapte à des situations hiérarchisées - ou du moins organisées en fonction des points centraux, ce qui ne parvenait pas à prendre en compte la répartition du service scolaire de la IIIe République. Par tâtonnements, on a donc trouvé cette grille régulière, qui s'est adaptée à la dispersion des écoles, en offrant un maillage par parallélogrammes de 3,5 km x 4,5 km. Une telle régularité ne s'explique absolument pas par le découpage communal, qui est ici très varié : la grille nous a permis de situer dans la vaste commune d'Auzelle, à l'amont, les trois sites scolaires ouverts au début du siècle. La surcharge démographique avait gonflé les densités kilométriques sur l'ensemble de ce territoire, jusqu'à 100 habitants au km², elle permettait de rassembler des cohortes d'une quarantaine d'écoliers sur des surfaces de moins de 4 km². L'extrême dispersion de l'habitat conduisait à « desserrer » le dispositif au profit des hameaux, et, après d'inévitables querelles locales, à choisir des lieux qui se sont placés avec **la régularité d'un filet jeté sur ce monde rural pourtant divers.**

La seconde carte n'a pas posé de tels problèmes de réalisation : elle part du constat inverse, celui de l'extrême irrégularité du maillage, et permet de caractériser les sites qui ont bénéficié de la **sélection territoriale**. L'enquête de terrain montre comment, dans ce processus, l'école du village-centre a pu développer son service.

C'est le passage d'**un espace régulier à un espace rugueux** que l'on observe dans le face à face des représentations 98 et 99.

Les mailles de ce filet régulier, où l'école à une ou deux classes était la règle commune, se sont avérées très fragiles. Les premiers accrocs se sont produits à la lisière de la forêt dans la grande commune d'Auzelles (2 955 hectares, 978 habitants en 1936, mais seulement 325 en 1990) ; le service s'est retiré des hameaux (Le Buisson, la Prulhière) puis du village lui-même, comme si le territoire susceptible d'être équipé d'un service se rétractait : l'école d'Auzelle avait été reconstruite en 1950, et la forêt est aujourd'hui à ses portes ! Ont fermé aussi les structures installées dans les petites communes de l'aval, bien que la chute démographique y ait été moins forte (Fayet-le-Château, 400 habitants sur 1 254 hectares en 1936 ; 180 en 1990 ; Estandeuil, 329 habitants pour 951 hectares en 1936 ; 208 en 1990). En 1972, seule la commune de Mauzun n'avait plus d'école ; dix ans plus tard, on en recensait quatre, et six, une décennie après (cf. Tab. 59).

Du schéma ancien, il reste peu d'éléments. La seule série complète qui subsiste (cf. Fig. 99) est composée de quatre écoles, situées sur une diagonale qui sépare les bassins de Saint-Dier et de Courpière. De Trézioux à Tours, en passant par Saint-Flour-l'Etang et Domaize, les quatre sites anciens ont subsisté. On ne peut pas expliquer leur maintien par l'isolement, bien qu'on soit sur les bords des bassins de Saint-Dier et de Cunlhat : à moins de 700 mètres d'altitude, dans des campagnes paisibles, le trajet entre les villages et les petits centres n'a rien d'une aventure ; cependant, la distance « perçue » entre les hameaux et les villages paraît beaucoup plus grande qu'elle n'est, et, par esprit de localité, les gens des hameaux reculent devant la décision qui ferait inscrire leurs enfants dans l'école du bourg. Ont bien résisté les écoles qui se sont organisées en RPI, et auxquelles le recrutement préélémentaire a permis d'éviter les fermetures pendant la dernière décennie, voire d'ouvrir une seconde classe, comme à Saint-Jean-des-Ollières. Cependant, la situation n'est solide - c'est-à-dire n'est pas à la merci du déplacement de quelques familles - que dans les trois centres : Courpière a gagné quarante élèves de 1972 à 1982, mais « s'essouffle » ; Cunlhat a longtemps eu une cohorte médiocre pour sa taille : une centaine d'élèves pour mille quatre cents habitants mais développe son recrutement ; Saint-Dier-d'Auvergne a réussi une croissance scolaire de +50 % entre 1982 et 1992, tout en perdant, dans l'intervalle intercensitaire de 1982 à 1990, cinquante habitants, mais a des difficultés pour maintenir son recrutement. Au cœur des bassins comme sur leurs marges, le poids de la démographie ne suffit pas à rendre compte des effectifs, qui ont enregistré les effets d'autres variables (Tab. 60).

Tab. 60 - Evolution des effectifs dans le Bas-Livradois de 1972 à 1998

	1972-1973		1980-1981		1992-1993		1998-1999	
	Classes	Elèves	Classes	Elèves	Classes	Elèves	Classes	Elèves
Auzelles	2	38	1	12	0	0	0	0
Brousse	3	43	1	12	1	13	1	16
Ceilloux	1	14	1	11	0	0	0	0
Courpière	16	460	22	513	21	503	19,5	446
Cunlhat	4	79	4	92	6	106	6	127
Domaize	1	12	1	20	1	10	1	18
Estandeuil	1	9	0	0	0	0	0	0
Fayet-le-Ch.	1	13	0	0	0	0	0	0
Mauzun	0	0	0	0	0	0	0	0
St-Dier-d'A.	3	77	3	65	4	95	5	94
St-Flour-l'E.	1	15	1	6	1	12	1	13
St-Jean-des-O.	2	26	1	14	1	12	2	34
Sauviat	1	10	0	0	0	0	0	0
Sermentizon	2	37	2	42	2	43	2	35
Tours-sur-M.	2	56	2	40	2	21	2	32
Trézioux								
Totaux	41	911	40	837	40	829	40,5	828

Source : Archives et répertoire de la DOSS, Inspection Académique du Puy-de-Dôme, 1998-99.

Les « embruns » de la périurbanisation, qui ont touché les communes de l'aval, ont inégalement affecté la demande scolaire locale. Les nouveaux ménages ont exprimé des exigences d'accueil très spécifiques, dans un contexte consumériste fondé sur la recherche du service qui paraît le plus appréciable. A Estandeuil, le départ de quelques enfants pour une école de l'aval, sous prétexte qu'on y pratiquait des méthodes plus adaptées au souhait des parents, a déséquilibré le service local, qui ne s'en est pas remis ; l'école a fermé en 1995, et n'a pas été rouverte quand les effectifs potentiels ont atteint une vingtaine d'élèves. Ceux-ci avaient pris leurs habitudes ailleurs et, même si les habitants le déploraient, le réaménagement d'une classe unique ne pouvait pas se concevoir, face à une école de canton ayant considérablement amélioré l'accueil.

En effet, Saint-Dier a fait preuve d'un pouvoir d'attraction considérable (en 1992, cinquante des quatre-vingt-douze inscrits venaient d'autres communes) tout en redéfinissant ses fonctions de village-centre sur le plan scolaire. Dès la fin des années quatre-vingts, l'école a été rénovée pour satisfaire deux objectifs : **accueillir les enfants d'âge préélémentaire, et assurer aux autres un environnement qui enrichisse la vie scolaire classique**. Pour les plus petits, la quatrième classe a été aménagée, et à proximité d'elle une salle de repos directement accessible et un bloc sanitaire. Le vieux bâtiment a été complété par une extension, au-delà du préau, pour recevoir la bibliothèque, la réserve pour le matériel de jeu, et une salle dite « d'évolution », destinée à l'éducation physique et sportive, et dotée de l'installation qui est alors la plus prisée : un mur d'escalade à inclinaison variable ! Ces installations ont été réalisées dans une aile autonome du bâtiment, pour être utilisées, pendant les vacances scolaires, par le centre municipal de loisirs, sans que l'ordonnance des classes soit perturbée. La finalité de ce projet municipal est évidemment d'offrir aux yeux des parents un environnement culturel et sportif qui fera émerger la fonction du village, alors que les communes voisines sans école pourraient aussi bien s'adresser à Cunlhat (dont la rénovation[42] n'était pas encore entreprise) qu'à Courpière, seule localité à disposer d'une école maternelle distincte de l'établissement élémentaire.

La municipalité de Saint-Dier-d'Auvergne a défini une véritable politique d'accompagnement scolaire, installant d'abord modestement un ping-pong pour l'interclasse puis ouvrant un atelier de création artistique, qui a conduit à la publication d'un album en 1995[43], soutenant les projets culturels des maîtres, et explorant toutes les aides de financement. La municipalité n'a pas jugé bon de développer les transports d'enfants internes à son territoire, car elle souhaite que le petit village reste bien au centre de l'espace quotidiennement pratiqué par les jeunes familles. Les transports scolaires, qui, eux, relèvent du Conseil Général, desservent les quatre communes voisines d'Estandeuil, du Fayet, d'Auzelles et de Ceilloux, dont les Conseils municipaux participent, par convention, aux frais de scolarité de Saint-Dier. Le rassemblement sur un point que les responsables sont bien décidés à consolider dans un tissu scolaire fragile a, dans un première phase, réussi. L'école a inscrit cent dix élèves en 1993-94 et l'atelier municipal de peinture a exposé la réalisation des enfants à l'hôtel du Conseil Général de Clermont-Ferrand, en octobre 1995, ce qui représente une consécration exceptionnelle pour l'action d'une seule localité. Les effectifs ont justifié l'ouverture d'une cinquième classe en 1994, et la municipalité, poursuivant sa politique « d'image », a rénové la cour en même temps qu'elle entreprenait la réhabilitation du cœur du village. Il est fréquent d'assister ainsi, en raison de la fermeture des petites écoles, au glissement des responsabilités scolaires qui passent dans les attributions des maires des villages-centres et des Conseillers généraux. Si le cas de Saint-Dier est bien significatif d'une politique volontariste qui a pu se développer après la fermeture des écoles communales, il montre aussi l'émergence de nouveaux problèmes. Les uns sont internes aux villages-centres, et concernent les rapports entre l'école, le centre d'accueil municipal et le collège qui peut proposer des infrastructures spécifiques, les services pour l'apprentissage des langues, et participer à des projets communs : malgré sa très petite taille, le collège de Saint-Dier envisage son installation dans l'ancienne école privée rénovée, et la bibliothèque-centre documentaire fonctionnera pour le premier et second degrés. Avec moins de deux cents élèves, c'est cependant un partenaire bien limité. D'autres problèmes sont à l'échelle du petit bassin de vie : à l'aval, la commune la plus périurbanisée, Estandeuil, où les enfants ont grandi, ne renforce plus autant la cohorte scolaire de Saint-Dier. A l'amont, les jeunes professeurs d'écoles dynamiques renforcent leurs petites structures, dans le contexte d'une croissance récente, qui n'est pas négligeable pour de petites communes (100 hab. de plus en 1990 et 1999 pour Brousse et St-Jean réunies). A mi-pente, la commune de Domaize, qui en 1993, voyait une bonne partie de ses élèves se diriger sur St-Dier, Tours ou Cunlhat, réorganise son service scolaire, en développant l'accueil des enfants de deux ans, et en reportant l'inscription des élèves les plus âgés sur l'école de Saint-Dier. S'agit-il d'un RPI d'un nouveau type, qui laisserait des points de scolarisation dans des services de proximité immédiate et renforcerait, sur l'école proche du collège, l'accueil des enfants qui préparent leur entrée dans le second cycle ? Ce projet correspondrait à une rationalité territoriale et pédagogique bien compréhensible. Ou s'agit-il de défendre, en maintenant les élèves du CP et CE sur place, une petite structure autonome ? Un vaste panneau qui annonce, en grandes lettres « flambant » neuves, l'école de Domaize, à l'entrée du minuscule village, laisse de multiples perspectives ouvertes, et, à tout le moins affirme un renouveau des microstructures. Malgré les nombreuses fermetures d'écoles des vingt dernières années, il subsiste un semis de sites divers (cf. Fig. 100). Leur fonctionnement impose des choix qui s'affirment comme un enjeu primordial de la vie collective locale.

Fig. 100 - Actuelle distribution spatiale des sites scolaires
Extrémité septentrionale des monts du Livradois

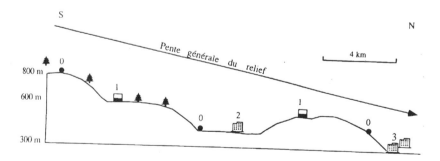

Les problèmes actuels : comment concevoir la vie scolaire des sites « 1 », les classes uniques des marges des bassins, et comment aménager les sites de type 2 appelés à se développer alors qu'ils sont eux-mêmes dans un contexte démographique et économique fragile (le tracé de cette coupe va de Montboissier et Brousse, au sud, à Courpière, au nord) ?
0 - Commune sans école (cf. Auzelles)
1 - Classes uniques de sites marginaux (cf. Brousse ou Domaize)
2 - Centre local polarisant des effectifs venant de communes voisines (cf. St-Dier)
3 - Grand groupe scolaire au contact plaine-montagne (cf. Courpière) concentrant à lui seul une large part de l'offre scolaire (19 classes sur 40)

Le modèle de distribution du service représenté ici est extrêmement fréquent dans les moyennes montagnes du Puy-de-Dôme. Il n'induit cependant pas un mode de répartition des élèves. Leur rassemblement sur le village ou le bourg-centre, qui paraît évident en première lecture, est d'autant plus mal aisé que les effectifs globaux n'augmentent pas. Tout le problème est donc de savoir sur quel point vont s'exercer les politiques volontaristes des acteurs locaux. **Les jeunes professeurs d'école, nommés sur les postes des marges, vont-ils renforcer ceux-ci par leurs actions individuelles, ou seront-ils intégrés dans des projets à dimension pluricommunale, définissant l'axe de développement de chaque site au sein d'un réseau ?**

CONCLUSION

Saint-Dier-d'Auvergne et Saurier offrent des exemples, poussées à l'extrême, de deux politiques volontaristes qui ont ranimé le paysage scolaire des hautes terres. Une vingtaine de **centres locaux** (cf. Fig. 101), soit des villages comme Saint-Dier ou le Vernet-la-Varenne, soit des bourgs comme Arlanc ou Saint-Gervais-d'Auvergne, ainsi que les petites villes de Courpière et Ambert, sont au cœur de processus de polarisation. Cependant, celle-ci est toujours incomplète, et extrêmement disparate. Des communes voisines de l'école « centrale » y ont échappé, comme Saint-Flour-l'Etang et Domaize, situées à 4,5 km et 6 km de Saint-Dier. Les chiffres auraient pu laisser croire que le rassemblement sur le centre était une solution

Fig. 101 - Les restructurations des tissus scolaires en crise

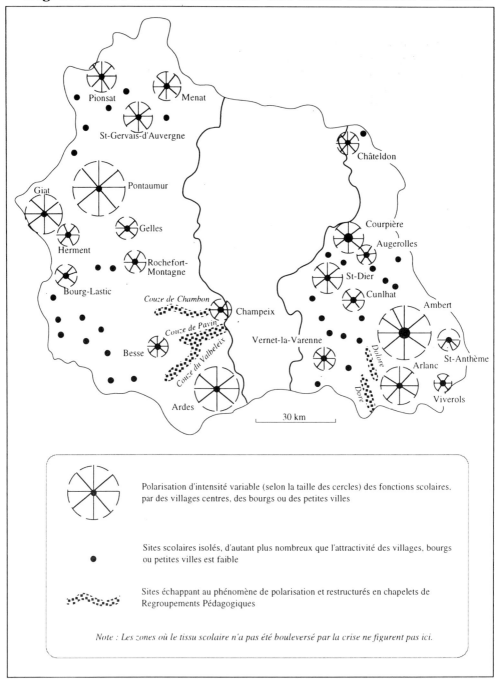

Polarisation d'intensité variable (selon la taille des cercles) des fonctions scolaires. par des villages centres, des bourgs ou des petites villes

Sites scolaires isolés, d'autant plus nombreux que l'attractivité des villages, bourgs ou petites villes est faible

Sites échappant au phénomène de polarisation et restructurés en chapelets de Regroupements Pédagogiques

Note : Les zones où le tissu scolaire n'a pas été bouleversé par la crise ne figurent pas ici.

CERAMAC

logique, mais la renaissance de quelques hameaux, la complexité des trajets pour les enfants qui habitent dans les écarts, et la possibilité de déplacements vers les écoles situées hors de l'« aire polarisée », ont empêché ces processus de s'étendre. Les formes que la polarisation a revêtues, au cours des trois dernières décennies, relèvent de **trois modèles** : la réorganisation a commencé par le **rassemblement des élèves**, puis elle a porté sur **l'amélioration des équipements destinés à les accueillir**, et actuellement elle se parachève parfois par **la création de services offrant des installations ou du matériel spécialisé. à un réseau d'écoles.** La fonction scolaire de Courpière s'est hypertrophiée au cours de la première étape ; la municipalité de Saint-Dier a joué sur la seconde. Entré plus tard dans le processus parce qu'il est entouré de petites écoles très vivaces, le groupe scolaire de Saint-Gervais-d'Auvergne joue actuellement la carte de la troisième en accueillant le point d'appui de l'EMALA (cf. Fig. 101).

Sur les plateaux abandonnés, incisés de vallées assez larges, la réorganisation pédagogique n'a pas - et pour cause ! - privilégié de pôle central. Au contraire, elle s'est étirée **en chapelet sur de très petites localités** dont les fonctions marchandes avaient disparu, captées par les villages montagnards à l'amont, ou par les bourgs et les villes de l'aval. Dans de tels cas (vallée des Couzes et haut bassin de la Dore, cf. Fig. 101), les acteurs locaux ont procédé à de véritables sauvetages : il était tout à fait vraisemblable que les petites localités perdraient peu à peu leurs élèves au profit des points d'ancrage situés aux têtes des vallées (Besse sur la Couze, Saint-Germain-l'Herm ou Fournols en Livradois) ou dans la plaine (Issoire, Arlanc ou Ambert). **La restructuration a évité que le tissu scolaire de la vallée se rétracte vers le haut ou vers le bas**, mais elle a porté sur des unités très petites, situées dans des villages qui se rénovent mais ont peu d'activités susceptibles de soutenir le recrutement des écoles. Les regroupements sont conduits à une seconde phase de définition territoriale ; ils cherchent à trouver, à l'amont, d'autres partenaires, ce qui s'avère fort difficile. Dans l'état actuel des choses, le changement a été considérable pour la vie scolaire, mais la solidité des nouvelles structures tient avant tout qu dynamisme des acteurs locaux. Ceux-ci ont engagé une lutte de « pot de terre contre pot de fer » avec la tendance démographique.

Partout ailleurs, le **système scolaire se dissout** dans une nébuleuse de points, d'autant plus nombreux et isolés que l'armature des villes est absente et celle des villages-centres très faible. Ce sont les vestiges du maillage mis en place par la Troisième République. Dans deux cas cependant, et sans qu'il y ait eu de réorganisation fondamentale, le dispositif scolaire traditionnel s'est remarquablement étoffé (cf. Fig. 102). Dans les zones bordières soumises à une forte attraction de la plaine, les écoles villageoises ont suffi à accueillir les enfants qui ne descendaient pas vers les villes : quelques ouvertures de classes ont amélioré l'offre déjà en place et le développement des transports scolaires a mieux réparti les élèves sur les sites hérités du maillage traditionnel. L'offre scolaire est restée à **l'échelle du village**, jusqu'à la caricature : le cas de Paugnat et de Charbonnières-les-Varennes, dans la chaîne des Dômes, où le chef-lieu de commune et le hameau poursuivent sur le thème de la carte scolaire les luttes ancestrales entre les « sections » et la commune, est très significatif de cette absence de remise en question. Dans ces territoires d'éleveurs de moutons et de tailleurs de pierre, maintenant sous influence urbaine, les **aménageurs modernistes n'ont pris pied qu'à Saint-Genès-Champanelle**. Deux singularités - le fonctionnement scolaire en « école d'application » pour la formation des maîtres et la présence sur la commune du pôle d'emplois exceptionnel qu'est l'Institut National de Recherche Agronomique, expliquent qu'un groupe scolaire ait pu ici se substituer au parc hétéroclite des écoles de hameaux.

Il n'y a pas eu non plus de remise en question de l'offre qui s'est mise en place pour desservir les noyaux de peuplement d'origine industrielle et thermale. Les écoles de bonne taille, soutenues par une vie associative forte s'y sont développées, mais leur attractivité sur les espaces montagnards environnants est faible. Réduits à leur recrutement étroitement local, ces équipements sont en fait assez fragiles : le parc

Fig. 102 - Les diverses organisations spatiales scolaires en place à la fin des années 1990

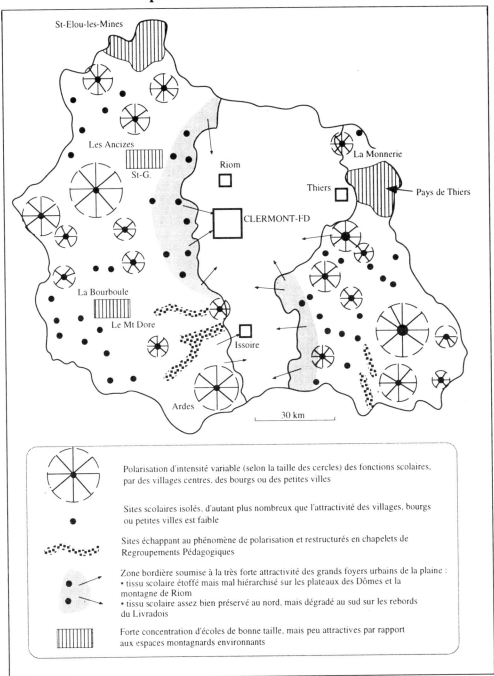

Polarisation d'intensité variable (selon la taille des cercles) des fonctions scolaires, par des villages centres, des bourgs ou des petites villes

Sites scolaires isolés, d'autant plus nombreux que l'attractivité des villages, bourgs ou petites villes est faible

Sites échappant au phénomène de polarisation et restructurés en chapelets de Regroupements Pédagogiques

Zone bordière soumise à la très forte attractivité des grands foyers urbains de la plaine :
• tissu scolaire étoffé mais mal hiérarchisé sur les plateaux des Dômes et la montagne de Riom
• tissu scolaire assez bien préservé au nord, mais dégradé au sud sur les rebords du Livradois

Forte concentration d'écoles de bonne taille, mais peu attractives par rapport aux espaces montagnards environnants

CERAMAC

scolaire du bassin houiller de Messeix s'est rétracté sur un seul site après que la friche industrielle eût gagné du terrain ; l'attractivité locale est nulle pour le doublon que constituent Saint-Georges-de-Mons et les Ancizes, réduite à deux communes voisines pour La Bourboule et, même si l'administration de l'Education Nationale voyait d'un très bon œil l'inscription des élèves d'Arconsat à l'école, bien mieux équipée, de Chabreloche, le petit village ne se résout pas à s'intégrer dans l'aire de recrutement des écoles de la vallée. Jusqu'alors, ces zones de peuplement industriel et thermal ont fonctionné comme des « **kystes** », où l'offre scolaire est plus conséquente, mais qui ont peu de rapport avec les territoires voisins - si ce n'est que les enseignants des écoles isolées viennent se loger dans ces points d'« urbanité » relative. **Tout s'est passé comme si la système scolaire montagnard n'avait subi aucun effet de la présence des quelques germes urbains** qui s'y sont développés comme des corps étrangers. Est-ce là une constante ou va-t-on vers des initiatives susceptibles de faire tomber des barrières ? Le fait que la première tentative de réorganisation de l'EMALA se soit appuyée précisément sur un collège de localité presque urbaine - La Monnerie - pour desservir un tissu scolaire très dispersé dans le Livradois et le Forez, laisse penser qu'**un nouveau dispositif culturel peut apparaître**.

Les efforts restructurants actuels sont donc de deux ordres : soit on renforce les processus de polarisation, qui sont loin de couvrir tout l'espace, en particulier dans « l'ouest immobile », soit on renforce des **services** que de très petites villes offrent au semis d'écoles montagnardes.

Notes de la IIIe partie

1 - Roger BRUNET et alii, « Les mots de la géographie », Dictionnaire critique, documentation française, Reclus, 1993, 518 p., article SITE.
2 - Françoise LORGEOUX et Madeleine SIMONNET, « Paysage, aménagement et architecture en milieu rural », in *Revue d'Auvergne*, n°529, tome 106, n°4, Aurillac Clermont-Fd, 1992.

3 - L'école est un vaste édifice à trois niveaux, superposant préaux, salles de classe et logement, avec une entrée monumentale à parements de granit.

4 - Les enquêtes sur les sites-réponses des écoles de Palladuc, Sainte-Agathe, Briffons, Saint-Martin-d'Ollières ont fourni des réponses semblables.

5 - Les projets actuels d'extension prennent en compte ces nouveaux besoins. Ainsi, l'agrandissement de l'école de Saint-Ours comprend une BCD et une salle de réunions (chantier prévu pour l'année scolaire 1998-99).

6 - St-Hilaire-les-Monges, année scolaire 1993-94, école fermée depuis lors.

7 - Inscription portée par le mât de Cocagne, septembre 1998.

8 - Des inscriptions portant sur le thème de l'espace de la communauté locale ont été présentées, avec la problématique de recherche, dans l'introduction.

9 - Sur les liens entre une société et le personnage dans lequel elle reconnaît son projet, on peut voir un rôle des instituteurs, semblable à celui que l'on trouve en Combraille, dans le pays bigouden, présenté par Pierre J. HELIAS, dans *Le Cheval d'orgueil* (Terre humaine, Edition Pocket, 1995, 624 p.). L'instituteur prépare les meilleurs à sortir, et, à l'inverse, on comparera avec le rôle des recteurs dans le Leon qui ont préservé une élite rurale, cf. Suzanne BERGER, *Les paysans contre la politique*, L'Univers historique, Seuil, 352 p., Paris, 1972.

10 - PAE : Projet d'Action Educative, poursuivi par les Actions Educatives Innovantes (AEI).

11 Exemple : Cisternes-la-Forêt : l'école est située dans un bel édifice campagnard qui a appartenu à une famille aristocratique, celle du héros des Combrailles, le Général Desaix (1768-1800), dont la tradition républicaine garde le souvenir.

12 - Enquête de 1994, école de Charensat.

13 - Enquête sur les sites scolaires.

14 - Cf. supra, 2e partie, chapitre I.

15 - Cf. photo planche 5 (en novembre 1998, la classe a été transférée dans l'ancienne mairie-école communale qui avait été, entre-temps, occupée par la municipalité et le club du 3e âge).

16 - Cf. enquête en chapitre 1, 2e partie.

17 - Cf. commentaire de la photographie planche 5.

18 - Vincent VALLES, « Baisse prévisible du nombre des naissances en Auvergne d'ici 2005 », in *Le Point Economique de l'Auvergne*, juillet 1998, n°55, p. 7 à 9, INSEE, Chamalières, juillet 1998.

19 - Les « bassins de naissance » « découpent strictement le territoire en aires d'influence des maternités... à chaque naissance, il est associé un couple d'informations « commune de domiciliation - commune d'enregistrement ». A partir de ces éléments, il est possible de définir les liens entre une commune dotée d'une ou plusieurs maternités (pôle de naissances) et les autres communes, V. Valles, op. cit.

20 - Source : « Naissances projetées à l'horizon 2005 ». Simulations réalisées par l'INSEE à partir d'hypothèses purement démographiques accompagnant une étude sur les « Treize bassins de naissances en Auvergne ».

21 - Le canton de Viverols a une offre scolaire réduite mais singulière : un RPI du service public et une école à deux classes du service privé suffisent à

accueillir tous les élèves, exceptée une école très marginale, qui se rattache à la vallée de la Dore, et fonctionne d'ailleurs en RPI avec une commune du canton d'Arlanc.

22 - La mise en place des transports scolaires avec des fonds publics et des prestations privées, a répondu à un réel besoin quand, en 1970, les écoles de hameau se sont effacées pour laisser place aux écoles de villages qui n'étaient pas accessibles à pied par les élèves des écarts (décret de 1973 sur les circuits spéciaux, et Loi d'Orientation sur les Transports Intérieurs du 30 décembre 1982).

23 - Cf. 1ère partie, chapitre 3, Fig. 24.

24 - Enquête auprès des enseignants dans l'école à deux classes du Brugeron (circonscription d'Ambert à 80 km de Clermont-Fd). Le conseil de cycle se déplace d'une école à l'autre, dans les communes voisines, pour des raisons de convivialité évidentes, mais aussi pour profiter des bibliothèques de chacun. Cf. 1ère partie, 2e chapitre : les structures qui relient.

25 - Enquête auprès du Dépôt de la Bibliothèque Départementale de Prêt, géré par l'instituteur de Saint-Donat (circonscription de Chamalières, à 70 km de Clermont-Fd).

26 - Chiffres de 1990.

27 - Voir le quotidien *La Montagne*, édition d'Ambert, 12 novembre 1998 sur l'installation du nouveau dépôt de la mairie du Brugeron : une collaboratrice bénévole travaillant à Ambert, mais résidant dans la petite commune des Monts du Forez peut gérer le dépôt plus aisément que les deux professeurs non résidents.

28 - Cf. photocopie planche 22.

29 - Actes du colloque « Lecture et ruralité », jeudi 17 novembre 1994, 63200 Riom, CRDP d'Auvergne, Clermont-Ferrand, 1995.

30 - La création des BCD a été plus particulièrement suivie par le CRDP de Créteil qui lui a consacré la revue « ARGOS », revue des BCD et des CDI publiée à partir de 1989 complétée par la collection ARGOS qui développe certains dossiers.

31 - Bulletin Officiel de l'Education Nationale (circulaire n°84360), BO du 1er octobre 1984.

32 - Max BUTLEN, « La BCD est morte, vivent les BCD ! », in *Argos* n°0, Créteil, janvier 1989. Dans ce même numéro, Jean FOUCAMBERT répond au souci de connaître les effets des premières réalisations, « Recherche-évaluation et guidage des BCD ».

33 - Les projets d'école sont obligatoires depuis la loi d'orientation du 1er juillet 1989.

34 - Ecole de Saint-Genès-Champanelle, « Les contes des treize vents » (en consultation).

35 - Cf. 1ère partie, 3e chapitre : les réponses apportées par le CRDP à l'enclavement pédagogique.

36 - Cf. Fig. 93.

37 - Jean-François MOULOUBIER, « Bouger avec les EMALA », in *ARGOS*, n°18, p. 72 à 78. Le titre est en lui-même une réponse aux critiques venues des enseignants habitués à l'ancienne conception du service et qui craignent de

voir « *l'équipe mobile s'immobiliser* » (sic) sur ces points.

38 - Municipalité de St-Amant-Roche-Savine, projet STARS annexe 8, doc. provisoire, archives municipales de St-Amant-Roche-Savine.

39 - Conseil Economique et Social d'Auvergne, séance du 03-12-921, extrait cité dans « Bouger avec les EMALA »,op. cit.

40 - Source : IA du Puy-de-Dôme, Division de l'organisation scolaire et des statistiques, archives, recensement manuscrit.

41 - Article dans le quotidien local *La Montagne*, 7 mars 1988, page locale, canton de Champeix.

42 - Cf. photographie planche 23

43 - Production à consulter au secrétariat de mairie de Saint-Dier-d'Auvergne.

CONCLUSION

Appliquées sur les hautes terres du Puy-de-Dôme au lendemain du maximum démographique, les lois scolaires de la IIIe République ont couvert cet espace d'un filet à trame régulière. Le dispositif, qui s'est rétracté depuis, dessert de nos jours une population inégalement répartie, souvent vieillie, mais fort diverse. La recomposition du réseau scolaire du Puy-de-Dôme s'est opérée à partir de sites anciens, sans que l'on ait éprouvé la nécessité de restructurer la distribution de ce service. L'arrivée de populations exogènes n'a rien bouleversé, à une exception près, la commune de Saint-Genès-Champanelle qui a fermé, en 1980, ses cinq écoles de hameaux et construit un groupe scolaire de onze classes. Partout ailleurs on s'est borné à une rénovation des structures en place, en améliorant les contacts entre elles et en multipliant les relais de l'information, dont les principaux sont effectués par les conseillers pédagogiques, qui couvrent toutes les circonscriptions, et les enseignants de l'Equipe Mobile Académique de Liaison et d'Animation. Alors que les montagnes sont moins isolées, la nécessité de ces échanges est de plus en plus manifeste au point que le CRDP étend sa zone d'intervention sur les plateaux de l'ouest.

Le service scolaire fonctionne donc dans des équipements dont la construction s'est effectuée dans les années 1950 pour un bon nombre, dans l'entre-deux-guerres pour quelques-uns, et au début de la IIIe République pour la majorité. Le poids du patrimoine bâti au XIXe siècle est manifeste dans la demi-couronne périphérique qui va des Combrailles à l'Artense et au

Sud du Livradois-Forez. Le parc scolaire a été particulièrement soigné sur les plateaux de l'ouest, pays de maçons attachés à une tradition laïque et républicaine. Il s'est mis en place au sud avec des édifices monumentaux, destinés à accueillir les enfants d'une population rurale nombreuse et pauvre, et à ancrer, dans ces zones de tradition plus conservatrice, le projet de la IIIe République. Dans les deux cas, les édifices sont remarquables et les collectivités locales leur ont conféré une fonction identitaire forte. Celle-ci est d'autant plus vivace que, dans ces sociétés maintenant anémiées, on construit peu et on exprime peu de projets nouveaux. **Les « mairies-écoles » sont donc le point d'ancrage d'un « paysage scolaire », caractéristique de l'ouest et du sud du département** : les écoles sont nombreuses (une dans chaque petite commune en Artense), souvent associées aux fonctions municipales ; les bâtiments sont importants par rapport au village, leurs qualités architecturales intéressantes, qu'il s'agisse d'édifices néoclassiques de la fin du XIXe siècle ou de bâtiments fonctionnels bien entretenus des années cinquante ; leur valeur emblématique, en particulier à l'ouest, est renforcée par des inscriptions dans lesquelles les collectivités locales reconnaissent leur histoire. Dans sa plénitude, c'est-à-dire jusqu'en 1970, ce paysage scolaire comprenait un maillage intercalaire, avec des écoles de hameaux. Plus modestes dans leurs volumes et leur apparence, sans valeur emblématique pour la plupart, celles-ci sont rentrées dans le lot commun du bâti local. Ces très petites écoles mises à part, le service scolaire est resté sur des sites anciennement installés, **ce qui donne une impression trompeuse de stabilité**.

Le parc scolaire qui fonctionne actuellement sur les hautes terres n'est en effet qu'un **dispositif résiduel**. Le réseau qui s'était progressivement mis en place dans les villages et les hameaux a été déstabilisé par la diminution du nombre d'enfants résidents dans chaque commune, les transformations du cursus scolaire et le développement des migrations quotidiennes entre les localités du plateau et les aires urbaines, ou encore vers les usines et les bourgs ou petites villes des vallées de la Dore et de la Durolle. Entre 1970 et 1990, les fermetures ont supprimé quelques cent soixante écoles, sans que le réseau restant soit consolidé pour autant. La crise est visible, sur les terres les plus rudes, à trois échelles : dans les effectifs des classes, dans les tailles des écoles, et dans le maillage des aires de recrutement. Quand la régression démographique se poursuit, les effectifs par classe descendent fréquemment à moins de quinze (pour les écoles à deux classes), voire moins de dix s'il y a une seule classe .Ces cohortes paraissent d'autant plus réduites qu'elles occupent avec peine de vastes bâtiments, en partie déscolarisés. Dans un cas sur trois (75 écoles sur les 206 que compte la montagne en 1998), les structures sont des simples « classes uniques » ; enfin, sur les marges du département et au cœur du Livradois, les aires de recrutement se sont distendues au point que, dans les trois cantons de Pionsat, Saint-Anthème et Saint-Amant-Roche-Savine, une seule école reste ouverte en dehors de celle du chef-lieu. Sans atteindre ces cas extrêmes, **le tissu scolaire s'est fragilisé par plages** que quatre indicateurs permettent d'identifier : les écoles sont éloignées les unes des autres ; elles ne sont pourtant jamais importantes ; les « classes uniques » sont sur-représentées, et les cohortes scolaires ne s'élèvent qu'exceptionnellement à plus de 6 % de la population résidente. A l'inverse, plus près des agglomérations, mais aussi dans les vallées industrieuses de l'est et dans quelques secteurs industriels ou touristiques de l'ouest, le tissu scolaire est de bien meilleure tenue. Le repérage des fissures qui détachent les plages les plus fragilisées des autres permet de corriger deux idées reçues concernant le réseau scolaire montagnard du Puy-de-Dôme. D'une part, la crise ne s'est pas généralisée : des pans entiers du système ont, jusque-là, été préservés, en particulier sur le plateau des Dômes, où **les enfants des néoruraux ont littéralement sauvé le dispositif traditionnel**, y compris les plus petites pièces que sont les écoles des hameaux. D'autre part, les classes uniques sont très différentes par leurs effectifs, leurs poids dans la vie locale, les possibilités d'échanges qu'elles offrent, selon qu'elles se situent dans un tissu dense ou lâche. **On ne peut pas, dans le département du Puy-de-Dôme, tenir un discours global sur le maintien de ces microstructures** car elles desservent deux mondes différents.

L'un dispose d'un parc scolaire hétérogène mais dense, où la classe unique s'inscrit dans un environnement social jeune et ouvert. Par une transition rapide, on passe à des espaces « en attente », où les écoles paraissent en sursis, et où les acteurs locaux (maires et enseignants) et externes (Inspecteurs, conseillers pédagogiques, enseignants en début de carrière) essaient d'entrouvrir les coquilles trop étroites du recrutement et du fonctionnement local.

Les adaptations possibles relèvent toutes d'un choix entre la concentration des structures ou leur dispersion, et dans cette hypothèse, entre une logique distributive à partir d'un point de services, ou une politique associative, réunissant des initiatives sur des projets communs. Six années d'observation ont révélé que des tissus très fragilisés peuvent rester en l'état comme en Artense ou en Cézallier, précisément car la solution est délicate ; inversement, les tissus bien fournis peuvent être rapidement ébranlés si le renouvellement des cohortes s'effectue mal : le bassin industriel de Saint-Georges-de-Mons—Les Ancizes peine à maintenir son dispositif scolaire car la demande locale fléchit alors que l'attractivité locale est médiocre.

Les écoles montagnardes se sont intégrées de façon inégale dans **trois types de flux**. Les plus aisément cernables, car ils sont institutionnellement régulés, sont dus aux Regroupements Pédagogiques qui échangent les écoliers entre deux ou trois localités. Ils se sont installés dans les vastes communes du plateau des Dômes, tout en respectant la fidélité à chaque site scolaire : les enfants sont distribués en fonction de leur classe sur les différentes écoles du territoire communal, qu'il s'agisse du chef-lieu ou des hameaux. On combine, somme toute, la restructuration pédagogique avec le maintien des lieux traditionnels : c'est qu'on est entré avec précaution dans un système dont on redoutait les conséquences sur le tissu communal. Ailleurs, la société montagnarde s'est crispée sur la défense des intérêts communaux : la progression des Regroupements Intercommunaux a été due à l'action de quelques acteurs énergiques qui ont réuni les très petites structures des vallées des Couzes et du Livradois, mais qui se heurtent, au bout de quelques années, aux redoutables problèmes que pose une déprise persistante. En milieu plus isolé encore, en Combrailles, ou sur le Haut Livradois et le Forez méridional, les RPI prennent une autre tournure, en associant une classe unique en sursis et une école de village-centre qui ne parvient pas à maintenir sa structure à trois ou quatre classes. **C'est indiscutablement l'aveu que la polarisation du village-centre s'essouffle,** et le révélateur d'une crise véritable des localités susceptibles de tenir un rôle de relais.

La grande affaire des montagnes du Puy-de-Dôme, au cours des décennies précédentes, avait pourtant bien été le renforcement de points de résistance, susceptibles de réunir une cohorte plus fournie d'élèves que ne le faisaient les communes étouffées par leurs limites administratives trop étroites, et d'améliorer les équipements en particulier pour accueillir les enfants d'âge préélémentaire. Sans être explicitement formulé, ce projet de consolidation d'une bonne structure était largement partagé par les élus, maires ou conseillers généraux, inspecteurs et enseignants. Il s'est, depuis peu, enrichi avec les nécessités de l'équipement informatique, et pour les relais de « niveau supérieur », l'implantation des points d'appui des EMALA, qui exercent des fonctions spécifiques d'ingénierie pédagogique. En fait, la polarisation des effectifs sur les villages-centres a bien fonctionné tant que les communes voisines ont apporté quelques effectifs supplémentaires. Ce réservoir s'est peu à peu épuisé et au cours des cinq dernières années (1993-1998), les inscriptions ont nettement fléchi dans une école sur trois (9 sur 30). La polarisation scolaire sur les points forts reste proportionnelle à leur capacité d'accueil : les moins importants n'y ont rien gagné (Herment, Saint-Germain-l'Herm), les plus forts s'affirment au centre de processus attractifs qui sont démesurés et les saturent parfois (Courpière, Ambert) ; la vingtaine de bourgs-centres ou de villages qui réussissent à maintenir leurs effectifs scolaires le doivent plus à leur dynamique propre (Pionsat, dont l'activité est renforcée par un centre de rééducation fonctionnelle), qu'à l'apport des minuscules collectivités voisines. Considérés pendant longtemps comme des phénomènes inévitables dans des environnements incapables d'entretenir de microstructures correctes, **ces pôles « en oursins » ont suscité de surprenantes réactions de défense** de la part des collectivités voisines : deux communes de moins de deux cents habitants (Saurier et Grandrif) ont réussi à conforter leur offre scolaire en ouvrant une seconde classe ! Il est vrai que l'une et l'autre sont à une quinzaine de kilomètres d'une ville, sur le rebord montagneux, l'une desservie par un axe de circulation, l'autre à proximité de la route locale principale. La situation géographique de telles initiatives s'explique aisément, mais le site lui-même émerge par une série de choix individuels, d'engagements personnels, de passion pour un lieu... et de hasard. Le réseau qui s'est restructuré est ainsi **le fruit de logiques rationnelles et de surprises irrationnelles** : le fonctionnement même du service éducatif s'y prête, puisqu'il associe une logique administrative de distribution des postes à une myriade de réactions locales. Celles-ci font se succéder les phases de renoncement et de défenses obstinées, en fonction des forces des acteurs présents, mais aussi du poids du passé, du mythe de la petite école communale et de l'appel des aires urbaines. La **décision administrative rencontre l'imprévisible des phénomènes qui se situent à grande échelle, en même temps que la tendance lourde, dictée par une démographie fragile**.

Il convient, en effet, de placer ce système aux multiples points qui tantôt s'éclairent, tantôt s'éteignent, dans le plus vaste ensemble du département. Le Puy-de-Dôme est marqué par trois faits majeurs, dont la reconstruction scolaire a pris compte, et qui ont une importance considérable dans le choix de vie des enseignants : **l'appel de l'aire urbaine centrale**, qui fait descendre chaque matin un flux d'écoliers au flanc de la montagne, bien que l'on tente de freiner ce mouvement, l'originalité du secteur du Livradois-Forez où les hautes terres, exsangues, sont traversées par des vallées industrielles actives et disposent d'**un pôle de relais**, Ambert, centre de circonscription de l'Education Nationale ; le développement, à l'ouest, de **vastes plateaux où les pôles émergent mal**, excepté Saint-Gervais-d'Auvergne, dont le rôle scolaire tend actuellement à reprendre force, avec l'installation du relais de l'EMALA. Dans ce cadre départemental contrasté, les enseignants constituent un corps très mobile : s'ils ne sont pas sur des postes de remplaçants dans l'aire urbaine, les plus jeunes sont nommés dans les écoles de la périphérie : ils pratiquent donc, de façon généralisée, une migration quotidienne inverse de celle des écoliers qui descendent sur les groupes scolaires urbains. Quand le déroulement de leur carrière le permet, ils se rapprochent de la ville et apprécient alors les petites structures qu'offrent les regroupements pédagogiques périurbains. Où qu'ils soient, et quelle que soit l'étape de leur vie professionnelle, les enseignants ne peuvent pas tous être logés dans les bâtiments d'école. On retrouve les maîtres les plus anciens dans les constructions neuves des lotissements, aux portes des villages et des bourgs-centres. Les nouveaux professeurs d'école sont souvent indifférents à la hiérarchie rurale des lieux de vie, et optent aussi bien pour le hameau que pour le chef-lieu de canton. Leurs déplacements se font de plus en plus de village en village, et ces enseignants ne découvrent les fonctions des bourgs-centres que pour des activités professionnelles : la réunion du conseil de cycle, la piscine ou le spectacle pour les écoliers et quelques actions avec le collège. **Les maîtres s'accoutument à une vie plus mobile, dans un espace mal hiérarchisé**. Ces déplacements rendent possible le fonctionnement de petites structures et, sauf dans des cas flagrants de sous-équipement, les enseignants se sont estimés satisfaits de leurs petites écoles. Toutefois, même très impliqués dans la vie locale par leur contact avec les parents ou les associations proches de l'école, ces enseignants jouissent, dans la commune, d'un statut très différent de celui des instituteurs.

Un profond bouleversement **a dissocié ainsi l'école de l'espace communal** : même dans sa forme la plus réduite, celle de la classe unique, l'école n'est plus, sur les hautes terres du Puy-de-Dôme, l'expression d'une commune. Dans ses formes plus élaborées de structure à trois, quatre ou cinq classes, elle n'est pas devenue non plus l'organe d'un canton. La réorganisation s'effectue dans un espace flou, étonnamment mobile, malgré l'apparence immuable des sites. Ainsi soutenue par un réseau de flux, l'école demeure un point fort des paysages villageois, de la sociabilité de petites cellules et des enjeux municipaux. Ce fonctionnement a conduit à renforcer le parc des très petites structures, dans des conditions démographiques parfois déplorables. L'atomisation actuelle n'est pas le reflet du passé, car les écoles d'une bonne centaine d'élèves, rares maintenant, étaient, il y a cinquante ans, un module banal. Elle est liée **au maintien de l'initiative dans de très petites communes, et à une certaine impuissance des villes ou des zones industrielles et touristiques à faire naître autour d'elles d'autres modèles.** Elle pose le problème de l'émergence de nouveaux repères spatiaux dans les espaces « interstitiels », qui se déploient largement entre les aires urbaines du Massif central.

Bibliographie

I - L'ANALYSE ET LE TRAITEMENT DE LA FRAGILITÉ DES TERRITOIRES

BARRUET J. (coordonné par...), 1995, *Montagne, laboratoire de la diversité*, CEMAGREF, Grenoble, 293 p.

COMMERE R., 1990, « Les transports en commun dans la montagne forézienne », in *Les Monts du Forez : le milieu et les hommes*, Centre d'Etudes Foréziennes, Saint-Etienne, p. 211 à 225.

COUTURIER P., 2000, *Sections et biens sectionaux dans le Massif central*, Presses Universitaires Blaise Pascal, CERAMAC, Clermont-Ferrand, 12, 476 p.

DIRY J.P. et alii, 1990, *L'Auvergne rurale, des terroirs au grand marché*, CERAMAC, Clermont-Ferrand, 209 p.

DIRY J.P. (sous la direction de...), 1993, *Bourgs-centres et petites villes d'Auvergne*, rapport DRE, CERAMAC, Clermont-Ferrand, 82 p.

DIRY J.P., 1995, « Moyennes montagnes d'Europe Occidentale et dynamiques rurales, *Revue de Géographie Alpine*, 95-3, p. 15 à 25.

DIRY J.P. et alii, 1999, *Moyennes montagnes européennes. Nouvelles fonctions, nouvelles gestions de l'espace rural*, Premières journées internationales du pôle « Gestion des territoires ruraux sensibles » CERAMAC, Université Blaise Pascal, 11, 645 p.

ESTIENNE P., 1988, *Terres d'abandon ? La population des montagnes françaises : hier, aujourd'hui, demain*, IEMC, Faculté des Lettres et Sciences Humaines, Clermont-Fd, 288 p.

FAUCON F., 1997, *Les transports collectifs de voyageurs dans le Massif central français*, Thèse, Université Blaise Pascal, CERAMAC, 464 p.

FEL A., 1962, *Les hautes terres du Massif central, tradition paysanne et économie agricole*, PUF, Paris, 340 p.

FEL A., BOUET G., 1983, « Atlas et géographie du Massif central », Flammarion, *Portrait de la France Moderne*, Paris, 348 p.

FOURNIER M., 1998, *Les dynamiques industrielles d'une moyenne montagne*, Faculté des Lettres de l'Université Blaise Pascal, Clermont-Ferrand, 450 p.

MIGNON C., 1997, « Le rôle de l'agriculture dans les moyennes montagnes françaises », Colloque *Gestion des espaces fragiles en moyenne montagne*, CERAMAC, Clermont-Fd., p. 11 à 26.

ODOUARD A., 1997, « L'évolution récente de l'industrie dans la moyenne montagne française », Colloque *Gestion des espaces fragiles en moyenne montagne*, CERAMAC, Clermont-Fd, p. 27 à 48.

REED-DANAHAY D., 1996, *Education and identity in rural France : the politics of schooling*, Cambridge University Press, 237 p.

STŒKLIN P., 1996, « Favoriser l'école rurale et montagnarde : le modèle géographique, une aide précieuse pour l'administration », in *Mappemonde*, 2-96, Montpellier, p. 19 à 23.

RIEUTORT L., 1997, « Les moyennes montagnes d'Europe occidentale : affaiblissements ou réadaptation des campagnes », in *Norois*, 173, Poitiers, p. 61-83.

VALLES V., 1992, « Une région que l'on quitte à vingt ans », in *Le Point Economique de l'Auvergne*, n°31, INSEE, Chamalières, Clermont-Fd, p. 3 à 5.

VALLES V., 1995, « Organisation territoriale de l'emploi », in *Le Point Economique de l'Auvergne*, n°43, INSEE, Chamalières, Clermont-Fd, p. 11 à 15.

VALLES V., 1998, « Baisse prévisible du chiffre des naissances en Auvergne d'ici 2005 », in *Le Point Economique de l'Auvergne*, n°55, INSEE, Chamalières, Clermont-Fd, p. 7 à 9.

VITTE P., 1994, *Le tourisme dans les moyennes montagnes françaises*, Rapport à la DATAR, CERAMAC, 21 p.

II - PRODUCTION ET ORGANISATION DE L'ESPACE

BETEILLE R., 1981, *La France du vide*, Litec, Paris, 252 p.

BORDESSOULE E. (coordonné par...), 1997, « De la dynamique des territoires », Institut de Géographie, CERAMAC, URA 1562 du CNRS, *Revue d'Auvergne*, T. 110, Clermont-Fd, 203 p.

AURIAC F., 1979, *Système économique et espace - Un exemple en Languedoc*, Thèse, Université Paul Valéry Montpellier, Economica, 1983, Paris, 210 p.

BRUNET R. et DOLLFUS O., 1990, « Les déchiffrements du monde -

Mondes nouveaux » in *Géographie Universelle*, p. 14 à 262, Hachette Reclus, Paris-Montpellier, 550 p.

BRUNET R., 1994, *La France, un territoire à ménager*, Edition n°1, Paris, 327 p.

BRUNET R., FERRAS R., THÉRY H., 1993, « Les Mots de la géographie : dictionnaire critique », *La Documentation Française*, Reclus, Paris-Montpellier, 518 p.

DATAR, avril 1994, « Débat national pour l'aménagement du territoire », *La Documentation Française*, Paris, 75 pages + annexes.

DI MEO, 1996, « Les territoires du quotidien », L'Harmattan, *Géographie Sociale*, Paris, 207 p.

DIRY J.P., 1997, « La géographie, une science : problématiques et méthodes », « La géographie, essai de définition », p. 15 à 29 ; « Pour une recherche finalisée », p. 147 à 152 ; *Revue d'Auvergne*, T. 110, Institut de Géographie, CERAMAC et URA 1562 du CNRS, Clermont-Ferrand, 203 p.

FREMONT A., 1988, *France, géographie d'une société*, Flammarion, Paris, 290 p.

GROSRICHARD F., 1993, « Services publics, on ne ferme plus ! », *Le Monde*, 18 avril 1993.

IUFM, Pôle sud-est des IUFM, *L'école rurale entre pédagogie et aménagement du territoire*, compte rendu des journées des 15 et 16 mai 1997 de Bourg-en-Bresse, IUFM de l'Académie de Lyon, 67 p.

KAYSER B., 1983, *La renaissance rurale - Sociologie des campagnes du monde occidental*, A. Colin, Paris, 320 p.

LACAZE J.P., 1995, *L'aménagement du territoire*, Dominos, Paris, 127 p.

LORGEOUX F., SIMONNET M., 1992, « Paysage, aménagement et architecture en milieu rural », *Revue d'Auvergne*, T 106, pp. 54 à 62.

MAILLARD, 1994, « Le développement local », in *Actes de l'Université d'été - Ecole et ruralité : le service scolaire en milieu rural fragile*, Académie de Clermont-Ferrand, 1994, p. 70 à 73.

MARIN J.M. et MURET J.P., *Les budgets communaux - Guide du citoyen et de l'élu*, Syros, Paris, 278 p.

MAZUEL L., 1994, *Espaces de références et promotion touristique - L'exemple de l'Auvergne*, Thèse, Université Blaise Pascal, CERAMAC, Clermont-Fd, 223 p.

III - HISTOIRE ET SOCIOLOGIE DE L'ÉCOLE

ALPE Y., 1997, « L'école rurale : problèmes, stratégies et enjeux. Quelques pistes de réflexion à partir de l'exemple des Alpes du Sud », CERPE, Université de la Méditerranée, in *L'école rurale entre pédagogie et aménagement du territoire*, document destiné au Pôle Sud-Est des IUFM en consultation à l'IUFM de Bourg-en-Bresse, 5 p.

AGULHON M., 1984, « La mairie, Liberté, Egalité, Fraternité », in *Les lieux de mémoire*, Tome 1 (sous la direction de P. Nora), Gallimard, Paris, p. 167 à 193.

ARGOS n°14 (collectif), 1995, *Continuités et ruptures, bibliothèques et centres documentaires de la maternelle à l'Université*, Créteil, 104 p.

BUSUTTIL P., 1994, « Une expérience de recomposition du réseau scolaire dans le département de la Creuse », in *Actes de l'Université d'été - Ecole et ruralité*, op. cit., p. 45 à 55.

CHAMBORDON J.C., PRÉVOT J., 1973, « Le métier d'enfant », *Revue Française de Sociologie*, n°6, Paris, p. 295-335.

CHANET J.F., 1996, *L'école républicaine et les petites patries*, Aubier, Paris, 428 p.

CHARLOT B., 1994, *L'école et le territoire : nouveaux espaces, nouveaux enjeux*, A. Colin, Paris, 217 p.

DANEL P. (directeur de publication), 1996, « Faits et gestes », *Lettre d'information pédagogique du CRDP d'Auvergne*, décembre 96 : EMALA, montagne thiernoise, 4 pages.

DURAND-PRINDBORGNE Cl., 1992, *L'éducation nationale, une culture, un service, un système*, Nathan, Paris, 288 p.

DURAND-PRINDBORGNE Cl., 1994, « De nouvelles règles du jeu », in *Les Cahiers Pédagogiques*, n0325, Paris, p. 29 à 32.

DURU-BELLAT M., HENRIOT VAN ZANTEN A., 1992, *Sociologie de l'école*, A. Colin, Paris, 256 p.

FURET F. et OZOUF J., 1977, *Lire et écrire, l'alphabétisation des Français de Calvin à Jules Ferry*, Ed. de Minuit, Paris, 394 p. (vol. 1), 379 p. (vol. 2).

FERRIER J. et VANDEVORDE P., 1993, *Le réseau scolaire en milieu rural*, Inspection générale de l'Education Nationale, en consultation à l'INRP, 81 p. plus annexes.

HALLAK J., 1976, *La mise en place des politiques éducatives : rôle et méthodes de la carte scolaire*, Education 2000, Labor/ Nathan/ UNESCO, Paris-Bruxelles, 327 p.

HENRIOT A., 1987, « L'école et la communauté, problématique surannée ou renouvellement d'un champ de recherche », in *Revue Française de Pédagogie*, n°78, p. 74 à 85.

DUPUY R., 1994, « La formation des enseignants en milieu rural », in *Actes de l'Université d'été - Ecole et ruralité*, op. cit., Académie de Clermont-Fd, p. 88 à 94.

HERAN F., 1996, « Ecole publique, école privée : qui peut choisir ? », in *Economie et statistiques*, n°293, INSEE, Paris, p. 17-40.

HENRI R., ROUAULT R., VESCHAMBRE B., 1994, « Atlas de la France scolaire de la maternelle au lycée », *La Documentation Française*, Collection Dynamique du territoire, n°14, 264 p.

JEAN Y., 1995, « Ecole et aménagement du territoire rural - Quel avenir pour les petites structures scolaires et les communes rurales ? », *Annales de Géographie*, n°583, p. 236-255.

JOUEN et alii, 1975, « L'école rurale », in *L'école libératrice* du 26-09-1975, p. 101-124.

LACAN M., 1992, « La crise de l'école rurale et l'aménagement de l'espace en Corrèze », *Norois*, n°154, Poitiers, p. 195-206.

LEBOSSÉ J. C., 1998, *Pour une nouvelle dynamique du système éducatif en zone rurale isolée*, rapport de mission présenté à Madame la Ministre déléguée chargée de l'Enseignement Scolaire, Ministère de l'Education Nationale, de la Recherche et de la Technologie, 78 p.

LELIÈVRE Cl., 1991, *Histoire des institutions scolaires*, Nathan, Paris, 238 p.

MAULOUBIER J. « Bouger avec les EMALA », revue *Argos*, n°18, CRDP de Créteil, p. 72 et 73.

MAUGER P. (sous la direction de...), 1992, *Agir ensemble pour l'école rurale*, Direction de l'Information et de la Communication, Ministère de l'Education Nationale et de la Culture, Paris, 145 p.

MINGAT A. et OGIER C., 1994, « Eléments pour une réflexion nouvelle sur l'école primaire en milieu rural », in *Education*, 13 pages.

MORACCHINI Ch., 1992, *Système éducatif et espaces fragiles - Les collèges dans les montagnes d'Auvergne*, CERAMAC, Clermont-Ferrand, 255 p.

MORACCHINI Ch., 1996, « Ecole rurale et mentalité scripturale, lire-écrire en zone rurale auvergnate ; compte rendu d'observations et d'expériences », in *Actes du colloque l'Ecole et les discontinuités territoriales*, Université de Lille I, IFRESI, Lille, 6 pages.

NORA P., 1984, *Les lieux du mémoire, I - La République*, Gallimard, Paris, 676 p.

PHILIP Ch., 15 janvier 1993, « Un projet pour l'Académie de Clermont-Ferrand (1993-95) », *La lettre du recteur*, Rectorat de Clermont-Fd, 12 p.

PROST A., 1997, *Histoire de l'enseignement en France de 1945 à nos jours*, Paris, 254 p.

RENARD J.P. (sous la direction de), 1996, *L'école et les discontinuités territoriales*, Laboratoire de géographie humaine, IFRESI-CNRS, Université de Lille 1, 220 p.

SNUIPP (collectif), 1996, *Kisaitou... ou presque*, mémento administratif du SNUIPP, 339 p.

THELOT Cl. (sous la direction de...), 1993, 1994, 1995, 1996..., *L'Etat de l'Ecole*, Publication annuelle, 92170 Vanves, 77 p.

Liste des figures

Liste des tableaux

Liste des planches de photographies

Table des matières

Achevé d'imprimer en novembre 2000

CRDP
15 rue d'Amboise
63037 Clermont-Ferrand Cedex 1

Maquette couverture : Gris Souris
Dépôt légal : 3e trimestre 2000